Michael Hauskeller
Versuch über die Grundlagen der Moral

Michael Hauskeller

Versuch über die Grundlagen der Moral

Verlag C.H. Beck München

Die Deutsche Bibliothek – CIP-Einheitsaufnahme

Hauskeller, Michael:
Versuch über die Grundlagen der Moral / Michael Hauskeller. –
München : Beck, 2001
ISBN 3 406 47978 2

ISBN 3 406 47978 2

© Verlag C. H. Beck oHG, München 2001
Satz: Fotosatz Janß, Pfungstadt
Druck und Bindung: Friedrich Pustet, Regensburg
Gedruckt auf säurefreiem, alterungsbeständigem Papier
(hergestellt aus chlorfrei gebleichtem Zellstoff)
Printed in Germany

www.beck.de

„Man kann seinen Finger bewegen,
um einem andern etwas zu zeigen,
damit er es sehen soll,
aber nicht seine Augen erleuchten,
damit sie meinen Finger sehen und was er zeigt."

Augustinus (De doctrina christiana, Prolog)

Wir meinen gar oft, es sei nichts zu vernehmen, und haben uns
doch vorlängst selber Wachs in die Ohren gesteckt.

Martin Buber (1923, S. 135)

„Die Ethik ist eine Optik."

Emmanuel Lévinas (1980, S. 23)

Inhalt

Einleitung

Einleitung

Die nachfolgende Abhandlung fällt in den Bereich der Moralphilosophie, sprengt allerdings den üblichen Rahmen. Traditionell beschäftigt sich die Moralphilosophie mit der Frage, *was* wir tun sollen und *warum* wir es tun sollen, wobei mit dem Pronomen „wir" meist jede vernünftige und damit moralfähige Person gemeint ist und unter „Sollen" eine moralische Verpflichtung verstanden wird. Solcher Philosophie geht es um Bestimmung und Begründung des moralisch Guten. Die Begründung dient dazu, die jeweilige Bestimmung zu rechtfertigen; ihr Ziel ist es, möglichst jeden, der sie liest oder hört und der sie versteht, davon zu überzeugen, daß die begründete moralische Position die richtige ist, daß es also tatsächlich *dies* ist, was getan werden soll, und zwar auch von ihm, dem Leser oder Hörer. Ferner werden nicht wenige Moralphilosophen (diejenigen von ihnen, die auch Moralisten sind) hoffen, daß die derart im anderen hervorgerufene oder befestigte Überzeugung sich auch in entsprechend moralkonformem Verhalten niederschlägt. Aber ob sie nun wirklich glauben, ihre Argumente könnten auch das Verhalten der Menschen beeinflussen oder nicht, in jedem Fall zeugen ihre Bemühungen von einer Not, die in merkwürdiger Spannung zu dem Anschein der Selbstverständlichkeit steht, die sie der von ihnen vertretenen Position zu verleihen trachten. Denn niemand müht sich zu begründen, was niemand bezweifelt. Nur was nicht (mehr) fraglos gilt, ist überhaupt begründungsbedürftig. Wenn hier Gewißheit hergestellt werden soll, dann deshalb, weil sie fehlt.

Die Moralphilosophie, insofern sie Moral zu begründen versucht, ist also Beleg einer Krise. So richten sich auch ihre Argumente nicht an diejenigen, die bereits das Richtige (oder das, was man dafür hält) erkannt haben und selbstverständlich tun, also nicht an die Gläubigen, sondern an die Apostaten, die Ketzer und die Ungläubigen der Moral, das heißt an diejenigen, die sich generell weigern, einen moralischen Standpunkt einzunehmen, und die, die einfach eine andere Auffassung davon haben, was zu tun richtig oder gut ist. Moralphilosophie, in ihrer üblichen Form, ist somit Apologetik; seit Sokrates befindet sie sich in einem zähen Kampf mit den vermeintlichen Feinden der Mo-

ral, mit Thrasymachos und Kallikles und ihren zahllosen Nachfolgern, in einem Kampf, der vielleicht umso heroischer ist, als er keinerlei Aussicht auf Erfolg hat. Wohl niemals ist jemand durch die
Lektüre einer moralphilosophischen Abhandlung zu einem besseren
Menschen geworden. Eine rationale (argumentativ-diskursive) Begründung der Moral hätte nur dann Aussicht auf Erfolg, wenn die
moralische Haltung, die Menschen einnehmen, selbst das Resultat rationaler Erwägungen wäre, aber das ist sie nicht. Natürlich können
wir immer versuchen, so zu argumentieren, daß der andere die Vor-
teilhaftigkeit eines Handelns nach den von uns vorgeschriebenen Prinzipien einsieht. Mit einigem rhetorischen Geschick können wir ihm
vielleicht zeigen, wie nützlich es ist, tugendhaft zu scheinen, und womöglich sogar noch nützlicher, tugendhaft zu *sein*. Läßt er sich durch
unsere Argumentation überzeugen, wird er wünschen, die entsprechenden Eigenschaften und Verhaltensweisen zu erwerben, und vielleicht gelingt es ihm sogar. Aber damit hätten wir nur sein Verhalten
geändert, nicht aber seine Gesinnung. So wenig wie zuvor wird er,
wenn er nicht schon vorher davon überzeugt gewesen ist, glauben,
daß man so handeln *solle*, daß irgendeine *Pflicht* bestehe, so zu handeln. Er wird nur glauben, daß es nützlicher ist, aber das ist nicht
dasselbe. Nützlichkeit läßt sich rational begründen, Moral jedoch
nicht. Begründung erfolgt in der Regel durch das Aufweisen von Tatsachen und das Herstellen von Zusammenhängen zwischen ihnen.
Man kann mir sagen: Weil du geschäftlichen Erfolg haben willst, der
beste Weg hierzu aber Ehrlichkeit ist, rate ich dir, ehrlich zu sein
(solltest du ehrlich sein) – und der Rat ist gut, wenn Ehrlichkeit wirklich der beste Weg zum geschäftlichen Erfolg ist und es mir auch
wirklich um solchen Erfolg zu tun ist. Wenn ich aber gar nicht weiß,
was ich tun soll, in dem Sinne, daß ich nicht weiß, was zu tun ich
möglicherweise moralisch verpflichtet bin oder ob ich überhaupt zu
etwas verpflichtet bin (oder was zu tun, unabhängig von meinen persönlichen Interessen, gut ist oder ob überhaupt etwas derartig gut ist),
dann wird mir keine Tatsachenkenntnis der Welt zu diesem Wissen
verhelfen. Indem wir uns abmühen, denjenigen gegenüber, die hinsichtlich moralischer Fragen (das heißt solcher praktischer Fragen, die
uns selbst dann nicht gleichgültig lassen, wenn sie uns nicht unmittelbar angehen) anders denken und empfinden als wir, zu begründen,
warum wir im Recht sind und sie nicht, errichten wir eine Fiktion.
Wir tun so, als sei die Haltung, die wir selber einnehmen und von der
wir wünschen (ja wünschen *müssen*, sonst wäre sie keine moralische),

daß auch andere sie einnehmen, das Endprodukt eines bestimmten, für jedermann nachvollziehbaren Denkprozesses, und nicht, wie es tatsächlich der Fall ist, der *Ausgangspunkt*, der jenen Prozeß allererst anregt und den wir notwendig auch schon einnehmen müssen, um uns von der Begründung, die wir für unsere Haltung finden, überzeugen zu lassen. Argumente können uns nicht dazu bewegen, eine bestimmte moralische Haltung einzunehmen, weil diese Haltung ein wesentlicher Grund dafür ist, daß uns jene Argumente einleuchten. Die Begründung, die wir für die Richtigkeit unserer eigenen Einstellung anführen, erscheint uns nur deshalb so überzeugend, weil wir diese Einstellung haben. Und als begründungsorientierte Moralphilosophen tun wir nun so, als gäbe es keine solchen Einstellungen oder als könnten wir uns von ihnen (in einer Art moralphilosophischer epoché) lösen und als könne man sich gemeinsam auf einen neutralen Boden begeben, um von dort aus zu klären, was richtig und falsch, gut und böse ist. Aber die Moral ist immer schon da; sie bestimmt unser Denken, Empfinden und Wahrnehmen. Es gibt keinen archimedischen Punkt, keinen moralfreien Raum, der die objektive, quasi-wissenschaftliche Begründung einer für alle verbindlichen Moral erlauben würde. Jeder, der in einen solchen Diskurs eintritt, hat bereits eine Moral (die sich freilich auch verändern kann, aber eben nicht durch ein Argument). Zwar wird es oft genug zwischen unserer Moral und der des anderen keinen Unterschied geben oder die Übereinstimmung doch zumindest so hoch sein, daß verbleibende Unterschiede nicht weiter auffallen. Aber zuweilen sind die Unterschiede auch so groß, daß sie sich nicht länger verleugnen lassen. Was nützt dem anderen aber eine Begründung, wenn das, was wir begründen, *unsere* Moral ist und nicht die seine? Das einzige, was er davon hätte, wäre besser darüber Bescheid zu wissen, wie wir denken und empfinden. Er hätte nicht gelernt, was er tun soll, sondern nur, was wir glauben, daß er tun soll. Wäre aber das, was wir begründen, tatsächlich (auch) seine Moral, wozu sollten wir uns dann erst noch die Mühe einer Begründung machen? Den, der anders denkt und empfindet als wir, können wir nicht überzeugen, und den, der genauso denkt und empfindet, brauchen wir nicht zu überzeugen. Alles in allem scheint daher eine Moralphilosophie, der es vorrangig um die Begründung von moralischen Standpunkten geht, ein recht überflüssiges Unternehmen zu sein.

Damit will ich nicht sagen, daß sich die Frage nach dem Grund nicht doch sinnvoll stellen und beantworten ließe, nur muß dies in anderer Weise und in anderer Absicht geschehen. Wenn wir versuchen, unsere eigenen moralischen Intuitionen gegenüber anderen, die sie nicht teilen, zu begründen, mit dem Ziel, sie von deren Richtigkeit zu überzeugen, werden wir sicher scheitern, aber nicht etwa deshalb, weil unsere Intuitionen unbegründet wären, sondern weil deren Gründe nicht objektiv in dem Sinne sind, daß auch jeder andere sie als Gründe für sein eigenes Denken und Handeln anerkennen müßte. Wenn ich hier von Gründen rede, meine ich nicht Ursachen. Die gibt es natürlich auch. Sind wir etwa der Meinung, daß man keinen Menschen foltern sollte, egal zu welchem Zweck, dann ist es nicht ausgeschlossen, daß wir diese Meinung nur deshalb haben, weil uns unsere Eltern oder Lehrer dazu erzogen haben, derartige Praktiken abzulehnen. Möglicherweise verdanken wir es auch einfach unserer kulturellen Prägung, historischen oder persönlichen Erfahrungen oder gar unserer genetischen Ausstattung, die uns besonders sensibel auf die Vorstellung der mit der Folter verbundenen Leiden reagieren läßt. Wären wir also anders disponiert auf die Welt gekommen oder hätte man uns anders erzogen oder hätten wir andere Erfahrungen gemacht, würden wir vielleicht heute die Folter nicht grundsätzlich ablehnen. Dies alles sind also mögliche *Ursachen* unserer moralischen Einstellungen. Aber es sind keine Gründe. Die Ursachen liegen in der Vergangenheit, die Gründe in der Gegenwart. Gründe sind das, was wir vor Augen haben, wenn wir urteilen und tätig werden, das, worum es uns in unserem Denken, Empfinden und Handeln jeweils geht. Niemand vertritt und lebt eine moralische Überzeugung unmittelbar deshalb, weil er in bestimmter Weise erzogen wurde und/oder von Geburt an entsprechend disponiert war. Wir sind keine Marionetten, die blind und willenlos an den Fäden unserer kausalen Vergangenheit hängen und zappeln, sondern wir sehen, was wir tun, und was wir tun, hängt wiederum sehr davon ab, was wir sehen und wie wir es sehen. Wenn der eine ein Menschenleben für unbedingt verteidigenswert hält und alles tut, um es zu schützen, während der andere sich wenig darum schert und im Zweifelsfall jede Hilfe verweigert, mag dies letztlich auf die unterschiedliche soziale Prägung, die beide genossen haben, rückführbar sein, aber *begründet* ist ihre jeweilige Haltung nicht darin, sondern in der besonderen Art und Weise, wie sich ihnen der andere Mensch darstellt, in dem, was sich an ihm zeigt. Wenn das Leben eines Menschen für den einen eine Wichtigkeit besitzt, die es für den anderen nicht hat, dann liegt das *unmittelbar* daran, daß jener etwas sieht, was dieser nicht sieht. Mit dem Begriff „sehen" möchte ich hier weder ein bloßes Erkennen oder Fürwahrhalten, ein begrifflich-abstraktes Glauben oder Meinen, noch ein begriffs- und wertungsfreies Rezipieren bloßer Sinnesdaten (das es nicht gibt) bezeichnet wissen.[1] Vielmehr verstehe ich unter „sehen" (und ebenso unter „wahrnehmen") das Erfassen, Beurteilen und Bewerten eines Gegenstandes *in* seinem sinnlichen Gegebensein (nicht: *anläßlich* oder *auf der Grundlage* dieses Gegebenseins). Urteil und Wertung sind hier gewissermaßen ins Sinnliche eingewoben, so daß sich, wenn jenes sich ändert, auch dieses mitändert. Bewußt unterscheide ich hier nicht zwischen kognitivem und normativem Gehalt des Sehens, weil in der konkreten Erfahrung eines sinnlich gegebenen Gegenstandes, an die jede moralische Intuition rückgebunden bleibt, Deskription und Wertung untrennbar miteinander verflochten sind. Es ist eine Illusion zu glauben, man könne einen Sachverhalt beschreiben, ohne ihn zugleich zu bewerten. Und jeder Beschreibung entspricht eine bestimmte (implizit normative) Sichtweise des beschriebenen Gegenstandes.

Wer das Leben eines anderen Menschen wertschätzt, blickt nur scheinbar auf dieselbe Sache wie der, dem dieses Leben gleichgültig ist. In dem Sinne wie einer, der in dem bekannten Vexierbild der Gestaltpsychologen eine alte Frau erblickt, entschieden nicht dasselbe wahrnimmt wie ein anderer (oder er selbst einen Augenblick später), der in *demselben* Bild (aber es ist nicht dasselbe *Bild*) eine junge Frau sieht, nehmen auch sie nicht dasselbe wahr. Zwar sehen beide einen Menschen, aber der eine sieht dabei etwas Schützenswertes vor sich, der andere nicht. Ob das Sehen (wenigstens für einen von beiden) hier auch ein Erkennen ist, ob also das, was hier gesehen wird, tatsächlich so ist, wie es gesehen wird, kann dabei offen bleiben. Es geht mir vorerst nur um den subjektiven, sinnlich vermittelten *Eindruck*, daß es sich in bestimmter Weise verhält. Dieser Eindruck kann wahr oder falsch oder aber hinsichtlich seines Wahrheitswertes unentscheidbar sein. Wenn ich von „sehen" spreche, unterstelle ich also nicht die Faktizität des Gesehenen, wohl aber ein entsprechendes Urteil.[2] Es ist beinahe so, als würden beide auf einen Gegenstand blicken, etwa einen Vogel, der dem einen blau erschiene und dem anderen rot. Sprechen sie dieselbe Sprache und bezeichnen mit den Wörtern rot und blau dieselben Farbqualitäten, dann werden sie sich leicht darüber verständigen können, daß derselbe Vogel, der für den einen blau ist, sich dem anderen als rot präsentiert. Wenn der eine sagt, der Vogel sei rot wie eine Rose, der andere hingegen, er sei blau wie ein Veilchen, werden beide, sofern sie einander glauben, zur Kenntnis nehmen, daß der

jeweils andere offenbar als rot (bzw. blau) ansieht, was er selber doch
deutlich als blau (bzw. rot) wahrnimmt. Aber keiner von beiden wird
deshalb anfangen, den Vogel so zu sehen, wie ihn der andere sieht. Für
den einen wird er blau bleiben, für den anderen rot. Ganz ähnlich nun
können auch wir uns über unsere unterschiedlichen moralischen Intuitionen verständigen, ohne daß diese Verständigung die Unterschiede zum Verschwinden brächte. Wir können erkennen, daß der andere
etwas sieht, was wir nicht sehen, oder wir etwas sehen, was er nicht
sieht, aber das hilft uns noch nicht zu *sehen*, was er sieht, und ihm
hilft es nicht zu sehen, was wir sehen. Das Hauptproblem der Moral,
wenigstens in praktischer Hinsicht, besteht dann darin, einen Weg zu
finden, den anderen das sehen zu lassen, was man selber sieht.

Zur Lösung dieses Problems trägt der Versuch einer objektiven,
allgemeinverbindlichen Begründung der eigenen moralischen Intuitionen nichts bei. Zweckdienlicher dürfte es sein, die Gründe der eigenen moralischen Intuitionen ebenso wie die Gründe für deren Fehlen bei anderen zu erkunden und zu beschreiben. Um nicht den Eindruck zu erwecken, solche Gründe hätten gar nichts mit der
tatsächlichen Beschaffenheit des Gegenstandes zu tun, auf den sich die
moralischen Intuitionen beziehen, sollte hier allerdings nicht von subjektiven Gründen gesprochen werden, sondern besser von *Grundlagen*. Ziel dieses Buches ist es, einen Beitrag zur Erforschung der
Grundlagen der Moral zu leisten. Nicht von einem fiktiven moralfrei-
en Zustand aus wollen wir also der Frage nachgehen, warum man
moralisch sein solle (das heißt vulgo: warum jeder das für richtig halten solle, was wir selbst für richtig halten), sondern ausgehend von
unseren eigenen existierenden Intuitionen wollen wir fragen, was genau es ist, das uns so denken, empfinden und handeln läßt, wie wir es
tun (oder uns doch wenigstens zu tun wünschen), und warum es Menschen gibt, die unsere Haltung nicht teilen. Gefragt wird also nach
dem Grund unserer moralischen Urteile und Handlungen, danach,
was uns dazu bewegt, bestimmte Zustände für besser als andere zu
halten, Verhalten als richtig oder falsch zu bewerten und entsprechend
dieser Wertungen zu handeln. Untersucht wird außerdem, wie unsere
Moral mit der Wirklichkeit zusammenhängt, ob es etwas gibt, was
diesem Empfinden korrespondiert, oder ob es nur eine Konvention
ist. Ich will versuchen zu klären, was wir sehen, das andere nicht sehen
(oder auch: was wir *zuweilen* sehen und zuweilen nicht, denn die
anderen sind oft genug wir selbst in anderen Situationen), will die
unterschiedlichen Zugangsweisen verstehen lernen und so, mit einem

Wort, ergründen, was es mit der Moral auf sich hat. Mein Vorgehen wird dabei derart sein, daß ich in Auseinandersetzung mit verschiedenen Theorien der Moral bzw. einzelner Theorieelemente die Erfahrungen rekonstruiere, die meines Erachtens unseren moralischen Intuitionen zugrunde liegen. Man mag dieses Vorgehen phänomenologisch nennen, sofern man die konsequente Orientierung an den Erscheinungen (an dem, was sich uns zeigt und wie es sich uns zeigt) und den Versuch ihrer Explikation bereits als Phänomenologie bezeichnen will und sich von dieser Festlegung weder durch gelegentliche begriffsanalytische Klärungen noch durch die wiederholte Reflexion auf die *Bedingungen* des Erscheinens abbringen läßt. Genauso gut ließe sich aber auch von einem empiristischen Ansatz sprechen, wenn man unter Empirismus, im Anschluß an Hume[3] oder auch Schopenhauer[4], das Bemühen versteht, stets die Erfahrungen zu benennen und aufzuzeigen, auf die unsere Ideen (das heißt in diesem Fall unsere allgemeinen moralischen Begriffe wie Geltung, Wert, Sollen, Pflicht und Verantwortung, sowie unsere besonderen moralischen Normen) zurückgehen und die ihnen erst ihren Sinn verleihen. Zu beurteilen, ob einem solchen Bemühen Erfolg vergönnt ist oder nicht, muß, wie immer, dem Leser überlassen bleiben, der die gegebene Beschreibung anhand seiner eigenen Erfahrungen zu überprüfen hat.

Obwohl ich nicht vorschreiben, sondern beschreiben will und keine Verteidigung oder Rechtfertigung anstrebe, sondern Verständnis, wird die vorliegende Untersuchung nicht gänzlich neutral und unvoreingenommen sein. Das wäre gar nicht möglich, denn auch als Philosoph steht man nicht über den Parteien, sondern ist selbst Partei. Unsere eigenen moralischen Intuitionen legen, ob wir wollen oder nicht, den Standpunkt fest, von dem aus wir die Betrachtung angehen. Wir betreiben Moralphilosophie etwa so wie Ethnologen, die ihren Blick auf eine ihnen fremde Kultur richten und deren Riten zu verstehen suchen, Riten, die ihnen allein deshalb merkwürdig und interessant sind, weil sie sie an den vertrauten Verhaltensweisen ihrer eigenen Kultur messen. Das Interesse des Ethnologen für seinen Gegenstand beginnt mit der erstaunten Feststellung, daß alles auch ganz anders sein kann, daß das, was er bislang für die einzig richtige, natürliche und vernünftige Art des Verhaltens im Umgang mit bestimmten Dingen hielt, anderswo ganz anders gehandhabt wird. Unser eigenes Interesse an der Moral entspringt vielleicht einem ganz ähnlichen Erstaunen, oder mehr noch einem Erschrecken: darüber, wozu Menschen fähig sind. Schopenhauer verlieh ihm mit der Frage Ausdruck: „Wie ist es möglich, so ganz ohne Mitleid zu sein?" Aber wie der Ethnologe einer fremden Kultur auch bald zum Ethnologen der eigenen wird, weil das scheinbar Selbstverständliche angesichts realer Alternativen seine Selbstverständlichkeit verliert, so wendet sich auch das moralphilosophische Interesse bald zurück auf die eigenen moralischen Intuitionen. Zuerst erstaunt man darüber, daß nicht alle die Dinge genauso sehen wie man selbst, und dann erstaunt man darüber, daß man selbst sie so sieht. So sucht man schließlich, beides zu verstehen, das Fremde wie das Eigene – und mag dabei feststellen, daß das Fremde so fremd nicht ist, daß man es auch mitunter in sich selbst wiederfindet.

Die Untersuchung beginnt mit einer Diskussion des Utilitarismus und des von vielen seiner Anhänger vorgetragenen Anspruches, das einzige rational begründbare System der Moral zu sein. Die Grenzen und damit das schließliche Scheitern solcher Begründungsansprüche sollen hier beispielhaft vorgeführt werden, nicht weil der Utilitarismus heute die einzige Moraltheorie wäre, die solche Ansprüche vertritt – der Transzendentalpragmatismus Karl Otto Apels oder der objektive Idealismus Vittorio Hösles etwa tun dies noch energischer –, sondern weil er die zur Zeit sowohl auf der theoretischen Ebene mit Abstand einflußreichste als auch für das allgemeine moralische Bewußtsein folgenträchtigste Moraltheorie ist und darüber hinaus auch oft genug inhaltliche praktische Schlüsse zieht, die stark von den vorherrschenden Intuitionen abweichen. Statt zu versuchen, die üblichen Intuitionen rational zu begründen, geben sich viele Utilitaristen heute alle Mühe, das vermeintlich Rationale, i. e. allgemein Begründungsfähige, dagegen auszuspielen und anstelle der Intuitionen zur Grundlage der Moral zu machen. Die aktuelle, mit größter Heftigkeit geführte Debatte um die Bioethik zeigt, welch großes Gewicht man solchen Argumenten zugesteht. Man reagiert panisch und beweist damit nur, wie ernst man die Ansprüche des Gegners nimmt. Ich werde darlegen, daß dazu kein Grund besteht, weil die utilitaristische Argumentation selbst nur zu überzeugen vermag, wenn man bestimmte moralische Intuitionen oder Haltungen zugrundelegt, die ihrerseits nicht weiter begründet werden können. Alles weitere wird sich hieraus ergeben.

Der Utilitarismus

1. Das Problem: Swifts *Bescheidener Vorschlag*

Im Jahr 1729 gab der Dubliner Dekan Jonathan Swift, Verfasser von *Gullivers Reisen*, eine kleine Schrift heraus, betitelt *Ein bescheidener Vorschlag zu verhüten, daß die Kinder armer Iren ihren Eltern oder ihrem Land zur Last fallen*. Darin schlug er vor, das Elend und die Not, in der sich das irische Volk zu jener Zeit (aufgrund der rücksichtslosen Ausbeutung durch die Engländer) befand, dadurch zu beheben, daß ein Großteil der in armen Verhältnissen geborenen irischen Kinder (nämlich jährlich etwa 100 000) von ihren Eltern ein Jahr lang versorgt und dann zu Nahrungszwecken an die Wohlhabenden verkauft werden sollten. „Ein sehr kenntnisreicher Amerikaner aus meiner Londoner Bekanntschaft versicherte mir," so schreibt Swift, „daß ein gesundes, kleines Kind von einem Jahr eine köstliche, nahrhafte und bekömmliche Speise sei und sich schmoren, rösten, backen oder kochen ließe; ich zweifele nicht, daß es auch zu Frikassee oder Ragout taugt." Auf Heller und Pfennig berechnet Swift die Kosten der Aufzucht, den Verkaufspreis und die zu erwartende Gewinnspanne. Die Vorteile einer solchen Maßnahme wären, wie sich leicht nachweisen läßt, immens. Die Kinderflut unter den armen Iren, die jetzt nur eine zusätzliche Belastung für alle darstellt, könnte auf diese Weise einem sinnvollen Zweck zugeführt werden. Allen Beteiligten würde es danach besser gehen, den Reichen, die eine Delikatesse mehr für ihre Tafel gewönnen, den Armen, die ein gutes Geschäft dabei machen würden, dem Staat, da das Nationalvermögen wüchse und die Gründe des Unfriedens und der Rebellion wegfielen, und schließlich auch den zur Handelsware aufgewerteten Kindern selbst, denen auf diese Weise das Elend, das sie sonst unweigerlich im Leben erwarten würde, erspart bliebe. Man brauche ja nur die Eltern dieser Kinder zu fragen, „ob sie nicht heute denken, es wäre ein großes Glück gewesen, wenn man sie zu Nahrungszwecken schon im Alter von einem Jahr in der erwähnten Weise verkauft hätte." Swift läßt keinen Zweifel daran, daß die Antwort Ja lauten würde. Sein bescheidener Vorschlag formuliert also die (unter den gegebenen Umständen, die sich allem Anschein

nach nicht ändern lassen) ideale Lösung des irischen Problems: „harm-
los, billig, leicht und wirksam".

Swift brauchte sich seinerzeit keine große Mühe zu geben, seine
Ausführungen als Satire kenntlich zu machen. Kein Leser konnte im
frühen achtzehnten Jahrhundert daran zweifeln, daß es sich bei seinem
Bescheidenen Vorschlag in Wahrheit um eine bitterböse Anklage der
englischen Ausbeutungspolitik handelte. Heute könnten wir uns als
Leser längst nicht mehr so sicher sein. An unseren Intuitionen hat sich
sicherlich seither nicht viel geändert: nach wie vor werden die meisten
von uns zutiefst davon überzeugt sein, daß eine solche Lösung nicht
in Frage kommt, daß es abscheulich wäre, unmenschlich und grausam,
so vorzugehen, selbst wenn es die einzige Möglichkeit wäre, das allgemeine Elend zu beenden oder wenigstens zu mildern. Da aber ein
nicht unerheblicher Teil der gegenwärtigen Moralphilosophie nicht
müde wird, uns zu ermahnen, bloßen Intuitionen zu mißtrauen und
statt dessen die Sache rational, das heißt unvoreingenommen anzuge-
hen, und da ferner eine Problemlösung von der Art, wie Swift sie in
satirischer Absicht vorschlägt, von denselben Philosophen längst nicht
mehr *grundsätzlich* abgelehnt wird, befinden wir uns heute scheinbar
in der mißlichen Lage, *begründen* zu müssen, warum ein solcher Vorschlag *in jedem Fall* unannehmbar wäre. Mißlich ist diese Lage, weil
wir hiergegen nur moralische Gründe geltend machen könnten, Swift
selbst sich aber seinerseits bereits auf die Moral beruft, um seinen
Vorschlag zu rechtfertigen. Denn zwar ist es die (auch ökonomisch)
ausweisbare *Nützlichkeit*, die Swift hier allein zum Maßstab nimmt,
aber doch so, daß der Nutzen *aller* Beteiligten gleichermaßen berücksichtigt zu werden scheint. Argumentationsbasis ist also nicht der
Egoismus, sondern der Altruismus, nicht ein partikulares, sondern das
allgemeine Interesse, genauso wie Jeremy Bentham es sechzig Jahre
später (1789) in seiner *Einführung in die Prinzipien der Moral und
der Gesetzgebung* forderte.

2. Jeremy Bentham

Das von Bentham ausgezeichnete „Prinzip der Nützlichkeit" (principle of utility) macht bekanntlich die Billigung einer Handlung davon
abhängig, ob diese den von ihr Betroffenen *nützt*, ob es in ihrem
Interesse ist und das heißt, wie er erklärt, ob es zu ihrem *Glück* beiträgt oder dieses wenigstens nicht beeinträchtigt.[5] Das Interesse der

Gemeinschaft muß dabei nach Bentham immer verstanden werden als „die Summe der Interessen der verschiedenen Glieder, aus denen sie sich zusammensetzt".[6] Genau in diesem Sinne aber argumentiert Swift: In der Situation, wie sie nun einmal ist, wäre es tatsächlich für *alle*, also jeden einzelnen, am besten,[7] wenn die Kinder zum Verkauf und Verzehr verwendet würden. Wenn man nun mit Bentham annimmt, daß wir moralisch verpflichtet sind, das zu tun, was, soweit wir sehen können, den meisten Nutzen für alle, die von der Handlung betroffen sind, zur Folge hat, dann wäre es – angenommen, Swifts Beschreibung der empirischen Situation träfe zu – nicht nur nicht schlecht gewesen, seinen Vorschlag praktisch umzusetzen, sondern es wäre auch genau das gewesen, was hätte getan werden *sollen*. Jeder, der wahrhaft um das Wohlergehen aller besorgt ist, der, in der griffigen Formel Benthams, das *größte Glück der größten Zahl*[8] zu befördern wünscht, kann gar nicht anders, wenn er es recht und d. h. vorurteilsfrei bedenkt, als Swifts Vorschlag als bedenkenswert zu begrüßen. Vielleicht wird er ihn schließlich zurückweisen, wenn er zu dem Schluß kommt, daß das Ziel des allgemeinen Wohlergehens auf andere Weise besser (leichter, schneller, wirksamer) erreicht werden könne, aber er darf ihn nicht von vornherein ablehnen, allein deshalb, weil hier Kinder getötet werden sollen und man so etwas *einfach nicht tut*.[9] Denn es ist nicht ohne nähere Prüfung auszuschließen, daß es in *diesem* Fall eben doch getan werden sollte, zumal Swift ausdrücklich davon ausgeht, daß der Vorteil auch auf Seiten der Kinder liegt. Das macht es umso schwieriger, gegen seinen Vorschlag aus *moralischen* Gründen etwas einzuwenden. Aber selbst wenn er annähme, daß die Durchführung einer solchen Maßnahme nicht im Interesse der betroffenen Kinder wäre (da es für sie auch unter den gegebenen kaum erträglichen Umständen immer noch besser wäre zu leben als nicht zu leben), könnte er doch immer noch daran festhalten, daß dem Gemeinschaftsinteresse, verstanden als der *Summe* der Einzelinteressen, auf diese Weise am besten gedient werde, da der Zugewinn an Nutzen oder Glück für alle übrigen den Negativnutzen oder das Unglück der zum Verzehr bestimmten Kinder aufwöge. Obwohl der Utilitarismus in der Form, die Bentham ihm gab und die bis heute unter seinen Nachfolgern, trotz aller Entwicklungen und Unterschiede, anerkannt wird, vielleicht mehr als jede andere ethische Position die prinzipielle Gleichrangigkeit aller von einer Handlung (oder Handlungsregel) Betroffenen betont, führt doch die schiere Zahl der zu berücksichtigenden Interessen zu einer gegen Null tendierenden Gewichtung des Einzelinteresses. Benthams „Jeder zähle für einen und niemand für mehr als einen" („Everybody to count for one and nobody for more than one") ist die demokratischste Maxime, die man sich nur denken kann. Sie schließt aus, daß den Interessen des einen, wer auch immer er sei, mehr Gewicht zukommt als dem Interesse eines anderen. Aber sie verlangt auch, daß die Interessen von *zweien* mehr Berücksichtigung erhalten als das Interesse eines einzelnen. Denn wäre dem nicht so, dann würde dieser einzelne mehr (nämlich doppelt so viel) zählen wie jeder der beiden anderen. Darum ist für Bentham und den Utilitarismus im allgemeinen die Zahl der Personen, auf die sich eine Handlungsweise positiv oder negativ auswirkt, ein entscheidendes Kriterium für deren Beurteilung.[10] Der Nachteil, den jemand durch eine Handlung erleidet, zählt daher umso weniger, je mehr Personen durch dieselbe Handlung einen Vorteil erzielen. Es mag zwar sein, daß der Nachteil eines einzelnen für sich genommen wesentlich größer ist als der Vorteil, den jeder der anderen erlangt. Aber auch dann gilt, daß wenn die Zahl der bevorteilten Personen nur groß genug ist, der Nachteil der einen Person (oder auch mehrerer Personen) irgendwann ausgeglichen sein muß. Um zu entscheiden, was zu tun ist, brauche ich nur die *Bilanz* zu ziehen, die negativen mit den positiven Folgen für alle Betroffenen zu berechnen. Sicher kann man hiergegen einwenden, daß es äußerst schwierig, wenn nicht unmöglich ist, eine solche Bilanz zu ziehen, erstens weil man niemals sicher sein kann, daß alle in Frage stehenden Interessen wirklich berücksichtigt wurden (wie steht es mit den Auswirkungen auf zukünftige Generationen oder auf nichtmenschliche Lebewesen?), und zweitens, weil bislang keine zufriedenstellende Methode gefunden wurde, Interessen zu summieren und gegeneinander aufzurechnen. (Ist mein Interesse an einer Sache größer als das eines anderen? Und wenn ja, um wieviel größer? Zweimal so groß, dreieinhalbmal so groß?) Aber dieser Einwand ist eher technischer Natur.[11] Er zeigt lediglich, wie schwierig es ist, eine moralisch richtige Entscheidung zu treffen, nicht aber, daß eine Handlung, der eine solche (korrekte) Bilanzierung zugrunde liegt, nicht doch die einzig richtige wäre.[12] Welches Kriterium könnten wir also anführen, das allgemein zustimmungsfähig wäre und mittels dessen sich zugleich die Handlung mit der *schlechteren* Bilanz als *besser* ausweisen ließe? Bentham war der Meinung, daß dies unmöglich sei, daß also die Richtigkeit des von ihm „Prinzip der Nützlichkeit" getauften obersten Moralprinzips argumentativ schlechterdings nicht zu widerlegen sei, da jeder Einwand dagegen sich selbst wieder auf das Prinzip der Nützlichkeit berufen müsse, um Plausibilität beanspruchen zu können.[13] Entweder man sagt, daß es schädlich sei, nach dem Prinzip zu handeln, dann wendet man sich in Wahrheit offenbar nicht gegen das Prinzip selbst, sondern gegen seine falsche Anwendung. *Oder* aber man gibt zu, daß es *nicht* schädlich sei, das Prinzip anzunehmen; dann ist nicht einzusehen, was eigentlich gegen seine Annahme sprechen sollte. Bentham kommt so zu dem Schluß, daß das Prinzip der Nützlichkeit das einzige Prinzip sei, das sich mit guten Gründen verteidigen lasse. Alles andere, was der Moral sonst zugrundegelegt werde, sei entweder auf das Prinzip der Nützlichkeit zurückzuführen, oder, wenn das nicht möglich sei, ein bloßer Ausdruck der subjektiven Vorlieben desjenigen, der das Prinzip behauptet. Die meisten Moralphilosophen, meinte Bentham, argumentieren nach dem „Prinzip der Sympathie und Antipathie" (principle of sympathy and antipathy), das heißt, sie erklären einfach das für richtig, was ihnen gerade zufällig gefällt, und für falsch, was ihnen mißfällt, wie etwa prototypisch Francis Hutcheson mit seiner Rede vom *moralischen Sinn.*[14] Zwar will Bentham nicht ausschließen, daß es tatsächlich Menschen gibt, die einen solchen moralischen Sinn, ein untrügliches Gespür für das Richtige und Falsche haben, aber darauf, meint er, komme es auch gar nicht an. Von Belang ist allein, daß, wenn es sie gibt, sie sich jedenfalls nicht auf ihre exklusive Einsicht berufen können, um eine Handlung oder Maßnahme gegenüber anderen (denen diese Einsicht fehlt) zu rechtfertigen. Die *öffentliche Rechtfertigung* einer Handlung ist nur durch den Nachweis ihrer Nützlichkeit möglich, ohne eine solche Rechtfertigung aber wäre ihre Durchführung reiner Despotismus:[15] „Antipathie oder Ressentiment bedürfen immer eines Regulativs, damit sie keinen Schaden anrichten. Welches Regulativ ist es? Stets das Prinzip der Nützlichkeit." Hingegen bedarf das Prinzip der Nützlichkeit selbst „weder eines anderen Regulativs, noch läßt es ein anderes als sich selbst zu".[16] Mit anderen Worten beansprucht Bentham also, daß unter allen möglichen Moraltheorien der Utilitarismus und nur der Utilitarismus argumentativ verteidigt werden könne und in diesem Sinne also rational sei. Dieser Anspruch wird von den Anhängern des Utilitarismus im wesentlichen bis heute aufrechterhalten.

3. John Stuart Mill

Auch John Stuart Mill hat bekanntlich ein Kapitel seines apologeti-
schen Essays über den Utilitarismus[17] der Frage gewidmet, welcher
Art von Beweis sich für das Prinzip der Nützlichkeit geben läßt. Seine
Antwort fällt zwiespältig aus. Einerseits läßt sich, wie er meint, überhaupt kein Beweis im strengen Sinne führen, denn wenn das Prinzip
der Nützlichkeit tatsächlich, wie der Utilitarismus behauptet, ein
Prinzip ist, also ein Anfang und, im buchstäblichen Sinne, *Grund*satz,
dann läßt es sich auch nicht aus etwas anderem herleiten.[18] Beweisen
lasse sich das Prinzip nur so, wie die Sichtbarkeit einer Sache dadurch
(und auf keine andere Weise) „bewiesen" wird und werden kann, daß
sie faktisch gesehen wird. Was wünschenswert ist, läßt sich entsprechend allein daraus erkennen, daß etwas gewünscht wird, das heißt,
daß es faktisch von uns als wünschenswert erfahren wird (denn wir
würden nichts wünschen, das uns nicht in irgendeiner Weise als wünschenswert erschiene).[19] Alle aber wünschen ihr Glück, nicht in dem
kruden Sinne, daß sie stets allein nach Glück trachteten oder alles, was
sie erstrebten, nur als *Mittel* zum Glück ansähen, sondern so, daß das,
was sie wünschen – was auch immer es im einzelnen sei – ihnen zum
Glück dazuzugehören scheint, mithin von ihnen als ein *Teil* ihres
Glücks betrachtet wird.[20] Dies lehrt uns nicht nur die Erfahrung. Tatsächlich, meint Mill, ist es „eine physische und metaphysische Unmöglichkeit (...), etwas anders als in dem Maße zu begehren, in dem
die Vorstellung von ihm lustvoll ist".[21] Weil aber in dieser Weise für
alle Menschen ihr eigenes Glück ein Gut ist, kann auch das „allgemeine Glück" (general happiness) als ein „Gut für die Gesamtheit der
Menschen" (a good to the aggregate of all persons) gelten.[22]
    Ich glaube nicht, daß sich Mill hier, wie G. E. Moore[23] und andere
später gemeint haben, ein naturalistischer Fehlschluß anlasten läßt.
Denn Mill meint offenbar nicht, daß alles, was gewünscht wird, weil
es gewünscht wird, auch wünschenswert sei, sondern lediglich, daß
sich die Wünschenswürdigkeit einer Sache allein dadurch *feststellen*
oder *ausweisen* lasse, daß sie von irgend jemandem gewünscht wird.[24]
Denn wie sollte sich die Behauptung, alle Menschen wünschten zwar
glücklich zu sein, wünschens*wert* sei aber etwas anderes, je rechtfertigen lassen? Kein anderes Prinzip als das Prinzip der Nützlichkeit ist
allgemein zustimmungsfähig, und wer sich dennoch auf ein solches
beruft, muß sich den Vorwurf gefallen lassen, letzten Endes, mit Bent-

ham zu sprechen, dem Prinzip der Sympathie und Antipathie zu folgen und damit nur seiner (vermeintlichen) persönlichen Einsicht. Und selbst wenn wir die Frage der Rechtfertigung außer Acht ließen, wäre es doch absurd, etwas für gut zu erklären, was niemand, auch wenn er alle relevanten Fakten kennt, zu haben wünscht, oder, wenn er es hat, als Bereicherung, als Zugewinn an Glück erlebt.[25] Läßt sich der Aussage, etwas sei gut, irgendein Sinn abgewinnen, wenn niemand auf der ganzen Welt, kein Mensch, kein Tier, auch nur die geringste Freude daran hat?[26] In welcher *Hinsicht* ist es dann gut? (Moore würde sagen: in gar keiner; es sei einfach nur *gut*, aber versteht man ihn?) Nehmen wir hingegen an, es gibt tatsächlich jemanden, der die betreffende Sache wünscht, so daß er einen Grund hat, sie als wünschenswert (als gut) zu betrachten, dann könnte er doch, wenn sie von anderen nicht gewünscht wird, nicht begründen, daß es nicht nur für ihn, sondern auch für diese anderen wünschen*wert* sei – es sei denn, er könnte zeigen, daß auch diese in Wahrheit dasselbe wünschten oder die betreffende Sache ein Mittel zu dem von ihnen Gewünschten (oder ein Teil desselben) sei. Aus Mills These, nur vom faktisch Gewünschten her lasse sich das Wünschenswerte erschließen, folgt auch nicht, wie Moore glaubte,[27] daß es keine schlechten Begierden geben könne. Es kann durchaus ein Mißverhältnis bestehen zwischen dem, *was* begehrt wird (das Glück), und dem, *worin* oder in welcher Gestalt es begehrt wird (ein beliebiger anderer Gegenstand). Daß jeder das Glück begehrt, bedeutet weder, daß jeder die gleiche Vorstellung vom Glück hat, noch daß das Vorgestellte tatsächlich hält, was man sich von ihm verspricht, nämlich Teil des *Glückes* zu sein. Kein Gegenstand wird einfach so begehrt, sondern immer *als* etwas, und weil das so ist, kann das Begehren sich auf den falschen Gegenstand richten und insofern auch schlecht sein.

Problematischer als die Ableitung des Wünschenswerten vom (allgemein) Gewünschten scheint Mills Übergang vom individuellen zum allgemeinen Glück zu sein. Es mag zunächst scheinen, als wolle Mill aus dem Umstand, daß für jeden Menschen allein das (eigene) Glück wünschenswert sei und auch gewünscht werde, folgern, daß jeder auch das Glück *aller*, also auch aller *anderen*, wünschen *sollte*.[28] Tatsächlich zieht Mill aber in der betreffenden Passage nicht aus dem Umstand, daß mein Glück ein Gut für mich ist, den Schluß, daß auch das allgemeine Glück ein Gut für *mich* sei, sondern daß dieses allgemeine Glück ein Gut für die *Gesamtheit der Menschen* (aggregate of all persons) sein müsse. Die Frage, warum *ich* mich darum kümmern sollte, was für die Gesamtheit der Menschen gut ist, ist damit noch nicht beantwortet. Aber *wenn* ich mich darum kümmern will, dann sollte ich es so tun, daß ich, im Rahmen meiner begrenzten Möglichkeiten, das *Glück* (i. e. Freude und Abwesenheit von Leid) der Menschheit fördere.[29] Mill versucht mit seinem „Beweis" des Prinzips der Nützlichkeit also gar nicht in erster Linie plausibel zu machen, daß jeder von uns das allgemeine Glück befördern sollte, sondern vielmehr, daß jedes Gut, das wir, aus welchen Gründen auch immer, zu befördern wünschen, für *irgend jemanden* gut, und das heißt *glücksfördernd*, sein muß.[30] Ferner läßt sich sagen, daß Handlungen nur dann uneingeschränkt als gut *anerkannt* werden können, wenn sie zum *allgemeinen* Glück beitragen bzw. dieses nicht beeinträchtigen. Denn ich selbst mag zwar eine Handlung gut nennen, die ausschließlich mir nützt (anderen aber schadet), aber niemand anders wird sich meinem Urteil anschließen. Meine Handlung als gut zu bezeichnen, haben *andere* nur dann einen Grund, wenn sie tendenziell auch deren Glück fördert. Solange ich alles und nur das gut nenne, was mein Glück fördert (bzw. mein Wohlsein nicht beeinträchtigt), und du alles und nur das gut nennst, was dein Glück fördert (bzw. dein Wohlsein nicht beeinträchtigt), werden wir in vielen Fällen uneins darüber sein, ob eine Handlung gut zu nennen ist oder nicht, einfach weil wir, und zwar in *allen* Fällen, etwas anderes mit dem Begriff „gut" *meinen*. Nur was uns beiden nützt (bzw. keinem von uns schadet), können wir auch beide uneingeschränkt für gut halten. Es ist also die allgemeine *Anerkennung* einer Handlung als gut, die deren Orientierung am Nützlichkeitsprinzip im Benthamschen Sinne voraussetzt. Man kann nun Mill so verstehen, daß auch jeder einzelne eben deshalb einen guten Grund hat, in seinen Handlungen auch das allgemeine Glück zu berücksichtigen, da er sich nämlich die Billigung seiner Mitmenschen nur so erwerben und sichern kann. Denn wir alle haben, wie Mill meint, von Natur aus ein starkes „Verlangen nach Einheit mit unseren Mitgeschöpfen", das uns motiviert, nicht nur für uns selbst, sondern auch für andere Sorge zu tragen. Dieses „mächtige natürliche Gefühl", das allerdings durch Erziehung noch zu verstärken und zu festigen ist, bildet ein „unerschütterliches Fundament" der menschlichen Moral.[31] Und zwar offenbar in zweifacher Hinsicht: erstens weil der ausgeprägte Wunsch, in Gemeinschaft zu leben, realistischerweise nur dann erfüllt werden wird, wenn ich so handle, wie es die Gemeinschaft auch zu billigen vermag, und zweitens weil ich so von vornherein bereits eine *Neigung* dazu habe, so zu handeln, also nicht um der Billigung willen, die ich so erhalte, sondern um der anderen und *ihres* Glückes willen, das auf diese Weise nicht nur ein unvermeidliches *Mittel* zu meinem Glück ist, sondern vielmehr (ohne jeden instrumentellen Zwang) selbst ein *Teil* von ihm.[32]

Im letzten, der „Logik der Moralwissenschaften" gewidmeten Buch seines *Systems der Logik* kritisiert Mill darum auch die Bentham-Schule für ihre Grundannahme, daß kein Mensch jemals anders als aus Eigeninteresse (private or wordly interest) handle.[33] Tatsächlich handelten alle aus den unterschiedlichsten Beweggründen und werden dabei beeinflußt durch die „gewöhnlichen Gesinnungen und Gefühle, die allgemeinen Denkarten und Handlungsweisen, die in dem Gemeinwesen herrschen, dessen Mitglieder sie sind, wie auch durch die Gefühle, Gewohnheiten und die Denkart der besonderen Klasse des Gemeinwesens, der sie selbst angehören." Dazu gehören eben auch moralische Gefühle, angelegt in unserer Natur und verstärkt durch die Erziehung, so daß wir in der Regel von vornherein nicht nur unser eigenes privates Gut, sondern auch das der anderen (Mitglieder der Gemeinschaft) zu fördern *wünschen*. Dieser Wunsch ist der Ausgangspunkt der Ethik, deren Aufgabe folglich gar nicht darin besteht zu begründen, *warum* ich so wünschen bzw. entsprechend handeln sollte, sondern vielmehr darin aufzuzeigen, auf welchem Weg oder *in welcher Weise* ich diesen Wunsch am besten zu erfüllen vermag. Mill bestreitet ausdrücklich, daß die normative Ethik dem Grunde nach eine Wissenschaft sei. Vielmehr muß sie als eine *Kunst* (*art*, im alten klassischen Sinne von *technê*) verstanden werden.[34] Als solche setzt sie sich selbst ein Ziel, definiert es und gibt es dann weiter an die „Wissenschaften von der menschlichen Natur und Gesellschaft", deren Aufgabe es nun ist zu ergründen, welcher Art dieses Ziel genau ist, seine Ursachen und Bedingungen zu erforschen und sodann eine Theorie zu entwickeln, wie das Ziel am besten erreicht werden könne. Alle moralischen Regeln müssen sich in dieser Theorie begründen lassen. Das ursprüngliche Ziel hingegen ist keiner weiteren *theoretischen* Begründung fähig. Die Kunst gibt die Annahme vor, daß das Erreichen des Ziels *wünschenswert* sei.[35] Die korrespondierende Wissenschaft kümmert sich um die Frage der Umsetzung. Was nun das von der Kunst gesetzte ursprüngliche Ziel anbelangt, so wird nicht behauptet, daß dieses Ziel sich aus irgendwelchen vermeintlichen oder wirklichen Tatsachen logisch ableiten lasse. Nicht daß etwas ist, sondern daß etwas sein *soll*, wird von der Kunst behauptet – was eine Aussage ganz anderer Art ist.[36]

Daraus folgt allerdings nicht, daß die moralischen *Regeln* sich ebensowenig aus Tatsachen (oder Annahmen über Tatsachen) herleiten lassen wie das *telos* der Moral. Im Gegenteil *müssen* sich die Regeln sogar
jederzeit auf Tatsachen zurückführen lassen und in diesem Sinne rational begründbar sein, wenn sie allgemeine Anerkennung beanspruchen wollen. Daher ist auch die mit Nachdruck verfochtene Interpretation James Urmsons (1953), der Mill, gemäß der spätestens seit
Brandt (1959) üblichen Unterscheidung zwischen Regel- und Hand-
lungsutilitarismus, als Regelutilitaristen verstehen zu müssen glaubte,
letztlich nicht haltbar. Urmson zufolge vertrat Mill nicht die Auffassung, daß eine Handlung dann und nur dann gut sei (oder als gut
anerkannt werden könne), wenn sie zum allgemeinen Glück beitrage
(bzw. dieses nicht beeinträchtige), sondern vielmehr, daß ihre An-
nehmbarkeit auf ihrer Übereinstimmung mit einer moralischen Regel
beruhe, *deren* Anerkennung zum allgemeinen Glück beiträgt. Nun ist
es zweifellos wahr, daß Mill nirgendwo auch nur andeutet, die Kunst
der Moral könne auch ohne Handlungsregeln auskommen. Eine
Kunst ohne Regeln, so können wir Mill verstehen, gibt es nicht. Jedoch betont Mill auch, daß keine Regel, auch wenn sie sich ursprünglich durch das Nützlichkeitsprinzip rechtfertigen ließ, sakrosankt ist.
Die Lebensumstände seien so verwickelt, daß man sich niemals auf
Regeln verlassen könne. Um zu vermeiden, daß die Regeln das Gegenteil von dem bewirken, was sie eigentlich bewirken sollten (coun-
teract the consequences of those laws), müßten sie ständig (constantly)
durch Rückführung auf ihr theoretisches Fundament überprüft werden. Die Überprüfung mag dann ergeben, daß die Umstände (practical
contingencies) eine Änderung der anzuwendenden Handlungsregel
oder gar den Verzicht auf ihre Anwendung verlangen. „Ein kluger
Praktiker", fährt Mill fort, „wird daher Regeln des Verhaltens stets
nur eine vorläufige Geltung beimessen. Da sie für die zahlreichsten
oder die am gewöhnlichsten vorkommenden Fälle gemacht sind, so
deuten sie uns den Weg an, den zu verfolgen am wenigsten gefährlich
ist, sobald wir nicht die Zeit oder die Mittel besitzen, die wirklichen
Verhältnisse des Falls zu analysieren, oder sobald wir unserem Urteil
in der Abschätzung dieser Verhältnisse nicht trauen können. Doch sie
überheben uns keineswegs der Notwendigkeit, das wissenschaftliche
Verfahren (sobald es nur die Umstände gestatten) selbst durchzuma-
chen, das zur Bildung einer Regel aus den Daten des vorliegenden
Falles erforderlich ist".[37] Aus diesen Sätzen geht klar genug hervor,
daß Mill moralische Regeln doch entgegen Urmsons Deutung eher als

Faustregeln verstanden wissen wollte, die nur heuristischen Wert beanspruchen können und jederzeit verändert oder für den betreffenden Fall über Bord geworfen werden sollten (um einer neuen, angemesseneren Regel Platz zu machen), wenn die wissenschaftliche Überprüfung der Situation dies erfordert. Eine solche Überprüfung besteht offenbar in dem Nachweis, daß die Einhaltung der üblichen Regel auch in diesem speziellen Fall das geeignete Mittel zur Erreichung des gesetzten Ziels darstellt. Dieses Ziel aber, das man niemals aus den Augen verlieren darf, ist die Förderung des allgemeinen Glücks, welche mithin das Maß bleibt, an dem letztlich jede einzelne Handlung gemessen werden muß. Dies würde bedeuten (Mill selbst führt kein konkretes Beispiel an), daß es z. B. zwar im allgemeinen richtig (i. e. für alle nützlich) sein wird, nicht zu lügen oder ein Versprechen zu brechen, es aber durchaus Situationen geben mag, in denen genau dies falsch wäre, weil die Wahrheit zu sagen oder das Versprechen zu halten in *dieser* Situation aufs Ganze gesehen zuviel Schaden anrichten würde.[38] Ein blinder Gehorsam gegen die Regel, nur weil es die *Regel* ist, wäre hier völlig fehl am Platz, weil es dem *Sinn* der Regel – dem Zweck, den zu erfüllen sie gemacht wurde – widersprechen würde. Darum sei es ein großer Fehler, sagt Mill, moralische Regeln als unnachgiebige Grundsätze (unbending principles) oder schlechthin geltende Verhaltensregeln (rules of conduct generally) zu verstehen.[39] Sie erfüllen eine Funktion innerhalb der Kunst der Moral, die selbst wiederum (neben der Klugheitslehre und der Ästhetik als Kunst des Schönen) eine Unterabteilung der Lebenskunst (art of life) darstellt.[40] Deren allgemeines Grundprinzip aber, mit dem alle Regeln der Praxis übereinstimmen und an dem sie geprüft werden sollten, kann, aus Gründen der *Rechtfertigung*, nur eines sein: zum menschlichen Glück oder vielmehr dem Glück aller empfindungsbegabten Lebewesen beizutragen. Das höchste Prinzip der Teleologie oder Lehre von den Zielen (doctrine of ends) ist mithin die Förderung des Glücks (promotion of happiness).[41]

Mills Forderung einer Rückbindung jeder moralischen Regel an dieses Grundprinzip verfolgt sichtlich den gleichen ideologiekritischen Zweck wie seine vermeintlich so ungerechtfertigte Anknüpfung des Wünschenswerten an das faktisch Gewünschte. Tatsächlich geht es Mill in beiden Fällen um den Schutz der Individuen (sowie der Gesellschaft, die sie bilden) vor der Zumutung, sich ihr Glück von anderen vorschreiben zu lassen. Mill tritt ein für das Recht des einzelnen, auf seine Art glücklich (oder unglücklich) zu sein. Für „die

Macht des Volkes über sich selbst"[42] und gegen die Tyrannei der
Mehrheit oder der herrschenden Meinung und der vorherrschenden
Empfindungsweisen, „gegen die Tendenz der Gesellschaft (…), ihre
eigenen Ideen und Praktiken als Verhaltensregeln denen aufzuerlegen,
die eine abweichende Meinung haben, die Entwicklung in Fesseln zu
schlagen, wenn möglich die Bildung jeder Individualität, die nicht mit
ihrem eigenen Kurs harmoniert, zu verhindern und alle Charaktere zu
zwingen, sich nach ihrem eigenen Modell zu formen"[43], wie er in
seiner großen Abhandlung *Über die Freiheit* schreibt. Um solche
Übergriffe zu verhindern, ist es nötig, daß die vorherrschenden Regeln
nicht als so evident verstanden werden, daß sie keiner Rechtfertigung
mehr bedürfen.[44] Wer meint, er wüßte, wie man sich zu verhalten
habe, ohne dafür irgendwelche weiteren Gründe anführen zu können,
die seine Meinung stützen, äußert lediglich eine persönliche (und für
andere in keiner Weise bindende) Präferenz.[45] In der Geschichte hat,
wie Mill betont, die Auffassung, daß die eigenen moralischen Standards keiner Begründung bedürfen, stets zur Unterdrückung und Vernichtung Andersdenkender und -handelnder geführt. Kaum eine
Schandtat, die sich nicht dadurch rechtfertigen läßt, daß man sich auf
den sogenannten moralischen Sinn beruft. Mill beharrt darum darauf,
daß es nur einen legitimen Grund geben kann, die Meinungs- und
Handlungsfreiheit eines Menschen gewaltsam zu beschränken, nämlich die Notwendigkeit, von sich selbst oder anderen Schaden abzuwenden. „Dessen eigenes Wohl (…) ist keine genügende Rechtfertigung. Man kann einen Menschen nicht rechtmäßig zwingen, etwas zu
tun oder zu lassen, weil dies besser für ihn wäre, weil es ihn glücklicher machen, weil er, *nach Meinung anderer*, klug oder sogar richtig
handeln würde".[46] Zwar kann ich, vielleicht sogar zurecht, der Auffassung sein, daß einer, der eine bestimmte Lebensweise für sich gewählt hat, durch die er zugegebenermaßen niemand *anders* schädigt,
um seines eigenen Glückes willen anders leben sollte. Aber damit mes-
se ich ihn mit meinem Maß, das möglicherweise nicht das seine ist.
Woher könnte ich das Recht ableiten, ihn zu zwingen, nach meinem
Maß zu leben, ihm zuzumuten, sein persönliches Glück gefälligst genau da zu suchen und zu finden, wo ich selbst es tue? Wahrscheinlich
werde ich glauben, besser beurteilen zu können als er, was gut für ihn
ist. Aber wieso glaube ich das? Allein deshalb, weil er eine andere
Vorstellung vom Glück hat, die ich nicht teile? Das ist offensichtlich
zu wenig, denn in dieser Lage befinde auch ich mich in den Augen
des anderen. Berechtigt einzugreifen bin ich doch wohl nur dann,

wenn ich noch *weitere* Gründe für die Annahme habe, daß sein Handeln seinem eigenen Interesse und *seinem* Glück zuwiderläuft, wenn beispielsweise der andere ein Kind ist, dem der nötige Überblick fehlt, oder momentan geistesverwirrt, eben nicht, wie es bezeichnenderweise heißt, Herr seiner selbst. Frei zu sein bedeutet nach Mill nichts anderes, als tun zu können, was man zu tun wünscht: „liberty consists in doing what one desires".[47] Und wenn ein erwachsener geistig gesunder Mensch etwas zu tun oder zu erreichen wünscht, dann muß dies wohl oder übel akzeptiert werden, und das heißt, sein Wunsch muß als wünschens*wert* behandelt werden.[48] „Wenn jemand auch nur ein wenig gesunden Menschenverstand und Erfahrung besitzt, ist seine eigene Art der Existenzplanung die beste – nicht weil diese für sich selbst genommen die beste wäre, sondern weil es die *seine* ist".[49] Dies nicht anzuerkennen, wäre Despotismus und vom Standpunkt der Nützlichkeit aus, zu dem Mill sich auch in dieser Schrift ausdrücklich bekennt,[50] zu verdammen. So hoch Mill die persönliche Freiheit schätzt, so wenig will er sie doch über das Glück von Individuum und Gesellschaft stellen. Vielmehr ist Mill fest davon überzeugt, daß die Freiheit ein wesentlicher Bestandteil des menschlichen Glücks ist und eben *deshalb* unverzichtbar. Ein Mensch, der frei ist, sein persönliches Leben nach seinen eigenen Vorstellungen zu gestalten, ist immer, ceteris paribus, glücklicher als einer, dem dies nicht möglich ist. Und dasselbe gilt für eine Gesellschaft in ihrer Gesamtheit. „Die einzige Freiheit, die diesen Namen verdient, ist die, unser eigenes Wohl auf unsere eigene Weise zu suchen, so lange wir nicht versuchen, anderen das ihre zu rauben oder ihre Bemühungen, es zu erlangen, vereiteln. Jeder ist der richtige Wächter seiner eigenen Gesundheit, sei sie körperlicher, geistiger oder seelischer Art. Die Menschen gewinnen mehr, wenn sie einander gestatten, so zu leben wie es ihnen selbst gut erscheint, als wenn sie einander zwingen, so zu leben, wie es den übrigen gut erscheint".[51] Ich verstehe Mill hier in dem Sinne, daß wir nicht nur durch unsere eigene Freiheit, sondern auch durch die Freiheit des anderen glücklicher sind oder werden können, als wir es ohne sie könnten. Wenn es also möglich wäre, daß alle Menschen nach *meiner* Vorstellung vom Glück leben, das heißt, ich genauso lebe, wie ich es wünsche, und alle anderen so leben, nicht wie sie es wünschen, sondern wie *ich* es wünsche (daß sie leben), selbst dann könnte ich nicht so glücklich sein wie dann, wenn alle so lebten, wie sie *selbst* zu leben wünschten. Das auf der Freiheit, sein eigenes Leben zu leben, beruhende Glück des anderen trägt also zu meinem Glück bei, denn „im

Verhältnis zur Entwicklung seiner Individualität wird jeder für sich selbst wertvoller und von daher fähig, auch für andere wertvoller zu sein. Eine größere Fülle des Lebens (fulness of life) liegt über ihrer Existenz, und wo es mehr Leben in den Einheiten gibt, da ist auch mehr in der Masse, die sich aus ihnen zusammensetzt".[52] Der Reichtum der Existenz hängt an der Vielfalt der Lebensmöglichkeiten, derer ich in anderen gewahr werde.

Dies zeigt sich besonders klar an der (in der Freiheit, sein eigenes Leben zu leben, enthaltenen) Freiheit, sich eine eigene Meinung zu bilden und diese Meinung auch zu äußern. So wie alles, was ein erwachsener Mensch wünscht, von allen anderen zunächst als wünschens*wert* behandelt zu werden verdient, so muß auch jeder Gedanke, den einer hat, zunächst als bedenkens*wert* erachtet und gehört werden. Nicht nur, weil dies zur (glücksnotwendigen) Freiheit des einzelnen gehört, sondern auch, weil niemand für sich in Anspruch nehmen kann, daß gerade seine und nur seine Meinung richtig ist und die des anderen *offensichtlich* falsch, denn wenn sie offensichtlich falsch wäre, wie kann dann irgend jemand von ihrer Richtigkeit überzeugt sein? Wenn einer diese Meinung hat, egal wie abwegig sie *uns* auch erscheinen mag, wird er Gründe dafür haben, und es ist gut, wenn er sie nennen darf, weil er am Ende doch recht haben könnte (auch wenn niemand anders dies zunächst glaubt) und alle von dieser Wahrheit profitieren könnten. Und selbst wenn er *nicht* recht hat, ist es immer noch für jeden wichtig, ihn anzuhören, einfach um sich über die *Gründe* seiner eigenen Meinung klarzuwerden und sie Einwänden auszusetzen. Denn nur auf diese Weise kann ein Mensch, das heißt ein Wesen mit begrenzten Fähigkeiten, irgendeine *rationale* Gewißheit haben, in einem bestimmten Punkt (aller Wahrscheinlichkeit nach) Recht zu haben, und nur eine solche gegen viele Gegeneinwände verteidigte und derart gefestigte Gewißheit kann es *rechtfertigen*, entsprechend zu handeln.[53] Das bloß Übliche (customary) kann zwar, als Materialisierung gesammelter Erfahrungen, eine Art Richtwert für das Handeln sein, aber kein letztes, schlechthin bindendes Maß. Es muß immer dem einzelnen Individuum überlassen bleiben, aufgrund seiner eigenen Erfahrungen und der vom Üblichen abweichenden Situation einen anderen, seinem eigenen Charakter und der Situation gemäßen Weg zu wählen.[54] Abweichende Meinungen zu verbieten ist somit nicht nur ein Unrecht an denen, die sich nicht äußern dürfen, sondern auch an allen anderen, die jener Gedanken beraubt werden.[55] Darum gilt: „Wenn alle Menschen außer einem derselben Meinung wären und nur dieser einzige eine entgegengesetzte hätte, dann wäre die ganze Menschheit nicht mehr berechtigt, diesen einen mundtot zu machen, als er, die Menschheit zum Schweigen zu bringen, wenn er die Macht hätte".[56]

Ich fasse zusammen: wie ein Mensch (und nicht wie Vieh)[57] zu handeln, heißt die *Gründe* zu kennen, warum man so und nicht anders handelt, und das heißt zu wissen, warum es (in einem moralischen Sinne) *gut* ist, so zu handeln. Es reicht nicht, Handlungen nur deshalb für richtig zu halten, weil wir sie als richtig *empfinden* oder weil es eine Regel gibt, die üblicherweise anerkannt wird und die betreffende Handlung vorschreibt bzw. nicht verbietet. Um aber wirklich *wissen* zu können, daß mein Handeln (bzw. die Regel, der ich handelnd folge) gut ist, müssen zwei Bedingungen erfüllt sein. Erstens muß ich in der Lage und willens sein, es auf ein Prinzip zurückzuführen, das allgemein anerkannt wird, wobei dieses Prinzip derart beschaffen sein muß, daß es das *Ziel* festlegt, dem die Anwendung der Regel dienen soll. Und zweitens muß ich auch einigermaßen sicher sein können, daß die Rückführung *zu Recht* geschieht, daß ich mich also nicht täusche und fälschlich glaube, mein Handeln sei mit dem allgemein anerkannten Ziel vereinbar. Eine solche verhältnismäßige Sicherheit kann ich aber nur erwerben oder für mich reklamieren, indem ich die Regel meines Handelns der Prüfung eines öffentlichen Diskurses unterwerfe. In diesem Sinne *rational* ist das moralische Handeln also dann, wenn und insofern es anerkanntermaßen auf *ein* anerkanntes Prinzip rückführbar ist. Insofern auch dieses Prinzip selbst und *nur* dieses Prinzip allgemein anerkannt wird, ist auch dieses, meint Mill, rational. Das heißt allerdings nicht, daß es auch einen zwingenden Grund gäbe, nach diesem Prinzip zu handeln. Wenn ich so handle, dann nicht, weil es rational wäre, sondern weil es mir ein Bedürfnis ist.

4. Richard Marvyn Hare

„Ein Philosoph, der wünscht, daß seine Arbeit von Dauer sei, wird sich mit dem intuitiven Sand, auf den die meisten Moralphilosophen bauen, nicht zufrieden geben." (Richard Marvyn Hare)[58]

Der von Bentham und Mill vertretene Anspruch des Utilitarismus, das einzige im genannten Sinne *rationale* System der Moral zu sein, ist bis heute unter seinen Anhängern ungebrochen. Zwar ist der Utilitaris-

mus noch nicht allgemein akzeptiert, aber er wird doch ausgiebig diskutiert und hat einige hartnäckige und argumentationsstarke Verteidiger gewonnen. Wohl der prominenteste unter ihnen ist Richard
Marvyn Hare, der in den fünfziger und sechziger Jahren bekannt wurde durch seine Analyse moralischer Begriffe und ihrer Logik (1952,
1962). Der in dieser Zeit von ihm entwickelte *Universelle Präskriptivismus* versteht sich zunächst als eine metaethische Theorie, innerhalb
derer keine Aussagen darüber getroffen werden, was moralisch richtig
und falsch bzw. zu tun und zu lassen ist.[59] Die Theorie ist also in
dieser Hinsicht neutral: sie soll nur die allgemeinen Regeln klären, an
die jeder sich halten muß, wenn er das (Sprach-)Spiel der Moral spielen will.[60] Hare zufolge haben moralische Aussagen ihre eigene Logik:
sie legen den, der sie äußert, auf bestimmte weitere Aussagen und
Handlungen fest, sofern er sich nicht selbst widersprechen will. So
kann ich z. B. korrekterweise nicht sagen, daß jemand in einer bestimmten Situation etwas tun *sollte*, nicht jedoch jemand anders, der
sich in exakt der selben Situation befindet. Was in dem einen Fall gilt,
muß auch in allen anderen Fällen gelten, die ihm gleichen. Eine Abweichung in der moralischen Bewertung läßt sich nur durch einen
relevanten Unterschied in der Situation rechtfertigen, und dieser Unterschied kann nicht einfach darin bestehen, daß in dem einen Fall X,
im anderen Y betroffen ist. Wenn eine Sache gut ist und eine zweite
ihr in allen relevanten Punkten gleicht, muß auch diese gut sein, und
es widerspräche der Logik, etwas anderes zu behaupten.[61] Ferner kann
ich nicht korrekterweise sagen, daß man (und damit eben auch ich) in
einer bestimmten Situation etwas tun sollte, und es dann, wenn ich
mich in dieser Situation befinde, nicht *tun*. Sage ich etwa, daß man
unter keinen Umständen stehlen sollte (= daß es unter allen Umständen *falsch* ist zu stehlen), tue es aber dennoch, so kann ich unmöglich
gemeint haben, was ich gesagt habe. Ich habe den Ausdruck ‚sollte‘ in
falscher oder irreführender Weise verwendet. Und das gleiche gilt,
wenn ich sage, daß alle anderen zwar nicht stehlen sollten, ich (oder
wer auch immer) aber schon. Daß X nicht stehlen sollte, *meint* eben,
daß *jeder* an X' Stelle nicht stehlen sollte. Nach Hare gibt es also zwei
Grundregeln des moralischen Begründens, nämlich erstens *Universalisierbarkeit* - „Wenn wir irgendein moralisches Urteil über diese Situation fällen, so müssen wir bereit sein, es auch über eine jede andere
genau ähnliche Situation zu fällen"[62] – und zweitens *Präskriptivität*,
denn moralische Urteile sind, obwohl sie die Eigenschaft der Universalisierbarkeit mit deskriptiven Urteilen teilen, nicht deskriptiv. An-

ders als das Wort ‚rot‘ beschreibt das Wort ‚(moralisch) falsch‘ nichts, sondern vielmehr schreibt es vor: ‚Tu dies nicht!‘, oder: ‚Dies soll nicht getan werden.‘[63] Und weil ein moralisches Urteil ein bestimmtes Verhalten vorschreibt oder anempfiehlt, kann man kein solches Urteil fällen, ohne zugleich bereit zu sein, sich auch danach zu richten.[64]

Hare legt Wert darauf, daß diese beiden Regeln der Universalisierbarkeit und der Präskriptivität sich rein begriffslogisch ermitteln lassen und keinerlei moralische Intuitionen voraussetzen.[65] Allerdings meint er auch, daß diese Regeln sehr wohl dazu benutzt werden können, die Haltbarkeit konkreter moralischer Urteile zu überprüfen. Aus den Regeln läßt sich ein generelles, jederzeit anwendbares Testverfahren ableiten, nämlich: „Teste die moralischen Grundsätze, die sich dir anbieten, indem du auf ihre Konsequenzen schließt und dann nachsiehst, ob du *diese* akzeptieren kannst“.[66] Das kann, wenn hier tatsächlich nur die beiden genannten Regeln zugrundegelegt werden, nur heißen, daß wenn ich ein moralisches Urteil darüber fälle, wie ein anderer in einer bestimmten Situation handeln oder behandelt werden sollte, ich auch (um den Preis des Selbstwiderspruchs) bereit sein muß, selbst in einer solchen Situation entsprechend zu handeln oder behandelt zu werden, und wenn ich darüber urteile, wie *ich* in einer bestimmten Situation handeln oder behandelt werden sollte, ich auch bereit sein muß anzuerkennen, daß alle *anderen* in einer solchen Situation entsprechend handeln oder behandelt werden sollten. Eine andere Weise, dieses rein formale Handlungsprinzip auszudrücken, ist die altbekannte Goldene Regel (oder eine Version von ihr): du solltest andere so behandeln, wie du meinst, daß sie dich behandeln sollten.[67] Man beachte, daß mit dieser Formulierung immer noch kein inhaltliches Moralprinzip gewonnen ist. Wir befinden uns immer noch auf der Ebene der Begriffslogik. Denn es ist, so wie der Begriff ‚sollte‘ von Hare expliziert wurde, analytisch wahr, daß *wenn* ich der Meinung bin, daß man mich in einer bestimmten Weise behandeln *sollte,* ich auch andere (in der gleichen Situation) so behandeln sollte. Denn zu sagen, daß ich so und so behandelt werden *sollte,* meint nichts anderes, als daß *jeder,* der sich in meiner Lage befindet, so behandelt werden sollte. Nicht begriffslogisch abzuleiten wäre hingegen das Prinzip: behandle andere so, wie du von ihnen behandelt werden *willst,* denn ich kann durchaus wollen, daß man mich gut behandelt, und gleichwohl andere, ohne mir zu widersprechen, schlecht behandeln. Um nun zu konkreten moralischen Grundsätzen zu gelangen, muß Hare eine zusätzliche Annahme machen, nämlich daß es bestimmte Dinge gibt, die wir in aller Regel dann nicht mehr bereit sind hinzunehmen, wenn wir uns vorstellen, sie selber ertragen zu müssen. So kann, meint Hare, niemand bereit sein, der universellen Regel zuzustimmen, daß die Wünsche, die jemand hat (z. B. nicht verletzt oder getötet zu werden), mißachtet werden sollten,[68] und zwar weil niemand wollen kann, daß *seine eigenen* Wünsche mißachtet werden. Wenn das aber so ist, dann folgt, sofern wir überhaupt bereit sind anzuerkennen, daß irgend etwas getan werden sollte, daß wir dafür sorgen sollten, daß die Wünsche von anderen so weit wie eben möglich erfüllt werden. Und eben das ist das inhaltliche Grundprinzip des Utilitarismus, die maximale Erfüllung von Präferenzen[69] oder Interessen.[70]

Nun ist es zwar richtig, daß niemand der allgemeinen Regel zustimmen kann, daß die Wünsche, die jemand hat, mißachtet werden sollten. Er *kann* es schon deshalb nicht, weil auch dies dann einer seiner Wünsche wäre und er folglich wünschen würde, daß auch *dieser* Wunsch mißachtet und das heißt nicht erfüllt werden sollte. Somit würde er also, gerade indem er wünscht, daß die Wünsche, die jemand hat, mißachtet werden sollten, zugleich wünschen, daß die Wünsche, die jemand (nämlich er jetzt) hat, *nicht* mißachtet werden sollten. Die allgemeine Regel wäre also schon aus logischen Gründen nicht einzuhalten. Aber die Unmöglichkeit einer solchen Regel führt uns entgegen Hares Annahme noch nicht zum Utilitarismus. Dies wäre nur dann der Fall, wenn die einzig verbleibende Alternative die Regel wäre, daß die Wünsche oder Interessen, die jemand hat, *nicht* (und das heißt niemals, unter keinen Umständen) mißachtet werden sollten. Aber so einfach ist es leider nicht. Wir können uns nämlich durchaus ohne Widerspruch an die Regel halten, daß die Wünsche, die jemand hat, *manchmal* mißachtet werden sollten, nämlich dann, wenn bestimmte Umstände gegeben sind. Das (begriffslogische) Gebot der Universalität verletze ich damit nicht, denn ich bin ja durchaus bereit zu akzeptieren, daß der Wunsch eines *jeden*, der sich in einem solchen Umstand befindet (mich selbst eingeschlossen), mißachtet werden sollte. Universalität ist, wie Hare selbst herausstellt, nicht dasselbe wie Allgemeinheit, und es scheint zunächst weder einen logischen noch einen empirischen Grund zu geben, warum ich nicht eine weniger allgemeine Regel wählen sollte.[71] So kann ich z. B. meinen, daß Mörder bestraft werden sollten, auch wenn dies ganz und gar nicht deren Wünschen entspricht, und somit also meinen, daß wenigstens einige ihrer Wünsche mißachtet werden sollten. Hare glaubt jedoch, daß die wenigsten von uns einer solchen Regel zustimmen würden, wenn sie sich wirklich vorstellten, die Stelle der Betroffenen einzunehmen – und eben das müssen wir nach Hare tun, um zu überprüfen, ob wir der Regel mit all ihren Konsequenzen wirklich zustimmen können. Das heißt, wir müssen uns vorstellen, der Mörder zu sein und die Welt mit seinen Augen zu sehen, zu empfinden wie er, zu wünschen wie er, und uns dann fragen, ob wir auch jetzt noch der Meinung sind, daß man ihn bestrafen sollte. „Wenn ich jetzt sage, daß ich einer bestimmten Person gegenüber etwas bestimmtes tun sollte, so habe ich mich damit auf die Auffassung festgelegt, daß genau das gleiche auch mir gegenüber getan werden sollte, wenn ich genau in ihrer Lage wäre, *die gleichen persönlichen Merkmale hätte und mich insbesondere in den gleichen motivationalen Zuständen befände*".[72] Mit anderen Worten: ich muß mir vorstellen zu wollen, was der andere will.[73] Wenn ich das aber tue, dann kann ich offenbar der universalen Regel nicht mehr zustimmen, daß dieses Wollen keine Berücksichtigung verdient, denn damit würde ich vorschreiben, mir etwas zuzufügen, was ich, ex hypothesi, in diesem Augenblick nicht zugefügt bekommen *will*. Hieraus würde nun allerdings folgen, daß ich niemals eine moralische Regel akzeptieren kann, die besagt, daß irgend jemandes Wünsche in irgendeiner Situation mißachtet werden sollten. *Alle* Wünsche, worauf auch immer sie sich richten, verdienten jederzeit Berücksichtigung, wenn wir ein moralisches Urteil treffen. (Das ist in etwa der Standpunkt, den auch Mill vertreten hat.) Das heißt jedoch *nicht*, (daß niemand korrekterweise meinen kann,) daß Mörder nicht bestraft werden sollten. Denn es gibt ja neben dem Interesse des Mörders, nicht bestraft zu werden, noch andere Interessen, die ebensowenig mißachtet werden dürfen. Andere Menschen wünschen eben (aus welchen Gründen auch immer) die Bestrafung, die der Mörder nicht wünscht. Und auch diese Wünsche muß ich, ebenso wie meine eigenen, wenn ich nicht formal ungerecht (und das heißt irrational) sein will,[74] berücksichtigen. Jeder zähle als einer und nicht mehr als einer. Die individuellen Präferenzen aller Beteiligten müssen also gewissermaßen zu einer unparteiischen Gesamtpräferenz aggregiert werden, und zwar indem der gegebene interpersonelle Konflikt zunächst in einen intrapersonellen umgewandelt wird – ich verhalte mich so, als seien all diese verschiedenen Präferenzen *meine* Präferenzen – und dann der stärkeren Präferenz Folge geleistet wird.

Doch was heißt hier „stärkere Präferenz"? Hare scheint kein Problem darin zu sehen, schwächere von stärkeren Präferenzen zu unterscheiden, und für den intrapersonellen Fall mag das auch durchaus zutreffen. Wenn ich gerne auf die Geburtstagsparty eines Freundes gehen würde, aber auch gerne das Theaterstück sehen, das zur gleichen Zeit aufgeführt wird, werde ich mich für das eine oder andere von beiden entscheiden und damit auch zugleich klären, welche der beiden Präferenzen die größere war. Es ist dazu aber keineswegs nötig, *bevor* ich mich entscheide, herauszufinden, welche der Präferenzen die andere überwiegt. Vielmehr ist die Entscheidung selbst die Festlegung der Präferenzordnung. Es hätte keinen Sinn zu sagen, daß meine Präferenz für das Theater zwar größer sei, ich aber dennoch auf die Party gehe. Ich könnte höchstens sagen, daß ich lieber ins Theater ginge, aber wenn ich trotzdem auf die Party gehe, so habe ich es, im Ganzen gesehen, offensichtlich *vorgezogen*, dorthin zu gehen, und meine Behauptung, lieber ins Theater gegangen zu sein, meint dann soviel wie, daß ich *unter anderen Umständen* vorgezogen hätte, dorthin zu gehen. Ganz anders sieht die Sache hingegen aus, wenn ich eine *moralische* Entscheidung treffen will. Hier kann ich nicht einfach entscheiden und auf diese Weise Klarheit schaffen, sondern ich muß mir *zuerst* über die relative Größe der vorhandenen Präferenzen zueinander Rechenschaft ablegen, dann unparteiisch die Bilanz ziehen und *auf dieser Grundlage* meine Entscheidung treffen. Wie aber soll ich das anstellen, wenn ich den Präferenzen, die ich gegeneinander abzuwägen habe, das gleiche Gewicht geben soll wie jene, welche die entsprechende Präferenz haben? Nehmen wir an, um ein Beispiel Hares zu verwenden,[75] ich will mein Auto an einem Platz parken, an dem jemand anders sein Fahrrad abgestellt hat, dieser andere hingegen will, daß sein Fahrrad an diesem Platz stehen bleibt. Wessen Präferenz ist größer? Woran soll ich die Größe der Präferenz bemessen? An der Sturheit, mit der sie vertreten wird? Wenn ich mich frage, was ich wollen würde, wenn ich anstelle des Fahrradbesitzers wäre, mit *seinen* Eigenschaften und *seinen* Motivationen, kann die Antwort nur lauten, daß ich wollte, das Fahrrad bliebe am betreffenden Platz stehen. Denn das ist es ja, was er will. Frage ich mich hingegen, was ich will, dann ist die Antwort ebenso klar: ich will, daß mein Auto dort parken darf, wo jetzt sein Fahrrad steht. Nehme ich nun beide Präferenzen zusammen und behandle sie so, als seien sie beide meine, dann kann ich, solange ich nur diese beiden Präferenzen betrachte und alles andere ausschließe, unmöglich zu einer Lösung kommen, da ein beiden gemeinsames Maß fehlt. Genauso gut könnte ich mich fragen, was mehr sei, ein Apfel oder eine Birne.[76] Aber *ein* Maßstab scheint doch immerhin denkbar, an dem sich die jeweiligen Präferenzen messen ließen, nämlich den relativen Stellenwert, den die jeweilige Präferenz in der Ordnung meiner Präferenzen (bzw. der des Fahrradbesitzers) einnimmt. Man könnte etwa mich und den Fahrradbesitzer fragen, was wir zu tun oder zu opfern bereit wären, um unser Fahrzeug an diesen Platz stellen zu können. Und wenn ich (zum Beispiel) lieber drei Tage nichts essen würde als auf den Platz zu verzichten, der Fahrradbesitzer hingegen eine ganze Woche lang, dann sieht es so aus, als sei seine Präferenz größer als (mehr als doppelt so groß wie) die meine. Allerdings nur auf den ersten Blick, denn es könnte ja sein, daß der Fahrradbesitzer ohnehin wenig ißt und es ihm nicht so viel *ausmacht*, ein paar Tage lang nichts zu essen. Vielleicht macht es ihm sogar weniger aus, eine Woche lang nichts zu essen, als mir, drei Tage nichts zu essen. In diesem Fall scheint meine ursprüngliche Präferenz nun doch wieder größer zu sein als die seine. Aber was heißt: es macht ihm weniger aus? Offenbar, daß seine Präferenz, eine Woche lang nicht ohne Nahrung zu sein, *kleiner* ist als die meine, drei Tage nicht ohne Nahrung zu sein. Und das wiederum hieße nach dem Gesagten, daß er weniger zu opfern bereit wäre als ich, um in der besagten Zeitspanne essen zu können. Vielleicht würde er fünf freie Tage opfern, ich hingegen zehn. Aber vielleicht macht es mir weniger aus, zehn freie Tage zu opfern, als ihm, fünf freie Tage zu opfern. Dieses Spiel ließe sich forttreiben, ohne daß wir jemals an ein Ende, einen objektiven Maßstab kämen.

Aber selbst wenn sich die Präferenzen verschiedener Individuen hinsichtlich ihrer Größe ohne eine willkürliche Setzung vergleichen ließen – was mir nicht möglich zu sein scheint – hätte dies doch Konsequenzen, die sich mit unseren moralischen Intuitionen nur schwer vereinbaren ließen (was allerdings für Hare, wie wir noch sehen werden, kein Grund ist, davor zurückzuscheuen). Wenn Jones und Smith beide ein Brötchen wollen – so lautet ein weiteres Beispiel Hares – und Jones es mehr will als Smith (also stärker als Smith präferiert, es zu haben, als es nicht zu haben), dann sollten wir nach Hares Ansicht zweifellos Jones das Brötchen geben und nicht Smith.[77] Freilich könnte einem humangesinnten Menschen auch einfallen, das Brötchen zu teilen, aber auch dann müßte wohl nach Hare Jones, sagen wir, zwei Drittel und Smith ein Drittel des Brötchens bekommen. Auf die Zahl der Brötchen kann es dabei übrigens nicht ankommen: hätten wir zwei (oder zehn) Brötchen zu vergeben und Jones präferierte stärker, zwei (oder zehn) Brötchen zu bekommen, als Smith, eines zu bekommen, dann sollten wir Jones zwei (oder zehn) Brötchen geben und

Smith immer noch leer ausgehen lassen. Das erschiene uns jedoch nicht besonders gerecht, zumal wenn wir annehmen, daß Jones nicht etwa wesentlich größeren Hunger hat als Smith (bzw. der Nahrung wesentlich mehr *bedarf* als Smith, was gar nichts über die jeweiligen Präferenzen aussagt),[78] sondern daß er einfach sehr, sehr ungern anderen etwas abgibt, was er für sich haben könnte. Smith hingegen ist eher bereit zu darben, als einem anderen Menschen etwas vorzuenthalten, was er dringend zu haben wünscht. Mit anderen Worten: Jones ist einfach gieriger oder egoistischer als Smith und hat deshalb die stärkere Präferenz. Kann es wirklich so sein, daß wir ihm *darum* mehr geben sollten als Smith? Dann würde widersinnigerweise die Moral von uns verlangen, den Egoismus zu belohnen. Es gibt, wie mir scheint, nur zwei Möglichkeiten, diese Konsequenz zu vermeiden: entweder wir zeichnen bestimmte Wünsche oder Interessen unabhängig von ihrer wirklichen oder vermeintlichen Stärke nur aufgrund ihrer *Gegenstände* als anerkennungs- und förderungswürdiger aus als andere – was bedeuten würde, daß wir eine objektive Güterordnung bestimmen müßten –,[79] oder wir behandeln Smiths und Jones' Wünsche genau gleich und lassen jegliche Spekulation über unterschiedliche Präferenzstärken außer acht. Dann würde wirklich jeder, in Benthams Worten, als einer zählen und nicht mehr als einer. Das Problem ist aber, daß wir so keine Entscheidung treffen könnten in einem Fall, in dem nur zwei Parteien, die beide etwas Unterschiedliches wollen, beteiligt sind. Es läßt sich dann schlechterdings nicht sagen, ob ich mein Auto auf den Platz stellen *sollte*, auf dem das Fahrrad steht, oder statt dessen das Fahrrad stehen lassen sollte. Allerdings wäre es nun ganz einfach, in den Fällen zu entscheiden, in denen mehrere beteiligt sind, von denen wenigstens einige das gleiche wollen. Wir bräuchten dann nur zu *zählen:* wenn der Mörder nicht ins Gefängnis will, aber auch nur zwei andere ihn dort sehen wollen, ist es moralisch geboten, ihn auch hineinzustecken. Aber das gilt dann nicht nur für den Mörder. *Jeder*, von dem die Mehrheit will, daß ihm etwas getan wird, sollte entsprechend behandelt werden. Das wäre übrigens auch dann nicht ausgeschlossen, wenn wir (alle Bedenken außer acht lassend) individuell verschiedene Präferenzstärken zugrunde legen würden: in diesem Fall müßte die Mehrheit nur so groß sein, daß ihre Präferenzen zusammen stärker wären als die Präferenz des einzelnen. In beiden Fällen aber ist es irrelevant, welcher Art die Präferenz ist,[80] ob gut oder böse, legitim oder illegitim, auf sich selbst bezogen oder auf andere.[81]

Hare selbst vertritt die Auffassung, daß die Bestimmung und Ab-
gleichung von Präferenzstärken zumindest in der Theorie keine Probleme macht (ob irgendein Mensch tatsächlich in der Lage ist, die
jeweiligen Präferenzstärken alle richtig *einzuschätzen*, ist eine andere
Frage: im Prinzip sind sie aber vergleichbar). Dem Vorwurf, damit
„böswilligen Präferenzen (malevolent preferences)" das gleiche Gewicht einzuräumen wie guten, ja unter Umständen sogar noch mehr
Gewicht (nämlich wenn sie insgesamt stärker sind),[82] versucht Hare
in zweifacher Weise zu begegnen, nämlich erstens durch die Annahme, daß solche gewöhnlich als schlecht geltenden Präferenzen im allgemeinen schwächer sind als die ihnen entgegenstehenden. Es ist eben
„im wirklichen Leben" nicht so, daß die Präferenz des Sadisten, sein
Opfer zu foltern, größer ist, als die Präferenz des Opfers, nicht gefoltert zu werden, sondern in aller Regel wird es umgekehrt sein. *Wenn*
dies aber doch einmal anders sein sollte (aber das wird es nicht), dann
müßte der Präferenz des Folterers allerdings tatsächlich mehr Gewicht
zukommen.[83] Das zweite Argument bedient sich der Möglichkeit einer Präferenz*veränderung*.[84] Hare gibt zu, daß eine größere Anzahl
von Sadisten möglicherweise einen insgesamt größeren Lustgewinn
aus dem Quälen ihrer (zahlenmäßig weit geringeren Opfer) ziehen als
diese, wenn sie nicht gequält würden.[85] Z. B. mögen die römischen
Massen durch die Zirkusspiele ein solches Vergnügen empfunden haben, daß die Leiden der dabei zu Tode gekommenen Christen mehr
als aufgewogen wurden. Selbst aber, wenn dies so sei, meint Hare,
würde daraus doch nicht folgen, daß der Utilitarist eine solche Institution empfehlen müßte (daß es also dies ist, was getan werden *sollte*).
Denn es „wäre absurd zu behaupten, daß es keine andere Art gab, den
römischen Massen ihr Vergnügen zu verschaffen. Vom utilitaristischen
Standpunkt aus wäre die richtige Handlung gewesen, Wagenrennen
oder Fußballspiele oder andere solche weniger schrecklichen Sportar-
ten zu praktizieren; die heutige Erfahrung zeigt, daß sie genausoviel
Erregung generieren können" (1981, S. 205). Dieses Argument Hares
ignoriert jedoch die Tatsache, daß Präferenzen nicht jederzeit beliebig
veränderbar sind.[86] Wer sagt uns denn, daß die Römer genauso viel
Freude am Fußballspiel oder irgendeinem anderen Spiel gehabt hätten
wie an der Christenhatz? Daß es uns heute so geht (*wenn* es uns heute
so geht, denn es könnte durchaus sein, daß auch wir heute noch mehr
Freude an, sagen wir, der Ausländerhatz haben als an irgendwelchen
weniger gefährlichen Spielen), sagt nichts darüber aus, wie es den Rö-
mern gegangen wäre. Und selbst wenn sich die Präferenz hätte ändern

lassen, dann wäre es jedenfalls so lange richtig gewesen, die Gladiatorenspiele abzuhalten, wie die Präferenz noch bestanden hätte, und
dabei zugleich auf eine Änderung der Präferenz hinzuwirken. Aber
auch, wenn man entgegen der Wahrscheinlichkeit annehmen wollte,
daß die Römer keinen Deut unglücklicher gewesen wären, wenn man
ihnen statt christenfressender Löwen ein Fußballspiel gezeigt hätte,
folgt daraus nur, daß es bessere (das heißt mehr Präferenzen befriedigende) Alternativen als die tatsächlich praktizierte gegeben hätte,
nicht jedoch, daß diese schlecht gewesen ist. Denn es hätte ja auch
noch weit schlechtere Alternativen gegeben, z. B. keine Christen zu
quälen *und* keine Fußballspiele zu organisieren. Das Beste ist nicht
immer möglich, und wenn Handlungen (oder Institutionen) nur dann
richtig sind, wenn sie die *besten* möglichen Konsequenzen haben, also
die *maximale* Erfüllung von Präferenzen bewirken, dann sind sie realistischerweise nie richtig. Und dann ist es auch kein Einwand mehr
gegen die Gladiatorenspiele, daß sie (in diesem Sinne) nicht richtig
gewesen seien.

Aber kehren wir noch einmal zurück zu dem Punkt, an dem Hares
linguistisch fundierte Metaethik hinübergleitet in eine normative, utilitaristische Ethik. Der entscheidende Satz scheint mir der folgende zu
sein: „Wenn ich jetzt sage, daß ich einer bestimmten Person gegenüber
etwas bestimmtes tun sollte, so habe ich mich damit auf die Auffassung festgelegt, daß genau das gleiche auch mir gegenüber getan werden sollte, wenn ich genau in ihrer Lage wäre, die gleichen persönlichen Merkmale hätte und mich insbesondere in den gleichen motivationalen Zuständen befände".[87] (Wenn ich mich aber in ihre Lage
versetze, werde ich nichts mehr wollen und somit auch nicht vorschreiben können, was die betreffende Person nicht selbst will – es sei
denn, es gibt genügend andere, die es wollen.) Tatsächlich kann ich
aber durchaus vorschreiben, daß mir, wenn ich in dieselbe Situation
gerate, das gleiche getan werde wie dem, von dem ich jetzt sage, daß
es ihm gegen seinen Willen getan werden sollte (nennen wir ihn der
Einfachheit halber Smith). Denn damit stimme ich nicht der widersprüchlichen Vorschrift zu: ‚Füge mir etwas zu, was ich nicht will‘,
sondern vielmehr der keineswegs widersprüchlichen Vorschrift: ‚Füge
mir, *wenn* ich in der gleichen Lage bin wie Smith, etwas zu, von dem
ich, wenn ich in dieser Lage bin, nicht wollen *werde*, daß es mir zugefügt wird‘. Ich *bin* aber nicht in seiner Lage und werde es tatsächlich,
so wie Hare die Lage eingrenzt, definitiv niemals sein. Es ist durchaus
möglich, ja sogar wahrscheinlich, daß ich, wenn ich doch einmal in

einer *ähnlichen* Lage sein sollte, mein Urteil revidieren würde, aber daraus folgt nicht, daß mein jetziges Urteil unaufrichtig oder widersprüchlich ist. Moralische Urteile sind vielleicht, wie Hare meint, stets universalisierbar und präskriptiv, aber sie sind nicht unveränderlich, das heißt, wenn ich jetzt sage, dies oder jenes sollte in bestimmten Situationen getan werden, dann lege ich mich zwar darauf fest, daß es auch morgen noch (in solchen Situationen) getan werden sollte, aber nicht darauf, auch morgen noch zu *sagen* oder der Meinung zu sein, daß es getan werden sollte. Wenn ich meine, ein Mörder sollte bestraft werden, dann lege ich mich auf die Vorschrift fest, daß auch ich bestraft werde, wenn ich einen Mord begehen sollte. Aber ich nehme nicht an, daß ich jemals einen Mord begehen werde, und werde es vielleicht gerade deshalb nicht tun, weil ich eben nicht bestraft werden will (so wie ich jetzt die allgemeine Vorschrift erlassen will, weil ich will, daß niemand, mich selbst eingeschlossen, mordet). Für den Fall aber, daß ich es doch tun werde, dann ziehe ich es immer noch *jetzt* vor, *dann* bestraft zu werden, wenn ich es auch womöglich *dann* nicht mehr vorziehen werde, *dann* bestraft zu werden. Zu beachten ist, daß dieses ‚wenn-dann‘ konditional und nicht etwa temporal ist und deshalb nicht gegen Klugheitserwägungen verstößt. Wenn ich vorhabe, einen Mord zu begehen, oder wenn es wahrscheinlich oder sicher wäre, daß ich irgendwann einen Mord begehen *werde*, wäre die Situation vielleicht anders und ich würde nicht so leicht eine entsprechende Bestrafungsregel erlassen wollen.[88] In einem Fall jedoch, in dem es umgekehrt sicher wäre, daß ich *niemals* unter die Regel fallen werde, hindert mich weder die Klugheit, noch die Moral, noch die Logik, eine entsprechende Regel vorzuschreiben.[89] Wenn ich der Meinung bin, alle Albaner sollten aus dem Kosovo vertrieben werden (auch wenn sie noch so sehr darunter leiden), dann werde ich niemals in die Lage kommen, selber ein Opfer meiner Regel zu werden. Denn ich *bin* nun einmal kein Albaner und werde niemals einer sein. Es spielt also gar keine Rolle, ob ich *als Albaner* noch bereit wäre, meine Regel zu empfehlen. Auch wenn ich weiß und zugebe, daß ich es nicht wäre, so gibt es doch keinen Grund für mich, dieser Tatsache irgendeine Bedeutung zuzumessen.[90] Wenn Smith furchtbar leidet, ist es notwendig wahr, daß auch ich furchtbar leiden *würde*, wenn ich Smith *wäre*. Aber ich bin nun einmal nicht Smith,[91] und daß ich furchtbar leiden würde, wenn ich Smith wäre, besagt somit nicht mehr, als daß Smith eben furchtbar leidet, was wir bereits wußten und uns noch keinen Schritt weiterbringt, es sei denn, wir würden behaupten wollen, daß sein Leid einen zwingenden Grund für uns darstellt, ihm zu helfen, das heißt, sein Leid, wenn möglich, zu lindern.

Wenn wir nun zu unserem Ausgangspunkt zurückkehren, nämlich zu Swifts *Bescheidenem Vorschlag*, und fragen, wie Hare diesen Vorschlag beurteilen würde, so müßten wir, denke ich, folgende Antwort geben. Wenn es tatsächlich so ist, daß die Präferenzen aller auf diese Weise am besten erfüllt würden, dann sollte es auch so gemacht werden. Allerdings würde Hare vielleicht das Argument der Präferenzveränderung einbringen und zu bedenken geben, daß der Gesamtnutzen sicher höher wäre, wenn die Armut auf andere Weise gelindert würde, etwa durch eine Förderung der einheimischen Industrie, ein neues Steuergesetz, eine andere Erziehung zu mehr Vernunft und Barmherzigkeit oder eben eine Verringerung der Ausbeutung und des englischen Ausbeutungsbestrebens. Aber abgesehen davon, daß Swift selbst miterleben mußte, wie alle Bemühungen, solche Änderungen herbeizuführen, immer wieder gescheitert sind (die Präferenzen sich also als ausgesprochen veränderungsresistent erwiesen haben), wäre es auch fraglich, ob der Gesamtnutzen dann wirklich größer gewesen wäre, als wenn man Swifts Vorschlag in die Tat umgesetzt hätte. Wenn er aber nicht größer gewesen wäre, dann gibt es auch keinen (utilitaristischen) Grund, solche Maßnahmen den von Swift ins Auge gefaßten vorzuziehen. Das einzige, was dem im Wege zu stehen scheint, sind die Sympathiegefühle und allgemeinen moralischen Intuitionen, welche die Preisgabe der eigenen Kinder zur Schlachtung nicht zulassen. Warum aber sollte man nicht versuchen, diese Gefühle und Intuitionen zu verändern? Vielleicht wäre dies ja leichter gewesen als alles andere, zumal da man ja hätte zeigen können, daß dies in der bestehenden Situation für alle Beteiligten das Beste gewesen wäre. Freilich sind moralische Intuitionen gewöhnlich recht hartnäckig und erweisen sich oft genug als taub gegen solcherart *rationale* Argumente. Und das ist auch gut so, meint Hare (und nimmt damit seinen intuitionistischen Kritikern einigen Wind aus den Segeln), denn ohne solche hartnäckigen, fest in uns verwurzelten Intuitionen würden wir alles in allem schlechter handeln als mit ihnen. Mit anderen Worten: obwohl unsere moralischen Intuitionen uns nicht immer sagen können, was gut ist, ist es doch gut, daß wir sie haben. Wir brauchen eine Reihe von prima-facie-Prinzipien, an die wir uns jederzeit ohne Zögern halten können, einfach weil wir in den wenigsten Situationen die Muße und auch den Überblick haben, um das Richtige für genau diese Situation auszuloten. Welche Prinzipien das sind, sollte jedoch stets nach utilitaristischen Kriterien bestimmt werden: es sind diejenigen, die *in den meisten Fällen* den Gesamtnutzen erhöhen statt ihn zu verringern. „Unsere gewöhnlichen Intuitionen sind, falls überhaupt, dann gerade deshalb richtig, weil sie akzeptable Vorschriften für gewöhnliche Fälle ergeben. Aus diesem Grunde ist es sehr erstrebenswert, daß wir alle diese Intuitionen haben und daß uns unser Gewissen nicht in Ruhe läßt, wenn wir gegen sie verstoßen".[92] Die Umstände könnten sich allerdings im Laufe der Zeit so ändern, daß unsere bestehenden intuitiven Handlungsprinzipien nicht mehr akzeptabel sind, weil sie in den meisten Fällen die (utilitaristisch gesehen) falsche Handlungsweise empfehlen.[93] In diesem Fall müßten wir andere und der neuen Situation angemessenere Prinzipien finden und durch Erziehung in unserem moralischen Bewußtsein intuitiv verankern. Das gilt jedoch nicht für Einzelfälle, in denen die bestehenden Intuitionen uns einmal irreführen. Denn es ist dann immer noch besser, einmal die falsche Entscheidung zu treffen, als seine Intuitionen über Bord zu werfen und damit für die Zukunft eine weniger verläßliche Handlungsgrundlage zu besitzen. Besser einmal einen unschuldigen Menschen da nicht töten, wo es besser wäre, es zu tun, als nicht mehr über das unverbrüchliche Handlungsprinzip verfügen, unter keinen Umständen einen unschuldigen Menschen zu töten. Hare anerkennt also durchaus den *Akzeptanznutzen* von moralischen Intuitionen,[94] was ihm wiederum erlaubt, die diversen Versuche, den Utilitarismus in Konflikt mit unseren Überzeugungen zu bringen, abzuwehren, ohne diese als völlig ungerechtfertigt hinstellen zu müssen. Wenn Bernard Williams in seiner bekannten Kritik des Utilitarismus einen Fall konstruiert, der seines Erachtens den Utilitaristen dazu zwingt, die Tötung eines Unschuldigen gutzuheißen,[95] entgegnet Hare, daß Williams' Beispiel nur zeige, daß wir einen intuitiven Widerwillen gegen die Tötung Unschuldiger haben, und daß dieser Widerwille zwar zu Recht bestehe, weil ein Fall wie der von Williams geschilderte in der wirklichen Welt so gut wie nie vorkomme, daraus aber nicht folge, daß wir nicht trotzdem in diesem Fall den einen Unschuldigen töten *sollten*.[96] „Wenn er den Fall so zurechtschustert, daß die utilitaristische Antwort lautet, daß Mord die richtige Lösung ist, dann wird er diese Antwort eben bekommen. Das (...) macht überhaupt nichts, da solche Fälle nicht vorkommen werden".[97] Kontra-Intuitivität sei kein Argument bei entlegenen Fällen.[98] „Vielleicht sollte der Sheriff den Unschuldigen hängen, um den Aufruhr zu verhindern, bei dem es viele Tote gäbe, falls er wüßte, daß die Unschuld des Mannes nie entdeckt

würde und die schlechten indirekten Wirkungen nicht die guten direkten überwiegen würden; aber in der Praxis wird er das nie wissen".[99] Nun, vielleicht wird er es nicht *wissen*, aber er wird es immerhin vermuten können, und wenn, wie wir noch sehen werden,[100] nach
Hare das zu *erwartende* Glück eines noch nicht einmal gezeugten
Kindes bereits die Tötung eines wirklichen Kindes zu rechtfertigen
vermag, warum sollte dann nicht der Sheriff darin gerechtfertigt sein,
den Unschuldigen zu henken, wenn er gute Gründe für die Annahme
hat, daß dadurch größeres Leid verhindert würde? Mag sein, daß es
im ganzen gesehen, wie Hare meint, gut ist, daß er überhaupt nicht
auf diese Idee kommt, weil seine Intuitionen, die ihm verbieten, den
Tod eines Unschuldigen zuzulassen, zu fest in ihm verwurzelt sind.[101]
Aber wenn seine Intuitionen aus irgendeinem Grund doch nicht so
stark sein sollten, wenn er nur psychisch in der Lage wäre, sich auf
die *kritische*, das heißt rein utilitaristische Ebene des moralischen
Denkens zu begeben, dann müßte er, um seine moralische Pflicht zu
erfüllen, aufgrund seines (zugegebenermaßen unvollkommenen) Wissens dafür sorgen, daß der Mann, unschuldig oder nicht, gehenkt
wird. Wenn die Intuitionen brüchig werden (weil zum Beispiel die
Haresche Moralphilosophie öffentliche Wirkung zeigt), braucht es
nicht erst einen Konflikt auf der Ebene der Intuitionen, damit der
Rückgriff auf das kritische, das *Erzengeldenken*, wie Hare bezeichnenderweise gern sagt,[102] sinnvoll und möglich wird. Und tatsächlich
ist eine solche Aufweichung unserer Intuitionen auch durchaus zu
begrüßen, da nach Hares eigener Auffassung das intuitive Denken
stets der Kritik zugänglich bleiben sollte, um der Gefahr des moralischen Fanatismus, dessen alleinige Wurzel das intuitive Denken sei,
vorzubeugen.[103] „Denn es gibt einige Intuitionen, die zu haben gut
ist, denen sich gedankenlos zu unterwerfen, wenn es in extremer Form
geschieht, jedoch ein Übel sein kann. Einige Pazifisten geben dafür
ein gutes Beispiel ab".[104] Dabei ist es ganz gleichgültig, *welche* Intuitionen wir haben. „Nicht der Inhalt von jemandes intuitiven Prinzipien macht ihn zum Fanatiker, sondern seine Einstellungen zu ihnen".[105] Eine Intuition aber, die einer *wirksam* durch den Rekurs auf
angeblich höher stehende Prinzipien zu kritisieren vermag, taugt als
moralische Intuition nicht mehr viel, da sie ihre richtungsweisende
Funktion mit der Kritik verloren hat. Sie ist nur noch von psycholo-
gischem Interesse. (Wenn es übrigens, wie Hare zuweilen zu behaupten sich hinreißen läßt, wirklich gut wäre, den Intuitionen, die wir
haben, blind zu vertrauen, dann wäre auch offenbar die Haresche

Theorie, die uns doch lehrt, unseren Intuitionen zu *mißtrauen*, aufgrund ihrer eigenen Prinzipien moralisch zu verurteilen.)

Nun kann Hare nur deshalb der Meinung sein, daß es zwei Ebenen des moralischen Denkens gebe, die intuitive und die kritische, und daß Konflikte auf der ersten Ebene durch den Wechsel auf die zweite Ebene gelöst werden sollen und in jedem Fall auch können (da auf dieser Ebene kein Konflikt möglich ist)[106], weil er es für erwiesen hält, daß das sogenannte kritische Denken keinerlei moralische Intuitionen voraussetzt. Ein idealer kritischer Denker sei so, wie man sich einen Erzengel vorstellt, nämlich *rein rational*, was beinhaltet, daß alle kritischen Denker die gleichen, und zwar die gleichen *richtigen* Entscheidungen treffen werden.[107] Auf der kritischen Ebene gibt es also keinen Raum mehr für Irrtum oder für Dissens, so daß jeder, der zu anderen moralischen Urteilen kommt als der seiner eigenen Auffassung nach kritische Denker, vulgo: zu einer anderen Auffassung als Hare, per definitionem auf der intuitiven, und damit nur bedingt gültigen Ebene verbleibt. Wenn sich aber herausstellte, daß auch der angeblich kritische Denker (bestenfalls) nur einer besonderen moralischen Intuition folgt und die vermeintlich reine Rationalität nur vorgeschoben ist, um diese Intuition qua Intuition zu verbergen, dann würde er sich am Ende selbst als moralischer Fanatiker enthüllen, nämlich als Fanatiker des sogenannten kritischen Denkens, der alle Intuitionen außer seinen eigenen mißachtet, weil er, wie alle Fanatiker, davon überzeugt ist, die alleinige Wahrheit erkannt und benannt zu haben. Und wirklich hat die Analyse von Hares Theorie gezeigt, daß die Übergänge an den entscheidenden Argumentationsstellen alles andere als zwingend sind, so daß der Anspruch, eine inhaltlich bestimmte Moraltheorie auf rein rationalem Wege zu entwickeln, als gescheitert gelten muß. Zur Erinnerung fasse ich die wichtigsten Kritikpunkte noch einmal zusammen:

1) Nur wenn eine Person X der Meinung ist, daß überhaupt etwas getan werden *sollte*, legt sie sich darauf fest, daß das gleiche auch in allen ähnlich Fällen (also z. B. nicht nur bei ihr, sondern auch bei anderen, die in der gleichen Lage sind) getan werden sollte (Option 1 a). Sie *muß* aber nicht dieser Meinung sein. Die amoralistische Option steht ihr also weiterhin offen (Option 1 b).[108]

2) Selbst *wenn* X dieser Meinung ist, muß sein Urteil darüber, *was* getan werden sollte, noch lange nicht utilitaristischen Prinzipien folgen (Option 2 a). Er kann auch, ohne sich zu widersprechen, meinen, daß z. B. alles Leiden (einschließlich seines eigenen) nur Verachtung verdient, oder auch, daß nur das Leiden von Deutschen (oder wem

auch immer) moralisch berücksichtigenswert, hingegen das Leiden aller anderen gleichgültig ist. Die Option einer *anderen* Moral (einer anderen Auffassung dessen, was getan werden *sollte*) steht ihm also weiterhin offen (Option 2 b, c, d usw.).[109]

3) Utilitaristisch wird seine Moral erst dann (Option 2 a), wenn er zum Maßstab seiner Behandlung des anderen nicht sein eigenes (egoistisches, Option 1 b, oder universalisiertes, Option 1 a) Wollen nimmt, sondern das des *anderen*. Es gibt aber keinen Grund, dies zu tun, außer einem moralischen, und das heißt hier: utilitaristischen. Das sogenannte Prinzip der bedingten Reflexion (Gibbard 1988) setzt also schon die Moral voraus, die aus ihm angeblich erst gewonnen werden soll.[110]

4) Selbst wenn X sich das Prinzip der bedingten Reflexion zu eigen machte, würde ihm dies doch nicht helfen zu entscheiden, was er tun sollte, wenn zwei (oder mehr) Menschen jeweils etwas wollen, das sich nicht gemeinsam realisieren läßt, denn das Prinzip selbst läßt ihm ja keine Möglichkeit, dem Wollen des einen mehr moralisches Gewicht beizumessen als dem Wollen des anderen. Die Folge ist, daß er letztlich gezwungen ist, nach dem Willen der *Mehrheit* zu entscheiden, und zwar ganz unabhängig von dem *Inhalt* des Wollens.

Sowohl die Entscheidung zwischen 1 a und 1 b, als auch die Entscheidung zwischen 2 a und 2 b, 2 c usw. läßt sich nicht rational begründen.[111] Das heißt jedoch nicht, daß sie unbegründet sein müßte. Es gibt andere Begründungsinstanzen als die Vernunft, darunter die persönliche, subjektive Erfahrung und die daraus unmittelbar hervorgehenden und darin enthaltenen Wertintuitionen bezüglich der Dinge und Menschen, denen wir begegnen und mit denen wir umgehen. Indem wir die Welt wahrnehmen, bewerten wir sie. Die Dinge ziehen uns an oder stoßen uns ab, sind uns erfreulich oder unerfreulich, und wenn sie es einmal nicht sind, so sind sie uns gleichgültig, und auch das ist eine Bewertung.[112] Freilich gibt es unterschiedliche Arten der Bewertung. Man kann nämlich eine Sache im Hinblick auf ihren Nutzen (für uns) bewerten, also relativ zu unseren Interessen; man kann aber auch von solchem Nutzen ganz absehen und ihr dann trotzdem noch einen (positiven oder negativen) Wert zuerkennen. Der Wert, den die Sache dann für uns hat, ist nun nicht mehr relativ, sondern in gewissem Sinne *absolut*, insofern er nicht abhängig ist von den Zwecken und Interessen, die wir verfolgen. Wenn wir sie wertschätzen, dann nicht um des Vorteils willen, den sie uns bringt oder den wir von ihr erwarten, sondern *um ihrer selbst willen*. Diese Art der Wertschätzung ist der Kern jeder Moral. Amoralisten sind wir also genau dann, wenn es nichts gibt, das für uns einen absoluten Wert besitzt, also nichts, das wir um seiner selbst willen wertschätzen (Option 1 b). Wenn wir es aber doch tun, dann ist das, was wir derart wertschätzen, nicht notwendig für jeden dasselbe. Für den einen mag dies einen absoluten Wert besitzen, für den anderen jenes. Das ist der Grund, warum es mehr als eine Moral gibt (Optionen 2 a, 2 b, 2 c usw.). Die nächsten Kapitel werden hiervon handeln.

Über inhärente (absolute) Werte und den Begriff des moralischen Sollens oder der unbedingten Pflicht

5. Inhärente Werte

Wenn behauptet wird, dies oder jenes habe einen *absoluten* oder, was dasselbe ist, *inhärenten* oder *intrinsischen* Wert, kann damit verschiedenes gemeint sein. Solange damit nur gemeint ist, daß etwas nicht um einer *anderen* Sache willen wertgeschätzt wird (und insofern einen *instrumentellen* Wert besitzt), sondern *um seiner selbst willen*, bietet der Begriff auch keine ernsthaften Schwierigkeiten.[113] Daß alles nur einen instrumentellen Wert hat, ist sowenig denkbar, wie daß die Erdkugel auf dem Rücken einer Schildkröte ruhe, die wiederum von einer anderen Schildkröte getragen werde usw. bis ins Unendliche. Irgendwo muß die Reihe der Zwecke, wie Kant richtig sah, an ein Ende kommen, irgend etwas muß es geben, das wir um seiner selbst willen erstreben, das für uns *einfachhin* gut ist und nicht mehr *nur* für irgend etwas anderes (was nicht ausschließt, daß es *auch* für etwas anderes gut ist).[114] Dies mag unser Leben sein, bestimmte Erfahrungen, die Lust, die Tugend oder was auch immer. Instrumentelle Werte können nur deshalb überhaupt als *Werte* angesehen werden, weil sie einen nicht-instrumentellen Wert herbeiführen oder ermöglichen, denn genau darin besteht ja ihr Wert. Nennen wir dies die erste Bedeutung des Begriffs inhärenter Wert, oder kurz: IW1.

Nun wird aber der Begriff des inhärenten (intrinsischen oder absoluten) Wertes nicht selten in einem weitergehenden Sinne verstanden, in der Weise nämlich, daß etwas einen Wert besitze gänzlich unabhängig von unserer oder irgend jemandes Wert*schätzung*. Auch wenn niemand eine bestimmte Sache jemals um ihrer selbst willen schätzt (nicht einmal die Sache selbst, da sie über kein wertendes Bewußtsein verfügt), könne diese doch einen Wert besitzen. „Das Vorhandensein eines inhärenten Wertes in einem natürlichen Objekt", schreibt etwa Tom Regan,[115] „ist unabhängig von jeglicher Kenntnis, jeglichem Interesse oder jeglicher Wertschätzung desselben durch irgendein bewußtes Wesen." Nennen wir dies die zweite Bedeutung des Begriffs inhärenter Wert, oder kurz: IW2. Daß es solche Werte gebe, wird

außer von Regan von diversen Autoren aus dem Bereich der sogenannten *land ethic* oder Tiefenökologie vertreten, wie, um nur einige
zu nennen, Paul Taylor, J. Baird Callicott, Arne Naess, Holmes Rolston III. und in Deutschland vor allem Klaus-Michael Meyer-Abich.
Ebenso oft freilich wird die Existenz solcher Werte bestritten. Was
dafür und was dagegen spricht, will ich in der Folge erörtern. Zuvor
aber muß noch eine dritte Bedeutung des Begriffs inhärenter Wert
angeführt werden, die meist nicht von der ersten oder der zweiten
unterschieden wird, obgleich sie weder mit der einen noch mit der
anderen ohne weiteres gleichgesetzt werden kann. Daß etwas inhärenten Wert besitze, meint dann nicht nur, daß es einen nicht-instrumentellen Wert (im Sinne von IW1 oder IW2) habe, sondern daß es *deshalb* auch *für uns* einen solchen Wert haben müsse oder solle. So
schreibt Paul Taylor[116]: „Das Prinzip des intrinsischen Wertes besagt,
daß die Verwirklichung des Wohls eines jeden Mitglieds der Gemeinschaft alles Lebendigen etwas *intrinsisch* Wertvolles sei. Das wiederum
bedeutet, daß sein Wohl prima facie um seiner selbst willen und als
ein Zweck an sich geschützt oder befördert zu werden verdient."
Nennen wir dies die dritte Bedeutung des Begriffs inhärenter Wert,
oder kurz: IW3. Daß eine Sache X einen inhärenten Wert besitze, kann
also dreierlei bedeuten:

IW1: X *wird* (von jemandem oder etwas) um seiner selbst willen
wertgeschätzt, hat also einen nicht-instrumentellen Wert *für* jemanden
oder etwas.

IW2: X hat einen Wert selbst dann, wenn es von niemandem wertgeschätzt wird. Es hat also nicht nur für jemanden (oder etwas), sondern darüber hinaus und unabhängig davon auch *an sich* einen Wert.

IW3: X *soll* (nicht nur von jemandem, sondern von *jedem* Menschen) um seiner selbst willen wertgeschätzt werden, und zwar entweder weil es über IW1 oder weil es über IW2 verfügt.

Wenden wir uns zunächst IW2 zu und fragen, ob die Annahme von
an sich bestehenden Werten plausibel ist, was dafür und was dagegen
spricht. Daß eine Sache einen *instrumentellen* Wert an sich habe, läßt
sich vielleicht dann sagen, wenn und insofern sie gut für etwas ist.
Einen instrumentellen Wert *für mich* hätte eine Sache dann, wenn sie
gut für etwas ist, das gut für *mich* ist. Ein Auto etwa hat an sich einen
(hohen) instrumentellen Wert, wenn man damit schnell, sicher und
bequem von einem Ort zum anderen fahren kann, und wenn ich dies
zu schätzen weiß, hat es auch für mich einen solchen Wert. Aber auch
dann, wenn *ich* davon keinen Gebrauch zu machen gedenke, weil es

mir auf Schnelligkeit überhaupt nicht ankommt oder ich es aus anderen Gründen bei weitem vorziehe, mit dem Fahrrad oder Zug zu fahren, so daß das Auto also für mich überhaupt keinen (oder einen sehr geringen) instrumentellen Wert hat, kann ich doch weiterhin der Meinung sein, daß es diesen Wert an sich habe. Allerdings ließe sich schwerlich sagen, daß das Auto auch dann noch einen instrumentellen Wert habe, wenn *niemandes* Interessen je durch die Benutzung eines solchen Autos befriedigt würden oder wenigstens befriedigt werden *könnten*. Der instrumentelle Wert einer Sache *an sich* bestünde dann also letztlich doch in ihrem *potentiellen* Wert für jemanden. Wie aber steht es nun mit *inhärenten* Werten? Einen inhärenten Wert für mich (IW1) hat eine Sache offenbar dann, wenn sie für mich gut bzw. ein Gut ist, obwohl sie entweder für nichts (also nicht für *etwas*) gut ist oder, wenn sie doch für etwas gut ist, dies doch nicht der *Grund* dafür ist, daß sie für mich gut ist (sie ist zu nichts nütze, oder, wenn sie doch zu etwas nütze ist, spielt das doch für meine Wertschätzung keine Rolle). *An sich* einen inhärenten Wert (IW2) müßte die betreffende Sache entsprechend dann haben, wenn sie zwar gut ist, aber weder *für etwas* noch (aktuell) *für mich*. Kann es aber sein, daß sie niemals *für irgend jemanden* oder irgend etwas einen Wert hat und dennoch, nämlich an sich, Wert besitzt? Wäre zum Beispiel ein Korallenriff, das wir als schön und infolgedessen um seiner selbst willen als bewahrenswert empfinden, auch dann noch inhärent wertvoll, das heißt: wäre seine Existenz auch dann noch *an sich* besser als seine Nichtexistenz, wenn es keine Menschen (und auch nichts sonst) gäbe, die seine Schönheit zu würdigen wüßten (weil sie nur für sie überhaupt da ist)? Es ist schwer zu sehen, wie man diese Frage sinnvoll bejahen kann, es sei denn, man wollte annehmen, daß dem Korallenriff selbst etwas an seiner Existenz läge (was dann aber nicht IW2, sondern nur IW1 bestätigen würde), oder wir würden uns darauf zurückziehen, daß sein Wert an sich eben ein potentieller Wert sei, derart, daß, *wenn* es Menschen gibt, sie das Korallenriff um seiner selbst willen schätzen (oder schätzen können). Gegen diese Interpretation von IW2 setzen sich aber seine Vertreter ausdrücklich zur Wehr.[117] Der inhärente Wert soll nicht einmal von der potentiellen Wertschätzung abhängig sein. Was diesen Wert hat, hat ihn auch, wenn dieser Wert niemals von irgendwem oder irgend etwas wahrgenommen wird. Ich gestehe, daß ich Mühe habe zu begreifen, was das heißen soll. Nehmen wir an, X hätte einen solchen inhärenten Wert (IW2) und Y hätte ihn nicht. Woher aber sollte ich dies wissen, wenn nicht dadurch, daß ich X als wertvoll erfahre, daß es also *mir* wertvoll ist, während dies auf Y nicht zutrifft? Da ich um den Wert von X dann aber nur weiß, weil und insofern ich es wertschätze, kann ich unmöglich aus dem vorgefundenen Wert darauf schließen, daß X auch *unabhängig* von meiner Wertschätzung einen solchen Wert hätte. Erst recht aber könnte ich nicht auf das Vorhandensein eines solchen Wertes schließen, wenn ich die betreffende Sache *nicht* wertschätzte. Und was wäre, wenn ich sowohl X, welches angeblich über IW2 verfügt, und Y, welches nicht darüber verfügt, *beide* wertschätzen oder beide nicht wertschätzen würde? – eine Möglichkeit, die nur um den Preis einer petitio principii von vornherein ausgeschlossen werden kann. Könnte ich dann überhaupt noch auf irgend etwas verweisen, das X hat, Y aber nicht, um die Behauptung, X habe aber im Unterschied zu Y einen Wert *an sich*, überzeugend zu stützen? Ich wüßte nicht, was das sein sollte. Völlig unklar bleibt also, was eigentlich eine Sache, die einen inhärenten Wert an sich besitzt, von etwas unterscheidet, das keinen solchen Wert besitzt. Die Behauptung, daß etwas, das weder für etwas anderes (instrumentell) noch für jemanden (inhärent in der ersten Bedeutung) gut ist, dennoch *an sich* gut sei, scheint mir letztlich so leer zu sein wie die Behauptung, in meiner Armbanduhr befinde sich ein Dämon, der in keiner Weise sinnlich erfahren oder sonstwie entdeckt werden könne, der aber gleichwohl existiere.[118] Es *macht* eben faktisch keinerlei Unterschied.

Welche Gründe sprechen nun aber *für* die Annahme von IW2? Ein naheliegendes Argument ist das folgende: Wenn nichts einen Wert an sich selbst hätte, gäbe es in den Dingen, die wir wertschätzen, auch faktisch nichts, das unsere Wertschätzung begründen könnte. Zwar hätten die Dinge nach wie vor bestimmte Eigenschaften, aufgrund derer wir sie wertschätzen, aber da diese Eigenschaften selbst an sich keinen Wert besäßen, wäre es offenbar völlig beliebig, *welche* Dinge wir wertschätzen und welche nicht. Anstatt durch tatsächlich vorhandene Werte begründet zu werden, fänden nun diese Werte umgekehrt ihren Grund in unserer Wertschätzung, so daß diese gleichsam völlig in der Luft hinge.[119] Gänzlich unverständlich bliebe dann, warum wir so und nicht anders werten. Wenn wir zum Beispiel unser Leben wertschätzten, so nicht deshalb, weil das Leben als solches etwas Gutes wäre. Vielmehr erschiene es uns nur deshalb als etwas Gutes, weil und insofern wir es wertschätzen. An sich aber wäre es gleichgültig, ob wir leben oder sterben. Nun haben wir aber in unserer Wertschätzung bestimmter Dinge keineswegs den *Eindruck*, als könnten wir statt ihrer genauso gut auch andere Dinge wertschätzen. Unsere Wertschätzung scheint uns in der Regel nicht beliebig zu sein, sondern ihren Grund in der Natur der Dinge zu haben. Es scheint uns, als seien bestimmte Dinge einfach besser als andere, in dem Sinne, daß es besser ist, daß es sie gibt, als daß es sie nicht gibt, und als liege uns *darum* an ihnen. Sollten wir uns denn tatsächlich so sehr täuschen?

Jedoch: auch wenn wir einen farbigen Gegenstand betrachten, einen grünbelaubten Baum etwa, so scheint es uns stets, als sei das Grün im Baum selbst objektiv vorhanden – nicht der Betrachter ist grün, sondern der Baum ist es –, und als würden wir ihn eben *darum* als grün wahrnehmen. Und in einem gewissen Sinne ist das natürlich auch richtig: es sind ja wirklich die Dinge, die sich uns in dieser Weise präsent machen, aber das heißt nicht, daß nicht gerade diese *Weise*, das Farbigsein, ganz von der Art unseres Wahrnehmungsapparates bestimmt wird, so daß sich mit Fug und Recht sagen läßt, daß es das Grün des Baumes nicht gäbe ohne Wesen wie uns, die in der Lage sind, ihn *als* grün wahrzunehmen. Der Baum ist also, paradox ausgedrückt, tatsächlich grün, aber eben nur für uns, so daß in Wahrheit sein Grünsein nicht der Grund unserer Grünwahrnehmung sein kann, auch wenn es uns im Augenblick der Wahrnehmung so erscheinen will. Die Farbe Grün ist das, was entsteht, wenn ein Betrachter von der Art, wie wir es sind, sich Gegenständen von der Art sommerlich belaubter Bäume (betrachtend) zuwendet. Farben sind weder subjektiv, noch objektiv, sondern relativ: jeweilige Aktualisierungen einer konkreten Beziehung, Bindeglieder, die ebensosehr von unserem eigenen Sein Zeugnis ablegen wie von dem Sein des Wahrgenommenen.[120] Die Farbigkeit ist eben eine Weise, wie sich die Welt für Wesen wie uns darstellt, und zwar *faktisch* darstellt: wir entscheiden uns nicht für die Farbwahrnehmung als solche, und auch nicht dafür, dieses gelb und jenes rot wahrzunehmen. Insofern die Farbwahrnehmung also keineswegs in unser Belieben gestellt ist, ist sie auch nicht beliebig. Die Farbigkeit der Welt ist kein Produkt irgendeiner unserer Handlungen, vielmehr *finden* wir uns immer schon in einer farbigen Welt *vor*. Und ebenso, denke ich, verhält es sich auch mit den von uns erlebten inhärenten Werten. Es ist nicht beliebig, wie wir die Welt um uns herum bewerten; viele Werte sind uns einfach durch das, was wir sind – als Lebewesen, als Mensch –, vorgegeben. So ist das Leben, genauer: *unser* Leben für uns *immer schon* ein Wert oder wertvoll: seine Wertschätzung ist uns kein Gegenstand freier Wahl. Zu leben heißt (zunächst einmal), das eigene Leben auch, und zwar um seiner selbst willen, als wertvoll zu empfinden. Und dennoch gäbe es diesen

Wert nicht ohne unsere Wertschätzung: wir können auch aufhören, es
wertzuschätzen, oder besser gesagt (da wir uns auch hierzu nicht *entscheiden*), es hört (in bestimmten, glücklicherweise seltenen Lebensla-
gen) auf, ein Wert für uns zu sein. Und wenn wir es nicht mehr wertschätzen, *hat* es auch keinen Wert mehr, jedenfalls nicht für uns (so
wie die Farbe Grün für uns aufhört, real zu existieren, wenn wir er-
blinden). Es kann weiterhin für *andere* einen Wert haben, insofern *sie*
es wertschätzen.[121] Aber ohne jede Wertschätzung gäbe es genauso
wenig einen Wert des Lebens (oder irgendeinen anderen Wert), wie es
Farben gäbe ohne entsprechende Sinnesorgane. Da aber Wert und
Wertschätzung stets zusammenfallen, nämlich als Subjekt- und Ob-
jektpol *desselben* Ereignisses, kann man weder sagen, daß hier die
Wertschätzung der Grund für den Wert sei, den das Leben für uns
hat, noch umgekehrt der Wert des Lebens der Grund für unsere Wertschätzung. Allenfalls könnte man noch sagen, daß sie sich gegenseitig
begründen. Etwas wertzuschätzen heißt eben, *es* als wertvoll zu erfahren.[122] Wertschätzung ist also niemals „rein subjektiv", sondern
immer eine Beziehung zwischen einem Subjekt und einem Objekt, das
den Wert für uns hat. Berkeley hatte bekanntlich zur Untermauerung
seiner These, daß Sein nichts anderes sei als Wahrgenommenwerden
(esse est percipi) dargelegt, daß man sich einen nicht wahrgenommenen Baum gar nicht vorstellen könne, da jeder, der sich einen solchen
Baum versuche vorzustellen, feststellen müsse, daß er ihn im Vorstellen bereits wahrnehme (bzw. als wahrgenommenen vorstelle).[123] Und
Berkeley hatte vollkommen recht, denn ein Baum oder jedenfalls das,
was wir meinen, wenn wir von einem Baum sprechen, ist etwas Wahr-
genommenes, etwas, das nur für uns (für Wesen mit Sinnen und Bewußtsein wie dem unseren) da ist. Werte sind genauso wirklich oder
unwirklich wie Bäume. Sie sind für uns da, und das heißt real existent,
objektiv vorhanden, so wie die Gegenstände unserer Welt. Und so wie
es keinen Baum an sich gibt (das, was der Baum an sich ist, wenn er
überhaupt etwas ist, ist eben kein Baum mehr), so gibt es auch keinen
Wert an sich. Wie die Existenz von Bäumen von der Beschaffenheit
unseres Wahrnehmungsvermögens abhängt, so die Existenz der von
uns gefundenen oder erfundenen[124] Werte von unserer Gesamtbe-
schaffenheit, von dem, was wir, als Lebewesen, als Menschen, sind.
Tatsächlich scheint schon die Abhängigkeit der von uns erkannten
Dinge von unserem Erkenntnis- und Wahrnehmungsvermögen, wie
Sprigge[125] gemeint hat, auszureichen, um die Abhängigkeit der von
uns vorgefundenen Werte von unseren Wertungen zu belegen. Wie

sollten denn die Werte, die wir in den Dingen finden, in den Dingen (an sich) sein können, wenn diese Dinge (als Teil unserer Welt) selbst nur für uns Bestand haben? Wie sollte beispielsweise ein Baum einen inhärenten Wert an sich haben können, wenn dieser Baum doch nur für uns als Baum existiert? Freilich könnte man hier entgegnen, daß vielleicht nicht der Baum, so wie wir ihn kennen, einen inhärenten Wert an sich habe, aber doch das, was der Baum an sich selbst ist, was auch immer das sei. Diese Ausflucht dürfte allerdings schwerlich nachzuprüfen sein.

Gewiß: wir müssen nicht unbedingt wissen, *wie* es ist, eine Fledermaus zu sein, um zu wissen, *daß* es irgendwie ist, eine Fledermaus zu sein, und daß sie ihrem Sein einen Wert beimißt. Nicht alle Werte sind menschliche Werte, weil nicht jede Wertschätzung notwendig eine menschliche Wertschätzung ist. Jedenfalls möchte ich den von mir hier verwendeten Begriff der Wertschätzung nicht so verstanden wissen. Es gibt sicherlich viele Tiere, *für* die es Werte gibt. Äußerst fraglich ist allerdings, ob es eine Wertschätzung auch ohne *jeden* Hauch von Bewußtsein geben kann. Hat das Leben eines Baumes oder irgend einer anderen Pflanze Wert für sie selbst? Schwer zu sagen. Es scheint immerhin, als gebe es bessere und schlechtere Zustände für die Pflanze, als könne sie gedeihen und dahinsiechen, aber dennoch: wenn die Pflanze tatsächlich nichts, aber auch gar nichts, davon mitbekommt, in welchem Zustand sie sich befindet, wie kann es dann *für sie* ein Gut geben? Holmes Rolston geht sogar soweit zu behaupten, daß selbst die unbelebte Materie Wertungen beinhalte, weil es bestimmte Zustände gebe, die von ihr präferiert zu werden scheinen.[126] Aber selbst wenn wir annähmen, daß die unbelebte Materie tatsächlich eine Tendenz hätte, sich so zu formieren, daß Leben daraus entsteht, würde daraus doch nicht folgen, daß das Vorhandensein von Leben überhaupt an sich besser wäre als das Fehlen von Leben. Nicht jede Entwicklungstendenz, und sei sie auch noch so unausweichlich, beinhaltet bereits eine Wertung, sonst müßten wir auch zugeben, daß der Schlüsselbund, der, aus der Hand geglitten, zu Boden fällt, es offenbar vorziehe, am Boden zu liegen (oder der Boden es vorziehe, den Schlüsselbund auf sich liegen zu haben), oder es an sich besser sei, daß Schlüssel am Boden liegen, als daß sie in der Hand verbleiben. Die These, daß es auch bereits in der unbelebten Natur Werte gebe (ein Besser und ein Schlechter), läßt sich meines Erachtens nur halten, wenn man entweder einen göttlichen Schöpfer und Weltenplaner voraussetzt oder aber annimmt, daß es auch vor der Entstehung des Lebens in der Materie selbst eine Art rudimentäres Bewußtsein und Empfindungsvermögen gibt. Whitehead hat diesen Standpunkt in einer sorgfältig konzipierten Ontologie vertreten, und Thomas Sprigge nimmt heute eine ähnliche Position ein,[127] die ich für recht plausibel halte, die aber hier nicht diskutiert zu werden braucht. Wichtig für unsere gegenwärtige Fragestellung ist allein, daß, wenn es Werte geben soll, in jedem Fall irgend etwas existieren muß, *für das* es einen Unterschied macht, was ist und was nicht ist. Vielleicht können wir uns nicht sicher sein, für welche Dinge es Unterschiede gibt (Pflanzen? Steine?) und was genau dann für sie einen Unterschied macht, aber wir können doch wenigstens sagen, daß das Vorhandensein von Werten einen solchen *erfahrenen* Unterschied – und nur ein irgendwie erfahrener Unterschied *ist* ein Unterschied – voraussetzt.[128] Inhärente Werte in der zweiten angeführten Bedeutung (IW2) gibt es also nicht. Warum wird ihre Existenz dann so hartnäckig behauptet, und zwar nicht nur von Holisten, die versuchen zu begründen, warum wir unsere moralische Wertschätzung auf die gesamte Natur ausdehnen sollten, sondern auch von Traditionalisten, die nur dem Menschen bzw. seinem Leben, seiner Freiheit usw. einen inhärenten Wert (IW2) zuerkennen wollen? Denn nichts anderes bedeutet es ja, wenn beispielsweise Kant jedem Menschen eine Würde zuspricht, einen unvergleichlichen Wert, den er nicht nur für sich selbst hat – jeder Mensch schätzt sein Leben um seiner selbst willen, erfährt *sich* als einen letzten Zweck –, sondern der auch implizieren soll, daß andere sich dieser Wertschätzung anzuschließen haben, daß also eine Pflicht besteht, sich die für andere bestehenden inhärenten Werte (IW1) zu eigen zu machen. Aus der bloßen Tatsache, daß jemand etwas (um seiner selbst willen) wertschätzt, folgt nämlich in keiner Weise, daß auch ich die betreffende Sache (zum Beispiel sein Leben) in gleicher Weise wertschätzen sollte. Erst wenn angenommen wird, daß das vom anderen Wertgeschätzte irgendwie *an sich* wertvoll ist, so scheint es, habe auch ich einen Grund, ihm einen Wert beizumessen.

Letztlich hat das Beharren auf einer Unabhängigkeit des Wertes von jeglicher Wertschätzung also den Zweck, die Wertschätzung auf den Wert *gründen* zu können.[129] Wenn man nämlich jemanden dazu bringen will, etwas wertzuschätzen, was dieser nicht schon von selbst wertschätzt, muß man ihm einen Grund zur Wertschätzung geben. Grund der Wertschätzung kann aber letztlich nur ein Wert sein. Zwar scheint es in vielen Fällen auszureichen, auf bestimmte Eigenschaften der betreffenden, als schätzenswert empfohlenen Sache zu verweisen, um die gewünschte Wertschätzung hervorzurufen, aber das funktioniert nur dann, wenn bereits eine Wertschätzung bestimmter Dinge besteht und bislang nur nicht erkannt wurde, daß die in Frage stehende Sache entweder als Mittel zu deren Erlangung dienen kann oder aber sogar selbst ein solches Ding ist. So kann ich etwa einen Geschäftsinhaber, der Computer für überflüssig hält, darauf aufmerksam machen, daß ihm der Gebrauch eines Computers seine Buchführung wesentlich erleichtern würde und ihn so zur Wertschätzung einer Sache bringen, der er zunächst jeden Wert abgesprochen hatte. Oder ich kann jemandem, der alles bewußte Leben um seiner selbst willen wertschätzt, beweisen oder plausibel machen, daß auch Tiere über Bewußtsein verfügen, und ihm so einen Grund dafür geben, etwas wertzuschätzen, was er bislang nicht wertschätzte, aber (nach seinen eigenen Wertmaßstäben nämlich) hätte wertschätzen sollen. In beiden Fällen gibt es aber bereits etwas, das dem Betreffenden als wertvoll erscheint, so daß zur Begründung nur die Verbindung der empfohlenen Sache zu den bereits anerkannten Werten aufgezeigt zu werden braucht. Wenn ich nun aber jemandem einen Grund dafür geben will, etwas wertzuschätzen, was sich nicht mit den für ihn bereits bestehenden Werten verbinden läßt, was also auch, wenn es in all seinen deskriptiven Eigenschaften bekannt ist, keinen Wert für ihn besitzt, dann bleibt mir scheinbar nur eine einzige Begründungsmöglichkeit, nämlich die Erklärung, daß es an sich einen Wert habe. Denn damit tue ich kund, daß ich die betreffende Sache nicht einfach nur wertschätze, sondern daß ich (und damit auch jeder andere, der in der gleichen Situation ist wie ich) einen guten Grund für meine Wertschätzung habe. IW2 fungiert also als Mittler und Bindeglied zwischen IW1 und IW3. Weil das, was ich (oder ein beliebiges Subjekt) um seiner selbst willen wertschätze (IW1) – und das kann mein eigenes Leben sein oder die unbelebte Natur oder irgend etwas anderes –, an sich selbst schätzenswert ist (IW2), hat auch jeder andere einen guten Grund (und/oder eine Verpflichtung), diese Sache um ihrer selbst willen wertzuschätzen. „Ein objektiver Wert", schreibt Mackie in seinem vieldiskutierten Werk über die *Erfindung* des Richtigen und Falschen[130], „würde von jedem, der ihn erkennt, angestrebt, und zwar nicht aufgrund irgend einer kontingenten Tatsache, daß dieser Mensch (oder alle Menschen) gerade so beschaffen sind, daß er eben dies wünscht, sondern aufgrund einer diesem Wert innewohnenden Würdigkeit, realisiert zu werden."[131] Und tatsächlich: *Wenn* ich zuzugeben bereit bin, daß eine Sache X einen inhärenten Wert an sich besitzt, kann ich offenbar nicht sinnvoll bestreiten, daß von X ein Sollensanspruch ausgeht. Aber auch das Umgekehrte ist richtig: nur dann kann ich sinnvoll sagen, daß X um seiner selbst willen geschätzt werden *soll*, wenn ich auch annehme, daß X an sich wertvoll ist. IW2 und IW3 implizieren sich also gegenseitig: anerkenne ich das eine, so muß ich auch das andere anerkennen, weil IW2 die *notwendige* Voraussetzung für IW3 ist.[132] Das Problem ist nur, daß mich nichts dazu zwingt, eines von beiden (und damit eben beide) anzuerkennen. Aus der Tatsache, daß ein *anderer* als ich selbst eine Sache um ihrer selbst willen schätzt, folgt weder, daß sie an sich schätzenswert wäre, noch daß auch ich oder sonst jemand eine Pflicht hätte, sie um ihrer selbst willen zu schätzen. Wahr ist lediglich, daß es dem, der eine Sache um ihrer selbst willen schätzt, so *erscheint*, als sei diese auch an sich schätzenswert und als müsse somit auch jeder andere sie wertschätzen. Da er seine eigene Wertschätzung nicht als beliebig erlebt, sondern als begründet in den Dingen, die seinem eigenen Empfinden nach eben deshalb von ihm geschätzt werden, weil sie wertvoll *sind*, ist ihm selbst der Sollensanspruch eine genuine und keineswegs idiosynkratisch empfundene Erfahrung, welche die Erwartung zu rechtfertigen scheint, daß auch andere sie teilen mögen. So wie einer, der aus dem Fenster sehend einen Baum erblickt, im Normalfall (wenn er keinen Grund hat, an seinen Sinnen zu zweifeln) von jedem anderen erwarten und geradezu verlangen wird, diesen Baum bei einem Blick durch dasselbe Fenster ebenfalls zu sehen, so wird auch jeder, der eine Sache um ihrer selbst willen schätzt, und das heißt: als wertvoll erfährt, von anderen erwarten und verlangen, daß auch sie deren Wert anerkennen, ihn also gleichfalls in Ansehung dieser Sache erleben. Solange er seiner eigenen Erfahrung ganz und gar vertraut, wird es ihm so vorkommen, als sei die von ihm um ihrer selbst willen geschätzte Sache so beschaffen, daß sie, wie Taylor sich ausdrückt, *verdient*, um ihrer selbst willen wertgeschätzt zu werden, und das wiederum heißt nichts anderes, als daß sie (von jedem) um ihrer selbst willen wertgeschätzt werden *soll*. Mit anderen Worten: er wird zu der Annahme neigen, daß diese Sache einen inhärenten Wert in der dritten, von uns oben angeführten Bedeutung besitzt. Das allein besagt natürlich noch nicht, daß seine Schlußfolgerung falsch sein müßte. Wenn aber meine bisherigen Ausführungen zutreffend sind und es keine inhärenten Werte an sich (IW2) gibt bzw. ihre Existenz nicht plausibel zu machen ist, dann ist auch die Behauptung, daß es Dinge gebe, die auch diejenigen zu einem bestimmten Verhalten ihnen gegenüber verpflichteten, die von einer solchen Verpflichtung selbst nichts empfinden, nicht mehr nachzuvollziehen. Damit soll nicht bestritten werden, daß von manchen Dingen eine gewisse *verpflichtende Kraft* oder Autorität ausgeht. Aber diese Kraft ist stets etwas, das wir, gewissermaßen am eigenen Leib, *erfahren* und das nicht sinnvoll von dieser Erfahrung abgelöst werden kann. Indem wir etwas um seiner selbst willen schätzen, fühlen wir uns ihm gegenüber verpflichtet. *Es* verpflichtet uns. Unsere unbedingte Wertschätzung ist keine freiwillige Gabe, die wir jederzeit wieder zurückziehen könnten: sie wird uns vielmehr abgenötigt durch die Dinge; jedenfalls erfahren wir es so.[133] Hier ist das Sollen also eine erlebte und daher ganz konkrete Wirklichkeit und keine abstrakte, von allem Erleben losgelöste und gleichwohl, *an sich*, bestehende Forderung, die auch für einen Menschen Gültigkeit besitzt, der nichts dergleichen empfindet, also von sich aus *nicht* wertschätzt. Ich kann daher Mackie nur zustimmen, wenn er die Existenz objektiver Werte auch in dem Sinne bestreitet, „daß sie unbedingt, d. h. unabhängig von den Wünschen und Neigungen des Handelnden, handlungsanleitend sein könnten" (1977, S. 31). Die Schlußfolgerung lautet also, daß eine Sache nur insofern einen inhärenten Wert besitzen kann, als sie von jemandem um ihrer selbst willen wertgeschätzt wird (IW1). Die Annahme, daß es etwas geben könnte, das auch unabhängig von jeglicher Wertschätzung einen Wert habe (IW2 und IW3), ist zwar psychologisch verständlich, vielleicht sogar unvermeidlich, aber gleichwohl illusionär. Genauso gut könnte man annehmen, daß Bäume auch dann grün wären, wenn niemand sie sähe.

6. Moralisches Sollen

Nun wird man sich mit einem solchen Ergebnis nicht gerne abfinden wollen, wenn man bislang der Ansicht war, daß der philosophischen Ethik vor allem die Aufgabe zukommt zu ergründen, *was* man (und das heißt: jeder) tun soll, und zu begründen, *warum* man es tun soll. Weder das eine noch das andere scheint noch möglich zu sein, wenn es nichts gibt, das einfachhin, aufgrund dessen, was es ist, getan werden soll, mit Ausnahme dessen, was als Gesolltes erfahren wird, wodurch ja die Frage, was getan werden soll, immer schon jeweils eine individuelle und nicht zu verallgemeinernde Antwort bekommt, die sich nicht aus einem höheren Prinzip ableiten läßt und somit auch keine weitere Begründung gestattet. Aber nicht nur die Ethik, sondern auch ihr Gegenstand, die Moral selbst, scheint allzu arg in Mitleidenschaft gezogen zu werden, wenn jede Rede darüber, daß etwas getan werden soll, als Ausdruck einer persönlichen Weltwahrnehmung oder subjektiven Befindlichkeit verstanden werden muß, die keine allgemeine Verbindlichkeit für sich beanspruchen kann. Anstatt von *der* Moral und dem, was getan werden soll, ließe sich nur noch von deiner und meiner, unserer und ihrer Moral reden und dem, was deiner und meiner *Ansicht* nach getan werden soll. Ein Sollen fände sich nur noch im eigenen Wollen, ohne dieses jemals zu transzendieren, außerstande, sich ihm entgegenzustellen und ihm von außen eine Grenze zu setzen, die es nicht schon von selber in sich aufgenommen hätte. Die unvermeidliche Folge scheint ein schrankenloser Relativismus der Werte zu sein. Fragen wir uns deshalb noch einmal, bevor wir unsere moralischen Überzeugungen (die immer auch metaethische Überzeugungen über den Status dieser Überzeugungen beinhalten) vielleicht allzu schnell auf dem Operationstisch der philosophischen Reflexion zu Grabe tragen, was es heißen kann, daß etwas getan werden soll, und ob man nicht doch begründeterweise sagen kann, daß es zum Beispiel auch dann falsch ist, einen Menschen zu töten, wenn derjenige, der es tut, es nicht als falsch empfindet oder erkennt; daß mithin auch er keine Menschen töten *soll*, ganz gleich, ob er sich dessen bewußt ist oder nicht.

Halten wir zunächst einmal fest, daß, sofern wir nicht selbst empfinden, daß dies oder jenes getan werden soll, es immer jemand ist, der uns *sagt*, daß es getan oder nicht getan werden soll. Wenn ich eine Sache, etwa das Leben eines anderen Menschen, nicht schon als schützens- und bewahrenswert erlebe, kann ich nur auf eine Weise hiervon Kenntnis nehmen, nämlich dadurch, daß mich jemand darüber in Kenntnis setzt. Dies kann in Form einer mündlichen Mitteilung geschehen, durch eine Schrift (z. B. die Bibel) oder auch durch ein bestimmtes (bestätigendes bzw. mißbilligendes) Verhalten. Mit anderen Worten: Wenn das Sollen keine (eigene) Erfahrung ist – *Ich* soll nicht töten –, ist es eine Behauptung: *Du* sollst nicht töten. Was aber bedeutet es genau, wenn jemand sagt, dies oder jenes *solle* getan werden? Offenbar hängt das ganz von der Situation ab. Wenn ich meiner Tochter sage: „Du sollst jetzt ins Bett gehen", dann bedeutet das gewöhnlich nicht mehr, als wenn ich sage: „Ich *will*, daß du jetzt ins Bett gehst". Es könnte auch heißen: „Deine Mutter will, daß du jetzt ins Bett gehst". In jedem Fall aber wird ein Anspruch zum Ausdruck gebracht, den irgend jemand an einen anderen stellt. Die Machtposition, die ich vielleicht gegenüber meinem Kind einnehme (ich kann es zwingen, ins Bett zu gehen, oder es bestrafen, wenn es meiner Anweisung nicht folgt), ist hierbei, anders, als wenn ich sage: „Du *mußt* jetzt ins Bett gehen", irrelevant. So könnte meine Tochter mir entgegnen: „Du sollst mich in Ruhe lassen" und damit ihrerseits an mich einen genauso starken Anspruch stellen. Sie setzt dann ihren Willen gegen meinen. Keiner von uns beiden meint, wenn er sagt, daß der andere etwas tun solle, daß dieser eine *Pflicht* habe, den an ihn gestellten Ansprüchen zu willfahren. Wir tun einander nur kund, was wir voneinander erwarten, und was wir erwarten, ist, daß der andere tut, was wir wollen. Anders, wenn ich zu ihr sage: „Du *solltest* jetzt ins Bett gehen". Mit dieser Formulierung deute ich an, daß es einen *Grund* gibt, ins Bett zu gehen, und zwar auch *für sie* einen Grund.[134] Auf die Frage „Warum?" kann ich nun nicht mehr wie zuvor einfach antworten: „Weil ich es so will", sondern ich muß in der Lage sein zu begründen, warum ich es will und warum auch sie es eigentlich wollen muß, das heißt, ich muß erklären können, inwiefern es gemäß ihren eigenen Maßstäben *besser* wäre, wenn sie ins Bett ginge, als wenn sie noch länger wach bliebe. „Weil du morgen früh aufstehen mußt", oder: „Weil du sehr müde bist" sind mögliche Begründungen. Aber auch: „Weil *ich* sehr müde bin", wobei angenommen wird, daß ihr auch an meinem Wohl liegt, denn nur dann ist meine Müdigkeit ein Grund für sie, ins Bett zu gehen. In jedem Fall aber meine ich, wenn ich ihr sage, sie sollte ins Bett gehen, nicht, daß sie *verpflichtet* sei, jetzt ins Bett zu gehen. Ich appelliere lediglich an ihre Einsicht bzw. ihr Mitgefühl, das heißt an ihre Vernunft, von der ich hoffe, daß sie sie in die Lage versetzt, meine Aufforderung mit ihren eigenen Wertsetzungen so in Verbindung zu bringen, daß sie ihr freiwillig Folge leistet. Das „Du sollst" hingegen verlangt vom anderen nicht den Gebrauch der Vernunft, sondern bedingungslosen Gehorsam. Jede Begründung wird verweigert, was zur Folge hat, daß auch keine Gegengründe geltend gemacht werden können. Meine Äußerung erhält so den Charakter eines unhinterfragbaren Gesetzes. Dem anderen bleibt nur, sich entweder meinem Willen zu unterwerfen oder sich ihm zu widersetzen, aber nicht zu diskutieren, weil die Menge der zulässigen Gründe durch meine Formulierung von vornherein auf einen einzigen beschränkt ist: du sollst, weil ich es so will. Wenn ich nun an jemanden nicht irgendeine, sondern eine *moralische* Forderung richte (oder das, was wir für gewöhnlich als moralische Forderung ansehen), indem ich zum Beispiel sage: „Du sollst nicht töten", dann fordere ich etwas vom anderen, das ich in ähnlicher Weise nicht zur Diskussion zu stellen bereit bin, wenn ich auch in der Regel nicht der Meinung sein werde, daß *mein* Wille ausreicht, um die Forderung zu begründen. Aber die *Unbedingtheit* der Forderung ist dieselbe. Diese Unbedingtheit geht verloren, wenn ich statt dessen sage: „Du *solltest* nicht töten". Wähle ich diese Formulierung, bin ich gewissermaßen meiner Sache schon nicht mehr ganz sicher; ich zeige an, daß ich mit mir reden lassen würde, wenn der andere mir nur gute Gründe dafür nennen könnte, warum in diesem wie möglicherweise auch in vielen anderen Fällen das Töten doch gerechtfertigt sei. Ich erkläre dann, daß es die *Regel* ist, nicht zu töten (man tut so etwas einfach nicht), und es guter Gründe bedarf, entgegen der Regel zu handeln, während ich im anderen Fall darauf beharre, daß es ein *Gesetz* (ein ein für allemal und bedingungslos Gesetztes) ist (und es somit keine denkbaren Gründe gibt, die es zu übertreten rechtfertigen könnten). Nun unterscheidet sich die moralische Sollens-Forderung aber ihrem Sinn nach deutlich von jeder nicht-moralischen Sollens-Forderung, weil weder der Sender noch der Empfänger einer moralischen Forderung glaubt, daß diese allein durch den Willen des Fordernden gerechtfertigt sei. Wenn ich meiner Tochter sage, daß sie ins Bett gehen soll, werde weder ich noch wird sie dieser Forderung ein größeres Gewicht beimessen, als mein eigener Wille sie ihr zu verleihen vermag. Nur auf dessen Autorität berufe ich mich ja bei meiner Äußerung, und auf nichts anderes. Erkläre ich jemandem hingegen, daß er oder sie nicht töten solle, dann beanspruche ich im allgemeinen eine weit größere Autorität, als mein bloßer Wille sie für den anderen jemals haben kann. Auf die Frage, *warum* er nicht töten solle, werde ich schwerlich die Antwort geben: ‚Weil ich es nicht will', und wenn ich sie gebe, wird sie keinem von uns beiden ausreichend erscheinen, um die Sollens-Forderung zu begründen, jedenfalls solange nicht, wie ihr ein moralischer Sinn unterstellt wird. Man beachte, daß der *Gegenstand* der Forderung, hier das Töten bzw. Nichttöten, den moralischen Sinn nur aus Gründen der Konvention nahelegt, aber nicht verbürgt. Es ist auch möglich, den Satz *Du sollst nicht töten* in einem nicht-moralischen Sinn zu äußern, etwa wenn ein Einbrecher seinem unterlegenen, aber zu Gewalttaten neigenden Mittäter einschärft, wie er sich verhalten soll, nämlich ruhig Blut zu bewahren, anstatt den Leuten immer gleich den Schädel einzuschlagen. Den moralischen Sinn erhält die Forderung erst dann, wenn sie als von der besonderen Situation, in der man sich gerade zufällig befindet, und insbesondere von dem augenblicklichen

Wollen irgendeines der Beteiligten unabhängig gedacht wird. Wenn ich zu dir sage, daß du nicht töten sollst (oder nichts tun, was das allgemeine Glück beeinträchtigt, oder nicht nach einer Maxime handeln, von der du nicht wollen kannst, daß sie ein allgemeines Gesetz werde), dann meine ich, daß du es *niemals* (jedenfalls nicht in Situationen dieser Art) tun sollst, also auch dann nicht, wenn ich zufällig einmal wollen sollte, daß du es doch tust. Zwar will ich möglicherweise tatsächlich nicht, daß du tötest, aber ich erwarte nicht, daß du meine Forderung *deshalb* erfüllst. Mein Wille ist schlicht nicht ausschlaggebend, das heißt, er soll (soll in einem nicht-moralischen Sinne) nicht als ausschlaggebend betrachtet werden. Es wäre sogar möglich, daß ich selbst gar nicht so viel dagegen hätte, wenn du (in diesem speziellen Fall oder auch grundsätzlich) jemanden tötest, daß ich aber dennoch davon überzeugt wäre (und dieser Überzeugung auch aufrichtig Ausdruck verliehe), daß du nicht töten *sollst* und tatsächlich niemand dies soll. Daraus erhellt, daß (nämlich in den Augen derer, die meine Forderung als moralische begreifen) nicht eigentlich ich derjenige bin, der die moralische Forderung stellt, sondern jemand oder etwas anderes. Meine Funktion ist lediglich die eines Mittlers oder Überbringers der Forderung, deren Quelle an anderer Stelle vermutet wird. Wenn ich jemandem also sage, er solle nicht töten, und dies als moralische Forderung verstanden wissen will, dann verhalte ich mich in etwa so wie ein Kind, das einem anderen Kind sagt, daß es nicht die Marmelade aus dem Kühlschrank nehmen soll, nicht weil es selbst nicht auch gern von der Marmelade naschen wollte, sondern weil es weiß, daß die Eltern es verboten haben, das heißt, deutlich gemacht haben, daß *sie* es nicht wollen. Im Hintergrund der moralischen Forderung steht also ein Wille, dem eine größere Autorität zugestanden wird als dem eigenen oder dem des anderen. Traditionell war dies der Wille Gottes: Du sollst nicht töten, nicht, weil ich es nicht will, sondern weil Gott es nicht will. Die Rückführung des moralischen Sollens auf den göttlichen Willen erklärt zweifellos dessen besonderes rhetorisches Gewicht, das der Willensbekundung eines Menschen nur schwerlich zukommen kann. Freilich kann der Wille Gottes für den einzelnen auch im Prinzip jederzeit seine motivierende Bedeutung verlieren, so daß das moralische *Du sollst nicht töten* auf ihn nicht mehr Eindruck macht als jede beliebige andere Forderung, die irgend jemand an ihn stellt. Gott will es – na wenn schon. Allerdings dürfte es schwer sein, leichthin über die Forderungen eines Gottes hinwegzugehen. Spätestens dann aber, wenn wir aufhören, an die Existenz

eines solchen göttlichen Wesens zu glauben, wird die moralische Sollens-Forderung faktisch (wenn auch vielleicht nicht psychologisch)
den gleichen Status erlangen wie jede nicht-moralische, da kein höherer Wille mehr zur Verfügung steht, durch den sich die Unterscheidung noch rechtfertigen ließe, es sei denn, man nähme an, daß die
Sollens-Forderung den *Willen der Allgemeinheit* zum Ausdruck bringe und dieser Wille eben „höher" stehe, das heißt mehr Berücksichtigung verdiene, als der Wille irgend eines *einzelnen* Menschen. Auch
dann aber würde die Sollens-Forderung nur deutlich machen, was
irgendwelche anderen Menschen von uns wollen, auch wenn diese
nach wie vor und durchaus im guten Glauben annehmen, daß ihrer
Forderung als moralischer ein besonderes Gewicht zukommt, also
stärker dazu motivieren werde, ihrer Forderung nachzukommen, als
es gemeinhin eine bloß menschliche Willensbekundung könnte. G. E.
M. Anscombe schreibt: „Dominiert eine solche [von einer göttlichen
Gesetzgebung ausgehende] Konzeption jedoch für viele Jahrhunderte
und wird dann aufgegeben, so ist es eine natürliche Folge, daß die
Begriffe der Verpflichtung, des durch ein Gesetz Gebunden- oder Ver-
pflichtetseins zurückbleiben, obwohl sie ihre Wurzel verloren haben;
und wenn das Wort ‚sollen' in bestimmten Kontexten mit dem Sinn
von ‚Verpflichtung' ausgestattet worden ist, wird man es in diesen
Kontexten auch weiterhin mit einer besonderen Emphase und einem
besonderen Gefühl aussprechen."[135] Tatsächlich aber, meint Anscombe, habe der Begriff des moralischen Sollens damit jeden Sinn verloren
und müsse als Relikt einer überholten und falschen Weltsicht aus der
philosophischen Ethik verbannt werden. Das scheint mir allerdings
vorschnell geurteilt. Denn aus der vermeintlichen Tatsache, daß Gott
dies oder jenes wolle (wolle nämlich, daß *wir* es wollen und tun), hat
sich allein niemals ableiten lassen, daß wir auch die *Pflicht* hätten,
diesem Willen Folge zu leisten. Auch wenn Gott eigens für den Menschen ein Gesetz erläßt, an das dieser sich nach Gottes Willen halten
soll, ist der Mensch doch deshalb noch nicht *verpflichtet*, sich daran
zu halten, genauso wenig, wie ich dazu verpflichtet bin, mich an eine
Vorschrift zu halten, die von irgend einem Menschen, der mir zufällig
begegnet, ersonnen wird. Erst dann, wenn der Betreffende, sei es Gott
oder ein Mensch, auch das *Recht* hat, mir ein Gesetz des Handelns zu
geben, erst dann läßt sich sagen, daß ich die Pflicht hätte, ihm Folge
zu leisten. Nicht jede, sondern nur die *berechtigte* Sollens-Forderung
verpflichtet also denjenigen, an den sie ergeht, und es nicht von vornherein klar, daß Gott dazu berechtigt ist, überhaupt Forderungen an

den Menschen zu stellen. Zwar hat er, falls er existiert, nicht nur uns, sondern auch die ganze Welt geschaffen, aber warum sollte diese Tatsache ihm ein Recht verleihen zu bestimmen, wie wir uns zu verhalten haben? Auch die Zeugung eines Kindes berechtigt dessen Eltern ja nicht dazu, ihm ein Handlungsgesetz aufzuerlegen. Ich bin nicht verpflichtet, alles zu tun, was meine Eltern wollen, nur weil sie mich gezeugt haben, und ebenso wenig sind wir verpflichtet, Gott zu willfahren, nur weil er der Schöpfer von allem ist.

7. Bedingte und unbedingte Pflichten

Wodurch aber entsteht nun irgend jemandem (Gott, der Gesellschaft, einem einzelnen Menschen) ein Recht, mir Vorschriften zu machen, die ich zu befolgen verpflichtet bin? Eine naheliegende Annahme wäre, daß er dieses Recht nur auf eine einzige Weise erlangen kann, nämlich dadurch, daß ich es ihm freiwillig *zugestehe.* Zum Beispiel bin ich, wenn ich eine Stelle angenommen habe, in einem gewissen Rahmen dazu verpflichtet zu tun, was mein Arbeitgeber von mir verlangt. Mit der Annahme dieser Arbeit habe ich ihm zugleich das Recht eingeräumt, von mir bestimmte Leistungen zu verlangen, und das heißt, ich habe die Pflicht übernommen, diese Leistungen auch zu erfüllen. Die Verpflichtung beruht also in diesem Fall auf einer freiwilligen Vereinbarung, die immer mit einer Gegenleistung verbunden ist, also auch mir ein der Pflicht korrespondierendes Recht gibt, welches ich solange behalte, wie ich meine Pflicht nicht verletze, wie auch umgekehrt ich solange verpflichtet bin, bestimmte Dinge zu tun, wie ich erhalte, wozu ich berechtigt bin. Dies kann ein Gehalt sein oder auch, etwa bei ehrenamtlichen Tätigkeiten, ganz einfach die Tätigkeit selbst mit ihren speziellen und zum Zeitpunkt der Vereinbarung bekannten Merkmalen. Vernachlässige ich meine Pflichten, verwirke ich meine Rechte; verweigert man mir meine Rechte, so habe ich auch keine Pflichten mehr. Ein Lehrer hat die Pflicht, seine Schüler und Schülerinnen zu unterrichten, und wenn er es nicht tut (oder sehr schlecht tut), verliert er auch das Recht, es zu tun. Ein Arzt hat die Pflicht, seine Patienten nach Maßgabe der vorhandenen medizinischen Möglichkeiten zu behandeln und sie, so weit es geht, gesund zu halten oder zu machen. Tut er es nicht, verliert er das Recht, seinen Beruf weiter auszuüben. Wie er aber mit seiner Stellung bestimmte Pflichten übernommen hat, so kann er diese Pflichten auch wieder ablegen, wenn er seine Stellung kündigt, wenn er aufhört, Lehrer oder Arzt zu sein. Seine jeweilige Pflicht war also bedingt durch die Aufgabe, die er, und zwar freiwillig, übernommen hatte. Wäre es nicht freiwillig geschehen, sondern durch äußeren Zwang, würden wir nicht so leicht glauben, daß ihm dadurch irgend eine Pflicht entstanden sei. Er wäre *gezwungen* gewesen, bestimmte Dinge zu tun, und eben darum nicht verpflichtet, denn Zwang und Verpflichtung, so scheint es, schließen einander aus.[136] Gleichwohl sieht es so aus, als könne jemand auch dann zu bestimmten Handlungen verpflichtet sein, wenn er keine entsprechende Vereinbarung getroffen hat. So scheine ich etwa dazu verpflichtet zu sein, die Verkehrsregeln zu beachten oder Steuern zu zahlen, ganz gleichgültig, ob ich das will oder nicht will. Aber auch diese Pflichten habe ich nicht einfachhin, als Mensch, sondern als Mitglied einer bestimmten Art von Gesellschaft und als Bürger eines Staates, mithin nur insofern, als ich einer bestimmten Institution angehöre, der ich nur dann angehören kann, wenn ich solche Pflichten übernehme, wofür ich andererseits aber auch Rechte in Anspruch nehmen darf. Hätte ich keinerlei Rechte, wäre ich auch zu nichts verpflichtet, und obwohl niemand meine Zustimmung zu diesen Pflichten eigens eingeholt hat, so kann ich mich doch jederzeit selbst von ihnen entbinden, muß allerdings dann in Kauf nehmen, daß ich auch die entsprechenden Rechte verliere. Es handelt sich also gewissermaßen um eine stillschweigende Vereinbarung, die insofern auch von meiner Seite aus freiwillig ist, als ich bislang nicht bereit war, auf den Vorteil solcher, an die Institution gebundener Rechte zu verzichten.[137] Darum sah es auch Sokrates (gemäß Platons Darstellung im *Kriton*) als seine Pflicht an zu sterben, als er dazu verurteilt wurde, und weigerte sich, vor der drohenden Hinrichtung zu fliehen, als seine Freunde ihn dazu zu überreden versuchten. Weil er den athenischen Staat stets implizit anerkannt und gutgeheißen hatte, ganz einfach indem er sich dort zu leben entschied – wozu ihn ja niemand gezwungen hatte – glaubte er, verpflichtet zu sein, das Urteil eines rechtmäßig gewählten Gerichtshofes auch dann akzeptieren zu müssen, wenn es ihm einmal zum Nachteil gereiche, ja selbst dann, wenn das Urteil seinen eigenen Tod bestimme und der Sache nach ungerechtfertigt sei. Sokrates meinte nicht, daß er nur dann verpflichtet sei zu sterben, wenn er *jetzt* das Urteil als rechtmäßig akzeptiere, so daß er es genauso gut auch nicht hätte akzeptieren können, und er dachte auch nicht, daß seine Verpflichtung unabhängig von seiner eigenen Zustimmung bestehe. Vielmehr war er davon überzeugt, daß er sich bereits verpflichtet *habe*,

zwar nicht durch Worte, aber durch sein Handeln, solche Urteile anzunehmen, und es jetzt zu spät sei, sich selbst dieser Pflicht zu enthe-
ben.[138] Er hatte also bereits viel früher dem Athenischen Staat das
Recht zugebilligt, bei entsprechender Gelegenheit das Urteil über ihn
zu sprechen und damit eben auch das Recht, ihm zu sagen: Du sollst
sterben. Wichtig zu sehen ist nun, daß die Berechtigung dieser Sollens-Forderung und somit ihr Pflichtcharakter nicht davon abhängt,
daß Sokrates sie als berechtigt anerkennt. Auch wenn Sokrates nicht
der gewesen wäre, der er war, und er es nicht als Unrecht empfunden
hätte, auf Kritons Zureden hin die Flucht zu ergreifen, auch dann wäre
es doch seine Pflicht gewesen, nicht zu fliehen. Denn die Pflicht resultiert aus der stillschweigend, „durch die Tat", getroffenen Vereinbarung und nicht aus dem Pflicht*bewußtsein*. Darum wäre es, folgt
man der Darstellung des Sokrates, in jedem Fall und für jeden Bürger
Athens falsch, das heißt: pflichtwidrig, gewesen zu fliehen. Und im
gleichen Sinne läßt sich nun sagen, daß auch wir heute, nämlich als
Bürger eines Staates oder als Mitglied einer Gemeinschaft zu bestimmten Handlungen (und Handlungsunterlassungen) verpflichtet sind,
gleichgültig ob wir uns ihrer als verpflichtend bewußt sind oder nicht.
Deshalb wäre es also, um die oben gestellt Frage zu beantworten, sehr
wohl auch dann falsch, einen Menschen zu töten, wenn derjenige, der
es tut, es nicht als falsch empfindet oder erkennt, und das heißt, daß
man mit Recht von ihm fordert, daß er es nicht tun soll. Es ist die
Gemeinschaft, die dies fordert, und zwar um sich erhalten zu können,
und sie fordert es *zu Recht* von jedem ihrer Mitglieder, eben weil es
ihre Mitglieder sind und sie als solche auch gewisse Rechte haben,
wozu unter anderen auch das Recht zählt, nicht getötet zu werden.
Man beachte, daß die Gültigkeit der Norm, daß dies (und vieles andere mehr) getan bzw. nicht getan werden soll, ausschließlich empirisch begründet ist und auf keinerlei normativen Prämissen fußt. Daß
die Norm, so und nicht anders zu handeln, für mich *gültig* ist, oder,
was dasselbe ist, daß ich *verpflichtet* bin, so zu handeln, bedeutet nicht
mehr und nicht weniger, als daß (1) die Gemeinschaft, in der ich lebe,
von mir ein solches Handeln *fordert* und daß (2) ich selbst durch mein
eigenes Handeln (oder Nicht-Handeln) *zugestimmt* habe, deren Forderungen anzuerkennen. Aus dem Vorhandensein von Forderung und
(impliziter) Zustimmung folgt also zwangsläufig das Vorhandensein
einer Verpflichtung. Hingegen folgt nicht daraus, daß ich oder irgend
jemand anders dieser Pflicht auch nachkommt. Daß ich zu etwas verpflichtet bin, heißt nicht, daß ich auch einen guten *Grund* hätte, ge-

mäß meiner Verpflichtung zu handeln. Obwohl ich sinnvollerweise nicht überlegen kann, ob und warum ich so handeln *soll*, wie es meine Pflicht ist – denn eine Pflicht zu haben, *bedeutet* so handeln zu sollen –, kann ich doch durchaus danach fragen, ob und warum ich so handeln *sollte*, wie es meine Pflicht ist, ob es also wirklich klug oder ratsam oder gut ist (etwa im Sinne einer Steigerung des allgemeinen Glücks)[139], die an mich gestellten Forderungen, die anzuerkennen ich irgendwann einmal zugestimmt habe, auch *jetzt* anzuerkennen und zu befolgen.[140] In gewisser Weise ist die Tatsache (denn darum handelt es sich), daß ich nicht töten soll, trivial: die eigentlich interessante Frage scheint vielmehr zu sein, warum ich mich darum kümmern sollte, das zu tun, was ich tun soll. Ernst Tugendhat meinte,[141] daß die Antwort in den Sanktionen liege, welche die Gesellschaft für alle diejenigen bereithält, die nicht tun, was sie sollen, und das mag auch für viele Menschen und in bezug auf viele Normen zutreffen, wobei ich unter Sanktion den Verlust oder die Verweigerung bestimmter Rechte – die allen pflichtenerfüllenden Mitgliedern der Gesellschaft zugestanden werden – verstehen würde. Die *Geltung* der sozialen Norm hängt allerdings, anders als Tugendhat annimmt, nicht an der Sanktionsmöglichkeit, denn verpflichtet zu bestimmten Handlungen ist auch derjenige, der geschickt oder mächtig genug ist, im Falles eines pflichtwidrigen Verhaltens seinerseits jeder Bestrafung zu entgehen. Die Norm gilt für mich auch dann, wenn ich sie, ohne Strafe fürchten zu müssen, übertreten kann (ansonsten könnte ich sie ja auch gar nicht *übertreten*): zu den Geltungsbedingungen einer sozialen Norm gehört nur, daß ihre Einhaltung gefordert wird und daß sie zu Recht gefordert wird, nicht aber daß es in irgend jemandes Macht steht, ihre Nichteinhaltung zu bestrafen. Freilich scheint demjenigen, dem kein Recht entzogen werden kann (nicht weil er keines hätte, sondern weil es ihm niemand nehmen kann), auch ein guter Grund zu fehlen, die Pflichten, die er faktisch hat, zu erfüllen – man erinnere sich an die Parabel vom Ring des Gyges, die Platon im *Staat* erzählt. Hätte er allerdings doch Sanktionen irgend welcher Art zu fürchten, dann wären seine Gründe zur Befolgung der gesetzten Normen reine Klugheitsgründe: ich handle so, wie ich handeln soll, nicht *weil* ich so handeln soll, sondern weil ich auf bestimmte, mir teure Rechte verzichten müßte, wenn ich es nicht tue. Bestünde Moralität allein hierin, dann wäre sie nicht mehr als ein Tauschgeschäft oder, wie Philippa Foot (1952) es in einem berühmt gewordenen Aufsatz formulierte, ein „System hypothetischer Imperative": ich erfülle die an mich gestellten Forderungen, weil es so für mich am besten ist, und alle anderen machen es genauso, jedenfalls solange, wie wir keinen ausreichenden Grund zu der Annahme haben, daß die Zurückweisung einer bestimmten Forderung im speziellen vorliegenden Fall uns nicht doch zum Vorteil gereichen würde. Ich tue, was ich tun soll, solange ich nicht sicher bin, nicht erwischt zu werden, wenn ich es nicht tue, bzw. solange, wie ich die möglicherweise eintretenden Sanktionen nicht in Kauf zu nehmen bereit bin.

Nun dürfte nur zu offenbar sein, daß das *Phänomen* Moral durch eine solche, im Wesen kontraktualistische Konzeption nur unzureichend erfaßt wird. Ich möchte sogar behaupten, daß all dies in Wahrheit mit Moral im Sinne des moralischen *Handelns* überhaupt nichts zu tun hat. Ich will dies an einem Beispiel erläutern. Nehmen wir an, es sei in unserer Gesellschaft die Pflicht von Eltern, ihre Kinder angemessen zu nähren und zu kleiden, das heißt, es wird allgemein und zurecht von allen Eltern gefordert. Als Vater kann ich nun fragen, warum ich diese meine Pflicht erfüllen sollte, und vielleicht fallen mir diverse Gründe ein, die es mir ratsam erscheinen lassen. So könnte ich mir sagen, daß ich sicher über kurz oder lang gewaltig Ärger mit dem Jugendamt bekäme und man mich vielleicht sogar wegen Mißhandlung ins Gefängnis würde stecken wollen, wenn ich es nicht täte, oder daß meine Kinder mich sicher nicht mehr lieben würden, oder meine Frau würde es nicht mehr tun oder die Nachbarn. Jedoch wäre es ziemlich merkwürdig, wenn ich tatsächlich solche Überlegungen anstellte, und ich wäre auch sicher nicht das, was man sich im allgemeinen unter einem guten Vater vorstellt, selbst wenn ich aufgrund dieser Überlegungen alles genauso täte, wie es von mir gefordert wird. Tatsächlich wird der Grund meiner Fürsorge in aller Regel viel einfacher, naheliegender und unmittelbarer sein. Wenn ich dafür sorge, daß meine Kinder ausreichend zu essen haben, tue ich es allein deshalb, *weil sie es brauchen*.[142] Eines weiteren Grundes bedarf es gar nicht. Ich handle also so, wie ich es soll, weder weil ich es soll (das heißt, weil es die Gemeinschaft, in der ich lebe, von mir fordert), noch weil es besser für mich ist (weil ich also irgendwie bestraft werde, wenn ich es nicht tue), sondern ausschließlich, weil ich annehme, daß es besser für *sie* ist. Nicht um meinetwillen handle ich, noch um der Gesellschaft willen, sondern um ihretwillen, und ich erfülle meine Pflicht, weil ich mich verpflichtet *fühle*, und zwar nicht gegenüber der Gesellschaft im ganzen, sondern gegenüber meinen Kindern. Sie sind nicht nur der Gegenstand der Verpflichtung (das, worauf sich die Verpflichtung bezieht), sondern auch zugleich deren Quelle (das, was mich verpflichtet). Im Unterschied zu den sozialen Pflichten, wie wir sie oben erörtert haben, ist eine sich solchermaßen gleichsam von selbst, durch die Sache, ergebende Pflicht nicht dadurch bedingt, daß irgend etwas gewollt wird, noch dadurch, daß ihr (implizit, aber freiwillig) zugestimmt wurde. In diesem Sinne handelt es sich nicht um eine bedingte, sondern um eine *unbedingte Pflicht,* und nur in diesem Sinne, nämlich als Gefühl oder vielmehr *Erfahrung* der Verpflichtung im Angesicht der Sache, um die es geht, kann es überhaupt eine unbedingte Pflicht geben.

8. Die Erfahrung der Pflicht; das elementare Sollen

Wenn Sokrates sich seiner Pflicht als athenischer Bürger gestellt hat, dann nicht deshalb, weil er sich vor den Sanktionen gefürchtet hätte, die ihn bei Nichterfüllung erwartet hätten, sondern weil er diese Pflicht gar nicht als etwas verstand, das von außen durch irgendwelche handlungsmächtigen Personen an ihn herangetragen wurde. Zwar hatte auch Sokrates gewisse Sanktionen zu befürchten, wie er sie selbst im Gespräch mit Kriton anführte: den Verdacht der Heuchelei, Spott und Hohn, Verachtung, kurz: den Verlust der Anerkennung und Wertschätzung durch seine Mitmenschen, und vielleicht hätte dies schon ausreichen können, um Sokrates dazu zu bewegen, den Tod, der nur um einen solchen Preis zu vermeiden gewesen wäre, in Kauf zu nehmen. Tatsächlich aber war sich Sokrates, so wie Platon ihn darstellt, seiner Pflicht gegenüber Staat und Vaterland nicht nur als einer Tatsache bewußt (was seine Flucht nicht hätte hindern müssen), sondern er *fühlte* sich, und zwar buchstäblich durch die Gesetze selbst, verpflichtet, diese zu schützen und damit den Staat, als dessen Geist sie ihm erschienen – was im platonischen Dialog dadurch angedeutet wird, daß die Gesetze ihm als Gesprächspartner unmittelbar gegenüber treten. Die Quelle der Verpflichtung ist in Sokrates' Perspektive nicht die Menge der anderen Subjekte, die ihm ein bestimmtes Verhalten abverlangen, sondern die Gesetze oder die durch sie getragene Art der Gemeinschaft, die ihm als etwas an sich selbst *Gutes* erscheinen, mithin als etwas, das um seiner selbst willen geschützt zu werden verdient. Freilich kann dieses *Gefühl der Verpflichtung* in vielen Fällen leicht aus der Verinnerlichung der sozialen Normen erklärt werden, aber als *Phänomen* nimmt es doch darauf überhaupt keinen Bezug: es steht jenseits (oder diesseits) der Norm, so daß es auch dann

noch Bestand hätte, wenn es überhaupt niemanden gäbe (keine Gesellschaft und keinen Gott) der von ihm mit gutem Recht erwarten
würde, in dieser oder anderer Weise zu handeln. An dem Verpflichtungsgefühl würde dies doch nichts ändern, weil es in dem oben genannten Sinne unbedingt ist und niemals aus bloß berechtigten (und
nicht einmal aus als berechtigt anerkannten) Forderungen hergeleitet
werden kann. Es führt eben kein Weg vom Sein zum Sollen oder
vielmehr (da wir das Sollen deskriptiv entschärft haben): es führt kein
Weg von der bedingten zur unbedingten Pflicht oder von der (sozialen) Tatsache der Verpflichtung, die das Handeln des einzelnen in keiner Weise zu beeinflussen braucht, zum Gefühl der Pflicht, das jeden,
der es empfindet, unmittelbar zum Handeln treibt, zwar nicht so, daß
er notwendig gemäß der von ihm empfundenen Pflicht handeln *müßte*, aber doch so, daß er nicht anders handeln kann, ohne zuvor einen
inneren Widerstand niederzuringen. So wenig stützt sich das Gefühl
der Verpflichtung auf die sozialen oder religiösen Normen, daß es sich
genauso gut auch gegen sie zu wenden vermag. Auch wenn alle Welt
von mir erwartet, so oder so zu handeln, kann ich doch die innere
Gewißheit haben, daß aller Welt zum Trotz etwas ganz anderes getan
werden sollte.[143] Auch wenn jeder von mir erwartet, den von der
Volksgemeinschaft Verfemten an die staatlichen Behörden zu verraten,
so kann ich es doch als meine Pflicht empfinden, gerade dies nicht zu
tun. Auch wenn Gott von mir verlangt, meinen Sohn zu opfern, kann
sich doch mein Gefühl dagegen empören und mir sagen, daß es in
diesem Fall falsch wäre zu tun, was Gott befiehlt. Das Gefühl der
Verpflichtung ist eine Erfahrung ganz eigener Art, bei der die Sollens-
Forderung von den Dingen selbst auszugehen scheint,[144] und zwar
nicht als Willensäußerung, sondern ganz unabhängig von dieser. So
kann auch ein Tier, das gar nichts von mir will und insofern keine
Forderungen an mich stellt, doch durch sein bloßes Dasein meine
Handlungs- und Willensfreiheit einschränken, indem es mich unmittelbar zu einem bestimmten Tun verpflichtet. Allein die Tatsache, daß
es leidet oder daß es meine Hilfe braucht (das heißt, nicht ohne meine
Hilfe sein bzw. wohlsein kann), kann in mir bereits das Gefühl der
Verpflichtung wecken, das sichere Gefühl, ihm helfen zu müssen, die
unmittelbar empfundene Gewißheit, daß es falsch sei, es nicht zu tun.
Ebenso bei einem Menschen: daß ich ihn nicht töten soll, kann zweierlei bedeuten: erstens, daß es nicht erwünscht ist, daß er (von mir)
getötet werde – wobei es nicht darauf ankommt, ob dies ein Dritter
(dazu zählt auch die Gesellschaft in ihrer Gesamtheit) von mir ver-

langt oder derjenige, den ich zu töten beabsichtige –, und zweitens, daß er selbst mir, nicht durch die Bekundung seines Willens (ich setze voraus, daß er nicht getötet werden will), sondern durch einen Blick, eine Geste, seine menschliche Gestalt oder seine offenbare Verletzlichkeit den Eindruck vermittelt, daß es (in irgendeinem nicht näher benennbaren Sinne) *falsch* wäre, ihn zu töten. Wir haben es hier mit einer weit elementareren Sollenserfahrung zu tun, als es das bloße Wollen der anderen je sein kann, mit einem Sollen, das dem einzelnen *unmittelbar*, das heißt ohne den Umweg über die an ihn gestellten sozialen Erwartungen, aus seiner Begegnung mit der Welt erwächst und in dieser seinen festen Halt hat. Während nun das soziale Sollen, das wir zuvor besprochen haben, faktisch wertneutral ist – ob das, was die Gesellschaft oder wer auch immer von mir erwartet, gut oder schlecht ist, ist vollkommen bedeutungslos für die Frage, ob es gesollt ist bzw. ob es meine Pflicht ist, die Erwartungen zu erfüllen –, beinhaltet das elementare Sollen, wie ich es fortan in Anlehnung an Hans Jonas (1979, S. 234 ff.) nennen will, immer schon für den, der dieses Sollen erfährt, eine für ihn selbst und sein Handeln relevante Wertung. Das als elementar gesollt Erfahrene stellt sich dem Handelnden dar als ein zu realisierendes Gutes bzw. ein zu vermeidendes Schlechtes, also nicht als etwas, das *andere* für gut oder schlecht halten, oder etwas, von dem *sie* wollen, daß es getan wird bzw. nicht getan wird, sondern als etwas, das einfachhin, *an sich* zu tun gut bzw. schlecht ist. Fehlt diese Erfahrung, kann die Rede davon, daß irgend etwas gesollt ist, nur als Ausdruck der Sprechermeinung (bzw. seiner Erfahrung) verstanden werden. Insofern ist also den Emotivisten durchaus recht zu geben, das heißt, es wäre ihnen recht zu geben, wenn es nur das soziale Sollen gäbe. Jedes Sollen, das an mich von außen herangetragen wird, also ohne daß es von mir in seinem verpflichtenden Charakter unmittelbar *erfahren* wird, ist lediglich das Wollen des anderen, das eine höhere Autorität für sich beansprucht.

Das elementare Sollen hingegen ist eines, das sich (für den, der es empfindet) aus dem *Sein* der Sache ergibt. Diese Sache (wie auch immer sie sonst beschaffen sein mag) ist nicht nur, sondern sie (oder ein Zustand ihrer selbst) soll auch sein, das heißt, es ist gut, daß sie ist (bzw. in bestimmter Weise ist). Fragen wir aber, wer das sagt, so kann die Antwort nur lauten: die Sache selbst. Sie sagt sich aus als etwas Gesolltes, und zwar so, daß wir nicht anders können, als dieser Aussage Glauben zu schenken: wir selbst sind im Angesicht der Sache davon überzeugt, daß es gut ist, daß sie (so oder anders) ist. Sein und

Sollen sind hier also tatsächlich (in der Erfahrung) nicht voneinander zu trennen. Als paradigmatischen Fall dieses Zusammenfallens hat Hans Jonas in seinem Buch über das *Prinzip Verantwortung* bekanntlich die Wahrnehmung eines neugeborenen Kindes festzuhalten versucht. Es sei dies nämlich, meint Jonas, ein Gegenstand, der „den Begriff eines ‚bloßen Ist' für sich gar nicht zuläßt." Das bloße Atmen des Neugeborenen richte „unwiderstehlich ein Soll an die Umwelt (...), nämlich: sich seiner anzunehmen. Sieh hin und du weißt".[145] Diese These eines Zusammenfallens von Sein und Sollen hat (im Unterschied zu anderen Aspekten des Buches) in der akademischen Philosophie wenig Anklang gefunden. Wenn man sie überhaupt für der Rede wert hielt, wurde sie zumeist als offensichtlich fehlerhaft abgetan. Dieter Birnbacher schreibt,[146] daß Jonas' Ableitung des Sollens aus dem Sein nicht „auch nur entfernt plausibel" sei, da sich die präskriptiven Elemente nur dann aus der Beschreibung ableiten ließen, wenn sie von Anfang an darin enthalten seien. Aus dem Faktum selbst (des neugeborenen Kindes) folge (für unser Handeln) gar nichts. Und selbst ein erklärter Bewunderer von Jonas' Werk wie Vittorio Hösle meint einräumen zu müssen, daß Jonas hier in unzulässiger Weise „Argumente und Emotionen vermischt". „Das Begründungsproblem", glaubt Hösle,[147] „kann nur rationalistisch gelöst werden, nicht durch den Appell an Emotionen, deren Legitimität genau das ist, was überprüft werden muß." Ich denke nicht, daß einer dieser Einwände Jonas wirklich treffen kann. Was Birnbachers Kritik anbelangt, so hat Jonas sie selbst schon vorweggenommen und gegen den imaginierten Kritiker gewendet, indem er das von diesem ins Feld geführte angebliche *Faktum* als das künstliche Produkt einer bestimmten, ausgesprochen reduktionistischen Sichtweise entlarvte. Es ist eben längst nicht ausgemacht, worin eigentlich jeweils die Tatsache besteht, auf die wir uns wahrnehmend und reflektierend beziehen bzw. ob es überhaupt *die* Tatsache gibt (wie Birnbacher anzunehmen scheint) oder nicht vielmehr nur verschiedene Gegenstände verschiedener Sichtweisen. Die Birnbachersche Wahrnehmung des Gegenstands ist eben deswegen sollensfrei, weil er von vornherein einen *anderen* Gegenstand vor Augen hat als Jonas, eben gar nicht den Säugling, sondern etwa, wie der von Jonas angeführte „mathematische Physiker", bloß einen interagierenden Zellverband. Von dem neugeborenen Kind erfasse diese Sichtweise aber Jonas zufolge allenfalls den „äußersten Rand seiner im übrigen abgeblendeten Wirklichkeit", keinesfalls aber die „volle Sache".[148] Wer wirklich *das neugeborene Kind* sehe, könne nicht anders,

Welche Zeitungen / Zeitschriften lesen Sie regelmäßig?

☐ SZ
☐ FAZ
☐ DIE ZEIT
☐ NZZ
☐ Der Spiegel
☐ Focus
☐ Stern

☐ Die Welt
☐ taz
☐ Tagesspiegel
☐ Die Woche
☐ Berliner Zeitung
☐ Brigitte
☐ örtliche Zeitungen

Welche Themen unseres Programms interessieren Sie?

☐ Alte Geschichte
☐ Mittelalter
☐ Neuere Geschichte
☐ Zeitgeschichte / Politik
☐ Theologie / Philosophie
☐ Gesundheit / Medizin

☐ Literatur
☐ Literaturgeschichte
☐ Islam
☐ Judaica
☐ Kunst / Kunstgeschichte
☐ Naturwissenschaften

Diese Karte entnahm ich dem Buch

Haben Sie dieses Buch
☐ gekauft ☐ geschenkt bekommen?

Was war für Ihre Kaufentscheidung ausschlaggebend? (Mehrfachnennung möglich)

☐ Beratung in der Buchhandlung
☐ Präsentation des Titels in der Buchhandlung
☐ Prospekte / Verzeichnisse
☐ Rezensionen / Bücherlisten
☐ Empfehlungen durch Freunde und Bekannte
☐ Umschlag / Ausstattung
☐ Themen
☐ Werbung / Anzeigen
☐ Internet

Ihre Altersgruppe?

☐ bis 30 Jahre
☐ 46 – 60 Jahre
☐ 30 – 45 Jahre
☐ über 60 Jahre

Liebe Leserin, lieber Leser,

gerne informieren wir Sie regelmäßig über unser
Verlagsprogramm.
Schicken Sie einfach diese Karte
ausgefüllt an uns zurück!

Ihr Verlag C.H.Beck

P.S: Wenn Sie Zeit und Lust haben,
beantworten Sie doch die Fragen auf der
Rückseite dieser Karte!
Sie helfen uns damit, unsere Arbeit noch besser
auf unsere Leserinnen und Leser abzustimmen.

Als kleines Dankeschön verlosen wir unter den
Einsendern monatlich 10 interessante Titel aus
unserer beck'schen reihe!

Vorname / Name

Straße, Hausnummer

PLZ / Wohnort
3-406-37813-7

Postkarte

Verlag C.H.Beck
Literatur • Sachbuch • Wissenschaft
Vertrieb / Werbung

Postfach 40 03 40
80703 München

Bitte
freimachen

als sich durch diesen Anblick in die Pflicht genommen, zum sorgen-
den Handeln aufgerufen zu fühlen, unwidersprechlich, wenn auch
nicht unwiderstehlich,[149] denn das neugeborene Kind „vereinigt in
sich die selbstbeglaubigende Gewalt des Schondaseins und die hei-
schende Ohnmacht des Nochnichtseins, den unbedingten Selbst-
zweck jedes Lebendigen und das Erstwerdenmüssen des zugehörigen
Vermögens." Es sei „ein Hängen des hilflosen Seins über dem Nichtsein –, das eine fremde Kausalität füllen muß." Die Unterstützung
durch andere sei damit „ontologisch sozusagen vorgesehen".[150] Jonas
nimmt an, daß es so etwas wie objektive Naturzwecke gibt, zu deren
Erfüllung auch wir Menschen in verschiedener Weise beitragen, etwa
dadurch, daß wir uns um unseren Nachwuchs kümmern. Aber auch,
wenn dies tatsächlich so sein sollte, wäre das doch für den einzelnen
Menschen noch kein ausreichender Grund, seiner ontologischen Bestimmung zu entsprechen: Weiterhin bleibt die Frage offen, warum
ich denn tun sollte, wozu ich ontologisch vorgesehen bin. Der entscheidende, von den meisten Kritikern übersehene Punkt ist aber, daß
diese Frage sich für den, der den Säugling als solchen (das heißt, mit
den von Jonas beschriebenen Bestimmungsmerkmalen) wahrnimmt,
gar nicht erst stellt. Ich sehe, und ich weiß (nämlich, unmittelbar, was
zu tun ist). Jonas selbst glaubt allerdings, daß diese Einsicht auch dann
gegeben wäre, wenn „nicht die Natur durch mächtige Instinkte und
Gefühle diesem Sollen zuhilfe käme".[151] Was Hösle Jonas vorwirft,
nämlich eine Vermischung von Argument und Emotion, trifft also von
der Sache her nicht zu: worauf es Jonas ankommt, ist gerade nicht das
Gefühl, sondern die Erkenntnis des objektiven Naturzwecks und des
Eingebundenseins des Wahrnehmenden darin, die in der Begegnung
mit dem neugeborenen Kind unabweisbar wird. Eben darin könnte
jedoch Jonas' Irrtum bestehen. Ohne das entsprechende Gefühl wäre
diese Erkenntnis so wenig relevant für den Erkennenden, wie es das
Bewußtsein, daß andere bestimmte Handlungen von mir erwarten
oder fordern, ohne die entsprechende Sanktionsdrohung wäre. Erst
das von Hösle kritisierte, von Jonas selbst jedoch bereits (vorschnell)
für verzichtbar erklärte Gefühl erzeugt den erforderlichen Hand-
lungsdruck, das Bewußtsein einer unbedingten Pflicht. *Legitimieren*,
wie es Hösle verlangt, läßt sich dieses Gefühl freilich nicht, da es keine
übergeordnete Begründungsinstanz, die solches leisten könnte, gibt.
Jeder Versuch einer rationalen Begründung moralischer Überzeugungen ist zum Scheitern verurteilt. Zuletzt müssen wir uns doch immer
auf unser Gefühl, was richtig und was falsch ist, gut und schlecht,

berufen und verlassen. Es könnte allerdings sein, daß es tatsächlich
bestimmte Dinge (Sachverhalte oder Seinszustände) gibt, die, wenn
wir sie nur als solche erkennen, unsere Handlungsfreiheit einschränken, so nämlich, daß wir das Gefühl haben, wir müßten uns so und
nicht anders (also in nicht beliebiger Weise) verhalten, Dinge also, die
uns ein bestimmtes Handeln *nahelegen*,[152] auch wenn es nicht möglich
ist, den Zusammenhang zwischen einem gegebenen Tatbestand, wie
auch immer er beschaffen sein mag, und einer bestimmten Handlungsweise als eine logische Folgerung aufzuweisen. Sobald ich aus der
konkreten Erfahrungssituation heraustrete und die Erfahrung in ihre
Bestandteile zerlege, auf die eine Seite das Objekt nehme (etwa Jonas'
„Hängen des hilflosen Seins über dem Nichtsein") und auf die andere
das erkennende Subjekt mit der von ihm als gesollt empfundenen
Handlungsweise (Hilfe als Abwendung des Nichtseins), so werde ich
finden, daß es von der Sache her keinen zwingenden Grund für eine
solche Reaktion gibt. Erst die Innenansicht, die erlebte Erfahrung, läßt
uns die Hilfeleistung als die der Situation einzig angemessene Verhal-
tensweise erscheinen. Aber ist es wirklich so, daß bestimmte Gegenstände diese Erfahrung notwendig hervorbringen? Nach Jonas' Beschreibung dürfte es zwar möglich sein, daß ein Mensch statt des
neugeborenen Kindes etwas anderes, zum Beispiel einen Zellverband
(oder ein geeignetes Untersuchungsobjekt oder einen biologischen
Schrei-Automaten), wahrnimmt, aber es müßte unmöglich sein, die
„volle Sache", das neugeborene Kind als solches wahrzunehmen und
sich gleichwohl nicht dazu genötigt zu fühlen, ihm Beistand zu leisten.
Es ist jedoch schwer zu sehen, wie eine solche Behauptung sich je
überprüfen lassen sollte, da jedem, der leugnet, beim Anblick des
Säuglings die entsprechende Sollenserfahrung zu machen, entgegenge-
halten werden könnte, daß er, vorausgesetzt, er habe tatsächlich keine
solche Erfahrung gemacht, eben gar nicht den *Säugling* wahrgenommen habe, auch wenn es ihm so erschienen sei. Der Säugling wird
nämlich hier von vornherein als derjenige Wahrnehmungsgegenstand
definiert, der eine bestimmte moralische Reaktion herausfordert, nämlich zur Hilfeleistung animiert, so daß alles, was ohne eine solche
Reaktion wahrgenommen wird, per definitionem kein Säugling sein
kann. Die Behauptung läßt sich also offensichtlich empirisch weder
belegen noch als falsch erweisen. Sie hat somit keinerlei heuristischen
Wert. Alles, was sich sagen läßt, ist daß das Vorhandensein eines Gefühls der Verpflichtung im Angesicht einer Sache davon abhängt, wie
wir die betreffende Sache wahrnehmen (oder was für eine Sache es ist,

die wir wahrnehmen), also als was sie uns erscheint. Umgekehrt könnte man aber auch sagen, daß uns die Sache eben so erscheint, wie unser
Gefühl (der Verpflichtung) sie uns erscheinen läßt, das heißt, daß das,
was wir sehen, davon abhängt, ob wir uns ihm gegenüber verpflichtet
fühlen oder nicht. Nicht beliebig wäre die Wahrnehmungsweise nur
dann, wenn es eine Wahrnehmungs- und damit auch eine Empfin-
dungsweise gäbe, die den Dingen angemessener ist als andere. Gibt es
aber so etwas wie die richtige Wahrnehmung? Wovon denn eigentlich?
Vom Säugling? Vom Zellverband? „In den achtziger Jahren des
19. Jahrhunderts", schreibt Matt Cartmill,[153] „hatten amerikanische
Pädagogen ‚Nature Study‘, wie sie es nannten, in den Lehrplan der
staatlichen Schulen aufgenommen, in dem Glauben, die Beschäftigung
mit Vögeln, Käfern und dem Waldleben würde amerikanischen Schul-
kindern nicht nur naturwissenschaftliche Kenntnisse vermitteln, sondern in ihnen auch den Sinn für die Schönheiten der Natur, die Achtung vor ihren Geschöpfen und die Ehrfurcht vor ihrem Schöpfer
wecken. Da die rohe Natur diese sittlichen Wirkungen ohne etwas
Nachhilfe oft nicht hervorbringen wollte, waren Schulbücher nötig,
die den Kindern beibrachten, was sie in der Natur zu sehen und was
sie dabei zu empfinden hatten." Diese Schilderung läßt sich auch heute
noch leicht nachvollziehen. Die Achtung vor der Natur, die Wertschätzung ihrer Schönheit, die Freude über die schier unendliche
Mannigfaltigkeit ihrer Hervorbringungen, all dies scheint Kindern zunächst weitgehend verschlossen zu sein und sich erst dem Heranwach-
senden und oft erst dem schon erwachsenen Menschen, wenn überhaupt, zu erschließen. Welchen Anteil die Erziehung an dieser Entdeckung des Naturgefühls hat, ist fraglich. Wollen wir nun sagen, daß
die amerikanischen Schulkinder, von denen Cartmill spricht, die Natur (wie sie wirklich ist) einfach nicht gesehen haben? Oder müssen
wir nicht zumindest die Möglichkeit einräumen, daß sie sie schlicht
anders gesehen haben als ihre Lehrer und daß die Erziehung nun darin
bestand, die unterschiedlichen Sichtweisen aneinander anzugleichen,
genauer: die der Schüler an die der Lehrer anzupassen. Wenn die Lehrer gut waren, werden ihre Schüler am Ende des Prozesses die Natur
so wahrgenommen und empfunden haben wie sie selbst; aber haben
sie sie deshalb auch *richtiger* wahrgenommen? Jonas' Kernformel
„Sieh hin und du weißt" setzt voraus, daß es etwas gibt, was tatsächlich da ist, was zwar übersehen werden kann, aber dadurch nicht verschwindet. Danach gibt es sehr wohl ein falsches und ein richtiges
Sehen. Aber wenn das vermeintlich richtige Sehen erst erlernt werden

muß, wie kann ich dann wissen, daß es das richtige ist? Jedenfalls reicht das bloße Hinsehen offenbar nicht immer aus, um zu wissen, vielmehr scheint das Sehenkönnen schon ein bestimmtes Wissen vorauszusetzen, nämlich um das, was gesehen werden soll (was von mir zu sehen erwartet wird). Allerdings ist anzunehmen, daß ich nicht in jeder Sache *alles* sehen kann, wenn man es mir nur sagt. Wenn auch die Dinge mich nicht zwingen, sie in bestimmter (dieser und keiner anderen) Weise wahrzunehmen, so setzen sie meinem Sehen doch gewisse Grenzen. Es gibt verschiedene Möglichkeiten, sie zu sehen, aber nicht unendlich viele (ganz sicher nicht für uns!). Die möglichen Sichtweisen haben ihren Grund doch in der Sache oder, wenn der Begriff „Sache" schon eine Bestimmung (und damit eine bestimmte Sichtweise) einschließt, in dem *Ort*, auf den sie sich beziehen und der sie alle zuläßt. So lassen sich selbst einander scheinbar ausschließende Sichtweisen (den Ort als Zellverband wahrzunehmen, heißt ihn gerade *nicht* als Säugling wahrzunehmen, und umgekehrt) als verschiedene Aspekte oder Dimensionen desselben verstehen, als gleichermaßen begründet in der Sache und mithin als gleichermaßen wirklich. Wenn das aber so ist, dann nimmt derjenige, der nur einen Zellverband vor sich sieht, wo der andere ein neugeborenes Kind (mit allen von Jonas in diesen Begriff gefaßten Wertimplikationen) wahrnimmt, etwas einfach nicht zur Kenntnis, was tatsächlich da ist. Denn das, was vor ihm liegt, ist zwar *auch* ein Zellverband, aber eben nicht nur, sondern darüber hinaus auch noch ein neugeborenes Kind, das angemessenerweise nicht wie ein *bloßer* Zellverband behandelt werden kann, wie er wüßte (oder besser: empfände), wenn er es wirklich sähe. Hingegen ändert die Erkenntnis, daß das von mir als solches wahrgenommene neugeborene Kind *auch* ein Zellverband ist, nichts an meiner Haltung ihm gegenüber: denn ich habe ja überhaupt nie hieran gezweifelt, sondern mich nur dagegen gewehrt, daß dieser Aspekt seines Seins als der einzige oder einzig relevante behauptet wurde. Insofern wäre die Wahrnehmung des Säuglings tatsächlich die Wahrnehmung der, wie Jonas sagt, „vollen Sache", während die alleinige Wahrnehmung des Zellverbandes eben nur einen Teil der Sache erfaßte. Auch dann freilich bliebe es dabei, daß nur wer die Sache derart, nämlich „voll" erfaßt, sich von ihr irgendwie in die Pflicht genommen fühlen kann. Für alle anderen bliebe sie ein Gegenstand, dessen Existenz an sich gleichgültig ist, der also von sich aus ihrem Handeln allenfalls durch seine Materialität, nicht aber durch seinen inhärenten Wert (IW1) Grenzen setzt.

9. Elementares Sollen, Wille und Entscheidung

Ich habe versucht aufzuzeigen, daß es so etwas wie objektiv, an sich bestehende inhärente Werte nicht gibt, daß also nichts einen Wert hat, solange ihm niemand einen Wert beimißt, so daß es folglich unmöglich ist, unsere Wertschätzung einer Sache mit ihrem angeblichen Wert zu *begründen*. Ich habe ferner dargelegt, daß sich der Behauptung, dies oder jenes sei gesollt, ein sehr einfacher deskriptiver Sinn zuordnen läßt (nämlich als Fremderwartung), daß nicht jeder Sollensanspruch schon als verpflichtend gelten muß (sondern nur der berechtigte Sollensanspruch), und schließlich, daß nicht jede objektiv für jemanden bestehende Pflicht für den Betreffenden auch handlungsrelevant sein muß. Handlungsrelevant sind nur Sollensansprüche und Pflichten, deren Nichterfüllung *entweder* Konsequenzen erwarten läßt, die vom Handelnden nicht erwünscht sind (Sanktionen irgendwelcher Art), *oder* aber auf einen inneren Widerstand stößt, Ansprüche und Pflichten also, die unmittelbar als solche erfahren werden. Es wäre jedoch ein Mißverständnis, wollte man annehmen, daß es aufgrund des nachgewiesenen (soweit sich so etwas überhaupt nachweisen läßt) Fehlens an sich bestehender Werte und Verhaltensnormen völlig in unser Belieben gestellt sei, woran wir uns in unserem Handeln orientieren, was wir als wertvoll erfahren und was als wertlos, was wir schätzen und was wir verachten. Da dieses Mißverständnis allerdings recht verbreitet zu sein scheint, müssen wir hierauf noch kurz eingehen. „Gäbe es in der Welt irgend etwas", schreibt beispielsweise Mackie,[154] „aufgrund dessen sich bestimmte subjektive Einstellungen rechtfertigen ließen, dann wäre es möglich, sie sich dadurch zu eigen zu machen, daß man Werte bzw. Unwerte zu erkennen sucht oder daß man seine Einstellung am Wertcharakter der Dinge ausrichtet. Doch in einer Welt, in der es keine objektiven Werte gibt, bedeutet die Einnahme einer neuen Einstellung das schöpferische Hervorbringen von etwas völlig Neuem innerhalb des emotionalen Vermögens desjenigen, der sich zu dieser Einstellung bekennt."[155] Und weiter: „Die Moral gilt es nicht zu entdecken, sondern zu entwickeln oder auszuarbeiten: Wir müssen entscheiden, welche moralischen Regeln wir annehmen, auf welchen Standpunkt wir uns festlegen wollen".[156] Tatsächlich aber finden wir uns gewöhnlich bereits auf einen bestimmten Standpunkt festgelegt, bevor wir überhaupt daran denken, daß es auch einen anderen geben könnte. Dieser Standpunkt ist nicht unveränderlich, aber wir können ihn auch nicht willkürlich ändern, das heißt, wir können uns nicht dazu *entschließen*, ihn zu ändern. Wenn wir beispielsweise einmal dazu erzogen wurden, dem Leben und den Interessen anderer Menschen um ihrer selbst willen einen gewissen Wert zuzuerkennen, wenn wir gelernt haben, sie so zu *sehen* (und *irgendwie* zu sehen haben wir immer gelernt), dann wird uns die theoretisch entwickelte Einsicht, daß sich ein solcher Wert objektiv, das heißt aus einer unparteiischen, das heißt hier: *unbeteiligten* Perspektive heraus, gar nicht begründen läßt,[157] kaum davon abbringen, Menschen weiterhin in dieser Weise zu erleben und entsprechend zu behandeln (nämlich so, als hätten sie diesen Wert tatsächlich). Wir können dann nicht einfach *entscheiden*, ihnen fortan keinen Wert mehr beizumessen und andere Handlungsregeln anzunehmen als bisher. Unsere elementaren Wertungen sind nämlich *nicht* freiwillig, nicht das Endprodukt eines Überlegungs- und Entscheidungsprozesses: weder entdecken wir sie, noch erfinden wir sie. Wir finden sie vielmehr, wie wir uns selbst finden, als so und so beschaffen, in dieser oder jener Weise auf die reale Welt bezogen. Die „innere ethische Gewißheit", bemerkt zu Recht Bernard Williams,[158] muß „etwas Passives an sich haben, muß gleichsam auf einen zukommen." Nicht ich entscheide, sondern *es* entscheidet sich, und zwar für mich: *mir* entscheidet es sich. Wäre dies nicht so, würde uns auch (bei vorausgesetzter Abwesenheit objektiver Werte) jeder Maßstab für eine Entscheidung fehlen. Was sollte uns denn dazu bringen, eher diesen als jenen Wert anzunehmen, wenn nicht die Klugheit (was dann aber gerade keine moralische Entscheidung mehr wäre) oder eben die moralischen Intuitionen, die wir nun einmal haben, auch wenn wir sie nicht weiter zu begründen vermögen. Lassen wir beides außer acht, fehlt jede Grundlage für eine Entscheidung, und was wir schließlich tun, bleibt vollkommen dem Zufall überlassen.

Dennoch gibt es Raum für Entscheidung und für die Betätigung des Willens, da die Werte und Sollensansprüche, die ich unmittelbar erfahre, mir zwar eine bestimmte Handlungsweise nahelegen, diese aber eben keineswegs erzwingen. Ich kann eben etwas für gut halten, was ich dennoch nicht tue, nicht weil ich etwas anderes für besser hielte, sondern weil ich einem starken inneren Drang nachgebe, irgendeiner Art von Leidenschaft oder auch nur der Gewohnheit, der Bequemlichkeit, dem Gesetz des geringsten Widerstandes. Wir machen oft die Erfahrung, daß unser eigener Wille alles andere als einheitlich ist, in sich selbst gespalten oder zerrissen, so als gäbe es mehrere Willen in uns, die gegeneinander streiten, als würden wir gleichzeitig (von verschiedenen Ursachen) hierhin und dorthin gezogen. Man könnte auch sagen, daß wir gleichzeitig unterschiedliche Dinge wollen, die sich aber nicht gleichzeitig realisieren lassen. Wenn ich zum Beispiel sehe, wie ein Mensch mit Gewalt bedroht wird, dann will ich vielleicht gerne helfen, das heißt ich empfinde das elementare Sollen, den unabweisbaren Hilfsanspruch, den das Sein dieses Menschen an mich stellt,[159] aber zugleich empfinde ich auch Furcht davor, selbst verletzt zu werden, und will in Folge dessen mich lieber aus der Sache heraushalten. Irgendwie *will* ich beides (ich fühle eine starke Neigung, sowohl das eine als auch das andere zu tun), aber ich kann nicht beides haben. Zuweilen scheint dann einfach die stärkere Neigung den Ausschlag zum Handeln zu geben. Es kommt uns dann so vor, als wäre es uns einfach nicht möglich gewesen, anders zu handeln. Oft genug aber durchleben wir auch einen inneren Kampf, wobei wir uns selbst nicht als passiven Zuschauer erfahren, der lediglich abwartet, bis der Sieger feststeht, und dann entsprechend handelt, sondern gleichsam als Schiedsrichter, dessen Urteil der einen oder der anderen Partei in freier, wenn auch gegenüber den jeweiligen Qualitäten der Kämpfenden keineswegs blinden Entscheidung den Sieg zuerkennt. Ich kann mich zwei (oder mehr) gegenläufigen Willensbestrebungen ausgesetzt finden und zugleich fühlen, daß ich nicht *gezwungen* bin, der einen oder der anderen nachzugeben, daß die letzte Entscheidung darüber, was ich tue, ganz allein bei *mir* liegt, ich also zum Beispiel trotz meiner Furcht und dem ausgeprägten Wunsch, selbst nicht geschädigt zu werden, eingreifen und helfen kann, wenn ich sehe, daß jemand in Not ist. Es ist schwer zu sagen, wer das eigentlich ist, der hier entscheidet: ich spüre zwar unzweifelhaft, daß ich es selbst bin, aber mehr vermag ich darüber gar nicht zu sagen, da dieses Ich gänzlich bestimmungslos bleibt. Es ist gerade nicht so oder so, vielmehr ist es die Freiheit in mir, so oder so zu sein. Es ist also nicht das Ich, das helfen will, und auch nicht das Ich, das sich lieber heraushalten will, sondern es ist das phänomenale (unmittelbar erfahrene) Äquivalent von Kants transzendentalem Ich, die ungreifbare und doch ständig präsente Instanz, der allein ich es letztlich zu verdanken habe, daß ich mehr bin als nur ein Spielball äußerer und innerer Mächte, nämlich das eigenständige Subjekt meiner Handlungen. Freilich läßt sich auch die Entscheidung, die ich schließlich treffe (so oder so zu handeln), als Ausdruck meines Willens verstehen, insofern ich ja nicht gegen meinen Willen handle, und wenn ich die eine Willensneigung zugunsten einer anderen unter-

drücke, es dann eben *dies* ist, was ich will. Man kann (wenn man will)
auch hier von Willen sprechen, aber dann sollte man darauf achtgeben,
die beiden deutlich unterscheidbaren Willensebenen auch klar ausein-
anderzuhalten, nämlich die Ebene der anfänglichen Handlungsdispo-
sitionen und die Ebene der abschließenden Entscheidung. Sie auch
begrifflich zu unterscheiden, wäre sicher ratsam. Man könnte etwa
von Primär- und Sekundärwille sprechen oder, mit Harry Frankfurt
(1971), von Wunsch (desire) und Wille (wobei der Wille als *effective
desire* definiert wird), oder, wie schon Abaelard es tat, von Wille (vo-
luntas) und Zustimmung (consensus).[160] Woran aber orientiert sich
der Sekundärwille, wenn nicht an der Stärke des jeweils primär Ge-
wollten? (Würde er sich aber notwendig hieran orientieren, wäre er
nicht frei – und, recht bedacht, auch überflüssig). Wenn ich in der
oben beschriebenen Situation stehe und die Wahl habe zwischen Helfen und Nichthelfen (und ich für beides eine Disposition habe), *wonach* entscheide ich dann, was ich tue? Denn es bringt mich ja nicht
weiter zu fragen, was ich jetzt *wirklich* will, weil ich eben *beides* wirklich will. Was ich aber tun kann, ist aus der konkreten Situation herauszutreten und mich zu fragen, nicht was ich *jetzt* will, sondern was
ich wollen *würde*, wenn ich die Wahl hätte, oder, was auf dasselbe
herauskommt, was für ein *Mensch* ich sein will und was für eine Art
von Leben ich führen will.[161] Will ich einer sein, der stets seiner
Furcht oder seiner Trägheit nachgibt, oder nicht doch lieber einer, der
das tut, von dem er überzeugt ist, daß es *gut* ist? Denn Platon und
Aristoteles hatten unrecht, als sie annahmen, kein Mensch tue freiwillig Schlechtes, also etwas, von dem er selbst überzeugt ist, daß es
schlecht sei bzw. schlechter als etwas, was er statt dessen ebenso gut
tun könnte. Oft genug handeln wir so, wie wir es eigentlich vor uns
selbst gar nicht gutheißen können. Wir spüren dann ganz deutlich, daß
es in jeder Hinsicht besser wäre, anders zu handeln oder anders gehandelt zu haben, nur konnten wir uns nicht dazu aufraffen. Wir
haben dem Zug der Leidenschaften oder der Gewohnheit nachgege-
ben, nicht weil wir wirklich dachten, daß es so besser sei, sondern weil
wir die Anstrengung scheuten, die nötig gewesen wäre, um uns auf
Dauer widerstehen zu lassen. Daß wir aber tatsächlich hätten widerstehen können und auch jetzt noch widerstehen können, davon sind
wir doch in der Regel überzeugt und bleiben es auch dann, wenn wir
uns niemals zum Widerstand durchringen können und sich auch gar
nicht beweisen läßt, daß unsere Überzeugung wahr ist. Freilich brauchen wir, um anders handeln zu können, ein *Ideal* unserer selbst, das

den gegenwärtigen Augenblick mit den darin sich anbietenden Befriedigungen übersteigt. Dieses Ideal kann aber nur dann handlungswirksam werden, wenn es sich irgendwie an unsere primären Willensbestrebungen rückbinden läßt, denn diese stecken den Rahmen unserer Freiheit ab, und zwar negativ wie positiv. Das heißt, weder kann ich mich dazu entscheiden, etwas zu tun, was ich (auf der primären Ebene) gar nicht will, noch gibt es überhaupt Raum für eine Entscheidung, wenn mein Wille einfach ist, also keine gegenläufigen Bestrebungen beinhaltet. Bin ich im Angesicht eines von Gewalt bedrohten Menschen nicht hin- und hergerissen zwischen meiner Furcht und meiner Neigung zu helfen, sondern empfinde nur Furcht, wobei mich im übrigen das Schicksal des anderen Menschen gleichgültig läßt, dann stellt sich die Frage, *wer ich sein will*, für mich in keinem Moment. Würde man mir dann später vorwerfen, nicht geholfen zu haben, würde ich gar nicht verstehen, was ich eigentlich (im elementaren Sinne) falsch gemacht haben soll, weil das, was hier an mich herangetragen wird, niemals eine reale Handlungsalternative für mich gewesen ist. Daß ich anders hätte handeln *sollen*, heißt für mich dann nur dies: daß andere von mir wollen (fordern, erwarten), daß ich anders handle – und das braucht mich nicht zu betreffen, wenn mir bei unbotmäßigem Verhalten keine Sanktionen drohen. Die einzige Freiheit, die ich dann kenne, ist die Freiheit zu tun, was ich will. Was mir hingegen fehlt, ist die Freiheit zu entscheiden, was ich tue, und damit, wer ich bin. Diese Freiheit habe ich nur dann, wenn mein Wille gespalten ist derart, daß ich verschiedenes will, was ich nicht beides haben kann. Und nur dann, wenn ich selbst etwas vom Wert der Dinge erfahre, wenn ich den Anspruch empfinde, der vom bloßen Sein mancher Dinge ausgeht, wenn ich gelernt habe, Dinge um ihrer selbst willen wertzuschätzen, nur dann bin ich überhaupt in der Lage, mich dazu zu entscheiden, nach entsprechenden Regeln zu handeln.[162]

Das Relativismusproblem

10. Interne und externe Gründe

Wenn die bisherigen Ausführungen richtig sind, wird man zugeben müssen, daß es keine *an sich* bestehenden inhärenten Werte gibt und daß unsere Wertschätzung einer Sache, wiewohl dem Anschein nach begründet in dem, was die betreffende Sache ihrem Wesen nach ist, nicht *in der Weise* begründet ist, daß jeder andere, der über die gleichen Informationen verfügt wie wir, unsere Wertschätzung teilen müßte. Infolgedessen ist es sehr wohl möglich, daß eine Handlung, die uns an sich falsch erscheint, also als etwas, was man nicht tun sollte, ganz egal, ob daraus für den Handelnden selbst ein Nutzen oder ein Schaden entspringt, sich für einen anderen als richtig darstellt, das heißt als etwas, was er tun sollte, sofern keine weiteren Erwägungen, etwa hinsichtlich drohender sozialer Sanktionen, dagegen sprechen. Und es mag durchaus sein, daß es keine Möglichkeit gibt, ihn durch Argumente davon zu überzeugen, daß er unrecht hat und die betreffende Handlung in jedem Fall falsch ist, und zwar nicht, weil er irrational wäre und die Argumente nicht verstünde oder verstehen wollte, sondern schlicht und einfach, weil weder seine noch unsere noch irgend eine andere moralische Überzeugung je durch ein Argument schlüssig sich begründen läßt, so daß unsere eigenen Handlungsgründe, so zwingend sie uns auch zu sein scheinen, keineswegs auch *für ihn* Handlungsgründe zu sein brauchen. Verschiedene Ansichten und moralische Einstellungen stehen sich dann gegenüber, ohne daß es einen Weg gäbe, sie miteinander auszusöhnen. Tatsächlich können wir nicht einmal sinnvoll *sagen*, daß jemand, der in Übereinstimmung mit seinen eigenen moralischen Intuitionen, aber in Abweichung von den unseren handelt, *falsch* handle, oder daß man so nicht handeln *solle*, weil alle moralischen Urteile, wie Gilbert Harman überzeugend dargelegt hat, *innere Urteile* (inner judgments) sind, in dem Sinne, daß sie auf einen *geteilten* moralischen Horizont – Harman redet von „Übereinkunft" (agreement) – rückverweisen und sich allein daraus begründen lassen. Seine These illustriert Harman anhand des folgenden aufschlußreichen Gedankenexperiments. Man stelle sich vor,

schreibt er,[163] daß intelligente Wesen aus dem Weltall auf der Erde
landen, Wesen, die sich keinen Deut um das Leben und das Glück der
Menschen scheren. Einen von uns zu verletzen, bedeutet ihnen nichts:
die Tatsache selbst stellt für sie keinen Grund dar, entsprechende
Handlungen zu unterlassen. In einem solchen Fall, meint Harman, sei
es merkwürdig (odd) zu sagen, daß sie vermeiden *sollten*, uns zu verletzen (ought to avoid injuring us) oder daß es *falsch* für sie sei, uns
anzugreifen (wrong for them to attack us). Natürlich würden wir uns
zur Wehr setzen wollen und sicher auch negativ über sie urteilen, sie
als furchtbare Feinde ansehen und ihre Vernichtung gutheißen. Aber
wir würden nicht sagen, daß sie nicht so handeln sollten, wie sie es
tun (that they should not act as they do), und zwar deshalb nicht, weil
wir damit unterstellen würden, daß die Außerirdischen einen *Grund*
hätten, uns nicht zu schaden, und es schwer zu sehen ist, wie jemand
einen Grund haben kann, etwas zu tun, wenn er eingestandenermaßen
kein *Motiv* dazu hat. Wenn ich keinen Grund sehe, eine Handlung zu
vermeiden, und es auch dann noch nicht tue, wenn ich alle Fakten, die
in bezug auf diese Handlung Relevanz haben könnten, kenne – und
das ist zweifellos möglich –, dann ist die Behauptung, daß es nichtsdestotrotz einen solchen Grund *gibt* (und das heißt: eben auch *für
mich* gibt) leer. Ich kann daraus lediglich entnehmen, daß es *für denjenigen, der dies behauptet*, einen Grund gibt, die Handlung zu vermeiden, aber daraus läßt sich nicht folgern, daß es falsch wäre, wenn
ich so handelte, oder daß ich nicht so handeln sollte, jedenfalls dann
nicht, wenn wir damit etwas anderes meinen als nur, daß der andere
nicht *will*, daß ich so handle. Es macht einfach keinen Sinn zu sagen,
daß eine Handlung falsch sei (weder moralisch noch sonst irgendwie),
wenn es keinen Grund gibt, sie zu vermeiden.[164] Gründe aber sind
immer personenrelativ, das heißt, was für mich ein Grund ist, in bestimmter Weise zu handeln, braucht nicht auch für den anderen ein
solcher Grund zu sein, und zwar ganz egal, wie der Grund beschaffen
ist. Wenn Thomas Nagel (1978) hier die entgegengesetzte Auffassung
vertreten kann, dann nur deshalb, weil er allein *rationale* Gründe
überhaupt als Gründe gelten läßt und Rationalität für ihn Allgemeingültigkeit, nämlich Gültigkeit für jedes rationale Wesen, beinhaltet:
„Das wesentliche Merkmal des rationalen Denkens ist seine Allgemeinheit. Wenn ich Gründe habe, etwas zu folgern, zu glauben, zu
wollen oder zu tun, können das keine Gründe sein, die nur für mich
gelten, sondern sie müßten jedem, der an meiner Stelle das gleiche tut,
als Rechtfertigung dienen können. Dabei bleibt die Frage offen, was

es heißt, jemand anders sei ,an meiner Stelle'. Doch jede Behauptung, wonach etwas, das für mich ein Grund ist, für jemand anders kein Grund zur gleichen Schlußfolgerung sei, muß durch weitere Gründe gestützt werden, um zu zeigen, daß diese augenscheinliche Abweichung von der allgemeinen Regel ihrerseits durch allgemeine Begriffe erläutert werden kann".[165] Der englische Sprachgebrauch legt ein solches Verständnis allerdings nahe (reason = Grund und Vernunft), so daß es schon aus begrifflichen Gründen beinahe unmöglich wird, von *unvernünftigen Gründen* (unreasonable reasons) zu sprechen. Man kann das Wort ,Grund' so verwenden, aber wenn man es tut, dann muß man nach dem bisher Gesagten folgern, daß es für moralische Urteile in letzter Instanz keine Gründe gibt. Wir können dann sagen, daß moralische Urteile zwar motiviert, aber nicht begründet sind. Eine andere Möglichkeit wäre, die Vernünftigkeit (und damit die Begründetheit) moralischer Urteile einzuräumen, aber die Allgemeingültigkeit des Vernünftigen zu bestreiten, dergestalt, daß etwas, was für mich vernünftig ist, deshalb noch nicht notwendig auch für jemand anderen vernünftig sein muß. Denn es ist ja, wenn ich beispielsweise den Schmerz eines anderen als etwas Schlechtes wahrnehme, für mich durchaus vernünftig, so zu handeln, daß, wenn möglich, der andere keine Schmerzen zu erdulden hat. Wer den Schmerz des anderen aber nicht in dieser Weise erlebt, wer von ihm unbetroffen bleibt, für den ist es nicht vernünftig.[166] Ja, wenn der andere ,an meiner Stelle' wäre und den Sachverhalt genauso wie ich erlebte, dann hätte er auch genauso viel Grund, entsprechend zu handeln, und es wäre auch für ihn vernünftig, aber dann wäre *jeder* Grund einfach deshalb vernünftig, weil, egal was mich zum Handeln motiviert und wozu es mich motiviert, jeder andere, wäre er an meiner Stelle, ebenso motiviert wäre. Aber das ist einfach trivial und ändert nichts daran, daß es nichts zu geben scheint, das, wenn es nur erkannt wird, für jeden rational denkenden Menschen zwingend dieselbe Handlungsweise begründen müßte. Ich meine daher, daß der von Harman und sehr wirkungsvoll auch von Williams (1979) vertretenen neo-humeschen Position darin recht zu geben ist, daß in *diesem* Sinne alle Handlungsgründe *intern* sind. Daraus folgt allerdings nicht, daß nur dann etwas für jemanden zu einem Handlungsgrund werden kann, wenn dieser bereits ein vorausgehendes *Motiv* hat, es zu einem Handlungsgrund werden zu lassen, so daß der aus einer bestimmten Handlungsweise von mir resultierende Schmerz eines anderen Menschen zum Beispiel nur dann ein Grund für mich ist, die Handlung zu unterlassen, wenn ich bereits den Wunsch hege, Menschen keinen Schmerz zuzufügen.[167] Denn die Einsicht, daß eine von mir ins Auge gefaßte Handlung einem anderen Schmerz bereiten wird, kann in mir den Wunsch *erwecken*, die betreffende Handlung nicht auszuführen.[168] In *dieser* Hinsicht ist also denjenigen Recht zu geben, die darauf beharren, daß zumindest einige Handlungsgründe *extern* sind. Dennoch bleibt es dabei, daß in einem moralisch relevanten Sinne eine Handlung eben immer nur für den falsch ist, der sie als falsch empfindet (seien es seine eigenen oder fremde Handlungen).

11. Metaethischer Relativismus und das moralische Apriori

Diese Feststellung hat Konsequenzen nicht nur für unsere Einstellung gegenüber dem sogenannten Amoralisten, dem nicht verständlich zu machen ist, warum er auch dann moralisch handeln sollte, wenn dies ihm einmal nicht zum Vorteil gereicht (das heißt, warum er überhaupt etwas tun sollte, was ihm keinen Nutzen bringt), sondern auch gegenüber denjenigen, die etwas anderes als wir selbst für moralisch richtig bzw. falsch halten. Tatsächlich dürften Situationen, in denen wir gefordert sind, unsere eigenen Wertvorstellungen gegenüber fremden Wertvorstellungen zu verteidigen, weit häufiger sein, als Situationen, in denen wir begründen müssen, warum man überhaupt etwas wichtig finden sollte, was nicht unmittelbar die eigenen individuellen Interessen angeht. Es gibt wohl wenige Menschen, die ausschließlich sich selbst wertschätzen,[169] und die schlimmsten Verbrecher der Menschheitsgeschichte waren sicher keine Amoralisten, sondern eher Menschen, die eine sehr genaue Vorstellung (vielleicht eine zu genaue Vorstellung) davon hatten, was zu tun *geboten* sei, also wozu sie moralisch verpflichtet seien. (Man muß schon sehr davon überzeugt sein, das *Richtige* zu tun, wenn man die gnadenlose Vernichtung von Millionen von Menschen beschließt und durchführt.) Nun können wir, ganz gleich, was wir selbst für richtig oder falsch halten, schlecht sagen, daß einer, der glaubt, es sei seine heilige Pflicht, die Welt vom zersetzenden Einfluss der jüdischen Rasse zu befreien (weil er dies als seine Pflicht *empfindet*), sich bezüglich dieser Pflicht *irre*. Mag sein, daß seine moralische Intuition mit falschen Überzeugungen hinsichtlich der relevanten Tatsachen verquickt ist oder gar darauf beruht, so daß wir im Prinzip daran ansetzen und ihn von der Grundlosigkeit seiner Annahme überzeugen könnten. Vielleicht glaubt er, einen gött-

lichen Auftrag zu erfüllen, oder daß es das ist, was „die Menschheit"
von ihm erwartet, aber auch wenn dies tatsächlich falsch sein mag,
dürfte es schwer sein, ihm zu beweisen, *daß* es falsch ist. Bei anderen
Überzeugungen wie zum Beispiel der, daß „das Judentum" Kunst,
Wissenschaft und sittliches Leben der europäischen Völker „zersetze"
und auf Dauer zerstöre,[170] liegen schon bestimmte Wertvorstellungen
darüber zugrunde, was eine „gesunde" Kultur ausmacht, so daß wir
hier nicht darauf verweisen können, daß eine Zersetzung ja gar nicht
stattfindet, schon gar nicht durch jüdischen Einfluß, da wir ja offensichtlich unterschiedliche Vorstellungen davon haben, was zersetzend
ist und was nicht. Für den anderen befinden wir uns natürlich in
derselben Situation. Auch er kann, überzeugt davon zu erkennen, was
das Richtige ist, uns nicht davon überzeugen, daß er recht hat. Aus
seiner Sicht sind dann aber nicht wir die Verteidiger der Moral, sondern *er* ist es.[171] Das erscheint uns vielleicht absurd, aber nur deshalb,
weil unsere moralischen Intuitionen (das heißt die Intuitionen der, wie
ich annehme und hoffe, meisten von uns) sehr verschieden von den
seinen sind. Zuweilen ändern sich diese innerhalb einer Gesellschaft
im Laufe von ein oder zwei Generationen, wie es bei uns im Bereich
der Sexualmoral geschehen ist. Wenn Frauen heute offen und offensiv
ihre Sexualität zeigen und leben, geschlechtlicher Verkehr vor und
außerhalb der Ehe mit größter Selbstverständlichkeit praktiziert wird,
Homosexualität nicht mehr vor der Öffentlichkeit verborgen werden
muß und Abtreibung von vielen nicht mehr als Mord betrachtet wird,
dann erscheint das den meisten von uns als positive Entwicklung, als
Liberalisierung und Zugewinn an wünschenswerter Freiheit. Anderen
aber erscheint dieselbe Veränderung als beklagenswerter Verfall der
Sitten, als Schamlosigkeit, als Anzeichen zunehmender innerer Ver-
wahrlosung, oder gar als Todsünde. Ob das diesbezügliche Verhalten
nur, mit Gernot Böhme zu sprechen, eine Frage der *Üblichkeit* ist,
oder nicht vielmehr doch eine genuin *moralische* Frage, also eine, mit
der es für den einzelnen und für die Gesellschaft *ernst* wird,[172] läßt
sich von der Sache her gar nicht bestimmen, da der Konflikt hier
vielleicht gerade darin besteht, daß den einen etwas als bloße Üblichkeit erscheint (etwa das Tragen oder Nichttragen eines Schleiers), was
für die anderen von substantieller, das eigene Sein bestimmender Bedeutung ist. Wer aber nun recht hat, wir oder die anderen (wobei „die
anderen" nicht immer dieselben anderen sind: Übereinstimmung der
Intuitionen in einer bestimmten moralischen Frage *garantiert* keineswegs auch Übereinstimmung in anderen Fragen)[173], läßt sich gar nicht

entscheiden, da es keine *Fakten* gibt, die solche Intuitionen als richtig oder falsch ausweisen könnten; mit anderen Worten, moralische Intuitionen sind vielleicht veränderbar, aber sie sind nicht falsifizierbar. Der Gegenstand moralischer Intuitionen ist eben das, was sein soll, nicht das, was ist. Die Unmöglichkeit, im Konfliktfall sagen zu können, wer recht hat, beruht also nicht auf unserer Unfähigkeit, das Richtige zu *erkennen* bzw. sich der Richtigkeit der eigenen Intuitionen und entsprechenden Handlungsweisen gewiß zu sein, sondern vielmehr darauf, daß es in diesem Bereich nichts (unabhängig von jedem spezifischen moralischen Standpunkt) Richtiges *gibt* – und natürlich auch nichts Falsches. Das heißt, es gibt zwar Intuitionen darüber, was falsch und was richtig ist, aber keine falschen und richtigen Intuitionen. Dennoch kommen wir nicht umhin, in jedem einzelnen Fall zu entscheiden, was geschehen oder getan werden soll, auch dann, wenn wir unterschiedliche Auffassungen hierüber haben, weil unsere moralischen Intuitionen deutlich voneinander abweichen, wie etwa heute in bezug auf die Abtreibung, den Einsatz von Gentechnik, die Organtransplantation, den Umgang mit Tieren und dergleichen mehr.

Doch wenn ich keinen Grund habe zu sagen, daß der andere, der die Angelegenheit völlig anders als ich betrachtet, unrecht hat und ich selbst entsprechend recht, wie kann ich dann meine eigenen Vorstellungen gegen ihn durchsetzen? Welches *Recht* habe ich dazu?[174] Muß ich nicht, wenn ich die *objektive* Grundlosigkeit meiner eigenen Intuitionen erkenne, den anderen so leben lassen, wie er es für richtig hält, auch wenn seine Lebens- und Handlungsweise meinen eigenen Vorstellungen davon, was falsch und richtig, gut und schlecht ist, entschieden zuwiderläuft? Wie kann ich mir anmaßen, ihm vorzuschreiben, was er zu tun hat, wenn ich, wie ich deutlich sehe, keine besseren Gründe für mein Handeln habe als er für das seine? Kann ich dann überhaupt noch eine moralische Auffassung als solche aufrechterhalten, wenn ich zugleich der Meinung bin, daß es *objektiv gesehen*, also von einem unparteiischen Standpunkt aus, nichts Richtiges und nichts Falsches gibt? Ernst Tugendhat zufolge[175] wäre dies ein innerer Widerspruch: „Daß man moralische Meinungen haben könnte, von denen man zugleich meinen kann, daß sie relativ sind, ist nicht möglich, denn damit wären sie als Meinungen disqualifiziert. Wir können über unsere moralischen wie über unsere theoretischen Meinungen sehr unsicher sein, aber wenn wir sicher sind, daß sie keinen objektiven Anspruch erheben, können wir sie nicht mehr aufrechterhalten. Ein wirklicher moralischer Relativist dürfte also, außer in indirekter Rede, kein moralisches Vokabular mehr verwenden. Er dürfte sich nur noch in Sätzen äußern, die nur subjektive Vorzugswörter wie ‚es gefällt mir‘ enthalten, und er könnte also auch nicht mehr die Forderungen an andere stellen, die, wie wir gesehen haben, für soziale Normen konstitutiv sind.“ Doch ist dies, wie bereits Bernard Williams[176] gezeigt hat, allzu voreilig geschlossen, da die präskriptive Funktion moralischer Urteile durch die Annahme ihrer Subjektivität oder Relativität nicht im mindesten eingeschränkt wird. Auch wenn ich infolge metaethischer Überlegungen glaube, daß meine moralischen Meinungen „keinen objektiven Anspruch erheben“ können, ändert das doch nichts daran, daß ich weiterhin *will*, daß in bestimmter Weise gehandelt wird. Meine diesbezügliche Präferenz ist nicht subjektiv in dem Sinne, daß nur ich selbst lieber so handle als anders, sondern ich will vielmehr, daß alle anderen auch so handeln, und zwar nicht zuletzt deshalb, weil es mir nach wie vor besser oder wünschenswerter erscheint.[177] Hier nur zu sagen, daß es mir eben so „gefällt“, ist einfach zu wenig, weil der Ausdruck „Gefallen“ nicht stark genug und in seinem Geltungsbereich zu eingeschränkt ist, um meine Empfindungen angemessen zu beschreiben. Die moralischen Empfindungen sind eben derart, daß ich gar nicht anders kann, als der Sache, auf die sie sich beziehen, einen objektiven Wert beizumessen, auch wenn ich weiß, daß sie ihn an sich selbst gar nicht hat. „Kann man“, fragt Thomas Nagel[178], „wirklich glauben, daß es objektiv keine Rolle spiele, ob man verdurstet oder nicht, und daß die Neigung, die Sache wichtig zu nehmen, nichts weiter sei als die falsche Vergegenständlichung der Eigenliebe?“ Nun, in bestimmter Hinsicht kann man es, in anderer nicht. Das hängt ganz davon ab, auf welcher Ebene des Denkens wir uns bewegen. Sofern wir unabhängig von unseren eigenen Bindungen und Wertungen über die Sache nachdenken, können wir nur zu dem Schluß kommen, daß es objektiv gesehen keine Rolle spielt, was (mit mir oder anderen) geschieht. Wenn wir uns hingegen der Welt nicht abstrakt *reflektierend*, sondern konkret *erlebend* zuwenden und die Welt so ins Auge fassen, wie sie sich uns in der unmittelbaren *Wahrnehmung* darstellt, so werden wir dies nicht mehr glauben können, und wir werden weiterhin handeln, als sei das, was geschieht, *an sich* wichtig und als sei eben das der Grund, warum wir es wichtig nehmen. Diese Wahrnehmung wird hartnäckig bestehen bleiben, egal wohin uns unsere metaethischen Überlegungen führen. Sie gehört zu den „Gedanken, die stets dableiben, einerlei, wie sehr wir uns bemühen, aus ihnen herauszutreten oder sie bloß als zufällige psychische Veranlagungen zu betrachten", und denen nach Nagel in allen praktischen Fragen stets das „letzte Wort" gebührt.[179] Wir können sie so wenig abschütteln wie wir es vermeiden können, Raum und Zeit auch dann noch als eigenständige, subjektunabhängige Wirklichkeit zu erleben, wenn wir mit Kant davon überzeugt sind, daß es sich dabei nur um reine Anschauungsformen des Verstandes handelt. Wir können sie dann vielleicht als solche *denken*, aber sie werden uns niemals als solche *erscheinen*. Für unser Erleben sind sie immer schon da, nicht erschlossen, sondern vorgefunden, so wie die Außenwelt, so wie fremdes Bewußtsein und wie eben auch der Wert, den manche Dinge (nach unserer Auffassung, aber nach dieser doch *tatsächlich*) haben und andere nicht. Wenn ich gefragt werde, wie ich dazu komme, dies oder jenes als an sich selbst wertvoll anzusehen, so kann ich das genauso wenig überzeugend begründen wie meinen Glauben, daß es außer mir auch noch andere mit Bewußtsein begabte Menschen gibt. Die Frage, wie es möglich ist, daß ich anderen Menschen mentale Zustände zuschreibe, das heißt, wie es dazu kommt, daß ich sie als Personen betrachte, ist ja verfehlt, sofern man sie als Frage nach den nötigen *Bedingungen* einer solchen Zuschreibung versteht. Denn es gibt nichts am anderen Menschen, das eine solche Zuschreibung schlüssig begründen könnte, nichts, aus dem sich auch nur mit einiger Wahrscheinlichkeit schließen ließe, daß es sich um eine Person handelt. Müßten wir dies erst erschließen, könnten wir es niemals tun, erst recht nicht mit solcher Selbstverständlichkeit. Wären wir nicht immer schon in unserer Wahrnehmung und unserem Verständnis beim anderen, könnten wir niemals hingelangen, denn stelle ich mich selbst vor die Frage, wie Descartes es tat, welchen Anlaß ich dazu habe anzunehmen, daß es sich bei den auf der Straße vorübergehenden Gestalten um Menschen und nicht um Automaten handelt, so werde ich finden, daß es keinen gibt, außer freilich den Umstand, daß es merkwürdig wäre, wenn die Straße plötzlich von Automaten bevölkert sein sollte, da sie doch bislang immer von Menschen bevölkert war. Aber daß es *nicht immer schon* Automaten waren, kann ich ja auch nicht wissen, das heißt, ich kann es nicht aus den mir zur Verfügung stehenden Daten ableiten. Vielmehr setzt jede solche Ableitung in einem konkreten Fall, in dem ich mir vielleicht (ganz ohne philosophische Reflexion) nicht sicher bin, ob es sich um einen Menschen handelt oder nicht, bereits die Annahme eines die äußere Erscheinung transzendierenden mentalen Bereichs voraus. Daß nämlich etwa ein bestimmtes Bewegungsmuster auf Lebendigkeit und Willenstätigkeit hinweist,

daß Sprache und ein bestimmtes Verhalten auf seelisch-geistige Zustände hinweisen usw., muß ich immer schon bereits wissen, um es
erkennen zu können. Und wissen kann ich es nur daher, daß ich die
Erscheinung von Anfang an als Ausdruck einer geistigen Wirklichkeit
interpretiere. Es ist dies eine Art hermeneutisches Prinzip der Welter-
kenntnis, das jedem Menschen als naturhafte Ausstattung mitgegeben
ist. Man kann hier getrost von einem *sozialen Apriori* sprechen. Die
apriorische Zuschreibung von Personalität ist übrigens nicht rätselhaf-
ter als die ganz analoge Zuschreibung von Körperlichkeit oder eigenständiger Existenz, die wir generell bezüglich unserer Sinnesempfindungen vornehmen. Wir gehen nicht in einem ersten Schritt von iso-
lierten Sinnesdaten aus und schließen dann in einem zweiten Schritt,
daß es eine Welt außerhalb unseres eigenen Bewußtseins geben müsse,
sondern wir gehen vielmehr immer schon davon aus, daß es eine echte,
objektiv vorhandene Welt gibt, über die uns unsere Sinnesempfindungen Aufschluß geben. Täten wir dies nicht, würden wir niemals auf
die Idee kommen, daß unsere Empfindungen mehr sein könnten als
bloß subjektive Zustände. Auch dies ist ein grundlegendes hermeneutisches Prinzip, eine Art *physisches Apriori*. Nun könnte es für die
moralische Beurteilung von Handlungen und Ereignissen ein ähnliches, nämlich *moralisches Apriori* geben, so nämlich, daß wir Zustände, Ereignisse und Handlungen auch dann als gut oder schlecht bewerten, wenn sie uns selbst nicht unmittelbar betreffen (uns weder
schaden noch nützen) und es auch keinen einsehbaren Grund gibt, die
entsprechenden Wertungen vorzunehmen. Darum kann ich, wenn ich
nach dem Grund meiner moralischen Wertungen gefragt werde, letztlich nicht mehr dazu sagen, als daß sich mir die Welt eben so darstellt
und daß sie sich mir immer schon (so weit ich zurückdenken kann)
so dargestellt hat. Dieser apriorische Zug verleiht allen Überzeugungen dieser Art eine enorme Resistenz gegen aus der Reflexion gewon-
nene Gründe, denn weil sie sich gar nicht auf Erfahrungen und deren
Reflexion gründen, können sie auch durch diese nicht ernsthaft beeinträchtigt werden. Darum wird durch metaethische Überlegungen niemand zum Amoralisten, so wie auch niemand durch erkenntnistheo-
retische Überlegungen zum Solipsisten wird.

So kann und werde ich auch als metaethischer Relativist weiterhin
von anderen fordern, daß sie sich im Einklang mit meinen moralischen
Auffassungen verhalten. Zugegeben: ich kann es nicht *mit Recht* tun,
das heißt unter Verweis auf ein moralisches Prinzip, von dem ich annehmen könnte, daß es *auch für den anderen* Gültigkeit hätte. Aber

daraus folgt nicht (und hierin besteht der eigentliche Fehlschluß), daß ich es *zu Unrecht* täte, da ein Unrecht hier allenfalls aus der Perspektive des anderen besteht, mithin aus einer Perspektive, die erstens genauso wenig wie die meine objektive Gültigkeit beanspruchen kann und die zweitens eben nicht die meine ist. Wenn ich etwa, weil ich es als falsch oder schlecht empfinde, in Übereinstimmung mit Artikel 3 der Europäischen Konvention zum Schutze der Menschenrechte der Auffassung bin, daß man Menschen nicht foltern sollte, dann ist die Einsicht in die *objektive* Unbegründetheit und Unbegründbarkeit meiner Auffassung für mich noch kein Grund, andere nicht nach besten Kräften an der Ausübung von Folter zu hindern (was nicht ausschließt, daß es andere, zum Beispiel ökonomische oder politische, Gründe geben mag). Denn daß man Folter *tolerieren* sollte, gehört ja gerade nicht zu meinen moralischen Auffassungen.[180] Vielmehr ist das Gegenteil der Fall, weshalb ich auch einen guten Grund und relativ hierzu auch das *Recht*[181] dazu habe, für die Durchsetzung meiner Vorstellung einzutreten und, wenn nötig, zu kämpfen. Denn es geht ja um die Frage, in welcher Welt wir leben wollen und werden, und dieser Frage kann man, ganz egal, welchen theoretischen Annahmen man anhängt, schwerlich gleichgültig gegenüber stehen. Wem, nach der treffenden Bemerkung Nelson Goodmans[182] „alle Welten gleich willkommen sind, wird keine erbauen.“

12. Möglichkeiten und Grenzen einer argumentativen Vermittlung unterschiedlicher Standpunkte

Aber gibt es nicht doch eine Möglichkeit, unterschiedliche Standpunkte hinsichtlich dessen, was moralisch geboten oder wünschenswert ist, zu vermitteln? Ja, mitunter schon. Das hängt ganz davon ab, wie fundamental die Unterschiede sind. Jedes ethische Argument muß an irgendeiner Stelle an gemeinsame Werterfahrungen anschließen. Will ich jemanden, der eine andere moralische Einschätzung einer Sache hat als ich, davon überzeugen, daß er sich meiner Auffassung anschließen sollte, kann ich dies nur erreichen, wenn ich ihm zu zeigen vermag, daß die von mir empfohlene Handlungsweise in Wirklichkeit mit seinen eigenen Wertvorstellungen konform ist bzw. die von ihm empfohlene ihnen widerspricht, mit anderen Worten, daß er das, was er gutheißt, eigentlich, recht bedacht, gar nicht gutheißen kann. *Eigentlich* nicht kann, soll hier heißen: dann nicht, wenn er Konsistenz

für sich beanspruchen will, was er ja aber bereits dadurch tut, daß er
für seine Wertentscheidungen und Handlungen einen *Grund* benennt
(welcher Art auch immer); denn wenn es einen Grund für ihn gibt, so
und nicht anders zu urteilen und zu handeln, dann muß er auch in
allen anderen Fällen, in denen dieser Grund vorliegt, genauso urteilen
und handeln, da, wenn er es nicht täte, er implizit zugäbe, daß der von
ihm *angegebene* Grund nicht der *wahre* Grund seiner Entscheidung
war, er sich also selbst Lügen strafen würde. Urteilt und handelt er
hingegen eingestandenermaßen *grundlos*, dann ließe sich sein Urteil
gar nicht mehr sinnvoll als moralisches qualifizieren, weil das Urteil
dann hinsichtlich seines Gegenstandes vollkommen zufällig wäre und
also genauso gut auch anders sein könnte, ohne daß sich der Gegenstand für den Urteilenden im mindesten verändert haben müßte. Hätte ich keinen Grund, eher A als B zu tun, dann könnte ich zwar
vielleicht, anders als Buridans Esel, A tun, aber ich könnte es nicht für
besser halten. Wenigstens das aber müßte ich doch tun, damit meine
Entscheidung (vor mir selbst und vor anderen) als moralische gelten
könnte. Wenn ich daher meine Handlungen als moralisch gerechtfertigt oder geboten verstanden wissen will, dann muß ich auch Konsistenz hinsichtlich meiner Urteile anstreben, und jeder kann sie mir
abverlangen. Weist man mir nun nach, daß ich nicht zugleich hinsichtlich einer bestimmten moralischen Frage aus den und den Gründen
dieser Meinung sein kann und hinsichtlich einer anderen jener Meinung (weil dort die gleichen Gründe gegeben sind), dann zwingt man
mich dazu, meine Haltung zu überdenken und entweder hier oder
dort zu revidieren, oder aber die bisherigen Gründe fallenzulassen
und neue anzuführen, welche die unterschiedliche Beurteilung der
beiden Fragen rechtfertigen. Um ein einfaches Beispiel zu geben: sollte
ich der Auffassung sein, daß man Menschen kein Leid zufügen sollte,
und zwar *deshalb*, weil niemand leiden will und Leid etwas Schlechtes
ist, dann muß ich konsequenterweise auch meinen, daß es falsch ist,
Tieren Leid zuzufügen. Sollte ich mich aber beharrlich weigern, dies
so zu sehen (ohne zu leugnen, daß auch Tiere Leid *empfinden*), dann
muß ich entweder zu dem Schluß kommen, daß es auch nicht notwendig falsch ist, Menschen Leid zuzufügen, oder aber, daß es doch
andere Gründe sind, welche mir die Zufügung von Leid beim Menschen falsch erscheinen läßt (zum Beispiel daß es ein *rationales* Wesen
ist, welches dann leidet). Welchen Grund ich aber habe, bestimmte
Handlungsweisen als moralisch falsch wahrzunehmen, ist genauso
wenig in mein Belieben gestellt wie der Umstand, *daß* ich es so wahr-

nehme. Ich kann mich daher nicht einfach *entscheiden*, meine Urteile anders zu begründen, als ich es bisher getan habe. Alles, was ich tun kann, ist mich zu fragen, ob ich bislang vielleicht etwas Entscheidendes übersehen habe, ob mir der wahre Grund meiner Einschätzung möglicherweise noch gar nicht deutlich genug ins Bewußtsein gekommen war. Daß aber die Vernunftfähigkeit eine stärkere normative Kraft im Sinne eines elementaren Sollens haben sollte als die Leidensfähigkeit, entspricht nicht unseren Erfahrungen. Das Leiden des anderen – egal ob Mensch oder Tier – läßt wohl kaum jemanden, der mit ihm unmittelbar konfrontiert wird, gleichgültig. Deshalb ist es, wenn man einen anderen von der moralischen Falschheit einer Handlung überzeugen will, ein durchaus erfolgsversprechender Schritt, ihm das daraus resultierende Leid vor Augen zu führen. Allerdings auch nur ein Schritt, denn der andere kann ja durchaus zugeben, daß es an und für sich genommen oder *prima facie* falsch ist, Leiden zu verursachen, aber eben unter den gegebenen Umständen doch nicht, da wir in diesem Fall die Leidensverursachung aus moralischen Gründen, so bedauerlich es sicherlich ist, nicht vermeiden können und dürfen (zum Beispiel wegen der verheerenden Krankheiten, die zu heilen Tierversuche in großer Zahl angeblich unverzichtbar sind, oder der vermeintlich immensen Bedeutung des Fleischverzehrs für die menschliche Gesundheit). Auch hier kann man dann freilich wieder nach der Begründung fragen und diese dann dazu nutzen, Inkonsistenzen aufzuzeigen, und vielleicht hat man damit schließlich Erfolg, aber letztlich gibt es keine Garantie dafür, daß sich die Differenzen irgendwann beilegen lassen, wenn man nur beiderseitig auf Konsistenz dringt und die Reflexion auf die eigenen Gründe nur weit genug treibt. Daß die Grundwahrnehmungen stets dieselben sind, wenigstens hinsichtlich einiger Gegenstände, dürfte eine eitle Hoffnung sein. So mag es zwar sein, daß es keine Gesellschaft gibt, in der nicht ein moralisches Tötungsverbot Geltung hat, aber der Geltungsbereich dieses Verbots mag doch von Fall zu Fall sehr verschieden sein, so daß man kaum allgemeine Einigkeit darüber erzielen wird, was *in einer bestimmten konkreten Situation* zu tun ist bzw. was hier das moralisch Geforderte ist. Vielleicht hat Philippa Foot ja recht, wenn sie schreibt, daß es „keine zwei moralische Codes gibt, die einander spiegelbildlich entgegengesetzt sind derart, daß was die eine Gemeinschaft als fundamental richtig betrachtet, die andere auf derselben Ebene als falsch ansieht",[183] so daß es zum Beispiel für die Nazis unmöglich gewesen sei, die Auffassung zu vertreten, es bedürfe keiner moralischen Rechtfertigung, Millionen unschuldiger Menschen zu töten. Nur waren die Nazis erstens nicht der Meinung, daß die Menschen, die sie töteten, unschuldig seien, und zweitens glaubten sie eben auch unabhängig davon, eine solche moralische Rechtfertigung geben zu können. Sie (sicher nicht alle, aber doch viele) sahen sich selbst als moralisch gerechtfertigt, so erstaunlich uns das erscheinen mag.[184] Daß ihnen das Töten eines Menschen, selbst wenn dieser einer angeblich minderen Rasse angehörte, zwar nicht als „fundamental richtig" erschien, also als etwas, was keinerlei Rechtfertigung bedürfe, mag daher ebenso zutreffend wie belanglos sein, da etwas, das nicht *fundamental* richtig ist, eben doch *unter den gegebenen Umständen* richtig sein, sprich: erscheinen kann, ja sogar aus moralischen Gründen unverzichtbar. Das Fehlen eines Unrechtbewußtseins selbst bei den (aus unserer Sicht) abscheulichsten Taten, läßt sich heute wieder bei Serben beobachten, die im Kosovo vor und während des Nato-Einsatzes albanische Zivilisten – Männer, Frauen und Kinder – vertrieben und getötet haben: sie empfinden allem Anschein nach keinerlei Reue über das, was sie getan haben, und zwar nicht etwa deshalb, weil sie keine moralischen Maßstäbe hätten,[185] sondern im Gegenteil, weil sie sich moralisch (gegenüber ihrem eigenen Volk) verpflichtet glaubten, so zu handeln. „Wir waren keine Verbrecher! Wir waren keine Kriminellen! Wir haben nur getan, was wir tun mußten. Mein Gewissen ist rein".[186] Rational läßt sich hiergegen gar nichts einwenden, solange die notwendige Basis einer geteilten Wertwahrnehmung, auf der sich Rationalität allererst entfalten kann, offensichtlich fehlt.[187] Dies gilt selbst dann, wenn es, wie Tugendhat annimmt, in *jeder* Moral einen rationalen Kernbestand von Normen geben sollte, „der ein Miteinander überhaupt möglich macht".[188] Bestimmte Handlungen stellten einfach einen „Verstoß gegen die Grundlagen der Gemeinschaft selbst (oder von Gemeinschaft überhaupt)" dar und müßten daher überall und zu jeder Zeit als moralisch schlecht gelten.[189] Jeder, der sich mit seiner Gemeinschaft identifiziere und sich damit überhaupt als moralisches Wesen verstehe (wie auch immer ansonsten die Werte der betreffenden Gemeinschaft beschaffen sein mögen), müsse solche (dissoziierenden) Handlungsweisen als schlecht begreifen und mit den charakteristischen Gefühlen Scham, Schuld und Empörung darauf reagieren. Obwohl Tugendhat sehr wohl sieht, daß „aus der Vernunft als solcher (…) kein moralischer Inhalt begründet werden" kann und die „universelle und gleiche Anwendung moralischer Normen (…) selbst ein moralischer Inhalt" ist, so daß die universelle und gleiche Achtung aller Menschen kein notwendiger und erst recht kein rational begründbarer Bestandteil einer Moral sein muß, meint er doch, daß diese sich zwangsläufig ergebe, sobald man sich nicht auf irgendwelche „höheren Wahrheiten", sei es Gott, die Natur oder was auch immer, beruft, denn „wenn der Orientierungspunkt der sozialen Identität nicht mehr eine bestimmte Gemeinschaft ist, sondern die Gemeinschaft, das Miteinandersein überhaupt, dann sind Universalität und Egalität unvermeidlich einfach deswegen, weil man besondere Gründe anführen müßte, warum der geforderte Respekt mit Bezug auf die verschiedenen gesellschaftlichen Gruppen abgestuft sein und warum er sich auf eine bestimmte Gemeinschaft begrenzen soll. Solche besonderen Gründe aber setzen höhere Wahrheiten voraus. Wenn also die moralischen Normen auf die Ermöglichung von Gemeinschaft überhaupt bezogen werden, ergeben sich Gleichheit und Universalität von selbst; nicht die Uneingeschränktheit, sondern die Einschränkung ist das, was einer zusätzlichen Begründung bedarf."[190] Ich halte diese Argumentation jedoch für nicht stichhaltig, weil der primäre Orientierungspunkt sozialer Identität niemals, wie Tugendhat hier annimmt, „die Gemeinschaft, das Miteinandersein überhaupt" ist, sondern immer eine *bestimmte* Gemeinschaft. Es mag ja sein, daß ich mich nicht als Mitglied einer Gemeinschaft betrachten und empfinden kann, wenn ich nicht ein bestimmtes gemeinschaftserhaltendes Verhalten pflege und auch an anderen wertschätze und einfordere, und daß dieses Verhalten immer dasselbe ist, ganz egal, welcher *Art* die Gemeinschaft ist, der ich mich zugehörig fühle, aber daß es einer *zusätzlichen* Begründung bedürfe, um die Gemeinschaft *einzugrenzen*, folgt daraus keineswegs. Denn wenn die Geltung dieser Normen auch für jede Art von Gemeinschaft notwendig ist, so fühle ich mich doch nicht *deswegen* zu ihrer Einhaltung verpflichtet, sondern, wenn ich es tue, dann weil sie (unter anderem auch) die Art der Gemeinschaft ermöglichen, der *ich* mich zugehörig fühle. Diese Gemeinschaft kann mehr oder weniger universell sein, doch weder das Mehr noch das Weniger läßt sich rational begründen. Ja, gerade weil die betreffenden Normen das „Miteinander überhaupt" ermöglichen und gewährleisten, bleibt der Adressatenkreis gänzlich unbestimmt, und das heißt, die durch Normen, sprich: gegenseitige Verpflichtungen, konstituierte Gemeinschaft kann dann genausogut aus allen Menschen wie aus nur zwei Menschen bestehen. Zwar ist die Einschränkung der Verbindlichkeit solcher Normen auf eine bestimmte Gruppe gegenüber all jenen, die von ihr ausgeschlossen werden, kaum zu rechtfertigen und insofern auch nicht allgemein zustimmungsfähig, wie Tugendhat an anderer Stelle[191] moniert, aber wenn ich mich nur einer bestimmten Gemeinschaft zugehörig fühle, lege ich ja auch nur auf die Zustimmung der Mitglieder *dieser* Gemeinschaft Wert und brauche mich auch nur vor ihnen zu rechtfertigen. Nur dann, wenn ich *alle* Menschen zu der Gemeinschaft rechne, der ich meinem eigenen Selbstverständnis nach angehöre, muß ich die von mir favorisierten Normen auch vor allen rechtfertigen können; nur dann sehe ich überhaupt einen solchen Rechtfertigungsbedarf. *Allgemeiner Zustimmungsfähigkeit* bedarf es also nur insoweit, als *alle* Mitglieder *meiner* Gemeinschaft diesen Normen (und ihrer Begrenzung) zustimmen müssen können. Auch eine Moral universeller Achtung, wie sie Tugendhat propagiert, läßt sich also nicht begründen, nicht einmal relativ, also *besser* als alle anderen, weniger universalen Moralauffassungen.[192]

13. Andere Möglichkeiten der Vermittlung: das Sehen-Machen

Wenn ich den anderen nun aber (sofern er sich keiner Inkonsistenz schuldig macht) nicht mit Gründen davon *überzeugen* kann, daß meine Bewertung einer bestimmten Situation oder Handlungsweise die angemessenere ist, dann folgt daraus noch nicht, daß ich ihn nicht doch auf andere Weise dazu bringen könnte, meine Bewertung zu übernehmen. Wenn zum Beispiel Charles Stevenson[193] recht damit hätte, daß extrinsische (instrumentelle) Werte durch Gewöhnung allmählich zu intrinsischen werden, dann müßte es genügen, jemandem den instrumentellen Wert einer Sache, die ich selbst für intrinsisch wertvoll ansehe, aufzuzeigen, um zu erreichen, daß er sie bald auch um ihrer selbst willen zu schätzen beginnt. Aber sollte einer wirklich das Leben eines Menschen um seiner selbst willen schätzen lernen, wenn er nur fest genug und lang genug davon überzeugt ist, daß dieser ihm lebendig mehr nützt als tot? Das ist wohl kaum zu erwarten. Trotzdem kann es natürlich eine empfehlenswerte Strategie sein, ihm, wenn er dem Leben des anderen schon keinen intrinsischen Wert beimißt, wenigstens dessen instrumentellen Wert vor Augen zu führen, da er auf diese Weise doch immerhin das Leben des anderen *in der Praxis* achten wird, worum es uns ja letztlich, insofern wir dieses Leben um seiner selbst willen wertschätzen, zu tun ist. Da wir jedoch nicht davon ausgehen können, daß etwas, das wir um seiner selbst willen schätzen, auch für jeden anderen zumindest instrumentell wertvoll ist, und da selbst dann, wenn es das zu einem gegebenen Zeitpunkt ist, wir nicht annehmen können, daß es auch so *bleibt*, ist auf dieses Mittel letztlich wenig Verlaß. Was aber können wir sonst tun, wenn uns der Weg der rationalen Begründung verschlossen ist?

Nun, wenn unsere eigene Moralauffassung eher einer bestimmten *Sichtweise* der Dinge gleicht als einer begründeten Meinung über das, was ist, einer Sichtweise, die ein *Sehvermögen* ebenso voraussetzt wie das Farberleben und die wie dieses nicht aus den objektiv zugänglichen Daten *als solche* ableitbar ist – denn die Farbempfindung ‚rot' läßt sich zwar vielleicht durch eine hinreichend genaue Analyse des Sehapparats, also ihrer materiellen Voraussetzungen, (kausal) erklären, aber eben niemals in ihrer Eigenart, nämlich als *Farb*empfindung verständlich machen – dann müssen wir, anstatt den anderen durch Argumente überzeugen zu wollen, vielmehr dafür sorgen, daß er gleichsam seine Blickrichtung ändert, daß er sieht, was wir sehen, daß er die Sache mit unseren Augen betrachtet. Nelson Goodman[194] hat darauf aufmerksam gemacht, daß Erkenntnis auch etwas anderes sein kann als die Bildung und Festigung von Überzeugungen (nämlich daß dies oder jenes *wahr* sei). Oft besteht Erkenntnis vielmehr in einem *Fortschritt des Verstehens*, so „wenn wir ein Bild, ein Konzert oder eine Abhandlung studieren, bis wir Merkmale und Strukturen *sehen, hören oder erfassen*, die wir vorher nicht auszumachen vermochten".[195] Entscheidend für das Verstehen ist dabei nicht, daß ich zur Kenntnis von etwas gelange, das mir vorher unbekannt war, sondern daß ich ein Sensorium dafür entwickle, daß ich empfänglich für es werde. Vielleicht können wir ja nicht nur Kunstprodukte, sondern auch Menschen (und warum nicht auch Tiere oder gar Bäume) in diesem Sinne „studieren, bis wir Merkmale und Strukturen sehen, hören und erfassen, die wir vorher nicht auszumachen vermochten" und die uns dazu bringen, ihrem Schicksal nicht mehr gleichgültig gegenüberzustehen. Und vielleicht können wir dies auch anderen beibringen, wenn wir es selbst gelernt haben. Oft werden wir dabei an ein bereits vorhandenes, wenngleich eingeschränktes moralisches Gefühl anknüpfen können. Ein absoluter „lack of moral sense" ist glücklicherweise selten, eine pathologische Ausnahmeerscheinung. Wenn einen Menschen eine Situation, unter der ein anderer leidet, nicht kümmert, dann vielleicht nur deshalb, weil er ihr bislang nicht genügend Aufmerksamkeit geschenkt hat. Könnten wir, wie Bernard Williams[196] zuversichtlich meint, „ihn dazu bringen, sich derartige Situationen vorzustellen und über sie nachzudenken" würden wir damit zugleich „sein Mitgefühl

und Verständnis" erweitern. Aber der Ansatzpunkt muß dabei immer
eine konkrete Situation sein, ein Einzelfall, an dem mir bewußt wird,
was in *allen solchen Fällen* zu tun richtig ist. Das moralische Bewußtsein verfährt induktiv, nicht deduktiv. Ich kann nicht mit universalen
Prinzipien beginnen und diese auf den einzelnen Fall übertragen, weil
sich universale moralische Handlungsprinzipien nicht begründen lassen, außer eben dadurch, daß man sie aus dem Einzelfall, in dem sich
ein bestimmtes Handeln als angemessen zeigt (man es als angemessen
erfährt), ableitet. Daß ich *diesen* Menschen nicht töten darf, folgt nicht
zuallererst daraus, daß ich keinen Menschen töten darf, sondern umgekehrt folgt erst aus der Erfahrung heraus, daß ich diesen Menschen
nicht töten darf, daß ich keinen Menschen töten darf. Dies folgt dann,
wenn ich meine Erfahrung reflektiere und darüber nachdenke, was
denn an diesem Menschen ist, daß ich davor zurückscheue, ihn zu
töten, und dann feststelle, daß es nicht diese oder jene Eigenschaft
dieses *bestimmten* Menschen ist, sondern vielmehr sein Menschsein
selbst, also etwas, was er mit allen anderen Menschen gemein hat, so
daß eigentlich kein Grund für mich besteht, das Leben dieses Menschen mehr zu achten als das aller anderen Menschen.

Aber was genau *ist* an einem anderen Menschen, das, wenn wir es
bemerken, uns davon abhält, ihn wie ein beliebiges Ding zu behandeln? Was an ihm verbietet uns, mit ihm umzugehen, wie es uns gerade paßt? Sein inhärenter Wert? Nein, denn wie wir gesehen haben,
ist der inhärente Wert, den er für uns hat (*wenn* er ihn hat), nicht die
Ursache unserer Zurückhaltung, sondern vielmehr nur deren Ausdruck, eine Art Objektivierung des elementaren Sollens, das wir ihm
gegenüber empfinden. Wir fühlen uns nicht verpflichtet, dem anderen
nach Möglichkeit nicht zu schaden, weil er einen inhärenten Wert
hätte; vielmehr hat der andere nur dann einen inhärenten Wert für uns,
wenn und insofern wir uns ihm gegenüber als unbedingt verpflichtet
erfahren. Wir können also genauso gut fragen, was an ihm es ist, das
uns dazu bringt, ihm einen inhärenten Wert zuzuerkennen, oder welche, mit Goodman zu sprechen, Merkmale und Strukturen wir sehen,
hören und erfassen müssen, um sein Leben als inhärent wertvoll begreifen zu können. Dieser Frage will ich im folgenden nachgehen.
Ausgehen werde ich dabei von der Annahme, daß uns nur etwas *Unersetzbares* als inhärent wertvoll erscheinen kann.

Unersetzbarkeit: Grundlagen

14. Erste Begriffsklärung

Was ist ersetzbar und was nicht? Eine mögliche, und vielleicht die für einen nüchternen und abgeklärten Blick naheliegendste Antwort auf diese Frage lautet, daß schlechterdings *alles* ersetzbar ist. Denn nichts währt ewig, alles ist vergänglich, geht früher oder später zugrunde, ohne daß die Erde deshalb aus ihrer Bahn geriete, geschweige denn mit zugrunde ginge. Zwar ändert sich die Welt in ihrem konkreten Erscheinungsbild ständig, Menschen, Tiere und Pflanzen sterben bereits nach kurzer Zeit und andere treten an ihre Stelle, Flüsse und Meere trocknen aus, Wälder verwandeln sich in Wüsten, Berge treten aus der Erde, selbst Sterne entstehen und verglühen. Aber wie groß auch immer uns die Veränderungen zunächst erscheinen mögen, so wirken sie doch sogleich klein und unbedeutend, sobald wir uns ein wenig von unserer menschlichen Perspektive lösen und die Veränderungen im Verhältnis zum Kosmos in seiner Gesamtheit einzuschätzen versuchen. Und selbst wenn das nicht so wäre (wenn der Kosmos als ganzer sich deutlich änderte), bliebe doch auch das von einem objektiven[197] Standpunkt aus betrachtet letztlich ganz gleich, denn es macht ja, objektiv gesehen, keinen Unterschied, was jetzt existiert und was nicht, was einmal war, ist oder sein wird. Die Berge füllen ihren Platz ebenso gut aus wie ein Wald oder eine Wüste; gibt es das eine nicht mehr, so gibt es eben etwas anderes. (Und gibt es nichts mehr, so gibt es eben nichts mehr.) Für Tiere und Menschen gilt dasselbe: ein Mensch stirbt, ein anderer wird geboren – wen kümmert das noch nach hundert Jahren oder selbst heute, wenn es nur weit genug entfernt geschieht? „Kurz und ärmlich ist unser Leben, (...) wir sind zufällig entstanden, und darnach werden wir sein, als hätten wir nie gelebt" (Sprüche Salomos 2, 1). Schließlich wird auch der „human gesinnte Mensch", wie Adam Smith in seiner *Theorie der ethischen Gefühle* treffend bemerkt, „bei dem Untergang von hundert Millionen seiner Brüder mit der tiefsten Seelenruhe schnarchen – vorausgesetzt, daß er diese niemals gesehen hätte".[198] Und durchaus zurecht würde er dies tun, ließe sich hinzufügen, denn seine Seelenruhe verdankt sich doch der Befreiung von den verzerrenden Einflüssen der persönlichen Bekanntschaft und des vertrauten Umgangs. Erst die Distanz, die Unterbrechung aller persönlichen Relationen zum Geschehen, erlaubt den unbefangenen, klaren Blick, den „Blick von nirgendwo",[199] der das individuelle menschliche Sein erst in seiner ganzen kosmischen Gleichgültigkeit und, wenn man Schopenhauer folgen will, sogar Unwirklichkeit hervortreten läßt. Es ist der Blick, den der Gott Krischna seinen Zögling Ardschuna auf die zum Kampf bereitstehenden Heere richten läßt, damit er nicht mehr durch sein Mitleid für die sicher zu erwartenden Opfer daran gehindert wird, die tödliche Schlacht beginnen zu lassen.[200] Es ist zugleich der Standpunkt der Natur, die doch deutlich bekundet, daß ihr „an Tod oder Leben des Individuums (…) gar nichts gelegen ist".[201] Und nicht zuletzt ist es auch der Standpunkt der Vernunft, die zwar Unterschiede zu sehen vermag, sich aber ihrem Wesen nach einer Wertung enthalten muß. Die Unterschiede der reinen Vernunft sind, mit Gregory Bateson gesprochen, stets Unterschiede, die keinen Unterschied *machen*.[202] So ist in vernünftiger Betrachtung ein Mensch wie der andere, unterscheidbar zwar, aber doch nur durch die mehr oder weniger individuellen Kombinationen von Eigenschaften, die einen jeden, einschließlich uns selbst, zu einer besonderen, aber in dieser Besonderheit weiter nicht bemerkenswerten „Erscheinungsform des Allgemeinen"[203] zugleich sublimieren und degradieren. Freilich fällt es uns ausgesprochen schwer, diesen im genannten Sinne natürlichen und vernünftigen Standpunkt auch auf uns selbst anzuwenden. Wir können zwar immerhin genügend Abstand zu uns selbst und unseren Bestrebungen aufbringen, um dessen gewahr zu werden, daß unser Leben und Sterben für beinahe die gesamte übrige Menschheit gleichgültig ist und wir ganz objektiv gesehen nur, wie Nagel es anschaulich formuliert, „kleine, kontingente und höchst transitorische Seifenblase(n) in der unermeßlichen Lauge des Universums" sind[204] – „kluge Stäubchen", heißt es treffend bei Voltaire[205] –, aber das ändert gewöhnlich nicht das geringste daran, daß wir unser Handeln weiterhin ernst nehmen, eifrig unsere kleinen Seifenblasen-Ziele verfolgen und verbissen bemüht sind, unseren sicheren Tod so lange wie möglich hinauszuzögern. Zumindest uns selbst erleben wir als nicht ersetzbar, das heißt als etwas, dessen Stelle nichts anderes in der Welt einnehmen kann, weil es die Welt mit allen Dingen darin für uns nur gibt, insofern und solange es uns selbst gibt. Jedes einzelne Ding kann zugrunde gehen, und die Welt geht doch weiter ihren Gang, jedoch wenn wir selbst nicht mehr sind, ist auch die Welt, *unsere* Welt (aber wir kennen keine andere), nicht mehr. *Diese* Welt existiert nur, weil und insofern wir existieren, so daß wir darin schlechterdings nicht zu ersetzen sind. Dies ist mehr als ein subjektiver Schein, denn auch wenn wir unser Leben von außen betrachten, aus einer Perspektive, aus der auch unser Tod noch wirklich und Teil der Welt sein wird, wir uns also gleichsam mit den Augen eines anderen betrachten, auch dann können wir es noch als unersetzlich begreifen, wenn wir die Tatsache ins Auge fassen, daß das Leben, das wir gehabt haben, und die Welt, welche die unsere war (mag sie auch noch so klein und unbedeutend gewesen sein), nach ihrem Untergang niemals wieder da sein wird. *Dieser* Mensch mit seinen Erinnerungen, Gefühlen und Gedanken wird dann auf immer und ewig verschwunden sein.[206] Ähnliches gilt auch für alle anderen Lebewesen, Schopenhauers Überzeugung zum Trotz, daß die heute lebende Katze in allem Wesentlichen noch dieselbe sei wie vor dreihundert Jahren.[207] Tatsächlich sind selbst die unbelebten Dinge einzigartig in dem Sinne, daß keines jemals mit einem anderen identisch ist. Nehmen wir zwei beliebige Gegenstände derselben Art, die auf den ersten Blick ununterscheidbar wirken (sieht man von ihrer Position im Raum ab) und betrachten sie genau, so werden wir fast immer irgendeinen Unterschied feststellen. Unregelmäßigkeiten lassen sich meist schon mit bloßem Auge erkennen, und selbst wenn dies nicht gelingen sollte, so brauchen wir nur ein Mikroskop zu bemühen, und eine Verwechslung ist nicht mehr möglich. Physikalisch gesehen ist jedes Ding einzigartig. Eine Murmel enthält eine Billion Billionen Atome, die sich mit unterschiedlicher Geschwindigkeit und Richtung bewegen. Es ist unmöglich, daß eine zweite Murmel ihr hinsichtlich ihrer atomaren Zusammensetzung gleicht.[208] Daraus folgt aber, daß *nichts* auf der Welt vollständig ersetzbar ist. Was auch immer aus dieser Welt verschwindet, bleibt verschwunden, und es gibt nichts, das an seine Stelle treten könnte. Denn auch wenn ein anderes Ding in allen relevanten bzw. von jemandem als relevant betrachteten Aspekten gleich sein sollte, wird es Unterschiede geben (gäbe es sie nicht, wäre es dasselbe Ding und folglich gar nicht verschwunden).

Allerdings scheint es, als würden wir gewöhnlich mit dem Begriff ‚unersetzlich‘ oder ‚unersetzbar‘ mehr meinen, als bloß daß eine Sache von jeder anderen Sache verschieden und in diesem Sinne einzigartig ist. Solange wir der betreffenden Sache keinen besonderen *Wert* beimessen, mag sie so einzigartig sein, wie sie will, wir würden sie doch weiterhin für ersetzbar halten. Nur dann, wenn irgend jemand an der atomaren Struktur einer bestimmten Murmel (oder der Besonderheit irgend eines anderen Dinges) etwas *läge*, hätte er (und hätten wir) einen Grund, ihr Unersetzbarkeit zu bescheinigen. In einer Welt ohne Subjekte, ohne fühlende, lebende Wesen, für die Dinge eine *Bedeutung* haben, wäre in der Tat alles ersetzbar, weil niemand die Unterschiede zwischen den Dingen zu würdigen wüßte. Doch ist auch dies nicht ganz richtig. Eher sollte man sagen, daß es in einer solchen (unvorstellbaren) Welt weder etwas Unersetzbares noch auch etwas Ersetzbares gäbe, denn daß eine Sache ersetzbar ist, bedeutet doch, daß etwas anderes an ihre Stelle treten kann. In einer subjektlosen Welt aber gibt es keine *Stelle,* an die etwas treten könnte. Denn eine solche Stelle müßte erst bestimmt werden. Um sagen zu können, daß ein Ding ein anderes ersetzt oder zu ersetzen vermag, muß ich beide Dinge miteinander vergleichen können, und dazu wiederum bedarf es eines Aspekts, einer *Hinsicht*, unter der ich sie vergleiche. (Erst dadurch entsteht die besagte Stelle.) Diese Hinsicht liegt aber nicht in den Dingen selbst: sie wird erst hergestellt von einem Wesen, das in seinem Sein auf diese Dinge bezogen ist und in irgend einer Weise von ihnen abhängt, so daß ihr Vorhandensein oder Nichtvorhandensein einen Unterschied für es macht in dem Sinne, daß das eine *besser* als das andere für es ist oder ihm wenigstens für besser gilt. Mit anderen Worten: nur wo es irgendein (wirkliches oder scheinbares) *Gut* gibt, gibt es auch Ersetzbares und nicht Ersetzbares. Ersetzbar bzw. unersetzbar ist etwas entsprechend immer *für* etwas, und zwar ersetzbar dann und nur dann, wenn noch anderes existiert und verfügbar ist, das in der betreffenden Hinsicht mindestens ebenso gut ist wie das zu Ersetzende, und unersetzbar dann und nur dann, wenn *nichts* anderes existiert oder verfügbar ist, das ebenso gut ist. So braucht etwa eine Pflanze, um leben zu können, Wasser, Licht und bestimmte Nährstoffe. Sofern es nichts anderes gibt, das sie im Falle eines Wasser-, Licht- und Nährstoffmangels am Leben zu erhalten vermag, sind diese drei Elemente absolut unersetzbar für sie, und zwar der *Art* nach. Denn es kommt für sie nicht darauf an, genau *dieses* Licht oder *dieses* Wasser zu erhalten, sondern es genügt, wenn sie überhaupt Licht und Wasser erhält. Das heißt, Licht und Wasser sind zwar unersetzbar, aber nicht *dieses* Licht und *dieses* Wasser. Genauso gilt, daß, wenn ein Mensch der Gesellschaft anderer Menschen bedarf (vielleicht nicht, um überhaupt leben zu können, aber doch, um einigermaßen zufrieden zu leben) und es kein anderes Lebewesen und überhaupt keine andere Sache gibt, die ihm das gleiche Maß an Zufriedenheit zu geben vermag, wir zwar zugestehen müssen, daß der Umgang mit Menschen für ihn offenbar unersetzbar ist, nicht aber, daß auch genau der Mensch, der ihm die benötigte Gesellschaft leistet, für ihn ebenso unersetzbar ist. Robinson Crusoe sehnt sich nach Menschen, aber nicht nach Freitag. *Der* Mensch ist ihm unersetzbar, Freitag hingegen nicht. Es könnte allerdings sein, daß Freitag selbst, das heißt also ein bestimmter Mensch, ein konkretes Individuum, *beiläufig* unersetzbar ist, nämlich dann, wenn die Dinge, also Menschen, die seine Funktion ebenso gut erfüllen würden wie er, zwar irgendwo auf der Welt existieren, aber im Augenblick eben nicht verfügbar sind. Freitag ist für Robinson nicht ersetzbar, einfach weil an dem Ort, an dem er sich aufhält, niemand anders da ist als er. Sobald aber die Situation sich ändert und andere Menschen greifbar sind, hört Freitag auf, für Robinson unersetzbar zu sein, weil ihm die Unersetzbarkeit nur beiläufig, nicht aber *wesenhaft* (dabei aber immer noch in bezug auf Robinson, also nicht *an sich*) zukam. *Beiläufig* (der Art nach) unersetzbar ist alles, was nur deshalb nicht ersetzt werden kann, weil gerade jetzt nichts anderes zur Verfügung steht, das es ersetzen könnte. *Wesentlich* unersetzbar ist alles, was deshalb nicht ersetzt werden kann, weil es nichts anderes gibt und nichts anderes geben *kann*, das es ersetzen könnte. Auch die Sonne ist nicht wesentlich, sondern nur beiläufig unersetzbar, obwohl es nur eine Sonne in entsprechender Erdnähe gibt, aber nichts liegt daran, daß es gerade diese Sonne ist, welche die Erde erwärmt. Eine andere Sonne (auch wenn eine solche zur Zeit nicht existiert) würde es genauso tun, denn die Hinsicht, in der die Sonne für uns Bedeutung hat, ist ihre Funktion, der Zweck, den sie erfüllt. Nichts jedoch, das eine Funktion erfüllt und seinen Wert *allein* aus der Erfüllung dieser Funktion bezieht, ist wesentlich unersetzbar. Was aber nicht wesentlich, sondern nur beiläufig unersetzbar ist, bleibt doch stets *seiner Möglichkeit nach* ersetzbar. Zu unterscheiden ist also, um zusammenzufassen, zwischen 1) dem wesentlich Unersetzbaren, 2) dem beiläufig Unersetzbaren, aber potentiell (der Möglichkeit nach) Ersetzbaren, und schließlich 3) dem aktuell (der Wirklichkeit nach) Ersetzbaren.

Es ist wichtig, daran zu erinnern, daß keine dieser drei Kategorien eine ontologische Qualität bezeichnen soll. Eher sind sie semantisch zu verstehen, denn im Prinzip kann jedes Ding unter jede der drei Kategorien fallen, je nach der Beziehung, in der es zu einem bestimmten Subjekt, das ihm Bedeutung verleiht, steht. Nehmen wir ein einfaches Beispiel. Ein Glas ist ein Gegenstand, der zweifellos eine bestimmte Funktion oder einen Zweck erfüllt. Wenn mein Glas zerbricht, ich aber eines brauche, kann ich in den nächsten Laden gehen und mir ein neues Glas kaufen, das in der Regel, sofern das zerbrochene Glas für mich nicht mehr war als ein Trinkgefäß, genau so gut sein wird wie das alte. In diesem Fall hat sich das zerbrochene Glas als aktuell ersetzbar erwiesen. Es könnte aber auch sein, daß es Feiertag ist und alle Geschäfte geschlossen haben oder ich mich in einer Gegend aufhalte, in der es keine Geschäfte gibt und auch sonst nichts, das sich als Trinkgefäß verwenden ließe – dann ist das Glas nur potentiell ersetzbar, im Augenblick aber, also beiläufig, unersetzbar. Schließlich wäre es aber auch möglich, daß mir gerade an diesem Glas besonders gelegen war, weil es außergewöhnlich schön war oder sich für mich bestimmte Erinnerungen damit verbinden oder vielleicht auch nur, weil ich so daran gewöhnt war, aus ihm zu trinken, und es für mein Gefühl einfach nicht das gleiche ist, aus einem anderen Glas zu trinken. In diesem Fall wäre das zerbrochene Glas für mich wesentlich unersetzbar, und zwar deshalb, weil der Wert, den es für mich hatte, sich gar nicht auf seinen Zweck gründete. Es war mir teuer unabhängig von der Funktion, die es erfüllte.

Betrachte ich hingegen eine Sache ausschließlich im Hinblick auf ihre Funktion, wird sie mir immer (je nach den Umständen aktuell oder potentiell) ersetzbar bleiben, und zwar ganz egal, um was für eine Sache es sich handelt. Ein Mensch kann genauso ersetzbar und genauso unersetzbar für mich sein wie ein Glas. Der Heerführer mag die ihm unterstellten Soldaten im Krieg als Waffe und als „Menschenmaterial" ansehen und entsprechend einsetzen. Verfügt er über genügend Nachschub an solcher *man power*, werden ihm seine Soldaten aktuell ersetzbar sein, ist seine Verfügung beschränkt, werden sie ihm immer noch potentiell ersetzbar bleiben, wenn auch vielleicht beiläufig unersetzbar. (Der einzelne Soldat wird auch in diesem Fall aktuell ersetzbar sein.) Um einen Menschen als *wesentlich* unersetzbar zu begreifen, muß ich ihn in aller Regel kennen, muß ihn gesehen und erlebt haben als etwas, das sich von allen anderen gleicher Art unterscheidet; und ich muß daraufhin eine persönliche Beziehung zu ihm entwickelt haben derart, daß seine Nichtexistenz, unabhängig davon, ob ein anderer die gleiche Funktion zu erfüllen vermag oder nicht, für mich einen Verlust darstellt, also eine Einbuße an Gutem. Derselbe Soldat, der für den Befehlshabenden nur ein Werkzeug war, hat vielleicht eine Familie, für die er gänzlich unersetzlich ist, nicht weil niemand da wäre, der seine Funktion als Familienoberhaupt und Ernährer übernehmen könnte, sondern weil es seiner Frau und seinen Kindern gar nicht auf die Erfüllung seiner Funktion ankommt. Es ist *er* als dieser besondere Mensch, der er war, dessen Verlust beklagt wird. Darum kann er von niemandem ersetzt werden, und er wird es auch dann nicht, wenn seine Frau einen anderen Mann findet, den sie liebt, sofern sie auch den Gefallenen geliebt oder wenigstens in seiner Besonderheit geschätzt hat.[209] Man könnte in Anlehnung an Aristoteles diese besondere Beziehung, die man zu etwas haben muß, um es als wesentlich unersetzbar und damit seinen Verlust als nicht wieder gutzumachen erleben zu können, *Freundschaft* nennen. Aristoteles unterscheidet bekanntlich drei Arten von Freundschaft (philia), nämlich die auf Lust gegründete, die auf Nutzen gegründete und die auf den Charakter gegründete,[210] wobei ihm jedoch nur die letztere als wahre Freundschaft gilt, da nur sie beinhaltet, daß der andere *um seiner selbst willen*, also um dessen willen, was er seinem Wesen nach *ist* (und was an diesem Wesen *gut* ist), geliebt oder geschätzt wird. Die beiden anderen Arten von Freundschaft (oder vielmehr dessen, was gewöhnlich, aber fälschlich für Freundschaft gehalten wird) sind hingegen Beziehungen, die wegen einer bestimmten zufälligen Eigenschaft des anderen (sein reizvolles Aussehen, seine angenehme Stimme, seine Freigiebigkeit, sein Einfluß) bestehen und somit auch zu jedem anderen, der dieselbe Eigenschaft besitzt, bestehen könnten. Der angenehme und der nützliche Freund sind beide ersetzbar, der wahre Freund hingegen nicht. Wahre und falsche Freunde in diesem Sinne können aber – über Aristoteles hinaus – auch Dinge sein. Manche Dinge begehren wir, weil sie uns angenehm sind, andere, weil sie uns anderweitig nützlich sind, manche aber auch um ihrer selbst willen, weil sie sind, was sie sind und was *nur* sie sind. Mit diesen Dingen sind wir also wahrhaft *befreundet*, und in dem Maße, in dem wir uns mit ihnen solcherart befreunden, werden sie uns unersetzbar.

Obwohl die wesensmäßige Unersetzbarkeit somit einem Ding nicht absolut und an sich selbst zukommt, sondern nur bedingterweise, nämlich dann, wenn es jemanden gibt, der sich mit ihm befreundet, ist der Wert, der ihm dadurch zuerkannt wird, letztlich doch weniger subjektiv als der Wert, der sich aus seiner Funktion, also Brauchbarkeit zu einem bestimmten Zweck, ergeben könnte. Solange ein Ding nur deshalb geschätzt wird, weil es eine gewünschte Funktion erfüllt, ist es, wie wir gesehen haben, durch jedes andere Ding gleicher Funktion ersetzbar. Das bedeutet aber, daß es in seiner Individualität, seiner Einzigartigkeit, überhaupt nicht in den Blick kommt. Es *ist* aber ein-

zigartig, das heißt, es besitzt Seiten, die kein anderes Ding derselben
Art besitzt, und in dem Augenblick, in dem ich diesen Seiten Beachtung schenke (und ihm damit vielleicht bereits meine Achtung erweise)[211] hört das Ding plötzlich auf, das zu sein, was es als rein nützli-
ches bislang immer nur war, nämlich ein bloßes Spiegelbild meiner
eigenen Bedürfnisse. Solange ich eine Sache nur unter dem Aspekt
ihrer Nützlichkeit betrachte, sehe ich gar nicht sie, sondern letztlich
(nämlich als Zielpunkt meines Wollens) nur mich selbst. Mein Blick
ist fest auf die Befriedigung meines Begehrens gerichtet, die ich mir
von ihm verspreche, und eben diese Befriedigung (oder vielmehr ich
selbst als Befriedigter) ist das, was ich durch den Gegenstand hindurch
(wie durch ein in die Zukunft gerichtetes Fernrohr) wahrnehme. Gebe
ich nun die Nützlichkeitsperspektive auf, verschwindet der Gegenstand entweder aus meiner bewußten Wahrnehmung oder aber er
zeigt sich mir in neuer Weise, mit seinem, wie Georg Simmel in seiner
Philosophie des Geldes zurecht geltend macht, eigenen, zweckfreien
Gesicht, nicht mehr als brauchbar, sondern nunmehr als *schön*. „Diese
ganze Entwicklung der Dinge nun von ihrem Nützlichkeitswert zu
ihrem Schönheitswert", schreibt Simmel, „ist ein Objektivationspro-
zeß. Indem ich das Ding schön nenne, ist seine Qualität und Bedeutung in ganz anderer Weise von den Dispositionen und Bedürfnissen
des Subjekts unabhängig, als wenn es bloß nützlich ist. Solange die
Dinge nur dies sind, sind sie fungibel, d. h. jedes andere, das denselben
Erfolg hat, kann jedes ersetzen. Sobald sie schön sind, bekommen sie
individuelles Fürsichsein, so daß der Wert, den eines für uns hat,
durchaus nicht durch ein anderes zu ersetzen ist, das etwa in seiner
Art ebenso schön ist".[212] Worauf es mir hier im Augenblick ankommt,
ist jedoch nicht Simmels beiläufige Bestimmung der Wahrnehmung
von Unersetzbarkeit als Schönheitserfahrung,[213] sondern seine Betonung der (relativ zu anderen, subjektbezogeneren Betrachtungswei-
sen) *objektiven Basis* einer solchen Wahrnehmung, also das, was er
„individuelles Fürsichsein" nennt und das ich vorläufig unter dem
Begriff der Einzigartigkeit zu fassen gesucht habe. Allerdings scheint
es, als würde eine solche Basis noch bei weitem zu schwach sein, um
darauf eine philosophische Ethik oder auch nur eine moralische Intuition gründen zu können. Denn einzigartig in dem bisher eingeführ-
ten Sinne ist ja *alles*, so daß es offenbar auch nichts gibt, das nicht *im
Prinzip*, das heißt der Sache nach, für jemanden unersetzbar werden
könnte. Wenn das aber tatsächlich so ist, dann wäre es zwar immer
noch möglich, daß das, was für irgend jemanden unersetzbar ist

(gleichgültig, worum es sich handelt), in dem Sinne moralisch relevant ist, daß es deshalb von anderen der Achtung und Bewahrung für wert befunden wird, aber niemand (auch nicht derjenige, dem die betreffende Sache faktisch unersetzbar ist) hätte wirklich einen *Grund*, diese für unersetzbarer zu halten als irgend eine beliebige *andere* Sache.[214] Es wäre zwar dann immer noch so, daß wir (beispielsweise) Menschen häufiger als unersetzbar erleben als Teller oder Murmeln, aber nicht so, daß Menschen in irgendeinem Sinne *tatsächlich* unersetzbarer wären oder etwas an sich hätten, das ihren größeren Anspruch auf Anerkennung ihrer Unersetzbarkeit zu rechtfertigen imstande wäre.[215] Dies ist jedoch eine Unterstellung, die unseren moralischen Intuitionen so sehr zuwiderläuft, daß wir sie nicht akzeptieren können (denn es ist nicht die Aufgabe der Ethik, Intuitionen durch vermeintlich rationalere Ansichten über die Wirklichkeit zu ersetzen, sondern vielmehr, sie durch Erhellung ihrer Gründe, das heißt durch Aufweis ihrer Verankerung in der Wirklichkeit, verständlich zu machen und auf diese Weise auch uns selbst und die Welt, in der wir leben, besser zu verstehen). Wie sollte aber etwas unersetzbarer sein als etwas anderes (bzw. seinem Wesen nach mehr Anrecht auf die Anerkennung seiner Unersetzbarkeit haben), wenn doch alles in gleichem Maße einzigartig ist? Aber vielleicht es das ja gar nicht. Möglicherweise gibt es so etwas wie *Grade* der Einzigartigkeit oder vielleicht auch einfach verschiedene *Weisen* der Einzigartigkeit, die es verständlich machen, warum wir Murmeln (und im allgemeinen auch Pflanzen und Tiere) für ersetzbarer halten als Menschen.

15. Kant über die Würde des Menschen

Von allen Versuchen, die Überzeugung von der Nichtersetzbarkeit jedes *einzelnen* Menschen an dessen besondere, ausgezeichnete Seinsweise zurückzubinden, ist sicher derjenige *Kants* am prägendsten für unser modernes Verständnis des Menschen und seines moralischen Status gewesen. Kant zufolge ist es unter allen leibbehafteten Lebewesen allein der Mensch, der, befähigt durch seine Vernunft, sich das Gesetz seines Handelns selbst zu geben vermag und aufgrund dessen, also aufgrund seiner *Autonomie*, einen Wert besitzt, der sich mit keinem anderen Wert vergleichen läßt. Denn bei allen übrigen Werten handle es sich um äußere oder relative Werte, bei dem Wert des (autonomen) Menschen hingegen um einen *inneren* und *absoluten* Wert, den Kant, um ihn von jenen zu unterscheiden, *Würde* nennt. „Im Reiche der Zwecke", schreibt Kant, „hat alles entweder einen *Preis*, oder eine *Würde*. Was einen Preis hat, an dessen Stelle kann auch etwas anderes, als *Äquivalent*, gesetzt werden; was dagegen über allen Preis erhaben ist, mithin kein Äquivalent verstattet, das hat eine Würde".[216] Eine Würde zu haben, bedeutet mithin nach Kant, etwas zu sein, das nicht durch etwas anderes, Gleichwertiges, ersetzt werden kann, da es schlechterdings nichts *gibt*, das den gleichen Wert besitzt. Würde steht hier also für Unersetzbarkeit, wobei diese offenbar nicht als semantische, sondern als ontologische Kategorie gefaßt wird: ein Teller (wie auch alle übrigen Dinge einschließlich der Tiere)[217] ist für Kant niemals unersetzbar, denn er *hat*, nämlich aufgrund dessen, was er ist, keine Würde, während ein Mensch, da er eine Würde *hat*, immer unersetzbar *ist*, egal, ob er auch *für jemanden* unersetzbar ist oder nicht. Würde und damit Unersetzbarkeit scheint also für Kant zunächst keine Frage der Hinsicht zu sein, im Unterschied zum Preis, der eben deshalb als *äußerer* Wert charakterisiert wird, weil er den Dingen nicht an sich selbst zukommt, sondern nur im Verhältnis ihrer Anerkennung. „Preis (pretium) ist das öffentliche Urteil über den *Wert* (valor) einer Sache".[218] *Grund* der dem Menschen allein zukommenden Würde (also Unersetzbarkeit) ist aber nach Kant die Autonomie[219], das heißt die *Sittlichkeit*[220], zu der er als Mensch fähig ist und durch deren Ausübung er zu einem *Zweck an sich selbst* wird (das heißt zu etwas, das nicht mehr *Mittel* zu einem anderen Zweck ist und somit die Reihe der Zwecke, die irgendwo ein Ende haben *muß*, beendet).[221] Nun gesteht Kant aber selbst zu, daß Autonomie und somit Sittlichkeit nichts ist, was der Mensch *natürlicherweise* besitzt. Die meisten Menschen leben sogar faktisch *nicht* autonom (wie es ihnen als Menschen doch möglich wäre), sind damit faktisch *nicht* Zweck an sich selbst, besitzen folglich *keine* Würde, also keinen absoluten, unvergleichlichen Wert,[222] und bleiben somit wie jedes andere Ding innerhalb der Naturordnung ersetzbar. „Daß aber eines Menschen Existenz an sich einen Wert habe, welcher bloß lebt (und in dieser Absicht noch so sehr geschäftig ist), um zu *genießen*, sogar wenn er dabei andern, die alle eben so wohl nur aufs Genießen ausgehen, als Mittel dazu aufs beste beförderlich wäre, und zwar darum, weil er durch Sympathie alles Vergnügen mit genösse: das wird sich die Vernunft nie überreden lassen. Nur durch das, was er tut, ohne Rücksicht auf Genuß, in voller Freiheit und unabhängig von dem, was ihm die Natur auch leidend verschaffen könnte, gibt er seinem Dasein als der

Existenz einer Person einen absoluten Wert".²²³ Einen absoluten Wert *hat* ein Mensch demnach also nicht, sondern er *gibt* ihn sich, das heißt, er *kann* ihn sich geben, nämlich dann, wenn er sittlich handelt, muß es aber nicht. Tut er es nicht, bleibt er, so scheint es, und zwar auch als Verstandeswesen, als *animal rationale*,²²⁴ „ein Wesen von geringer Bedeutung", das „mit den übrigen Tieren (...) einen gemeinen Wert (pretium vulgare)" hat. „Selbst, daß er vor diesen den Verstand voraus hat, und sich selbst Zwecke setzen kann, das gibt ihm doch nur einen *äußeren* Wert seiner Brauchbarkeit (pretium usus), nämlich eines Menschen vor dem anderen, d. i. einen Preis (...). Allein der Mensch als *Person* betrachtet, d. i. als Subjekt einer moralisch-praktischen Vernunft, ist über allen Preis erhaben; denn als ein solcher (homo noumenon)²²⁵ ist er nicht bloß als Mittel zu anderer ihren, ja selbst seinen eigenen Zwecken, sondern als Zweck an sich selbst zu schätzen, d. i. er besitzt eine *Würde* (einen absoluten inneren Wert), wodurch er allen anderen vernünftigen Weltwesen *Achtung* für ihn abnötigt, sich mit jedem anderen dieser Art messen und auf dem Fuß der Gleichheit schätzen kann".²²⁶

Beachtenswert und verdächtig ist hier allerdings, daß Kant nicht davon spricht, daß der Mensch als Person (d. h. insofern er eine Person *ist*) eine Würde habe, sondern daß er diese, als Person *betrachtet*, besitze. Und tatsächlich vertritt Kant an anderer Stelle, nämlich der Tugendlehre in der *Metaphysik der Sitten* (§ 38/39), explizit die Auffassung, daß ein Mensch auch da als Person zu *betrachten* sei, wo er faktisch aufgrund fehlender Sittlichkeit keinen Anspruch auf Personenwürde erheben dürfte. „Ein jeder Mensch hat rechtmäßigen Anspruch auf Achtung von seinen Nebenmenschen, und wechselseitig ist er dazu auch gegen jeden anderen verbunden. Die Menschheit selbst ist eine Würde; denn der Mensch kann von keinem Menschen (weder von anderen noch so gar von sich selbst) bloß als Mittel, sondern muß jederzeit zugleich als Zweck gebraucht werden und darin besteht eben seine Würde (die Persönlichkeit), dadurch er sich über alle andere Weltwesen, die nicht Menschen sind, und doch gebraucht werden können, mithin über alle Sachen erhebt. Gleichwie er also sich selbst für keinen Preis weggeben kann (welches der Pflicht der Selbstschätzung widerstreiten würde), so kann er auch nicht der eben so notwendigen Selbstschätzung anderer, als Menschen, entgegen handeln, d. i. er ist verbunden, die Würde der Menschheit an jedem anderen Menschen praktisch anzuerkennen, mithin ruht auf ihm eine Pflicht, die sich auf die jedem anderen Menschen notwendig zu erzeigende Ach-

tung bezieht".[227] Bestimmte Behandlungsweisen verbieten sich
schlechthin, weil ich „selbst dem Lasterhaften als Menschen nicht alle
Achtung versagen" darf, „die ihm wenigstens in der Qualität eines
Menschen nicht entzogen werden kann; ob er zwar durch seine Tat
sich derselben unwürdig macht".[228] Obwohl also niemand, das heißt
kein konkret lebendes Individuum, Würde besitzt, sofern er sie sich
nicht selbst durch sein Handeln *gibt*, so darf (denn das meint Kant,
wenn er von *können* und *müssen* redet) sie ihm doch auch dann nicht
abgesprochen werden, wenn er selbst durch sein pflichtwidriges Handeln auf die ihm mögliche Würde verzichtet. Daß *die Menschheit
selbst eine Würde sei* meint, daß einem Menschen Würde nicht erst
aufgrund seiner individuellen Eigenschaften zugebilligt werden soll,
sondern bereits durch seine Zugehörigkeit zur Menschengattung, das
heißt zu einer Art von Lebewesen, welche zur Autonomie befähigt
sind. *Daß* sie dies allerdings sind, läßt sich, wie Kant einräumt, empirisch niemals aufweisen. Vielmehr folgt die Anerkennung der Freiheit
aus dem vermeintlich unabweisbaren Bewußtsein der Pflicht: „Du
kannst, denn du sollst." Die Würde (und damit die Unersetzbarkeit,
die sie ausmacht) ist also niemals faktisch gegeben, sondern ist vielmehr als *Zumutung* an den einzelnen Menschen zu verstehen, sich
und andere so zu behandeln, *als ob* sie tatsächlich die autonomen
Individuen wären, welche die Pflicht sie zu sein heißt. Aus dem, was
anfänglich eine reine Seinsbestimmung zu sein schien, ist also ein Ge-
staltungsauftrag geworden,[229] aus dem Sein ein Sollen, das nur noch
insofern an das spezifische Sein des Menschen zurückgebunden ist, als
das Sollen selber in ihm als ein Seiendes vorgefunden wird, nämlich
als das Gefühl oder Bewußtsein der Pflicht. Daß der Mensch, und nur
der Mensch, einen absoluten, inneren Wert habe, scheint somit letztlich nicht mehr zu besagen, als daß wir den Menschen als unersetzbar
behandeln *sollen*, also so, *als ob* er einen solchen Wert hätte, alle anderen Dinge und Lebewesen hingegen nicht, und zwar deshalb, weil
nur der Mensch ein Pflichtbewußtsein besitzt. Dafür, daß gerade dieses Bewußtsein dem Menschen einen Wert verleiht, der „kein Äquivalent verstattet", ihn also *unersetzbar* macht, fehlt aber jede Begründung, und es ist auch selbst alles andere als evident. Zugegeben: Der
Mensch ist ein Tier mit Pflichtbewußtsein, aber das allein nötigt mich
noch nicht, ihn als unersetzbar zu betrachten, geschweige denn, jeden
einzelnen Menschen. Denn selbst wenn man zugeben wollte, daß diese Eigenschaft dem Menschen einen solch *hohen Wert* gibt, daß er
durch nichts anderes in der Natur ersetzt werden kann[230] (aus *wessen*

Sicht aber?), ließe sich daraus doch nicht ableiten, daß auch jeder *einzelne* Mensch gleichermaßen unersetzbar ist: Ist denn nicht ein Mensch mit Pflichtbewußtsein so gut wie ein anderer, so daß es vollkommen gleichgültig ist, ob gerade *dieser* Mensch existiert?[231] Der Verdacht, daß die Kantische Annahme einer dem Menschen als solchem zukommenden Autonomie die Unersetzbarkeit des *einzelnen* Menschen erst recht nicht zu begründen vermag, drängt sich umso mehr auf, als sich ja überhaupt kein Unterschied zwischen meinem intelligiblen Ich und dem intelligiblen Ich eines anderen Menschen angeben läßt.[232] Autonom zu sein, bedeutet im Sinne Kants, *demselben* Gesetz zu folgen, dem auch alle anderen (autonomen Menschen) folgen. Als autonom Handelnder bin ich also gerade nicht einzigartig, sondern lediglich eine Instantiierung des Allgemeinen, so daß schwer zu sehen ist, warum gerade ich (genauso wie jeder einzelne andere) *unvergleichlich wertvoll* sein sollte. Darüber hinaus bleibt nach wie vor unklar, wie irgend etwas (sei es *der* Mensch, als Idee oder natürliche Art betrachtet, oder jeder einzelne Mensch in seiner konkreten Existenz) einen solchen unvergleichlichen Wert besitzen können soll, ohne daß es jemanden gibt, für den dieser Wert besteht. Schopenhauer hat darum mit gewissem Recht gegen Kant eingewandt, daß schon der Begriff eines unvergleichbaren, unbedingten, absoluten Wertes unverständlich sei, eine contradictio in adjecto, eine „hohle Hyperbel", die letzten Endes nur dazu diene, Eindruck zu schinden, und von vielen nur deshalb widerspruchslos hingenommen werde, weil jeder sich gern mit einem solchen Wert ausgestattet sehen wolle. Tatsächlich aber sei jeder Wert „die Schätzung einer Sache im Vergleich mit einer andern, also ein Vergleichungsbegriff, mithin relativ", und diese Relativität mache eben das Wesen des Begriffes aus.[233] Statt der angeblichen Würde des Menschen (und dem notwendigen Scheitern des einzelnen an dem damit verbundenen Autonomie-Anspruch) solle man lieber gleich seine Hinfälligkeit und Schwäche – „seine Leiden, seine Noth, seine Angst, seine Schmerzen" ins Auge fassen, um so statt Haß und Verachtung Mitleid in sich zu erwecken und entsprechend zu handeln.[234] Ob nun die Vorstellung, daß ein Mensch eine Würde (im Kantischen Sinne) habe, oder vielmehr die, daß er leide, wie ich selbst zu leiden vermag, tauglicher dazu ist, uns zu einer moralischen Haltung und Handlung zu bewegen, ist eine psychologische Frage, die hier nicht beantwortet zu werden braucht. Der Einwand jedoch, daß es so etwas wie eine Würde, verstanden als unvergleichlicher Wert, gar nicht gibt und auch nicht geben *kann* (weil Werte immer relativ sind,

das heißt auf einem Vergleich beruhen), verdient es, ernst genommen
zu werden. Allerdings scheint mir, daß Schopenhauer zu weit geht,
wenn er annimmt, daß jeder Wert die Schätzung einer Sache im Vergleich mit einer anderen ist, jedenfalls dann, wenn damit gemeint sein
sollte, daß es immer ein *bestimmter* Wert ist, der einer Sache im Verhältnis zu einer anderen zugeordnet wird. Daß dies gemeint ist, ist
aber wahrscheinlich, denn andernfalls könnte Kant Schopenhauers
Behauptung durchaus zustimmen, da der von ihm postulierte „absolute, innere Wert" dem Menschen ja durchaus im Vergleich zu allen
anderen Sachen zukommt: Der Mensch ist *wertvoller* als alles andere,
wenngleich *unendlich* wertvoller, was aber doch nur bedeutet, daß es
nichts gibt, das allein oder zusammen mit anderen wertvollen Dingen
jemals genauso wertvoll sein könnte wie der (oder ein) Mensch. Tatsächlich gibt es Werte für uns, die diese Eigenschaft haben, durch
nichts anderes ersetzt werden zu können, das heißt Dinge, die uns so
wertvoll sind, daß es nichts gibt, gegen das wir sie einzutauschen bereit wären. Unsere Sprache kennt auch ein Wort hierfür: wir nennen
solche Dinge *unschätzbar* (engl. invaluable), womit in der Regel *nicht*
gemeint ist, daß man ihren wahren Wert, d. h. Preis im Sinne Kants,
nicht kennt (sie also nicht zu schätzen vermag), sondern vielmehr, daß
sie keinen Preis *haben*, der ihnen jemals gerecht zu werden vermöchte.
Sie sind über jeden Preis erhaben, wie hoch er auch sein mag. (Auch
Kunstwerke können in diesem Sinne unschätzbar sein: ein für sie ge-
zahlter Preis ist dann immer sowohl zu hoch wie auch zu niedrig, weil
ihm kein Preis angemessen ist. Daß es überhaupt einen Kunstmarkt
gibt, auf dem Kunstwerke einen Preis haben, ist so gesehen bereits ein
Verstoß gegen die Würde der Kunst bzw. des einzelnen Werks.) Dennoch behält Schopenhauer gegen Kant recht, wenn er die *Relativität*
des Wertbegriffs behauptet, insofern nämlich, wie bereits ausgeführt,
ein absoluter Wert immer nur in einer bestimmten *Hinsicht*, das heißt
für jemanden, gegeben sein kann, und somit dieser Wert kein *Grund*
für die Anerkennung desselben sein kann (sondern allenfalls der *Ausdruck* solcher Anerkennung).

16. Verschiedenartigkeit der Dinge, Einzigartigkeit der Person

Oben hatte sich uns die Frage gestellt, ob ein Mensch auf eine andere
Weise (oder in höherem Grade) einzigartig sei als leblose Gegenstände
oder auch andere Lebewesen, so daß es einen guten Grund gibt, ihn

(und das heißt: *jeden* Menschen) als unersetzbarer zu betrachten als andere Dinge. Kants berühmter Versuch einer solchen Begründung muß nach der bisherigen Erörterung als gescheitert betrachtet werden, da nicht gezeigt werden konnte, daß ein Wesen, welches Pflichtbewußtsein besitzt (und damit seiner Idee nach zur moralischen Autonomie befähigt ist) in einer solchen Art und Weise einzigartig ist, daß wir kaum umhin könnten, es als unersetzbar zu betrachten, wenn wir ihm – also dem, was es *ist* – wirklich gerecht werden wollen. Wir müssen also noch einmal neu ansetzen.

Jedes Ding unterscheidet sich von jedem anderen Ding. Insofern, hatten wir gesehen, ist alles einzigartig. Jedoch unterscheidet sich nicht alles in gleichem Maße. Manches ist besonderer als anderes, weil es mehr Unterschiede aufweist gegenüber dem, was es sonst noch gibt. Inmitten von tausend gleichgroßen blauen Murmeln, die sich alle in nichts als ihrer atomaren Struktur voneinander unterscheiden, kann eine rote Murmel für besonderer gelten als die übrigen tausend, da sie sich in allen Punkten von ihnen unterscheidet, in denen auch sie sich voneinander unterscheiden, und darüber hinaus auch in einem weiteren Punkt, in dem sie alle gleich sind. Man kann sagen, daß ein Ding umso *besonderer* ist, je mehr Unterschiede zu anderen Dingen es aufweist und je weniger Exemplare der gleichen Art (also von Dingen, die sich in einem bestimmten Aspekt, wie dem der Blauheit, nicht voneinander unterscheiden) es gibt. Das bedeutet, daß ein Ding nicht entweder besonders oder nicht besonders ist, sondern daß alles *mehr oder weniger* besonders ist. Eben darum aber konstituiert auch die größtmögliche Besonderheit eines Dinges – wenn es nichts anderes gibt, das ihm gleicht – noch keine wirkliche *Einzigartigkeit*, sondern lediglich eine extreme *Verschiedenartigkeit*, die ich von nun an zum Zwecke der Abgrenzung mit dem Begriff der *Einmaligkeit* bezeichnen will. Denn auch das, was sich von allem anderen in einem Maße unterscheidet wie nichts anderes sonst, ist in Wahrheit doch nur der einzige Vertreter seiner Art und insofern ein (potentiell) Allgemeines. Wir haben es mit einer Menge zu tun, die (zufällig) nur ein einziges Element hat. Die (relative) Besonderheit, die einem Ding zukommt, und somit auch seine Einmaligkeit hängt immer sowohl von den *Eigenschaften* ab, die es selbst hat, als auch den Eigenschaften all der anderen Dinge, mit denen es verglichen wird. Besonderheit und Einmaligkeit sind also *Vergleichswerte* und können daher auch jederzeit durch den Vergleich wieder eingeschränkt werden. Die rote Murmel ist vielleicht einmalig unter den blauen, aber nur solange keine weitere rote Murmel hinzukommt, was von der Sache her jederzeit möglich ist, selbst dann, wenn sich keine zweite rote Murmel auf der Welt findet. Die Allgemeinheit liegt in der Rotheit selbst, die als benennbare und identifizierbare Eigenschaft etwas ist, das auch anderen Dingen zukommen kann. In der Eigenschaft selbst liegt nämlich nichts, das sie gerade an *diese* Murmel bindet, und das gilt für *jede* Eigenschaft. Als *einzigartig* will ich von nun an im Gegensatz hierzu etwas bezeichnen, das niemals Element einer Menge ist, selbst wenn diese nur ein Element hat. Murmeln sind dann, anders als wir bisher angenommen hatten, niemals einzigartig, sondern nur (unendlich) verschiedenartig. Ob es allerdings tatsächlich etwas gibt, das in *diesem* Sinne einzigartig ist, muß noch geklärt werden. Zu suchen wäre nach etwas, das sich auf eine Weise von allen anderen Dingen unterscheidet, die nichts mit seinen Eigenschaften und deren Übereinstimmung bzw. Nichtübereinstimmung mit den Eigenschaften anderer Dinge zu tun hat, also nach etwas, das selbst dann als wesentlich *anders* einzustufen wäre, wenn es all seine Eigenschaften mit irgendeinem anderen Ding teilen würde, also hinsichtlich dieser Eigenschaften als mit ihm identisch zu betrachten wäre. Nun werden wir in der Tat, solange wir nur die *materielle* Wirklichkeit in Betracht ziehen, nichts finden, auf das dies zuträfe. Um Einzigartigkeit im genannten Sinne zu finden, müssen wir uns auf eine andere, nicht-materielle Ebene begeben, nämlich auf die des *Selbstseins*. Nicht ohne Grund unterschied Descartes (1641) zwei Arten von Substanz, von denen die eine, nämlich die *res extensa*, nur einmal vorkomme, die andere hingegen, die *res cogitans*, so oft, wie es denkende Wesen gibt. Ein einzelner Körper ist für Descartes nur ein Modus der einen Substanz und hat damit nur eingeschränkte Wirklichkeit, nur den Schein einer individuellen Existenz, die wir ihm durch unser Denken verleihen. Da eine Murmel nur eine bestimmte Gestalt der körperlichen Substanz ist und nicht mehr, kann sie nicht einzigartig sein. Dasselbe würde allerdings auch für das Denken oder Bewußtsein gelten, wenn dieses sich allein durch seine *Inhalte* bestimmen ließe (wie der Körper durch seine Eigenschaften). Tatsächlich ist es aber wesentlich für das Bewußtsein, daß es immer Bewußtsein eines bestimmten Wesens ist, immer *mein* oder *dein* Bewußtsein, niemals Bewußtsein an sich, so daß unabhängig von den Inhalten unseres Bewußtseins, also selbst dann, wenn wir exakt das gleiche denken würden, ich ich bleibe und du du.[235] Nicht das *cogitare* ist also entscheidend, sondern das es notwendig begleitende *Ego*, das, wie Kant es ausdrückt, „Ich denke", welches „alle meine Vorstellungen begleiten können" muß, die reine Apperzeption.[236] Aufgrund seines Ichseins unterscheidet sich ein lebendiges, bewußtseinsfähiges Wesen in einer so radikalen Weise von jedem anderen Wesen (gleicher oder anderer Art) wie kein bloß materielles Ding es tut. Es ist damit in jedem einzelnen Fall einzigartig, ganz egal, wie besonders oder wenig besonders seine Eigenschaften sind.

Wesen, die in einem solchen (das Geheimnis des Bewußtseins im Kern berührenden) Sinne einzigartig sind, werden in der christlichen Tradition gewöhnlich *Personen* genannt. Zugrunde liegt die klassische Definition von Boethius, der unter dem Begriff Person (persona) „das individuelle Dasein einer vernünftigen Natur" (naturae rationabilis individua substantia) verstanden wissen wollte.[237] Später wurde der Aspekt der Individualität noch stärker hervorgehoben und geschärft. Godescalc von Orbais leitete im 9. Jahrhundert (fälschlich, aber aufschlußreich) das Wort *persona* aus dem Umstand ab, daß Personen „durch sich selbst eins" seien (per se una), das heißt, sowohl in sich selbst ungeteilt als auch von allem anderen unterschieden.[238] Richard von St. Viktor urteilte daraufhin, daß Person eine Eigenschaft bedeute, die jeweils „nur einem einzigen zukommt" (proprietas, quae non convenit nisi uni soli), so daß sich eine Person grundsätzlich von jeder anderen unterscheide und es somit unmöglich sei, daß eine Person zweimal vorkomme.[239] In neuerer Zeit hat Max Scheler an diesen Wortgebrauch angeknüpft, wenn er bemerkt,[240] daß Personen, „auch wenn wir von ihren Leibern und deren Verschiedenheiten im Raumzeitsystem absehen, ferner absehen von allem, was ihren möglichen Bewußtseins*inhalt* (…) in sich verschieden macht, immer noch durch das *Sosein ihrer selbst* als konkrete Aktzentren *verschieden* (sind). Sie wären es also auch dann noch, wenn ihre Leiber und ihr gesamter Bewußtseinsinhalt zu vollständiger ‚Deckung' gebracht werden könnten. Ja, sie sind die einzigen Fälle ‚selbständigen Daseins' (Substanzen), die ausschließlich in sich selbst individuiert sind. (…) Körper und auch noch Leiber können soseinsidentisch sein und doch realiter verschieden durch ihre verschiedene Lage im Raumzeitsystem. ‚Personen' sind real verschieden in letzter Instanz nur, weil sie soseinsverschieden, d. h. weil sie *absolute* Individuen sind." Als ein solches *absolutes Individuum* hat auch kürzlich Robert Spaemann wieder die menschliche Person beschrieben. Personen, schreibt Spaemann, sind „in einem unvergleichlichen Sinn Individuen"[241], für deren Existenzweise es „eigentümlich ist, singulär und nicht durch ein bestimmtes Sosein definiert zu sein, das im Prinzip auch in mehrfacher Ausfüh-

rung vorkommen *könnte*".[242] In vollem Einklang mit der christlichen
Tradition bindet auch Spaemann die Personalität ausdrücklich an die
Zugehörigkeit zur menschlichen Art,[243] nicht zuletzt, um so einer (aus
seiner Sicht) heute immer geläufiger werdenden (utilitaristischen) Ver-
engung (und zugleich Ausweitung) des Personbegriffs auf die *Eigenschaft* des Selbstbewußtseins entgegenzutreten. Der Mensch sei nicht
auf die gleiche Weise Mensch, wie der Hund Hund sei, „nämlich als
unmittelbare Instantiierung seines Artbegriffs"[244], und zwar deshalb,
weil er im Unterschied zu diesem (wie zu allen Tieren) seiner eigenen
Natur (verstanden als ein Prinzip artspezifischen Reagierens) nicht
bedingungslos unterworfen sei, sondern sich vielmehr zu ihr noch
einmal *verhalten* könne.[245] An anderer Stelle räumt Spaemann jedoch
ein, daß auch nicht-personale Lebewesen „nicht nur einen Begriff in-
stantiieren. Auch sie sind nicht bloße ‚Fälle von …'. (…) Das Instan-
tiierungsverhältnis des bloßen ‚Fall-seins von …' trifft deshalb eigentlich nur für unbelebte Dinge zu".[246] Damit ist aber seine Annahme,
daß nur *rationale* Naturen in der beschriebenen Weise einzigartig sei-
en, hinfällig geworden. Auch nicht-personale, das heißt hier: nicht zur
Selbstdistanz fähige Lebewesen können nämlich *erlebende* Subjekte
sein, und dies allein ist entscheidend.[247] Als je für sich seiende Zentren
des Erlebens (die jeweils ihr eigenes Leben leben und darum Sorge
tragen, die ihren eigenen Schmerz und Tod erleiden, und nicht den
ihrer Art)[248] sind sie auch ohne die Fähigkeit zur Selbstdistanz und
zur rationalen Durchdringung der Welt so einzigartig, wie etwas (oder
jemand) nur sein kann. Selbst wenn sie tatsächlich artspezifisch reagieren würden – was viele Tiere sicher *nicht* tun, jedenfalls nicht so,
daß sie auf die *gleiche* Weise reagieren wie alle anderen Tiere derselben
Art – selbst dann gingen sie doch nicht in ihren Reaktionen auf, sondern jedes von ihnen würde die Welt weiterhin *für sich* und nicht
stellvertretend für andere erleben. Eben darum dürfen und müssen
auch (viele, wenngleich vielleicht nicht alle) Tiere als Personen angesehen werden. Da nämlich der Begriff der Person von jeher auch immer als *nomen dignitatis* verstanden wurde, das heißt als Ausdruck
einer bestimmten Würde, einem, mit Kant zu sprechen, der einzelnen
Person selbst zukommenden unvergleichlichen Wert, kann damit
nicht einfach die Eigenschaft der Rationalität bezeichnet werden, weil
diese (ebenso wie die Autonomie) als Allgemeinqualität die Unver-
gleichlichkeit des *einzelnen* Menschen gar nicht zu begründen vermag.
Angemessen durch den Personbegriff zu bezeichnen ist deshalb nur die
Einzigartigkeit einer absolut individuellen Existenz, ihr Durch-sich-

eins-Sein (per se una), und solange nicht gezeigt werden kann, daß nur *rationale* Wesen (was auch immer darunter zu verstehen ist) eine solche Einzigartigkeit besitzen, ist es von der Sache her nicht gerechtfertigt, Tieren grundsätzlich den Status der Person vorzuenthalten.

Dies zu betonen scheint mir umso wichtiger, als gewöhnlich von der Einzigartigkeit eines Wesens unmittelbar auf seine Nichtersetzbarkeit und vom Mangel an Einzigartigkeit unmittelbar auf seine Ersetzbarkeit geschlossen wird. Dies ist zwar falsch, denn erstens ist Einzigartigkeit etwas, das einem Ding (oder einer Person) an sich selbst zukommt, während ihm Unersetzbarkeit nur im Verhältnis zu einem anderen (dem es unersetzbar ist) zukommt, und zweitens *zwingt* uns, wie aus den bisherigen Ausführungen deutlich geworden sein sollte, weder die Feststellung der Einzigartigkeit eines Wesens dazu, es als unersetzbar zu betrachten, noch die Feststellung des Gegenteils, es für ersetzbar zu halten. Die Dinge sind, was sie sind, und was sie uns *bedeuten*, ist eine ganz andere Sache. Dennoch könnte es sein, daß die Einzigartigkeit, so wie sie bisher herausgearbeitet wurde (nämlich als eine Art von Einzigkeit, die nur bewußtseinsfähigen Lebewesen zukommt und allen bloßen Dingen fremd ist), doch immerhin einen geeigneten *Grund* für die Annahme oder Zubilligung von Unersetzbarkeit abgibt. Wenn wir nämlich einen Menschen (wesentlich) unersetzbar finden, so setzt das nicht nur voraus, daß wir um seine Einzigartigkeit wissen, sondern, so scheint es, wir finden ihn auch gerade deshalb unersetzbar, *weil* wir darum wissen. Obwohl sich rein logisch die Unersetzbarkeit nicht aus der Einzigartigkeit ableiten läßt, mag es doch sein, daß das Erkennen von etwas (oder vielmehr jemandem) als einzigartig *faktisch* dazu führt, daß wir es nicht mehr als ersetzbar betrachten können.[249] Wann aber, unter welchen Bedingungen, tun wir das: etwas in seiner Einzigartigkeit (das heißt als *jemand* oder als *Person*) zu *erkennen*?

17. Die Wahrnehmung der Einzigartigkeit

Offenbar reicht es nicht, den anderen nur als Person zu *denken*. Denn wenn ich es tue (oder vielmehr versuche), so subsumiere ich ihn unter den *Begriff* der Einzigartigkeit, ohne daß diese aber an der einzelnen Person exemplifiziert würde. Indem ich ihn zur Klasse der einzigartigen Wesen zähle, verliert er gerade das, aufgrund dessen ich ihn in die Klasse aufnehme. Als Klassen- oder Allgemeinbegriff hebt sich die

Einzigartigkeit selbst auf. Jemanden als Person zu *denken*, heißt ihn gerade nicht als *Person* zu denken. Die Einzigartigkeit als *solche*, als ein je in sich selbst absolut individuiertes Sein, ist also buchstäblich undenkbar. Eben darum ist es für uns auch so schwierig, Anteil zu nehmen am Leid und Tod jener, die wir nicht in der Weise kennen, daß sie uns als *einzelne* bekannt sind. Freilich wissen wir rein verstandesmäßig, daß es sich auch bei ihnen um Personen handelt, aber etwas durch den Verstand zu erfassen, heißt es zu *beschreiben*, das heißt seine *Eigenschaften* festzustellen und zu benennen. Jede Beschreibung aber bedient sich notwendig Allgemeinbegriffen und kann so die Besonderung höchstens durch die Kombination des Allgemeinen erzielen. Beschreibe ich einen Menschen, so zähle ich eine Reihe von Eigenschaften auf, und je mehr Eigenschaften ich nenne, desto deutlicher wird das Bild, das sich ein Zuhörer, der ihn nicht kennt, von ihm machen kann. Und doch wird so niemals ein adäquates Bild entstehen: die Begegnung mit dem wirklichen Menschen ergänzt das Bild immer in einer unvorhersehbaren Weise. Das Bild bleibt ein Typus, gleichsam ein Schattenbild des Menschen (das auch von jemand anders geworfen werden könnte), das die spezifische Art und Weise, wie gerade *er* diese Eigenschaften besitzt, nicht wiederzugeben vermag. Nur in der persönlichen, sinnesvermittelten *Begegnung* vermag der andere überhaupt in seiner irreduziblen Andersartigkeit und damit als *notwendig* einziges Exemplar seiner Art zu erscheinen. Das Denken hingegen verwischt die Unterschiede, indem es das Einzelne immer nur als Erscheinungsform des Allgemeinen erfaßt. Der Verstand, schrieb schon Thomas von Aquin, „erkennt ein Ding in seiner Natur rein für sich, z. B. den Stein, insofern er rein für sich Stein ist." Das einzelne *als* einzelnes bleibe ihm verborgen, wohingegen das Sinnesvermögen gerade dieses einzelne zum Gegenstand habe.[250] Das heißt, der Verstand abstrahiert von der konkreten Gegebenheit einer Sache und nimmt nur das an ihr auf, was zu einer Sache ihrer *Art* gehört, das Allgemeine, Universale, das ihre *Natur* ausmacht und im Vorstellungsbild mit vergegenwärtigt wird.[251] „Natur", so hatte Boethius definiert, „haben die Dinge, die auf gewisse Weise vom Verstand erfaßt werden können, weil sie sind",[252] und was an ihnen erfaßt wird, ist eben ihre Natur und nichts weiter. Person ist aber gerade nicht Natur (sondern das, was seine Natur *hat*, im Unterschied zu den Dingen, die ihre Natur *sind*) und kann folglich auch nicht vom Verstand erfaßt werden. Hieraus ergibt sich nun, daß nichts, was vom Verstand allein erfaßt wird, jemals als wesentlich unersetzbar erscheinen kann.

Wenn nun behauptet wurde, daß die Einzigartigkeit des anderen wenn, dann nur *sinnlich* erfahren werden könne, dann ist dies nicht so zu verstehen, daß die Sinne uns eine vollständigere Erfassung seines *Wesens* (seiner Natur) vermitteln könnten. Was wir im Gegenteil in sinnlicher Unmittelbarkeit erfahren, ist, daß wir die Person des anderen niemals in ihrer Gesamtheit werden erfassen *können*. In der Unerschöpflichkeit seiner Erscheinung[253] offenbart sich die Unabgeschlossenheit seines Wesens. Indem ich ihn sehe, weiß ich zugleich, daß ich das, was ich sehe, nicht abschließend und vollständig zu beschreiben vermag, denn den anderen wirklich zu sehen, heißt gleichzeitig zu sehen, daß es etwas an ihm gibt, das ich *nicht* sehe. Scheler[254] spricht hier treffend von der *intimen* Person des anderen, „von der wir a priori auch bei maximaler ‚Nähe' des andern ebensowohl wissen, daß sie wesensnotwendig *da* ist, als daß sie allem möglichen Miterleben *absolut verschlossen* bleibt." Diese intime Person ist „im Sinne des Verstehens wesensmäßig transintelligibel (nicht also nur ‚arational' und ‚ineffabile')."[255] Das Transintelligible ist das, was die Person ausmacht, das, was sie von ihrer (per definitionem intelligiblen) Natur unterscheidet, was darüber hinausgeht und ihre Einzigartigkeit konstituiert. Zur Anerkennung des anderen als (einzigartige) Person gehört daher auch der Verzicht auf eine abschließende Bestimmung seines Soseins. Auch wenn es zutrifft, daß Meier so und so ist (und ich dies auch richtig erkannt habe), würde es seiner Personalität doch nicht gerecht werden, wollte ich ihn, wie es vielleicht naheliegt, *allein* unter dem Aspekt seines Soseins betrachten. Ich muß ihm die Freiheit zugestehen (egal, ob er sie besitzt oder nicht), auch anders sein zu können (als er sich bisher immer gezeigt hat), weil ich ihn ansonsten nicht mehr als Person zu betrachten vermag. Ich muß daran glauben, daß er „nicht unwiderruflich", „einfach und schlechthin" das ist, was er ist oder zu sein scheint.[256] Die Prädizierung eines (absolut geltenden) Soseins beraubt den Prädizierten in der Wahrnehmung des Prädizierenden immer seiner Einzigartigkeit, weil er dadurch nur noch als ein Konglomerat von Eigenschaften wahrgenommen wird, damit aber lediglich als mehr oder weniger besonders, also als verschiedenartig, aber eben nicht mehr als einzigartig. Die Zumutung individueller Freiheit (die etwas ganz anderes ist als die Kantische Autonomie) gehört darum notwendig zur Anerkennung des anderen als Person. Sie kann nicht gedacht, sondern nur erfahren werden, was allerdings nicht heißt, daß sie auch in jedem Fall erfahren werden *muß*. Die Vermittlung der Sinne ist vielleicht notwendig, aber ganz offensichtlich nicht hinreichend, um Einzigartigkeit hervortreten zu lassen. Es gibt so etwas wie ein begriffliches Wahrnehmen, ein Sehen in Begriffen, bei dem der Gegenstand tatsächlich nur als Eigenschaftskomplex in Erscheinung tritt. Da ist ein Mensch, der faktisch eine Person ist, aber was ich sehe, ist nur dies: ein Mann, eine Frau, ein Mensch mit dunkler Haut, ein Mensch mit heller Haut, ein Verkäufer, ein Busfahrer, ein großer Mensch, ein dicker Mensch. Oder in differenzierterer, aber immer noch begrifflicher Wahrnehmung: eine dicke Frau, eine dicke hellhäutige Frau, eine dicke hellhäutige Verkäuferin; ein großer Mann, ein großer dunkelhäutiger Mann, ein großer dunkelhäutiger Busfahrer. Die Differenzierungen können auch noch weit subtiler sein, je nach der Aufmerksamkeit, die dem Wahrnehmungsgegenstand geschenkt wird oder der Beobachtungsgabe, über die der Wahrnehmende verfügt. Aber wenn ich auch noch so viele Einzelheiten erkenne und zuschreiben kann, so daß der Mensch in meiner Wahrnehmung und meinem Bewußtsein immer besonderer wird, so wird er dadurch doch niemals zur Person werden.[257] Person wird er erst dann, wenn seine Erscheinung mir etwas offenbart, was sich nicht auf den Begriff bringen läßt: daß hier etwas ist, das sein eigenes Leben lebt, eine Welt für sich, ein Stück Wirklichkeit, das sich mir und meiner Wahrnehmung entzieht.[258] Was hier geschieht (denn *daß* es geschieht, steht unzweifelhaft fest: wir *können* Menschen so wahrnehmen) läßt sich nur in paradoxen Begriffen beschreiben: es ist die Sichtbarwerdung des Unsichtbaren *als* Unsichtbaren, die Äußerung eines Innen *als* Innen. Meiner Wahrnehmung zeigt sich dieses Innen, obwohl dessen Äußerung sich auf den ganzen lebendigen Leib erstreckt, besonders auffällig im *Gesicht*, genauer im *Blick* des anderen, der das Gesicht so wesentlich bestimmt, daß es ihm sogar seinen Namen verdankt. Nirgendwo ist die Person so sichtbar wie im Gesicht, nirgendwo zeigt sie sich so unabweisbar wie hier. „Das Gesicht ist nicht nur das, was von anderen gesehen wird, es ist selber das, von dem das Sehen des anderen ausgeht", es spricht, „sagt sich als außerhalb der bloßen Sichtbarkeit befindliche Andersheit aus: eine Andersheit, die als solche für mich uneinholbar ist".[259] Wir können sie freilich auch dort übersehen, aber nicht so leicht. Das Gesicht des anderen drückt dessen Einzigartigkeit in einem Maße aus wie kein anderer Teil seines Leibes.[260] Indem er mich anblickt, widersteht der andere der Objektivierung, die ich sehend an ihm vornehme. Objekt wird er nunmehr, im Zurückblicken, *als* Subjekt und damit als Zentrum *eigenen* Erlebens.[261]

Aber auch wenn man von den sinnlich gegebenen *Ausdrucks*qualitäten des lebendigen Leibes völlig absieht, bleibt doch immer noch ein
wesentlicher Unterschied zwischen einem gesehenen (oder allgemein
sinnlich erfahrenen) und einem bloß gedachten (oder vorgestellten)
Gegenstand bestehen. Auch wenn ich von einem Menschen bewußt
nur wenige Eigenschaften wahrnehme[262] – wenn ich also nichts weiter
sehe als z. B. einen dicken schnauzbärtigen Busfahrer – so ist mir im
Wahrnehmen doch gleichzeitig bewußt, daß es an diesem Menschen
noch viel mehr zu *sehen* gibt als das, was mir jetzt gerade *ins Auge
fällt*. Ich sehe einen dicken schnauzbärtigen Busfahrer und sehe nicht,
welche Haar- oder Augenfarbe er hat und ob seine Nase lang oder
kurz ist. Aber ich sehe doch, *daß* er Haare, Augen und Nase besitzt;
es würde mir auffallen, wenn eines davon ihm fehlen würde. Also sehe
ich doch offenbar auch seine Haare, seine Augen und seine Nase (die
alle drei eine bestimmte Form und Farbe haben). Wie kann ich dann
nicht wissen, wie sie beschaffen sind? Ich sehe sie und sehe sie nicht,
weil sie nicht meine Aufmerksamkeit erregen oder ich sie nicht darauf
lenke. Sie bleiben irgendwie diffus und vage im Hintergrund meiner
Wahrnehmung (wo sie gleichsam darauf warten, durch eine Verschie-
bung der Aufmerksamkeitsrichtung jäh hervorzutreten), bilden aber
einen unverzichtbaren Teil von ihr. Und einen solchen Hintergrund
wird es immer geben, ganz egal wie genau ich hinschaue, da selbst
dann, wenn ich nur ein bestimmtes Detail ins Auge fasse, dessen Erfassung stets unvollständig bleibt. Wenn ich das Lächeln eines Menschen aufmerksam betrachte, mag ich viele Eigenschaften daran feststellen, die es von anderen Weisen des Lächelns unterscheiden. Ich
mag tausend Arten zu lächeln kennen und dieses eine Lächeln einer
dieser Arten zuordnen können, und dennoch wird es immer etwas an
ihm geben, was durch die Zuordnung nicht erfaßt wird und was ich
doch sehe. Letztlich bildet daher jedes Lächeln (in der Halbverbor-
genheit des Wahrnehmungshintergrundes) seine eigene Art. Sinnliche
Wahrnehmung ist also immer zweischichtig, zusammengesetzt aus einem klar erkannten und im Prinzip auch bezeichenbaren Vordergrund
und einem dunkel bewußten, aber nicht beschreibbaren Hintergrund.
Das Sehen ist somit nicht nur niemals vollständig (das heißt den Gegenstand erschöpfend), sondern, und das ist entscheidend, es ist auch
selbst dasjenige, was mir seine Unvollständigkeit vermittelt. Im und
durch das Wahrnehmen werde ich seiner wesentlichen Unabschließ-
barkeit inne. Ganz anders das begriffliche Denken, welches einschich-
tig ist. Wenn auch der Begriff auf Unbegriffenem aufruht (wie das

bewußt Wahrgenommene auf nicht Wahrgenommenem), so gibt er dies jedenfalls nicht zu erkennen. Er tut gleichsam so, als sei er das Ganze, und bietet so selbst keinen Raum für das sich Entziehende. Diese Unmöglichkeit einer vollständigen Erfassung des sinnlich Gegebenen führt nun in Verbindung mit der (relativen) Einmaligkeit einer Erscheinung dazu, daß selbst Dinge oder Dingkomplexe, denen streng genommen keine Einzigartigkeit zugesprochen werden kann, gleichwohl als einzigartig erlebt werden können. Obwohl es sich bei ihnen dann nicht um Personen handelt, erlangen sie doch durch ihre sinnliche Präsenz und Differenziertheit so etwas wie einen eigenen Charakter, ein eigenes Gesicht, und werden so in unserer Wahrnehmung zu Quasi-Personen erhöht.[263] In einem lesenswerten kleinen Aufsatz mit dem Titel *Meditationen über das Naturschöne* bemerkt Heinrich Zoller,[264] daß zwar „im Konnex der mathematisch formulierten Naturgesetze jede singuläre Raumerfülltheit des Vorgegebenen vernachlässigbar" werde, aber trotzdem jedermann wisse, daß sich (beispielsweise) „die Meeresküste Südenglands dem Beobachter ebenso unverwechselbar einprägt, wie die Cote d'Azur, und (...) daß beide in ihrer Einmaligkeit unersetzbar sind. Genau das gleiche gilt von den Niagarafällen und dem Rheinfall". Die Tatsache, daß all diese Erscheinungen durch Naturgesetze entstanden und prinzipiell erklärbar sind, ändere hieran nicht das geringste, da sie doch in ihrer „charakteristischen Gestaltfülle" unverwechselbar blieben. Alles Ästhetische, meint Zoller zurecht, sei seinem Wesen nach „singulär".[265] Hinzuzufügen wäre dem nur, daß auch das Umgekehrte gilt: alles Singuläre ist ästhetisch (das heißt in irgendeiner Weise *sinnlich* gegeben).[266]

Bevor ich nun fortfahre, um im Licht der bisherigen Erörterung einige Themen zu besprechen, die in der Öffentlichkeit unter Rückgriff auf die Begriffe Einzigartigkeit und Ersetzbarkeit kontrovers diskutiert werden, fasse ich noch einmal die Hauptergebnisse der vorangehenden Kapitel zusammen:

1) Ersetzbar bzw. unersetzbar ist etwas nicht an sich, sondern immer nur *für* jemanden.

2) Es gibt nichts, das heißt weder einen Gegenstandstyp noch einen bestimmten Gegenstand, der *nicht* für jemanden unersetzbar sein *könnte*.

3) Unersetzbar ist etwas entweder *wesentlich* oder *beiläufig*.

4) *Wesentlich* unersetzbar ist nur das, was nicht als Mittel zu irgendeinem *Zweck* unersetzbar ist.

5) Voraussetzung für Unersetzbarkeit ist Einmaligkeit.

6) *Wesentlich* einmalig, und das heißt einzigartig, sind nur erlebende Subjekte.

7) Wesentlich unersetzbar ist das, was als einzigartig *erkannt* (bzw.
für einzigartig *gehalten*) wird.

8) Nur durch die *sinnliche* Wahrnehmung kann etwas als einzigartig erkannt werden.

Unersetzbarkeit: Anwendungsfragen

18. Ethische Begründung des Artenschutzes

Vor einigen Jahren (1984) schrieb Jürgen Dahl eine engagierte *Verteidigung des Federgeistchens*, jenes unscheinbaren und wenig bekannten einheimischen Schmetterlings, der sich dadurch auszeichnet, daß er als einziger seiner Gattung auf beiden Seiten drei vogelfederähnliche Hinterflügel besitzt, die er im Ruhezustand in die balkenförmigen Vorderflügel so einklappt, daß sie nicht mehr sichtbar sind. Einer Verteidigung bedarf dieser Schmetterling deshalb, weil er sowohl vom ökonomischen als auch vom ökologischen Standpunkt aus gesehen vollkommen unnütz und damit überflüssig ist. Mit einem Wort: Niemand braucht das Federgeistchen. Hieraus läßt sich aber offenbar nur dann seine gänzliche Wertlosigkeit ableiten, wenn man die, so Dahl, „ungeheuerliche" Tatsache unbewertet läßt, daß das Federgeistchen der einzige Schmetterling ist, der in der beschriebenen Weise gebaut ist.[267] Mit dem Federgeistchen ginge auch diese Erfindung der Natur zugrunde, die auf der ganzen Welt *einmalig* sei. Diese Einmaligkeit sollte aber, so unterstellt Dahl, Grund genug für uns sein, die Existenz des Federgeistchens wertzuschätzen. Die Vernichtung des Einmaligen sei „ein Frevel (...), dessen Verächtlichkeit nicht weiter begründet werden muß".[268]

Nun tut man sich als Philosoph einigermaßen schwer, die Behauptung einfach hinzunehmen, dies oder jenes müsse nicht weiter begründet werden. Umso befremdlicher mutet es deshalb an, wenn selbst Philosophen von Rang, sobald es um Artenschutz geht, bedenkenlos auf Begründungen ihrer Ansichten verzichten, wie etwa der amerikanische Philosoph Nicholas Rescher, der in einem kleinen Aufsatz zum Thema ohne weitere Umstände behauptet, daß das Aussterben einer Art „ein besonders schwerwiegendes Ereignis in der Weltgeschichte" sei, denn es stelle „einen nicht wiedergutzumachenden Verlust dar – eine unumkehrbare Veränderung in der Natur, die nicht ungeschehen gemacht werden" könne. „Daher", meint Rescher, „haben nachdenkliche, verantwortungsbewußte Menschen die Fortexistenz einer Spezies stets als etwas besonders Bedeutsames" und ihr Aussterben „ein-

deutig und zu Recht für etwas Bedauernswertes" angesehen.[269] Nun
wäre diese unschöne moralische Diskreditierung Andersdenkender –
wer Reschers Auffassung nicht teilt, ist weder nachdenklich noch ver-
antwortungsbewußt – vielleicht noch hinnehmbar, wenn im folgenden
nicht auf jeglichen Versuch verzichtet würde, dem Leser die Behauptung, daß der Verlust einer Art bedauerswert sei, plausibel zu machen. Gestützt wird die Ansicht lediglich durch weitere (ebenso unbegründete) Behauptungen. Weil Arten nämlich nicht bloß einen
instrumentellen, sondern einen eigenständigen *intrinsischen* Wert hätten[270] und der Mensch ferner eine ethische Verpflichtung zur „Vermehrung des Wertes in der Gesamtheit der existierenden Dinge"
habe,[271] sei es, zumindest prima facie, seine Pflicht, den Erhalt von
Arten zu sichern.[272] Worin aber dieser angeblich vorhandene intrinsische Wert genau besteht, wie er möglich ist und worauf er sich
gründet, wird von Rescher ebenso wenig bedacht, geschweige denn
beantwortet wie die Frage, woher die angebliche Verpflichtung zur
Vermehrung von Wert rührt. Es handelt sich also um bloße Pseudo-
Begründungen, welche die ursprüngliche Intuition, die Rescher mit
Dahl und vielen anderen teilt, lediglich noch einmal wiederholen, aber
in keiner Weise erhellen.

Kehren wir deshalb zurück zu Dahls Behauptung, daß die Verächtlichkeit einer Vernichtung des Einmaligen keiner weiteren Begründung bedürfe. Tatsächlich ist es nicht so, daß wir als Philosophierende
prinzipiell eine solche Behauptung nicht akzeptieren könnten, aber
wir würden doch wenigstens wissen wollen, *warum* die Behauptung,
auf die sie sich bezieht, nicht begründet zu werden braucht. Die Verweigerung einer Begründung ist mit anderen Worten nur dann an-
nehmbar, wenn diese Verweigerung selbst wieder begründet werden
kann. In Dahls *Verteidigung des Federgeistchens* werden jedoch keine
solchen Gründe genannt. Nun haben wir bereits gesehen, daß die
bloße Einmaligkeit einer Sache zur Begründung ihrer Unersetzbarkeit
nicht hinreicht, und zwar selbst dann nicht, wenn sie als solche erkannt und anerkannt wird. Das heißt, weder ist die Unersetzbarkeit
logisch aus der Einmaligkeit abzuleiten, noch leitet sie sich faktisch,
das heißt psycho-logisch, daraus ab. Ich kann offenbar die Einmaligkeit des Federgeistchens einsehen und zugeben, ohne deshalb im geringsten der Auffassung sein zu müssen, daß es unersetzbar in dem
Sinne ist, daß sein Verschwinden für mich, für uns alle, oder auch nur
für irgend jemanden einen wirklichen, irreparablen *Verlust* bedeutet,
eine Einbuße an Gutem, die durch nichts anderes kompensiert werden

kann. „Das Federgeistchen ist einmalig, und wenn es verschwindet, wird es nie wieder dergleichen geben?" – „Na und wenn schon!" Wenn eine solche Haltung aber möglich ist – und ich denke, das wird niemand angesichts unseres Umgangs mit der Natur bestreiten wollen – vermag die Tatsache der Einmaligkeit den behaupteten Schutz- oder Schonungsanspruch nicht einmal mehr plausibel zu machen. Denn jene besondere Ausprägung der Einmaligkeit, die ich terminologisch als Einzigartigkeit bezeichnet habe und von der ich annahm, daß sie an einer Sache wahrzunehmen allein schon hinreicht, um diese als unersetzbar erscheinen zu lassen, kann für die Dahlsche Verteidigung des Federgeistchens schon allein deshalb nicht herangezogen werden, weil es ihm (ebenso wie den meisten anderen Artenschützern) gar nicht um den Erhalt des *einzelnen* Schmetterlings zu tun ist, sondern vielmehr um den Erhalt der *Art*. Mag es dahingestellt bleiben, ob ein Schmetterling einzigartig im definierten Sinne ist (ob es, mit Nagel zu sprechen, irgendwie *ist*, ein Schmetterling zu sein)[273], so steht doch unzweifelhaft fest, daß die Art als solche niemals einzigartig sein kann, da sie kein Eigenleben, keine körperliche und mentale Identität besitzt. Möglicherweise ist *dieses* Federgeistchen hier einzigartig (so wie jedes andere es auch ist), aber *die* Federgeistchen, in ihrer Gesamtheit, sind es nicht. *Wenn* aber der einzelne Schmetterling einzigartig ist, dann ist auch *er* es, der als unersetzbar gelten sollte, und nicht seine Art. Der Schutz der Art ergibt sich dann eher beiläufig aus dem Schutz des Individuums, so daß die Art als solche gar nicht geschützt zu werden braucht. Ist hingegen das einzelne Federgeistchen *nicht* einzigartig, dann scheint seine aufgrund der Vereinzelung des Stoffes verbleibende Einmaligkeit angesichts der Vielzahl ähnlicher Dinge (das heißt anderer Federgeistchen) vernachlässigbar, und es wird folglich schwerlich jemandem als unersetzbar erscheinen (wenngleich es auch nicht ausgeschlossen ist). Daß aber etwas, das an sich selbst wertlos ist, also mühelos durch andere Exemplare seiner Art ersetzt werden kann, dennoch in seiner *Gesamtheit* schützenswert sein sollte, ist doch zumindest merkwürdig,[274] jedenfalls dann, wenn man der Existenz von Federgeistchen keinen ökonomischen, ökologischen oder anderweitigen Gebrauchswert beimißt (wie es Dahl ja voraussetzt). Nähmen wir an, daß wir diese Schmetterlinge zu diesem oder jenem Zweck *bräuchten* (und darin ihr ganzer Wert bestünde),[275] dann läge in der Tat nichts am Erhalt des einzelnen Tieres, sehr viel aber möglicherweise am Erhalt der Art bzw. an einer (im Hinblick auf die Erfüllung des angenommenen Zweckes) *ausreichenden* Anzahl von

Federgeistchen.[276] Wenn wir aber von jedem Zweck absehen und die Federgeistchen nicht um ihrer Nützlichkeit, sondern *um ihrer selbst willen* bewahren wollen, dann ist schwer zu sehen, wie der Art ein solcher absoluter Wert zuwachsen kann, wenn er zugleich den Individuen, die der Art angehören und sie konstituieren, *nicht* zukommt. Kurz: Wenn *dieses* Federgeistchen nichts wert ist, wie kann dann *das* Federgeistchen für uns einen (nicht-funktionalen, absoluten) Wert besitzen?

Es sollte zu denken geben, daß Dahl, als würde er selbst spüren, daß die bloße Einmaligkeit (der Art) nicht ausreicht, um den Existenzanspruch eines Wesens wirksam zu verteidigen, sich auch noch zusätzlich auf dessen *Schönheit* beruft, wobei es allerdings unklar bleibt, ob er die Schönheit als eine Qualität verstanden wissen will, die zur Einmaligkeit noch hinzukommt, oder ob er annimmt, daß Einmaligkeit und Schönheit hier zusammenfallen in dem Sinne, daß das Einmalige, weil und insofern es einmalig ist, auch schön ist.[277] In jedem Fall aber wird mit der Schönheit eine Qualität ins Spiel gebracht, die, anders als die Einmaligkeit, nicht ohne Widerspruch als wertlos oder gleichgültig aufgefaßt werden kann. Dinge *sind* einmalig oder sie sind es nicht (wenngleich immer im Verhältnis zu anderen), und zwar unabhängig davon, ob ich sie in ihrer Einmaligkeit erkenne oder nicht. Aber schön oder nicht schön sind die Dinge nicht unabhängig von unserem Erleben. Es macht keinen Sinn zu sagen, dies oder jenes sei schön, wenn niemand diese angebliche Schönheit wahrnimmt. Schön zu sein, bedeutet als schön *wahrgenommen* zu werden, und dies wiederum impliziert eine *Anerkennung* und *Wertschätzung* dessen, was so wahrgenommen wird. Das heißt, ich kann nicht, ohne mir zu widersprechen, von einer Sache sowohl sagen, daß sie schön, als auch, daß sie ohne jeden Wert für mich sei. Freilich muß, so scheint es, dieser Wert nicht notwendig ein absoluter sein, denn offenbar kann ich doch ohne Selbstwiderspruch sagen, daß zwar das Federgeistchen (oder was auch immer) schön und somit seine Existenz nicht völlig gleichgültig ist, denn es erfreut immerhin meine Sinne, daß es aber dennoch weit Wichtigeres, sprich: Wertvolleres gebe als seine Existenz, ökonomischen Fortschritt etwa. Um nun diesen höheren Wert zu realisieren, können wir auf die Federgeistchen (so schön sie auch anzusehen sein mögen) keine Rücksicht nehmen. Die Anerkennung seiner Schönheit würde das Federgeistchen also trotz der implizierten Wertschätzung noch nicht vor dem ökonomischen Kalkül retten, *es sei denn*, es ließe sich zeigen, daß die Erfahrung von Schönheit mehr ist als bloß eine angenehme Empfindung (die dem schönen Ding einen gewissen Gebrauchswert verleiht). Schönheit müßte mit Unersetzbarkeit einhergehen, so nämlich, daß jene nicht ohne diese erfahren werden kann. Das Schöne müßte also *als solches* unersetzbar sein, so wie Dahl es (fälschlich) vom Einmaligen angenommen hat. Ob dies allerdings zutrifft, ist eine Frage, der ich hier nicht weiter nachgehen will. Gesetzt aber den Fall, diese Voraussetzung träfe tatsächlich zu, so würde doch die Argumentation des Artenschützers hierdurch nicht wesentlich gestützt. Denn die Einmaligkeit ließ sich doch immerhin noch unmittelbar am Gegenstand festmachen, so daß niemand daran zu zweifeln brauchte, daß Federgeistchen tatsächlich als Art einmalig sind. Das Problem bestand hier lediglich darin, dieses Faktum schlüssig mit dem (normativen) Postulat der Unersetzbarkeit zu verknüpfen. Wechselt oder ergänzt man nun die Strategie, indem man sich nicht mehr allein auf die Einmaligkeit, sondern zusätzlich auf die (mit ihr verbundene oder von ihr unabhängige) Schönheit beruft, dann wird dieses Problem nur scheinbar gelöst, indem es einfach auf eine andere Ebene verschoben wird. Denn die Schönheit hätte zwar gegenüber der Einmaligkeit den Vorteil, daß sie die Wertung, auf die es dem Artenschützer ankommt, bereits enthält, aber dafür auch den großen Nachteil, daß sie sich am Gegenstand nicht mehr allgemeinverbindlich aufweisen läßt. Die Einmaligkeit des Federgeistchens läßt sich schlecht bestreiten, sehr wohl aber seine Schönheit. Wenn man sich daher auf die Schönheit einer Sache beruft, um die (moralische) Notwendigkeit ihres Erhalts zu begründen, dann setzt man gerade das voraus, was erst noch zu beweisen gewesen wäre – und ist folglich keinen Schritt weitergekommen. Findet sich jedoch der Adressat des Arguments (oder vielmehr Appells) wider Erwarten bereit, die Schönheit des Federgeistchens anzuerkennen, und versteht er diese auch im Sinne von Unersetzbarkeit, so daß er also mit anderen Worten gar nicht mehr argumentativ überzeugt zu werden *braucht*, da er auf seine eigene Erfahrung zurückgreifen kann, leistet diese Anerkennung doch nicht das, was sie leisten soll, nämlich die betreffende *Art* als schutzwürdig zu erweisen. Denn schön ist ja, wenn überhaupt, das *einzelne* Tier, und nicht erst die Art in ihrer Gesamtheit, so daß wiederum bereits dieses als unersetzbar gelten und erscheinen müßte.

19. (Eine) Ethische Begründung des Klonierungsverbots

Ich möchte mich nun aus aktuellem Anlaß noch einem anderen Problem zuwenden, nämlich der seit der Präsentation des Klonschafs „Dolly" so hitzig diskutierten Frage nach dem Sinn und der moralischen Legitimität des Klonens von Tieren und insbesondere von Menschen. Vorausschicken möchte ich, daß ich im folgenden nicht beabsichtige, sämtliche Argumente, die seither für oder gegen das Klonen ins Feld geführt wurden, zu erörtern und auf dieser Grundlage ein abschließendes Urteil zu fällen. Vielmehr will ich mich einem einzigen, in der öffentlichen Diskussion immer wieder auftauchenden Argumentationsansatz widmen, mit dem Ziel, ihn in der bisher gewöhnlich verwendeten Form als unhaltbar zurückzuweisen und ihn sodann in veränderter, und wie ich hoffe, tragfähigerer Form wieder neu ins Spiel zu bringen. Das Argument, das ich erörtern möchte, lautet dem Sinn nach, daß Menschen unter keinen Umständen geklont werden dürften, weil die Würde (und damit der unvergleichliche Wert) des Menschen an seiner Einzigartigkeit hänge, diese aber gerade durch das Klonen zerstört werde.[278] Die vordergründige Einfachheit dieses Gedankengangs läßt das Argument zunächst recht einleuchtend erscheinen. Daß es aber tatsächlich komplizierter (und damit auch weniger plausibel) ist, als es zunächst wirkt, wird spätestens dann deutlich, wenn wir es in der strengen Form eines praktischen Syllogismus wie folgt wiedergeben:

1) Es ist falsch, etwas zu tun, was eine notwendige Voraussetzung dafür zerstört oder gar nicht erst entstehen läßt, daß etwas einen absoluten Wert (= eine Würde) besitzt.

2) Eine notwendige Voraussetzung für den absoluten Wert des Menschen ist aber seine individuelle Einzigartigkeit.

3) Geklonte Menschen sind jedoch nicht einzigartig.

4) Also ist es falsch, Menschen zu klonen.

Soweit ich sehe, ist von den drei Prämissen allein die zweite (auf der Grundlage der bisherigen Untersuchung) unproblematisch. Was hingegen die erste Prämisse anbelangt, ohne welche die gewünschte normative Schlußfolgerung nicht gezogen werden könnte, so wird sie zwar gemeinhin offenbar für so selbstverständlich gehalten, daß niemand sich die Mühe macht, sie explizit zu formulieren, dessen ungeachtet ist aber ihre Gültigkeit alles andere als evident. Denn mag man es immerhin noch für eine begriffliche Wahrheit halten, daß die Zer-

störung oder Verletzung eines absoluten Wertes moralisch falsch sei,
so folgt daraus doch nicht, daß auch die Zerstörung der *Voraussetzung*
dafür, daß ein solcher Wert überhaupt *zustandekommt*, ebenfalls moralisch falsch ist. So wird zwar üblicherweise angenommen, es sei
falsch, einen Menschen zu töten, nicht aber, es sei ebenso falsch, einen
Menschen erst gar nicht zu erzeugen (wenn auch Richard Hare, wie
wir noch sehen werden, genau diese Auffassung vertritt). Wenigstens
auf der Ebene der Intuitionen setzen wir also die Zerstörung eines
bereits existierenden Wertes keineswegs mit der Verunmöglichung eines Wertes gleich, der *nicht* existiert, nie existiert hat und auch nie
existieren wird. Wenn es nun, wie offenbar angenommen wird, deshalb falsch ist, einen Menschen in bestimmter Weise zu behandeln (ihn
zu verletzen oder gar zu töten), weil er einen absoluten Wert besitzt,
der Klon aber angeblich *keinen* solchen Wert, also keine Würde hat,
dann kann es auch nicht, und schon gar nicht aus diesem Grund, falsch
sein, einen geklonten Menschen zu erzeugen. Wenn nämlich der Klon
tatsächlich keine Würde besitzt, wie kann dann irgend etwas, das ich
ihm tue (einschließlich seiner Erzeugung), falsch sein? Tatsächlich
kann ich dem Klon durch seine Erzeugung nur dann etwas antun (was
ich ihm nicht antun *soll*), wenn auch er über den absoluten Wert verfügt, von dem wir annehmen, daß ihn der auf gewöhnliche Art und
Weise erzeugte Mensch besitzt. Daraus folgt, daß entweder überhaupt
nichts falsch daran ist, Klone von Menschen zu erzeugen, oder aber
daß, *wenn* es falsch ist, dann auch geklonte Menschen Würde besitzen
und somit die moralische Verwerflichkeit der Klonierung nicht aus
der Verhinderung der Würde resultieren kann, sondern andere Gründe haben muß. Es ergibt sich hieraus ferner, daß auch die dritte Prämisse, in der angenommen wird, daß ein geklonter Mensch nicht einzigartig sei, falsch sein muß, sofern die zweite Prämisse, welche die
Einzigartigkeit als notwendige Voraussetzung der Würde benennt, für
gültig befunden wird (was, so scheint mir, allein aus begriffslogischen
Gründen notwendig ist)[279]. Gewöhnlich wird gegen die Behauptung,
ein geklonter Mensch sei nicht mehr einzigartig, eingewandt, daß erstens die genetische Ausstattung eines geklonten Menschen niemals
völlig mit der seines Urhebers übereinstimme und daß zweitens die
Identität eines jeden Menschen immer auch von den sozialen Gege-
benheiten abhänge, die seine körperliche und psychische Entwicklung
prägen.[280] Beides ist richtig, aber meines Erachtens nicht entscheidend. Denn auch wenn die genetischen Anlagen zweier Menschen
sich in keiner Weise unterschieden und es auch keine äußeren iden-

titätsschaffenden Faktoren gäbe bzw. diese für beide gleich wären, wenn also beide auch als Erwachsene exakt die gleiche (scholastisch gesprochen) *Natur* hätten, auch dann wäre doch jeder von beiden immer noch einzigartig, weil er immer noch eine einzige, vom anderen getrennte und unterschiedene *Person* wäre,[281] mit ihrer eigenen, nur ihr zugehörigen Erfahrungswelt, mit einem eigenen, für sie grundsätzlich nicht austauschbaren Leben. Auch wenn alle Menschen so wären wie ich, so wären sie doch nicht ich. Von der Sache her ist also „die technische Herstellung eines menschlichen Klons mit dem Wert des Einzelnen", anders als etwa Hastedt meint,[282] durchaus vereinbar, einfach deshalb, weil der hier gemeinte Wert an der *Einzigartigkeit* hängt und diese von der genetischen *Einmaligkeit* völlig unabhängig ist. Damit sieht es so aus, als ließe sich aus der fundamentalen Rolle, welche die Einzigartigkeit für die Anerkennung der Unersetzbarkeit eines jeden Menschen spielt, kein Argument gegen das Klonen ableiten.

Nun haben wir aber gesehen, daß Unersetzbarkeit etwas ist, das einer Sache nicht an sich selbst, sondern immer nur im Hinblick auf eine andere Sache, der sie unersetzbar ist, zukommt. Unersetzbar kann uns aber nur das sein, was sich uns in irgendeiner Weise als einzigartig zu *erkennen* gibt. Was wir nicht als einzigartig wahrnehmen, mag so einzigartig sein, wie es will, es wird uns doch immer ersetzbar bleiben. Für die Frage der Klonierung von Menschen bedeutet das, daß geklonte Menschen zwar ihre Einzigartigkeit faktisch nicht verlieren, daß aber dennoch unsere *Wahrnehmung* dieser Einzigartigkeit durch die Identität oder große Ähnlichkeit der äußeren Erscheinung (einschließlich und vor allem des Gesichts) so erschwert wird, daß wir sie, wenigstens dann, wenn sie in großer Zahl auftreten, kaum mehr als einzigartig erleben und infolgedessen dazu neigen werden, sie weit eher für ersetzbar zu halten als andere Menschen.[283] „Für das Wiedererkennen, die Reidentifizierung von Personen", schreibt Spaemann,[284] „ist allerdings die Außenwahrnehmung, also die Leiblichkeit entscheidend." Wenn aber die Außenwahrnehmung keine Unterschiede mehr erkennen läßt, vermag ich die Person nicht mehr als diese bestimmte zu identifizieren. Sie ist mir dann nurmehr eine unter vielen, ein weiteres Exemplar vom Typ X.

Wir können nun auf dieser Grundlage ein dem bislang diskutierten in mancher Hinsicht ähnliches, aber doch, wie ich zu hoffen wage, konsensfähigeres Argument gegen das Klonen von Menschen entwickkeln, das formalisiert in etwa wie folgt auszusehen hätte:

1) Es ist falsch, etwas zu tun, was eine notwendige Voraussetzung dafür zerstört oder gar nicht erst entstehen läßt, daß einem Menschen[285] ein absoluter Wert (= eine Würde) *zuerkannt* wird.

2) Eine psychologisch notwendige Voraussetzung für diese Zuerkennung ist die *Wahrnehmung* der individuellen Einzigartigkeit des betreffenden Menschen.

3) Geklonte Menschen werden jedoch (wenn die Zahl gleicher Klone eine nicht näher bestimmte Grenze überschreitet) nicht mehr als einzigartig wahrgenommen.

4) Also ist es falsch, Menschen (in einer Zahl) zu klonen (die jene Grenze überschreitet).

Zieht man nun in Betracht, daß sich die kritische Schwellenzahl nicht genau angeben läßt, da es keinen ersichtlichen Grund für die Annahme gibt, daß diese Zahl für jede Situation und für jeden Wahrnehmenden gleich ist (und unter Umständen auch sehr gering sein könnte), läßt sich aus der vielleicht in dieser Form noch unbefriedigenden Conclusio auch ein totales Klonverbot (von Menschen) ableiten:

[4) Es ist falsch, Menschen in einer solchen Zahl zu klonen, daß sie nicht mehr als einzigartig wahrgenommen werden.]

5) Diese Zahl ist von den Umständen abhängig und entsprechend nicht näher zu beziffern (d. h. sie könnte auch zwei betragen).

6) Also ist es falsch, Menschen (egal, in welcher Anzahl) zu klonen.

In diesem reformulierten und erweiterten Argument sind nun die Prämissen 2) und 3) eindeutig empirischer Natur, was bedeutet, daß sie im Prinzip jederzeit durch die Empirie, aber auch *nur* durch die Empirie, widerlegbar sind. Allerdings glaube ich, daß sie durch unsere Erfahrung ausreichend gestützt werden und daher akzeptiert werden sollten. Die Prämisse 5) ist nur zum Teil empirisch, weil sie zwar durch Erfahrung bestätigt, aber nicht widerlegt werden kann. Denn auch wenn niemand je beobachten sollte, daß ein Klon bereits dann nicht mehr als einzigartig wahrgenommen wird, wenn nur *ein* weiterer, mit ihm identischer Klon existiert, ist doch nicht ausgeschlossen, daß es unter bestimmten Umständen doch geschehen *könnte*. Ich wäre jedoch bereit, die Prämisse sofort fallenzulassen, wenn sie sich nicht bestätigen ließe, und sie somit als empirische zu behandeln. Tatsächlich laufen nämlich schon auf natürliche Weise gezeugte eineiige Zwillinge, wenn sie gemeinsam auftreten, Gefahr, nicht mehr als einzigartig wahrgenommen zu werden. Wie meistens, wenn man sich um die rationale Begründung einer moralischen Aussage bemüht, ist daher die eigentliche Schwachstelle des Arguments die einzige nicht-empirische, normative erste Prämisse. Doch scheint mir diese immerhin plausibler zu sein als die erste Prämisse des alten Arguments, die gleichsam einen Wert *vor* dem Wert zu etablieren versuchte, nämlich einen Wert des Werteschaffens. In der neuen Prämisse hingegen wird der Wert (bzw. in unserer Interpretation die Einzigartigkeit als Voraussetzung der Zuerkennung von absolutem Wert, also Unersetzbarkeit) sowohl dem Klon als auch dem auf herkömmliche Weise, das heißt zweigeschlechtlich gezeugten Menschen faktisch zugestanden, so daß die Anerkennung dieses Wertes im einen Fall und die Verweigerung derselben im anderen jeder objektiven Grundlage entbehrt. Wenn es falsch ist, einem Menschen die Anerkennung seines absoluten Wertes zu verweigern, dann ist es auch falsch, sie dem Klon zu verweigern. Und wenn diese Verweigerung falsch ist, dann ist es auch falsch, etwas zu tun, das die Wahrscheinlichkeit einer solchen Verweigerung enorm erhöht oder sie vielleicht sogar unausweichlich macht.

20. Das Ersetzbarkeitsargument

Ich möchte nun noch eine Annahme diskutieren, die von vielen heutigen Moralphilosophen, vor allem Utilitaristen, aber auch anderen, für so überzeugend gehalten wird, das sie zuweilen kaum noch der Begründung für wert befunden wird.[286] Die Annahme lautet, daß Lebewesen, die kein Ich-Bewußtsein haben, generell ersetzbar sind. Dies soll für die meisten Tiere ebenso wie für menschliche Embryonen und sogar noch für Säuglinge während der ersten Lebensmonate gelten. Ein entsprechendes, hierauf aufbauendes Argument, das zuweilen *Ersetzbarkeitsargument* genannt wird,[287] findet sich in expliziter Form bei Vertretern der utilitaristischen Ethik, z. B. bei Richard M. Hare und Peter Singer. Daß der utilitaristischen Theorie nach *alles* ersetzbar sei oder wenigstens seinen Voraussetzungen nach sein müsse, von den Gütern (die alle einen Preis haben) bis zu den Menschen, die letztlich zu bloßen Glücksbehältern reduziert werden, wurde schon öfter kritisch bemerkt.[288] So machen etwa Bernard Williams und Amartya Sen geltend, daß im utilitaristischen Moralkalkül Personen genauso wenig als Individuen zählten wie individuelle Öltanks in der Berechnung des nationalen Ölverbrauchs.[289] Gegen diesen Vorwurf wehrt sich Hare, indem er betont, daß in seiner Theorie selbstverständlich Menschen als Individuen zählen, da ein jeder darin mitsamt seinen individuellen

Präferenzen berücksichtigt werde. Es zähle eben (nach Benthams bekanntem Prinzip) jeder für einen und keiner für mehr als einen. Gerade dies ist es aber, was Kritiker wie Williams und Sen bedenklich stimmt, da damit auch festgelegt wird, daß *zwei* eben doch für mehr als einen zu zählen haben. Da das oberste Moralprinzip des Utilitarismus nämlich die größtmögliche Vermehrung des Glücks bzw. (in der heute bevorzugten Variante) die größtmögliche Erfüllung aller vorhandenen Präferenzen oder Interessen ist, zählt der einzelne nur jeweils soviel, wie er an Glück in die Gesamtsumme des Glücks einzubringen vermag, bzw. soviel, wie seine Präferenzen im Verhältnis zu anderen wiegen. Daß das Individuum nicht *als solches* zählt, bedeutet hier also, daß es für jeden Wert, der seiner Existenz möglicherweise zukommt, irgendeinen anderen endlichen Wert geben muß, der größer ist. Kein Ding, auch kein Mensch, hat also jemals einen im Kantischen Sinne absoluten, unendlichen Wert; kurz: nichts ist *wesentlich* unersetzbar. Daß diese Sichtweise an unserer Erfahrungswirklichkeit vorbeigeht, haben wir bereits gesehen. Zurecht mahnt Williams an anderer Stelle, man möge sich doch daran erinnern, „daß Güter nicht notwendigerweise untereinander austauschbar sind, und zum Beispiel den Fall eines unnachgiebigen Landbesitzers betrachten, der, wenn seine Lindenallee einer Autostrasse weichen muß, eine Entschädigung von einem Pfennig haben will, weil ihn gar nichts entschädigen kann. Es ist nur ein Dogma, daß es etwas geben muß, was jeden endlichen Verlust entschädigen kann".[290] Und dies gilt erst recht, wenn es sich um den Verlust eines Menschen handelt. Nun sind auch die meisten heutigen Utilitaristen der Ansicht, daß Menschen einen besonderen Schutz genießen, zwar nicht so, daß sie unter keinen Umständen verletzt oder getötet werden dürften,[291] aber doch so, daß das Töten eines Menschen wenigstens *prima facie schlecht* ist,[292] also nicht ohne einen guten (utilitaristischen) Grund erfolgen darf, und auch nicht durch die Erzeugung eines neuen Menschen, der gleichsam seine Stelle einnimmt, kompensiert werden kann. In diesem Sinne sind Menschen also nicht untereinander austauschbar und ersetzbar, jedenfalls dann nicht, wenn es sich um *Personen* handelt. Anders als etwa bei Robert Spaemann und der mittelalterlichen Tradition, auf die er sich stützt, hat der Personbegriff in utilitaristischen Theorien nicht die gleiche Extension wie der Begriff des Menschen. Es gibt folglich Menschen, die keine Personen sind (schwerst geistig Behinderte, Embryonen, Kinder während der ersten Lebensmonate), und Personen, die keine Menschen sind (z. B. Menschenaffen und Delphine).[293] Was die

Person ausmache, sei eine bestimmte, individuell tatsächlich vorhandene (und nicht nur der Art als solcher zukommende) Eigenschaft, nämlich die Fähigkeit, sich selbst als ein *zeitlich existierendes* Wesen zu begreifen, also eine Vorstellung seiner eigenen vergangenen und zukünftigen Existenz zu haben.[294] Nun ist es prima facie falsch, ein Wesen zu töten, das ein Interesse daran hat, nicht getötet zu werden. Um aber ein solches Interesse zu haben, muß es eine Präferenz haben, auch in der Zukunft noch zu existieren. Da jedoch eine Präferenz (so wird angenommen) ein Bewußtsein dessen, was präferiert wird, voraussetzt, können offenbar allein Personen überhaupt ein Interesse daran haben, nicht getötet zu werden. Diesem Interesse nun ist es zu verdanken, daß aus präferenzutilitaristischer Sicht (erwachsene, geistig gesunde) Menschen nicht in derselben Weise als austauschbar behandelt werden dürfen wie Lebewesen, die keine Personen sind. Daß aus einem Mangel an Zukunftsbewußtsein nicht auf eine Indifferenz gegenüber der eigenen Vernichtung geschlossen werden kann und somit das Personalitätskriterium für die moralische Beurteilung des Tötungsaktes schlicht irrelevant ist, habe ich an anderer Stelle ausführlich dargelegt.[295] Ich will es mir deshalb ersparen, hier noch einmal näher darauf einzugehen, und mich statt dessen direkt der Frage zuwenden, ob es, wie hier angenommen wird, einen guten Grund gibt, Lebewesen, die im angeführten Sinne *keine* Personen sind, als ersetzbar einzustufen, derart, daß die Existenz eines solchen Lebewesens keinerlei Wert hat, dessen Verlust nicht durch die Existenz eines anderen solchen Lebewesens wieder gut zu machen wäre.[296]

Sehen wir zunächst, wie Hare die Behauptung der Ersetzbarkeit nicht-personalen Lebens begründet. Dazu ist es nötig, etwas weiter auszuholen. Hare vertritt ausdrücklich die Ansicht, daß wir einem Wesen dadurch etwas Gutes tun können, daß wir ihm zur Existenz verhelfen, bzw. dadurch einen Schaden zufügen, daß wir seine Existenz verhindern, immer vorausgesetzt, daß seine Existenz eine relativ glückliche sein wird, das heißt eine solche, bei der das vorhandene Glück (die Freude) das vorhandene Unglück (die Leiden), und sei es auch nur um ein weniges, überwiegt. Dies ist (in der Terminologie des Präferenz-Utilitarismus) immer dann der Fall, wenn das betreffende Wesen es *vorziehen* wird zu leben statt nicht zu leben. Wenn nun anzunehmen ist, daß ein Wesen, dem ich zur Existenz verhelfen könnte, in diesem Sinne glücklich sein wird, und seine Existenz auch keines anderen Glück in einem Maße schmälert, welches größer ist als das Maß des neu geschaffenen Glücks, dann ist es nicht nur nicht schlecht, sondern positiv gut, das heißt eine moralische *Pflicht*, dieses Wesen zur Existenz kommen zu lassen. Dies folgt nach Hare aus der sogenannten *Totalansicht* des Utilitarismus, zu der er sich ausdrücklich bekennt.[297] Nach dieser Auffassung ist es der mögliche *Gesamtnutzen* (die Summe aller Nutzeneinheiten), zu deren Maximierung wir moralisch verpflichtet sind. Es ist klar, daß wenn es allein auf die *Summe* des Nutzens, also des Glücks ankommt (je größer der Gesamtnutzen, desto besser), jedes neu hinzukommende Wesen die Bilanz verbessert, sofern das Glück seiner Existenz nicht durch ein eventuell daraus entstehendes Unglück (für andere) ausgeglichen wird. Man könnte die Maximierungspflicht allerdings auch anders verstehen, nämlich so, daß das Richtmaß moralischen Handelns nicht die Steigerung eines *absoluten* Nutzenquantums ist, sondern vielmehr die Steigerung des *durchschnittlichen* Nutzens aller zu einem bestimmten Zeitpunkt existierenden Wesen. Gemäß dieser Version muß also der Gesamtnutzen jeweils noch einmal durch die Anzahl der Beteiligten geteilt werden, was in diesem Fall bedeutet, daß das Hinzukommen eines neuen Wesens nur dann gut (und damit geboten) wäre, wenn seine individuelle Nutzenfunktion oder sein Glück größer wäre als der bisherige *durchschnittliche* Nutzenwert (so daß dieser gesteigert würde).[298] Hare meint jedoch, daß *jeder* Nutzen, sei er auch noch so klein, die Schaffung einer neuen Existenz zur Pflicht macht, und zwar aus folgendem Grund: nach der von Hare entwickelten Moraltheorie des Universellen Präskriptivismus[299] bin ich aus morallogischen Gründen gezwungen, jede Handlung als allgemein verbindlich vorzuschreiben, die ich befürworte (vorziehe), wenn ich selbst von ihr betroffen bin. Dies ist das Prinzip der Goldenen Regel: tue anderen, was du willst, das sie dir tun, bzw. anderen *soll* getan werden, was wir wollen, das uns getan wird. Eine „logische Erweiterung" dieser Regel sei die Vorschrift, anderen zu tun, was uns *freut*, daß sie uns getan *haben*.[300] Wenn ich mich nun frage, ob es mir lieber ist (ich es vorziehe) zu existieren, als niemals existiert zu haben, werde ich diese Frage in aller Regel bejahen. Das bedeutet aber, daß ich froh darüber bin (es vorziehe), daß man meine Existenz nicht verhindert hat. Folglich muß ich es auch nach den Regeln der Moral vorziehen, daß man die Existenz *anderer* (denen es ebenso wie mir lieber sein wird zu existieren, als niemals existiert zu haben) nicht verhindert bzw. auf den Weg bringt: „If we are glad that nobody terminated the pregnancy that resulted in our birth, then we are enjoined not, ceteris paribus, to terminate any pregnancy which will result in the birth of a person having a life like ours".[301]

Eine Beschränkung des Gleichheitsgebots auf bereits existierende Personen wäre hier unzulässig, weil das Mögliche genauso behandelt werden muß wie das Wirkliche (eben das sei ja der Sinn der Universalisierung: wenn ein anderer in der gleichen Lage *wäre* wie ich, müßte er auch genauso behandelt werden)[302]. Da ich nun heute „jeden Grund (habe), dankbar zu sein", daß man den Embryo, der ich einmal war oder vielmehr aus dem ich (nämlich als die *Person*, die ich jetzt bin) entstanden bin, nicht abgetrieben hat, verpflichtet mich die Moral dazu, auch die Abtreibung anderer Embryonen abzulehnen. Den Einwand, daß nur existierende Personen Interessen haben könnten[303] und folglich die Tötung des Embryos diesem keinen Schaden zufügen könne, hält Hare für „klar falsch", denn es sei ja zweifellos in meinem Interesse *gewesen*, nicht abgetrieben zu werden, auch wenn ich zu diesem Zeitpunkt noch nicht existierte.[304] Da es für jeden Abgetriebenen oder nicht Gezeugten in aller Regel ein Gut gewesen wäre zu leben (als einer Voraussetzung aller anderen Güter), müsse es doch wohl auch ein Übel für ihn sein, nicht zu leben.[305] Also, meint Hare, besteht eine allgemeine moralische Pflicht zur Zeugung von Nachkommen, freilich im Rahmen einer vernünftigen Familien- und Bevölkerungsplanung, da irgendwann, wenn eine bestimmte Bevölkerungsdichte erreicht sei, die Glücksbilanz nicht mehr steigen, sondern sinken würde. Entsprechend wäre „die beste Vorgehensweise (policy) die, welche von allen möglichen Bevölkerungszahlen diejenige hervorbringt, die im ganzen (in sum) das beste Leben ermöglichen wird".[306] Da sich nun dieses Argument allein auf das Interesse *möglicher* zukünftiger Personen (und nicht etwa auf ein etwaiges Interesse des Embryos) stützt, muß Abtreibung nach allem, was bisher gesagt wurde, *für sich genommen*[307] moralisch auf eine Stufe mit Empfängnisverhütung und sexueller Enthaltsamkeit gestellt werden. Abtreibung wäre also demnach der Sache nach nicht schlimmer als Enthaltsamkeit, oder andersherum: diese wäre nicht besser als jene:[308] „contraception, abstinence, the destruction of embryos, abortion, and even infanticide (Kindstötung) ought to be controlled, not by the interests of gametes, embryos, foetuses, or infants (denn diese haben keine Interessen), but by the interests of possible future developed people who there might otherwise be".[309]

Damit sind nun die Voraussetzungen zur Durchführung des eigentlichen Ersetzbarkeitsarguments gewonnen. Denn aufgrund der moralischen Gleichwertigkeit von Nicht-Zeugung und Abtreibung (ja sogar Kindstötung) sowie der Gleichgewichtung von bereits vorhandenem

mit bloß möglichem Leben kann und muß Hare die Tötung eines
Embryos (bzw. Kleinkindes) immer dann für erlaubt, ja sogar für geboten halten, wenn dies die Voraussetzung dafür ist, daß ein anderes,
glücklicheres oder mehr Glück spendendes (etwa: nicht behindertes)
Kind gezeugt und geboren wird.[310] Denn es besteht ja die moralische
Pflicht, sowohl das eine als auch das andere Kind in die Welt zu setzen, und offensichtlich kann nicht beides getan werden. Also müssen
wir uns, da es zwischen dem bloß Möglichen und dem schon Daseienden keinen moralisch relevanten Unterschied gibt, für das zweite,
gesunde Kind entscheiden, was bedeutet, daß das bereits existierende
Kind als ersetzbar betrachtet und behandelt wird. Daß dies unseren
gewöhnlichen Intuitionen entschieden widerspricht, ist für Hare kein
Einwand gegen die Richtigkeit der Schlußfolgerung, da unsere Intuitionen ein Resultat unserer (durch und durch kontingenten) Erziehung seien.[311] Da sie für gewöhnliche Fälle und nicht für Ausnahme-
situationen geschaffen seien (Fälle, in denen Kindstötung oder Experimente mit Embryonen zur Debatte stünden), könnten wir uns dabei
auch nicht darauf verlassen, daß uns unsere Intuitionen die richtige
Antwort liefern.[312] Zwar sei es gut, daß wir intuitiv solch einen Abscheu vor der Kindstötung haben, denn hätten wir ihn nicht, würden
die meisten Kinder wohl niemals erwachsen werden, „and this would
be a very bad thing",[313] und im übrigen brauche der „gewöhnliche
Mensch" auch solche einfachen Markierungen wie Zeugung oder Geburt, um sich moralisch zu orientieren.[314] Als kritische Denker, meint
Hare, sollten wir uns aber nicht fragen, wie unsere Intuitionen sind,
sondern wie sie sein *sollten*.[315]

Ähnlich wie im Fall der Abtreibung argumentiert Hare auch in
bezug auf Tiere: da Existenz ein Gut sei (nämlich als notwendige Voraussetzung aller anderen Güter), sei es von vornherein erst einmal
besser für ein Tier zu leben als nicht zu leben (selbst wenn dieses
Leben sehr kurz sein sollte).[316] Der genaue Wert eines Tierlebens lasse
sich berechnen, indem man die Zahl der Lebensjahre mit der durchschnittlichen Lebensqualität während dieser Jahre multipliziere.[317]
Das Resultat sind sogenannte *quality-adjusted life years* oder kurz:
QALYs, die als Maßeinheit dem utilitaristischen Kalkül zugrundegelegt werden könnten.[318] Unsere Pflicht sei es dann, die Menge an QA-
LYs zu maximieren. Nun würde ein konsequenter, allgemeiner Vege-
tarismus dieses Ziel gerade nicht erreichen, weil es dann bald gar keine
Kühe und Schweine usw. mehr gäbe, da diese ja allein zum Zweck des
Verzehrs erzeugt und gehalten werden.[319] Unsere Pflicht können wir

nur dadurch erfüllen, daß wir das Töten von Nutztieren akzeptieren und weiter praktizieren (selbstverständlich sowenig grausam wie möglich), da wir sonst keinen Grund mehr dafür hätten, ihre Existenz zu gewährleisten, und so vielen möglichen (leidlich glücklichen) Tieren ihre Existenz vorenthalten müßten. *Um der Tiere selbst willen* sollten wir also nicht danach streben, keine Tiere mehr zu töten, sondern die Produktion und Nutzung so zu gestalten, daß die größtmögliche QALY-Zahl erreicht wird.[320] So spielt Hare auch hier wieder die nicht existierenden, aber möglichen Wesen gegen die bereits existierenden aus.

Was zunächst wie eine enorme Erweiterung der Achtung vor dem fremden Leben aussah – das Leben ist ein Gut, daher ist es nicht nur unsere Pflicht, bestehendes Leben zu achten, sondern auch das vorerst nur mögliche –, erweist sich also faktisch als eine Einschränkung, denn es gibt nun keinen Schaden mehr, den ich irgendeinem Wesen zufügen kann, der sich nicht durch irgendeinen Nutzen rechtfertigen ließe. Das Argument ist immer das gleiche: Die In-vitro-Befruchtung z. B. erlaubt Personen zu existieren, die ohne diese Technik nicht hätten existieren können. Ohne Experimente an Embryonen gäbe es aber diese Technik nicht. Also waren die Experimente, die zur Entwicklung der betreffenden Technik nötig waren, in Ordnung und die Opfer gerechtfertigt.[321] Es dürfte klar sein, daß sich auf diese Weise jedes Experiment, ganz gleich, wie groß die Zahl der Opfer auch sein mag, durch den Erfolg (der nicht etwa allein daran zu messen ist, wie viele Leben *gerettet*, sondern wie viele *ermöglicht* werden) rechtfertigen läßt. Das Ziel heiligt grundsätzlich die Mittel. Tatsächlich wäre das Experiment hiernach selbst dann moralisch legitimiert, wenn es *keinen* Erfolg hätte. Gerade die Erfolglosigkeit kann nämlich dazu führen, daß weiter experimentiert wird. Denn dazu werden wieder neue Opfer benötigt, die allein zu diesem Zweck erzeugt werden und die es folglich nicht gäbe, wenn man die Experimente einstellen würde. Daher wäre es auch dann gut gewesen, die Experimente zu machen und fortzusetzen, wenn sich niemals ein Erfolg einstellt. Ja, selbst dann, wenn das einzige Ziel des Experiments das Leiden der Opfer wäre, könnte der Peiniger sich noch mit Hilfe der Hareschen Argumentation rechtfertigen, indem er anführt, daß es seine Opfer nie gegeben hätte, wenn er sich nicht an ihrem Leiden erfreuen würde, und es immer noch besser für sie sei, für eine kurze Weile zu leben und während dieser Zeit ein wenig gepeinigt zu werden (also nicht so sehr, daß sie es vorzögen, nie geboren worden zu sein), als überhaupt nicht zu leben. So vermag sich noch der gemeinste Sadist als Wohltäter seiner Opfer zu gerieren.

Schon diese Konsequenz sollte hinreichen, um Hares Argumentation vollständig zu diskreditieren. Ich möchte aber trotzdem versuchen, die Fehler in Hares Gedankengang genauer zu benennen. Da ist zunächst einmal die Berufung auf die sogenannte Goldene Regel, die besagt, daß jeder anderen das tun solle, was er will, daß sie ihm tun. Damit wird das Sollen, die moralische Pflicht, vom Wollen, einem bestimmten psychischen Zustand des einzelnen, abhängig gemacht. Da aber das, was ich will, sich zuweilen ändert, müßte sich entsprechend auch das Gesollte ändern. Es kann also ein und dieselbe Sache heute moralisch richtig und morgen moralisch falsch sein. Da außerdem nicht jeder das gleiche will, müßte eine Sache sogar zum selben Zeitpunkt sowohl richtig als auch falsch sein können. Hare meint, daß wir verpflichtet seien, die Existenz anderer Lebewesen in die Wege zu leiten, weil wir froh sind, daß man die unsere in die Wege geleitet hat. Was aber, wenn wir gerade einmal *nicht* froh darüber sind und uns wünschen, nie geboren worden zu sein? Ließe sich daraus ableiten, daß es für *jeden* besser wäre, nie geboren worden zu sein? Wohl kaum. Und wenn sich unsere Lebenseinstellung wieder ändert, hieße das, daß es zwar vorher in Ordnung gewesen wäre abzutreiben, jetzt aber wieder schlecht? Nein, würde Hare wohl sagen, denn auch vorher *hättest* du ja gewünscht, nicht abgetrieben worden zu sein, *wenn* du froh gewesen wärst zu leben. Ja, sagen wir, auch jetzt würde ich wünschen, abgetrieben worden zu sein, wenn ich *nicht* froh wäre zu leben. So läßt sich durch kontrafaktische Unterstellung immer in beide Richtungen argumentieren, so daß wir wieder nicht wissen, woran wir uns halten sollen. Das Problem läßt sich nur dadurch beseitigen, daß wir uns zur moralischen Beurteilung der Alternativen gar nicht auf unseren *eigenen* Glückszustand, sondern auf den Zustand desjenigen stützen, dessen Existenz bzw. Nichtexistenz wir moralisch zu begründen versuchen. Wenn *er* glücklich sein wird, sind wir dazu verpflichtet, ihm zur Existenz zu verhelfen.[322] Nun können wir aber unmöglich alle Umstände eines zukünftigen Lebens vorhersehen, so daß wir auch außerstande sind zu wissen, ob es glücklich sein wird oder nicht. Folglich kann uns auch sein Zustand nicht helfen zu entscheiden, was wir tun sollen. Hare glaubt diesem Einwand durch die Annahme begegnen zu können, daß es zur Entscheidung ausreiche, das zu *erwartende* Glück zu kennen. Das mögliche Kind sei immer dann dem wirklichen (in irgendeiner Weise in seinen Glücksmöglichkeiten eingeschränkten) vorzuziehen, wenn es „allen Grund gibt anzunehmen, daß das nächste Kind völlig normal und so glücklich wie die meisten Leute sein werde".[323] Solche Erwartungen können jedoch leicht täuschen. Nehmen wir an, ich töte mein Kind, weil es behindert ist (und ich dies für eine Einbuße an Glück halte – was ohnehin eine ausgesprochen fragwürdige Annahme ist) und es eine gute Chance gibt, daß mein nächstes Kind „normal" und folglich (angeblich) glücklich ist. Nun wird das neue Kind aber aus irgendeinem Grund nicht glücklicher werden, als es das alte geworden wäre. Dann wäre es (faktisch) schlecht von mir gewesen (wenn auch vielleicht entschuldbar), so zu handeln. Darf ich nun tatsächlich das wirkliche Glück des vorhandenen Kindes aufs Spiel setzen für das bloß mögliche eines möglichen Kindes? (Man beachte, daß Hare nicht voraussetzt, daß das vorhandene Kind positiv unglücklich sei, sondern nur, daß es *weniger* glücklich sei, als ein anderes Kind es vielleicht sein könnte.) Hare ist davon überzeugt, daß man es dürfe, und zwar deshalb, weil er dem existierenden Kind als solchem keinerlei eigenständigen Wert beimißt. Den einzigen Wert, den es besitzt, hat es als potentielle Person: vom Standpunkt der (Hareschen) Ethik aus gesehen ist es damit praktisch nicht existent.[324] Eben deshalb ist es auch ersetzbar. Das Ersetzbare läßt sich somit bestimmen als das moralisch nicht Existente. Hiergegen ist nun aus den oben angeführten Gründen einzuwenden, daß kein Wesen ersetzbar ist, es sei denn, es wird als ersetzbar *betrachtet*. Von sich aus ist es das nicht (weil Ersetzbarkeit, wie ausgeführt, keine ontologische Kategorie ist), und von den beteiligten Personen aus gesehen ist es das in der Regel auch nicht. Das neugeborene Kind wird von mir als *mein* Kind betrachtet und nicht als etwas, aus dem bei genügender Milchzufuhr mein Kind werden könnte. Es ist für mich von Anfang an unersetzbar (und je mehr Gestalt es für mich annimmt, je stärker es für mich in der Eigenständigkeit seines Lebens präsent wird, desto weniger werde ich in der Lage sein, seinen Verlust zu kompensieren). Im übrigen wären auch die praktischen Konsequenzen einer Verpflichtung zur Glücksoptimierung unter gleicher Berücksichtung bereits vorhandenen wie nur möglichen Lebens katastrophal, da das niemals vollkommene Glück des bereits existierenden Kindes immer Raum ließe für die Erwartung, daß ein zu einem späteren Zeitpunkt zu zeugendes Kind noch ein bißchen glücklicher sein werde als das jetzige, eben mehr als nur „normal glücklich". Jede erwartete Gehaltserhöhung, jede erwartete Verbesserung der Lebensumstände, kann dann zur Rechtfertigung von Abtreibung und Kindstötung herangezogen werden.

Aber tun wir denn nicht dem möglichen Kind unrecht, wenn wir es nicht existieren lassen, nur aus rational nicht zu rechtfertigender Parteinahme für ein bereits vorhandenes Kind? Verletzen wir nicht das Gebot der Fairneß, der gleichen Interessenberücksichtigung aller Beteiligten? Können wir die Rechte der Ungezeugten so schnöde ignorieren, können wir ihnen guten Gewissens das *Gut der Existenz* vorenthalten? Denn, so argumentiert Hare, ich empfinde es ja in der Regel als gut zu existieren, also wäre nicht zu existieren doch vergleichsweise schlecht. Da es offenbar ein Gut ist (oder als Gut empfunden wird) zu leben, muß es (logischerweise) auch ein Übel sein (bzw. für ein Übel gehalten werden), nicht zu leben. Da ich froh bin, gezeugt worden zu sein, und es folglich als Gut betrachte, muß ich auch annehmen, daß es ein Übel für mich gewesen wäre, nicht gezeugt zu werden. Also stellt es auch für jeden anderen (jede mögliche bzw. möglich gewesene Person) ein Übel dar, nicht gezeugt worden zu sein, und da es falsch ist, das Übel zu vermehren, bin ich (prima facie) zur Zeugung (möglichst vieler möglichst vielversprechender) neuer Menschen verpflichtet. Der entscheidende Fehler dieser Argumentation besteht nun darin, daß das Gutsein einer Sache hier nach dem Modell der Präferenz und somit ausschließlich als Vergleichungsbegriff verstanden wird. Präferenz ist ja eine dreistellige Relation: ich präferiere etwas vor etwas anderem. Vor die Wahl gestellt, dies oder jenes zu tun oder zu erleiden, ziehe ich dieses jenem vor. Vor die Wahl gestellt, zu leben oder zu sterben, ziehe ich es vor zu leben. Diesen Sachverhalt kann ich auch so ausdrücken, daß ich sage, es sei *besser* zu leben als zu sterben, oder es sei *gut* zu leben und (vergleichsweise) *schlecht* zu sterben. Beide Ausdrucksweisen sind hier offensichtlich äquivalent. Nicht äquivalent sind hingegen die Aussage, es sei *gut*, gezeugt worden zu sein, und die Aussage, es sei *besser*, gezeugt worden zu sein, als nicht gezeugt worden zu sein, bzw. es sei (vergleichsweise) schlecht, nicht gezeugt worden zu sein. Denn es ist durchaus möglich, daß eine Sache gut ist und ihre Abwesenheit dennoch nicht (auch nicht vergleichsweise) schlecht, und dies ist so ein Fall. Ich kann glücklich darüber sein, mit meinen Kindern einen Radausflug zu machen, ohne daß daraus im geringsten folgen würde, daß ich unglücklich gewesen wäre, wenn ich mir statt dessen zuhause ein Fußballspiel im Fernsehen angesehen hätte. Beides kann von mir gleichermaßen als gut empfunden werden und gleichermaßen gut sein.[325] So folgt aus dem Umstand, daß ich froh bin, gezeugt worden zu sein, auch nicht einmal, daß mir das mögliche Nicht-gezeugt-worden-Sein im kontrafaktischen Rückblick als Übel *erscheint*, geschweige denn, daß es tatsächlich ein Unglück für mich gewesen *wäre*. Deshalb gibt es (entgegen Hares Ansicht) auch keinen Grund dafür, meinen Erzeugern für die *Erzeugung* dankbar zu sein. Auch wenn ich froh bin zu leben, ziehe ich es doch nicht vor zu leben, statt nie gelebt zu haben, denn um eines dem anderen vorziehen zu können, muß beides Gegenstand einer möglichen Wahl oder wenigstens eines Vergleichs sein. Wie es aber niemandem geschehen kann, daß er nie gewesen ist („Besser wäre es", bemerkt Woody Allen treffend in einem seiner Filme, „nie geboren worden zu sein – aber wem passiert das schon?"), so kann auch niemand je zwischen Sein und Nie-*gewesen*-Sein wählen oder auch nur vergleichen. Denn jeder Vergleich setzt bereits die Existenz voraus,[326] so daß ich die andere Seite niemals kennenlernen kann. Einer, der nie geboren bzw. gezeugt wurde, kann nicht gefragt werden, ob er es vorziehen würde, geboren worden zu sein, und ich, der ich doch geboren wurde und nie die Wahl hatte, nicht geboren worden zu sein, kann folglich auch nicht sagen, ob ich letzteres vorgezogen hätte. Die Frage des Vorziehens stellt sich hier zu keinem Zeitpunkt und kann sinnvoll auch gar nicht gestellt werden. Natürlich ziehe ich im allgemeinen die Existenz der Nichtexistenz vor (täte ich es nicht, würde ich mich töten). Aber das heißt nur, daß ich abzuwägen und zu wählen vermag zwischen meiner *Fort*existenz und der *Beendigung* meiner Existenz, also zwischen Sein und Nicht-*mehr*-Sein, oder noch präziser: zwischen der Unterlassung einer bestimmten Handlung (nämlich meiner Tötung) und ihrer Ausführung. Die Nichtexistenz kann also sinnvoll nur aus der Perspektive eines bereits Existierenden als Übel (oder, im Fall übermäßigen Leidens, als Gut) empfunden werden, und zwar jeweils nur *dessen* Nichtexistenz. Das Nie-gewesen-Sein ist daher genauso wenig ein Übel wie das Gezeugtwerden ein Gut ist. Ein Gut ist es, *gut* zu leben, und ein Übel, *schlecht* zu leben. Darum kann ein schlechtes, leidvolles Leben niemals durch den Hinweis moralisch gerechtfertigt werden, daß dieses Leben (unter den gegebenen Umständen) nur um den Preis des Leidens möglich war. Die Leiden, die Gefangenschaft und/oder den frühzeitigen gewaltsamen Tod eines Tieres durch die Hand des Schlächters etwa dadurch abzutun, daß man sagt, es möge froh sein, überhaupt zu leben, und sich gefälligst demütig und dankbar in sein Schicksal fügen, ist blanker Hohn im Angesicht der gequälten Kreatur. Entgegen Hares Annahme begehen wir nämlich kein Unrecht, wenn wir ein Tier, das wir entstehen lassen (oder ein Kind, das wir zeugen) *könnten*, nicht zeugen. Moralische

Verantwortung tragen wir nur für den Zustand (nicht das Sein, sondern nur das Sosein) eines wirklich existierenden Wesens.[327]

Ebenso wie Hare behauptet auch Peter Singer die Ersetzbarkeit aller nur bewußten (also nicht selbstbewußten, d. h. personalen) Lebewesen. Seine Überlegungen leitet er ein mit der Frage, welche Gründe es dafür geben könnte, das Leben von nicht-personalen Lebewesen zu achten.[328] Daß *Personen* (prima facie) nicht getötet werden sollten, liegt daran, daß sie ein starkes *Interesse* daran haben, nicht getötet zu werden. Für nicht-personales Leben gilt dies per definitionem nicht.[329] Wenn es dennoch einen Grund gibt, auch solches Leben nicht zu töten, dann nur deshalb, weil es (möglicherweise) Lust empfindet, und es falsch wäre, ein lustvolles Leben zu verkürzen (da die Lust etwas Gutes ist und weniger Lust in der Welt weniger Gutes bedeutet). Hieraus folgt aber, daß es *keinen* Grund gibt, das betreffende Wesen nicht zu töten, wenn es keine Lust empfindet bzw. sein Leid seine Lust überwiegt (womit, nebenbei bemerkt, der Unglückliche gleich doppelt bestraft würde: nicht nur ist er unglücklich, sondern er soll gerade deswegen auch noch seine Existenzberechtigung verlieren). Unsere (utilitaristische) Pflicht ist es, Lust zu maximieren, und zwar entweder, wie wir bereits gesehen haben, (je nach Interpretation) dadurch, daß wir die Glückssumme der *tatsächlich vorhandenen* Wesen steigern, oder aber dadurch, daß wir die *Anzahl* glücklicher Wesen vergrößern. Singer spricht von der Totalansicht im Unterschied zur Vorausgesetzten-Existenz-Ansicht. Letztere scheitert nach Singer daran, daß nicht einsehbar sei, warum es *schlecht* (= moralisch verurteilenswert) sein sollte, wissentlich ein unglückliches Wesen in die Welt zu setzen, aber nicht *gut* (= moralisch gefordert), ein glückliches Wesen in die Welt zu setzen.[330] Tatsächlich wäre dies aber nur dann nicht einsehbar, wenn die Negation des Schlechten (im Sinne des moralisch Unerwünschten oder Verbotenen) notwendig das Gute (im Sinne des moralisch Erwünschten oder Gebotenen) wäre. Zwischen dem Verbotenen und dem Gebotenen liegt aber als drittes das *Erlaubte*, und nur auf dieses läßt sich hier schließen. Alles, was sich aus der Prämisse, daß es schlecht ist, wissentlich ein unglückliches Wesen in die Welt zu setzen, ableiten läßt, ist, daß es dann entsprechend auch gut im Sinne von *nicht schlecht* (also: nicht verboten) sein muß, ein glückliches Wesen in die Welt zu setzen, nicht jedoch, daß es auch gut im Sinne von gefordert ist. Der Fehler in Singers Argumentation tritt deutlich zutage, wenn man die folgenden analogen, aber offensichtlich falschen Argumente betrachtet: a) Wenn es schlecht ist, bei einem Bankraub

jemanden umzubringen, dann ist es auch gut, bei einem Bankraub
niemanden umzubringen. Also ist es gut, einen Bankraub zu begehen
und dabei niemanden umzubringen. b) Wenn es schlecht ist, ein häß-
liches Kunstwerk zu schaffen, dann ist es gut, ein schönes Kunstwerk
zu schaffen. Was folgt hieraus? Jedenfalls nicht, daß jeder die Pflicht
hat, schöne Kunstwerke zu schaffen oder unblutige Banküberfälle zu
begehen, sondern lediglich daß, *wenn* er Kunst schafft, sie auch schön
sein soll, und *wenn* er schon einen Bankraub begeht, dann wenigstens
auch ohne Blutvergießen. Genauso folgt aus Singers Argument nicht,
daß man glückliche Kinder in die Welt setzen soll, sondern daß, *wenn*
man Kinder in die Welt setzt, sie auch möglichst glücklich sein sollen,
was wiederum impliziert, daß, wenn sie mit einiger Sicherheit unglücklich sein werden, es besser ist, sie nicht in die Welt zu setzen.
Ein Widerspruch ist nicht vorhanden. Genauso wenig, wie wenn man
um sein mangelndes Talent wissend darauf verzichtet, Kunst auszuüben, oder keinen Bankraub verübt, weil man fürchtet, daß dabei jemand zu Schaden kommen könnte.

Erneut sehen wir also, daß uns die Annahme, es sei schlecht, wissentlich ein unglückliches Wesen in die Welt zu setzen, nicht im mindesten dazu zwingt, ebenfalls anzunehmen, daß es gut sei, ein glückliches Wesen zu schaffen. Die angebliche Asymmetrie ist somit, anders
als Singer glaubt,[331] kein Einwand gegen die sogenannte Vorausgesetzte-Existenz-Ansicht. Das heißt aber nicht, daß es nicht andere gute
Gründe für die Akzeptanz der Totalansicht (die als Mittel der Glücks-
maximierung auch die Erzeugung neuer glücklicher Lebewesen zuläßt) geben könnte. Wenn es nämlich tatsächlich so ist, daß, wie Singer
und mit ihm viele andere[332] annehmen wollen, die Lust eine „an sich
wertvolle Erfahrung" ist und empfindungsfähige Wesen nur deren Be-
hälter,[333] dann kann es auch nicht darauf ankommen, *wer* diese Lust
empfindet. Was dann allein zählt, ist, *daß* Lust da ist und *wieviel* davon
da ist. Sobald ich zum alleinigen Maßstab moralischen Handelns das
pure, subjektindifferente Vorhandensein von Lust erkläre, wird die
Vorausgesetzte-Existenz-Ansicht hinfällig, da es dann keinen Grund
für eine Beschränkung auf die Lust bereits vorhandener Individuen
mehr gibt. Wenn die Lust alles ist, was zählt, kann es nicht anders als
gleichgültig sein, auf welche *Weise* die Lust maximiert wird. Und
wenn die Erzeugung eines bestimmten Lustquantums A an einer Stelle den Verlust eines bestimmten geringeren Lustquantums B an einer
anderen Stelle nötig macht, dann ist es richtig (gerechtfertigt und gesollt), B für A zu opfern, also z. B. die lebenden Schweine beizeiten

zu schlachten, um so die Produktion vieler weiterer (minimal glücklicher) Schweine ökonomisch rentabel und somit praktisch möglich
zu machen. Tatsächlich beruht das Ersetzbarkeitsargument allein auf
dieser Voraussetzung, daß es das Glück *als solches* ist, was moralisch
Relevanz besitzt. Denn selbst wenn wir der Annahme, daß es gut sei,
glücklichen Wesen zur Existenz zu verhelfen, zustimmen wollten,
würde daraus doch nicht folgen, daß ein bereits vorhandenes Wesen
ersetzbar wäre, das heißt, daß dieses Gute der Existenzgebung jenes
Schlechte der Existenzvernichtung *ausgliche* wie auf einem Schulden-
konto. Es ist keineswegs offensichtlich, daß sich das Schlechte, was
man bereits verübt hat, durch ein noch zu verübendes Gutes entschul-
digen oder aufheben läßt – sowenig wie sich ein Mord dadurch rechtfertigen läßt, daß der Mörder am nächsten Tag ein Kind zeugt, oder
ein Diebstahl dadurch, daß der Dieb etwas, das genauso wertvoll ist
wie das Gestohlene, einem Dritten schenkt. Nur wenn ich von Anfang
an bereits einen unpersönlichen Standpunkt einnehme und dabei nicht
die Handlungen, sondern nur deren zuständliche (subjektindifferente)
Konsequenzen in den Blick nehme, ergibt sich aus der vermeintlichen
Pflicht zur Existenz*gebung* im Bedarfsfall ein Recht zur Existenz*vernichtung*.

Ein in diesem Sinne unpersönlicher Standpunkt scheint Singer zwar
nicht im Hinblick auf Personen, aber doch im Hinblick auf nicht-personale Lebewesen der einzig mögliche oder zumindest der plausibelste
zu sein, da solche Wesen per definitionem kein Bewußtsein ihrer selbst
oder einer früheren bzw. späteren Existenz hätten. Hieraus ergebe sich
nämlich zwangsläufig, daß, wenn zum Beispiel ein Fisch (von dem
Singer glaubt, einigermaßen sicher sagen zu können, daß er keine Person sei) getötet und durch einen anderen ersetzt würde, es „- aus Sicht
des Fischbewußtseins – keinen Unterschied zu dem Fisch (gäbe), der
sein Bewußtsein verliert und wiedergewinnt".[334] Geburt und Tod hö-
ben sich hier gegenseitig auf: „Wo das Leben des getöteten Wesens
alles in allem kein angenehmes war, da wird kein direktes Unrecht
verübt. Selbst wenn das getötete Tier lustvoll gelebt haben sollte, kann
man zumindest der Ansicht sein, daß nichts Unrechtes begangen wird,
wenn das getötete Tier, als ein Resultat des Tötens, durch ein anderes
Tier ersetzt wird, daß ein ebenso lustvolles Leben führen kann. Diese
Betrachtungsweise enthält die Annahme, daß ein Unrecht gegen ein
existierendes Wesen durch den Vorteil wettgemacht werden kann, den
man einem noch nicht existierenden Wesen verschafft. Somit ist es
möglich, nicht-selbstbewußte Wesen als untereinander austauschbar

zu betrachten in einer Weise, wie selbstbewußte Wesen es nicht sind",[335] denn bei diesen bedeute der „Tod einen größeren Verlust als eben den vorübergehenden Verlust des Bewußtseins und wird nicht angemessen ausgeglichen durch die Schaffung eines Wesens mit ähnlichen Aussichten auf angenehme Erfahrungen".[336]

Was Singer hier (genau wie Hare) völlig ignoriert, ist die Tatsache, daß auch der Fisch, wenn er Lust empfindet, diese als *seine* erfährt.[337] Aus Sicht des Fischbewußtseins (dieses oder jenes bestimmten Fisches nämlich) ist es eben doch ein Unterschied, ob er oder ein anderer Fisch Lust oder Schmerz erleidet, lebt oder stirbt. Zurecht wendet Jean-Claude Wolf gegen Singer ein, wie auch ich es schon gegen Spaemann getan habe, daß „ein Wesen, indem es sich als Zentrum von Lust, Schmerz und elementaren Interessen erleben kann, bereits über Voraussetzungen verfügt, sich von anderen Wesen zu unterscheiden. Schließlich erlebt es keine anonymen Freuden und Leiden, die ebensogut Empfindungen eines anderen Wesens sein könnten, sondern es erlebt nur *seine* Empfindungen. Es ist daher auch nicht ersetzbar (...)".[338] Ich habe den Eindruck, daß Singer sich hier einer petitio principii schuldig macht: daß die Lust (und der Schmerz) von Nicht-Personen unpersönlich sei, wird hier nicht aufgezeigt, sondern schlicht vorausgesetzt, um die Operabilität des Maximierungsprinzips zu gewährleisten. Wenn es aber schlecht ist, ein lustvolles Leben zu beenden, dann sicher nicht deshalb, weil dadurch die Gesamtlust im Universum verringert würde, sondern weil ein ganz besonderes, nämlich *dieses* lustvolle Leben beendet würde. Wir fügen durch die Tötung nicht dem Universum ein Unrecht zu, sondern (wenn, dann) einem ganz bestimmten Lebewesen. Folglich können wir auch unser Unrecht nicht am Universum wieder gut machen, sondern nur an diesem Lebewesen selbst. Da wir dieses aber getötet haben, können wir es überhaupt nicht wieder gut machen.[339]

Die Wirklichkeit des anderen

„Die einen vertreten das unbeweisbare Dogma von der Existenz Gottes; andere
das nicht minder unbeweisbare Dogma von der Existenz des Nachbarn."

Gilbert Keith Chesterton[340]

21. Wirklichkeit

Wir befinden uns auf der Suche nach Faktoren, die dazu beitragen und
möglicherweise sogar unverzichtbar dafür sind, daß wir eine Sache –
einen Menschen oder irgendetwas anderes – als etwas erfahren, das die
Freiheit unseres Handelns einschränkt, aber nicht etwa durch seine
physische Existenz (seine ontologische Bestimmtheit), die unserem
Handeln *faktisch* Grenzen setzt, sondern dadurch, daß es von sich her,
einfach indem es sich zeigt als das, was es ist, ein bestimmtes Verhalten
ihm gegenüber einfordert, daß es also einen *Anspruch* an uns erhebt,
den wir zwar vielleicht in letzter Instanz übergehen (nämlich dann,
wenn andere starke Gründe die Ausführung der geforderten Handlung verhindern), aber nicht ignorieren können. Wir fragen also weiterhin, wie ein Ding beschaffen sein und in welcher Weise es uns
gegenwärtig sein muß, damit ihm (seiner Existenz und seinen Interessen) eine eigenständige Bedeutung in unseren Handlungsentscheidungen zukommen kann.

Bislang hatten wir gesehen, daß wir einer Sache nur dann einen
eigenständigen, von unseren Interessen ganz unabhängigen Wert zuerkennen können, wenn die betreffende Sache uns als wesentlich unersetzbar erscheint, daß aber wesentliche Unersetzbarkeit wiederum
Einzigartigkeit im oben beschriebenen Sinne voraussetzt. Wirklich
einzigartig sind aber nur Lebewesen, die in irgendeiner Weise an ihrem
Leben Anteil nehmen, denen es also in ihrem Leben um dieses selbst
geht. Dazu gehören alle Menschen und mit ziemlicher Sicherheit viele,
möglicherweise auch alle Tiere. Die Tatsache, daß solche Lebewesen
einzigartig sind, bürgt jedoch noch nicht dafür, daß sie uns auch als
einzigartig erscheinen. Wir können diese Einzigartigkeit auch gänzlich
übersehen, und zwar selbst dann, wenn wir sie theoretisch zugestehen,

wenn wir also sehr genau, aber eben ganz abstrakt, wissen, daß diese Lebewesen einzigartig sind. Aber wir wissen es eben nicht deshalb, weil wir ihm seine Einzigartigkeit ansehen (weil es *selbst* uns als einzigartig erscheint), sondern weil es sich, beispielsweise, um einen Menschen handelt und wir wissen, daß jeder Mensch, also auch dieser, einzigartig ist. Wir erschließen die Einzigartigkeit also durch den Rückgriff auf ein für wahr gehaltenes Allgemeines, ohne dieses an dem konkreten Gegenstand, an dem Menschen, der hier und jetzt vor uns steht, zu überprüfen, so daß der einzelne Mensch in *seiner* (einzigartigen) Einzigartigkeit gar nicht in den Blick kommt. Statt dessen wird die Einzigartigkeit paradoxerweise zu einem *allgemeinen* Merkmal des Menschen, einer Eigenschaft unter anderen, die jeder hat und die darum auch nichts Besonderes, schon gar nichts Einzigartiges mehr ist. Keine Einzigartigkeit ist aber wie die andere, so daß verschiedene Einzigartigkeiten sich nicht zu einer Klasse fügen. Einzigartig zu sein, heißt unvergleichlich zu sein, also kein gemeinsames Maß zu haben: was unvergleichlich ist, kann aber aus logischen Gründen nicht mit anderem, ebenso Unvergleichlichem, zu einer Menge (von Gleichen) zusammengefaßt werden. Das Einzigartige ist eben einzigartig. Darum gilt, daß wenn, wie behauptet wurde, die Wahrnehmung von Einzigartigkeit notwendig ist, um eine elementarethische[341] Perspektive gegenüber einem anderen Menschen einnehmen zu können, die deduktive Logik für die Aktivierung des moralischen Bewußtseins (die Erfahrung eines elementaren Sollens) ungeeignet ist. Moralisches Denken und Handeln geschieht nicht deduktiv, sondern induktiv, vollzieht sich also nicht vom Allgemeinen zum Besonderen, sondern vom Besonderen zum Allgemeinen, und zwar jedesmal aufs neue; das heißt, es reicht nicht aus, einmal die Erfahrung der Einzigartigkeit an einem Menschen gemacht zu haben, um von da an für alle nachfolgenden „Fälle" mit dem nötigen Wissen ausgestattet zu sein, so daß sich eine erneute Erfahrung erübrigt. Kein Mensch ist einfach nur ein Fall des Allgemeinen, und wird er dennoch als solcher verstanden, kann die Beziehung zu ihm keine ethische mehr sein. Das allgemeine Wissen (daß alle Menschen einzigartig sind) kann höchstens den Blick schärfen für die Einzigartigkeit jedes einzelnen, kann vielleicht die Aufmerksamkeit für sie erhöhen und so dafür empfänglicher machen, aber weder die Wahrnehmung der Einzigartigkeit hier und jetzt ersetzen, noch sie unmittelbar herbeiführen. Ob ich nämlich bezüglich eines bestimmten Menschen die entsprechende konkrete Wahrnehmung habe oder nicht, hängt nicht von meinen allgemeinen Überlegungen und Überzeugungen ab, sondern vielmehr davon, inwieweit dieser Mensch für mich *wirklich* zu werden vermag[342] (denn die Einzigartigkeit ist genau das, was seine Wirklichkeit ausmacht).

Unter dem Begriff Wirklichkeit wird oft etwas verstanden, das keine Abstufungen zuläßt. Eine Sache ist dann entweder wirklich oder sie ist nicht wirklich, aber nicht mehr oder weniger wirklich. Wirklichkeit meint hier so viel wie Existenz (es gibt ...) und Unwirklichkeit Nichtexistenz (es gibt nicht ...). Alles, was es gibt, ist somit wirklich und gleichermaßen wirklich, und was nicht wirklich ist, gibt es auch nicht. Wenn ich jedoch hier davon spreche, *daß uns ein Mensch wirklich wird*, dann meine ich nicht, daß wir von seiner Existenz erfahren, in dem Sinne, daß wir zuvor nicht wußten, daß er existiert, es nun aber tun. Eher ist der Begriff Wirklichkeit hier zu verstehen wie in der Rede, daß dies oder jenes, obwohl wir es deutlich sehen oder hören, nicht wirklich sei. Wenn wir sagen, daß die weißen Mäuse, die der Alkoholiker sieht, nicht wirklich sind, meinen wir nicht etwa, daß sie überhaupt nicht existieren (daß er sie nicht sieht), sondern nur, daß sie lediglich in seiner Vorstellung existieren. Wenn wir sagen, daß ein Traum, den wir hatten, und das, was er enthielt, nicht wirklich ist, wollen wir nicht zum Ausdruck bringen, daß es den Traum nicht gegeben habe, sondern nur, daß alles, was uns im Traum begegnet ist, auch nur dort geschah und nicht in der Welt, in der wir leben, wenn wir wach sind, der Welt, die wir mit anderen teilen und die uns darum für objektiv gilt. Aber die Auszeichnung des Wirklichen verleihen wir nicht nur dem derart Objektiven im Vergleich zum bloß Subjektiven (nur für mich Existierenden), denn wir sagen zum Beispiel auch, daß die Geschehnisse, die wir auf der Bühne oder im Kino verfolgen, nicht wirklich sind, nicht weil wir der Meinung wären, wir bildeten uns alles nur ein, sondern um den Unterschied zwischen Spiel und Ernst, zwischen vorgetäuschtem und echtem Leid, zwischen der Darstellung des Todes und dem wirklichen Tod zu betonen und festzuhalten. In all diesen Fällen dient der Hinweis auf die Unwirklichkeit der in Frage stehenden Ereignisse dazu, unsere affektive Teilnahme an ihnen in Grenzen zu halten. Das Unwirkliche ist dann nicht das, was nicht existiert, sondern das, was unsere Teilnahme nicht erweckt oder, wenn es sie doch erwecken sollte, sie jedenfalls nicht verdient, weil es sie nicht erhält als das, was es ist, sondern nur als das, was es vorgibt zu sein (aber eben gerade nicht ist). Unwirklich nennen wir also etwas, von dem wir annehmen, daß es unsere Anteilnahme allein dadurch zu erwecken vermag, daß es vorgibt etwas zu sein, was es nicht ist. Tatsächlich für uns unwirklich (geworden) sind Sachen oder Ereignisse jedoch erst dann, wenn wir *tatsächlich* keinen Anteil (mehr) daran nehmen, wenn wir ihnen mit demselben kühlen Interesse oder Desinteresse gegenüber stehen wie den Ereignissen eines Traums, sobald wir wieder ganz wach und sicher sind, daß der Traum nichts als eben ein Traum war, oder den Figuren und Ereignissen eines Films, dessen visuellem Bann wir glücklich entronnen sind.

Insofern der Begriff Wirklichkeit hier also nicht in einem ontologischen, sondern in einem epistemologischen Sinne verstanden werden soll, läßt sich sagen, daß nicht alles in gleichem Maße für uns wirklich ist. Tatsächlich hat, wenn überhaupt, selten etwas den gleichen Wirklichkeitsgrad für uns wie wir selbst und das, was uns selbst geschieht: unser eigenes Wohl und Wehe. Der Schmerz des anderen hat, im Vergleich zu unserem eigenen, immer etwas von einer Fiktion oder einem Traum (aus der Sicht des Wachen) an sich; er zeigt sich mir nur mittelbar und damit wie durch einen Schleier, präsentiert sich mir in einer Weise, die den Gedanken zuläßt, dies alles könne ein bloße Illusion sein, ein dämonisches oder göttliches Gaukelspiel.[343] In diesem Sinne also sind die anderen uns in aller Regel *weniger wirklich* als wir selbst. Wirklich ist das, was uns etwas angeht. Das heißt aber nicht, daß uns alle anderen stets *im selben Maße* unwirklich oder weniger wirklich sind. Auch hier gibt es Abstufungen. Wenn ein anderes Wesen leidet, dann kann dessen Schmerz, auch wenn wir auf der rein kognitiven Ebene nicht im geringsten daran zweifeln, *daß* der andere leidet, für uns mehr oder minder real sein. Dasselbe gilt für alles, was den anderen direkt betrifft: seine Interessen, seine Sorgen und Ängste, sein Glück und seine Freude, sein Leben und Sterben: mal ist es mehr, mal weniger wirklich, je nach Situation, je nach unserer eigenen Verfassung, je nach dem, wer der andere ist bzw. in welcher Beziehung er zu uns steht. Den höchsten Grad an Wirklichkeit erlangt der andere dann, wenn er uns genauso wirklich wird, wie wir uns selbst es sind, so daß seine Belange für uns dasselbe Gewicht haben wie die unseren, den geringsten Grad hingegen dann, wenn das, was ihm geschieht, uns völlig kalt läßt, wenn es uns gänzlich *gleichgültig* ist. Denn wirklich sind uns die Dinge in dem Maße, wie sie uns etwas *angehen*.[344]

22. Gleichgültigkeit

Die Gleichgültigkeit ist die ethische Form der Nichtexistenz. Wer oder was mir gleichgültig ist, dessen Sein oder Nichtsein gilt mir gleich viel. Egal ob es ist oder nicht ist; entscheidend ist allein, daß, wäre es nicht, dies für mich keinen Unterschied machen würde. Es ist bereits jetzt, als wäre es nicht.[345] Darum mag selbst Haß oft leichter zu ertragen sein als vollkommene Gleichgültigkeit, die Proust mit einigem Recht als „Grausamkeit in Permanenz" bezeichnet.[346] Gleichgültigkeit läßt sich auch viel besser instrumentalisieren als der Haß: sie ist verläßlicher und darum auch auf lange Sicht effizienter. „Die Gleichgültigen waren es", schreibt Chesterton,[347] „die eigenhändig die Scheiterhaufen anzündeten und die Folterbank bedienten." Überaus treffend, wie mir scheint, hat Jean-Paul Sartre, vermutlich im Anschluß an Scheler,[348] die Gleichgültigkeit gegenüber anderen Menschen als eigentümliche Form der *Blindheit* definiert. Sie sei ein „faktischer Solipsismus", das heißt im Unterschied zum theoretischen Solipsismus nicht die (erkenntnistheoretisch begründete) *Annahme*, daß allein das eigene Selbst (sole ipse) wirklich sei und die ganze übrige Welt nur eine Fantasie dieses Selbst, sondern vielmehr eine Art und Weise des *Umgangs* mit der Welt und den Menschen, indem man nämlich so handelt, als sei man selbst allein wirklich: „Ich achte kaum auf [die Menschen]", schreibt Sartre, „ich handle, als wäre ich allein auf der Welt; ich streife ‚die Leute', wie ich Mauern streife, ich gehe ihnen aus dem Weg, wie ich Hindernissen aus dem Weg gehe, ihre Objekt-Freiheit ist für mich nur ihr ‚Widrigkeitskoeffizient'; ich stelle mir nicht einmal vor, daß sie mich anblicken könnten".[349] Schon Schopenhauer stellte übrigens im gleichen Sinne den *theoretischen Egoismus* (Sartres theoretischer Solipsismus) einem *praktischen* gegenüber (Sartres faktischer Solipsismus). Während der theoretische Egoist „alle Erscheinungen, außer seinem eigenen Individuum, für Phantome" halte, tue der praktische Egoist „genau das Selbe in praktischer Hinsicht", indem er „nur die eigene Person als eine wirklich solche, alle übrigen aber als bloße Phantome *ansieht* und behandelt".[350] Der praktische Egoist (oder faktische Solipsist) glaubt also nicht wirklich, daß die anderen Menschen nicht als Personen existieren: Wenn man ihn fragte, ob er dies glaube, würde er es aufrichtig verneinen. Er hat keine diesbezügliche theoretische Überzeugung und ist in *diesem* Sinne also nicht der Meinung, daß andere Personen nicht (als Personen) wirklich seien. Sie sind ihm aber in einem anderen Sinne nicht wirklich, indem es ihn nämlich nicht *kümmert*, ob es Personen sind oder Maschinen oder besonders dauerhafte Trugbilder: Es macht keinen Unterschied für ihn, weil er sie auch dann nicht anders behandeln, weil er sie auch dann nicht anders *sehen* würde. Denn bereits jetzt betrachtet er sie nur aus dem Blickwinkel seiner eigenen Interessen und sieht an ihnen folglich nur das, was diesen Interessen entgegenkommt oder widerstreitet, was ihnen dient oder nicht dient. Er fragt nicht, was die betrachtete Sache *ist* (ein Mensch oder eine Maschine) sondern allein, wozu sie zu *gebrauchen* ist. „Diese ‚Leute‘", schreibt Sartre[351], „sind Funktionen: der Schaffner ist nichts als Schaffnerfunktion, der Kellner ist nichts als die Funktion, die Gäste zu bedienen. Von da aus ist es möglich[352], sie meinen Interessen optimal dienstbar zu machen, wenn ich ihre Schlüssel und die ‚Zauberwörter‘ kenne, die ihre Mechanismen auslösen können." In Wahrheit gehen aber weder Schaffner noch Kellner in ihrer jeweiligen Funktion auf. Daß sie zu etwas gut sind, macht nur einen Teil ihrer Wirklichkeit aus und nicht den wesentlichen, nicht die Wirklichkeit, die sie als Personen besitzen und die eben darin besteht, daß sie *sich selbst* ein Gut sind (und das heißt: daß sie einzigartig sind). Und obwohl auch der faktische Solipsist dies in gewissem (abstrakten) Sinne sehr wohl weiß, ist er (in concreto) blind für diesen entscheidenden Aspekt ihrer Wirklichkeit. Diese Blindheit äußert sich in seiner Gleichgültigkeit ihnen gegenüber. Denn sähe er sie in ihrer ganzen Wirklichkeit, sähe und verstünde er, wenn er mit ihnen umgeht, zugleich die Bedeutung, die ihr Kellner- oder Schaffnerleben für sie selbst hat, dann könnten sie ihm nicht mehr gleichgültig sein. Nun sind wir alle die meiste Zeit den meisten Menschen gegenüber faktische Solipsisten: das Leben und Sterben der anderen kümmert uns gewöhnlich nicht sonderlich, oft läßt es uns kalt, vor allem dann, wenn wir die Betreffenden nicht persönlich kennen. Unser theoretisches Wissen (daß auch *diese* Menschen einzigartig sind, daß auch ihr Leid wirklich ist) hat keinen Einfluß auf unser Empfinden. Kann es aber dann überhaupt noch *Wissen* genannt werden, wenn es keinen Widerhall in unseren Empfindungen und damit auch nicht in unseren Handlungen findet? Kann ich denn wirklich um die *Einzigartigkeit* eines Menschen wissen und ihm dennoch *gleichgültig* gegenüberstehen? Ist dies nicht ein Widerspruch? Denn daß etwas einzigartig ist, heißt doch gerade, daß es mit nichts anderem vergleichbar ist, daß es nicht seinesgleichen hat, und wenn ich, wie wir annehmen wollten, fest davon überzeugt bin, daß dies so ist – denn Wissen schließt feste Überzeugung ein, da nicht fest überzeugt zu sein zweifeln heißt, und ich nicht wissen kann, daß etwas so und so ist, und zugleich daran zweifeln, ob es so ist – dann kann ich es unmöglich mit anderen gleichsetzen und als austauschbar betrachten und behandeln. Ich meine daher, daß wir, solange wir einem anderen Menschen gegenüber Gleichgültigkeit bewahren, so wenig um seine Wirklichkeit *wissen*, wie wir etwas vom Fahrradfahren verstehen, wenn wir ein Buch darüber gelesen haben, ohne selbst jemals gefahren zu sein, so wenig, wie wir, nach Platon[353], den Weg nach Larisa kennen (das heißt, ein Wissen von ihm haben), wenn wir ihn zwar korrekt beschreiben können, ihn aber noch niemals selbst gegangen sind.[354] Alles, was wir so haben, meint Platon, ist eine wahre Meinung, aber kein Wissen im eigentlichen, strengen Sinne. Denn wahre Meinung ist nur zufällig wahr, während das Wissen seine Quelle im Gegenstand hat, aus der unmittelbaren *Erfahrung* des Gegenstandes erwächst und darum keinen Zweifel zuläßt. Es ist allerdings für unseren Fall noch recht unklar, worin diese Erfahrung eigentlich bestehen sollte. Wenn man mir entgegenhält, daß ich den Weg nach Larisa nicht wirklich kenne, weil mir die entsprechende Erfahrung fehlt, dann kann ich dies schnell ändern, indem ich den Weg nun doch einmal tatsächlich gehe. Wenn ich durch meine Lektüre nicht gelernt habe, wie man Fahrrad fährt, dann setze ich mich eben auf eines und erwerbe mir so das Wissen, das mir fehlt. Es ist hier ganz offensichtlich, was genau mir noch fehlt, um echtes Wissen von der Sache zu erlangen. Nicht offensichtlich ist aber, was das angeblich echte Wissen um die Einzigartigkeit eines Menschen von dem angeblich nur scheinbaren Wissen unterscheidet, was also jenes diesem voraus hat. Man kann ja nicht sagen, daß beide sich nur darin unterscheiden, daß das eine eben (echtes) Wissen und das andere kein (echtes) Wissen sei, weil die Unterscheidung ohne ein Kriterium willkürlich wäre. Es genügt aber auch nicht zu sagen, daß das eine zu einem entsprechenden Handeln führt (praktische Anerkennung der Unersetzbarkeit), das andere hingegen nicht. Die Unterscheidung kann nicht nur anhand der Folgen gezogen werden, weil sie diese dann nicht mehr *erklären* könnte, und das war ja unsere Absicht. Das Problem ist also noch nicht gelöst, solange wir kein Kriterium gefunden haben, anhand dessen sich echtes Wissen und wahre Meinung oder Scheinwissen klar auseinander halten lassen. Versuchen wir also, ein solches Kriterium zu finden.

23. Wirksames und nichtwirksames Wissen: Ein aristotelisches Modell[355]

Wenn es richtig ist, daß wir einem Menschen, um dessen Einzigartigkeit wir wissen und der uns auf diese Weise wirklich geworden ist, nicht mehr gleichgültig gegenüberstehen könnten und seinen Interessen und seinem Leben folglich ein Gewicht in unseren Handlungsentscheidungen beimessen müßten, dann erweist sich damit auch das sokratische Wort, *daß niemand freiwillig schlecht sei*, als gerechtfertigt, in dem Sinne nämlich, daß niemand einem anderen ein Leid zufügen würde (das er unter den gegebenen Umständen nicht auch bereit wäre, sich selbst zuzufügen), wenn er nur um die Wirklichkeit dieses Leides für den anderen *wüßte*. Sokrates selbst hatte natürlich mit seinem Satz etwas anderes im Sinn. Er konnte nicht glauben, daß jemand etwas Schlechtes tun sollte bei vollem Wissen, *daß* es schlecht sei.[356] Dies erschien ihm unmöglich, weil er erstens davon ausging, daß eine Handlung oder Haltung, die im moralischen Sinne (d. h. für die Gemeinschaft) schlecht ist, immer zugleich auch für den Handelnden selbst schlecht sei, und zweitens, daß niemand etwas für sich selbst Schlechtes wollen könne. Er hielt es für selbstverständlich, daß ein schlechter Mensch niemals nur für die anderen schlecht ist, sondern immer auch für sich selbst, weil die Schlechtigkeit seinem Verständnis nach in erster Linie kein Urteil ist, das die Gemeinschaft aufgrund ihrer Erwartungen an den einzelnen über diesen fällt, sondern eine der beurteilten Sache *objektiv* zukommende und sie wesenhaft ausmachende, wertmindernde Qualität. Darum könne es niemand, meinte Sokrates, gesunden Sinnes vorziehen, ein schlechterer Mensch zu sein, wenn er die Freiheit besäße, auch ein besserer Mensch zu sein. Nun hat es aber durchaus den Anschein, als gebe es Menschen, die genau das tun, was Sokrates für unmöglich erklärt hat, Menschen nämlich, die weder so sind, daß sie ohne inneren Zwiespalt immer das für sie und andere Richtige tun, noch so, daß sie zwar das Schlechte tun, aber doch im Glauben, daß es (für sie) gut sei. Die Erfahrung zeigt, daß Menschen sich tatsächlich, und nicht einmal selten, *derart* verhalten, daß, wie es in der aristotelischen (oder peripatetischen) *Magna Moralia* heißt, sie „wissen, daß etwas minderwertig ist, und es trotzdem tun".[357] Solche Menschen sind weder besonnen noch im Gegenteil zügellos, sondern unbeherrscht. Für Aristoteles, der dem Augenschein und allgemein verbreiteten Auffassungen viel mehr Gewicht

beimaß, als Platon es je getan hat, war dies Grund genug, das sokratische Diktum erneut in Zweifel zu ziehen. Das grundsätzliche Problem blieb aber auch für ihn bestehen, denn Aristoteles ging wie Platon
davon aus, daß das Wissen das Stärkste und Zuverlässigste, am meisten
Konstante und Zwingende im Menschen sei,[358] so daß es schwer einzusehen ist, wie es unter diesen Umständen überhaupt *möglich* sein
sollte, gegen das eigene bessere Wissen zu handeln. Anstatt aber eine
der beiden Voraussetzungen fallen zu lassen und auf diese Weise das
Problem zu lösen, bemühte sich Aristoteles, das Kunststück einer Lösung zu vollbringen, die den offenbar widersprüchlichen Annahmen
(daß der Unbeherrschte gegen sein Wissen handle *und* daß dem Wissen nicht zuwider gehandelt werden *könne*) gleichermaßen gerecht zu
werden vermag. Aristoteles' Vorschlag zur Lösung des sokratischen
Problems ist nun für uns so interessant, daß es sich lohnt, ihn sich
genauer anzusehen. Denn die Schwierigkeit, mit der wir uns oben
konfrontiert sahen, ist ja der sokratischen ganz ähnlich. Während Sokrates vor dem Problem stand, wie es möglich sei zu wissen, daß eine
Handlung schlecht sei, und dabei doch so zu handeln, als sei sie es
nicht (oder als wisse man es nicht), besteht unser Problem darin zu
verstehen, wie es möglich sein soll zu wissen, daß ein beliebiges Gegenüber ein Mensch (eine einzigartige Person also)[359] ist, wenn man
gleichzeitig so handelt, als sei es kein Mensch (oder als wisse man es
nicht). Gelingt es Aristoteles nun, für das Problem des Sokrates eine
befriedigende Lösung bereitzustellen, so dürften wir hoffen, damit
auch unser Problem gelöst zu sehen.

Zunächst unterscheidet Aristoteles im Anschluß an Platons *Theaitet*[360] und im Rückgriff auf seine eigene ontologische Grundthese hier-
archisch angeordneter Seinsstufen zwei Formen des Wissens, eine
schwache und eine starke oder, um die Terminologie der aristotelischen Metaphysik zu benutzen, ein Wissen im Zustand der Potenz
(dynamis) und eines im Zustand der Wirksamkeit (energeia). Man
könne nämlich, schreibt Aristoteles, Wissen haben und es tatsächlich
gebrauchen, oder aber es lediglich *haben*, *ohne* es zu gebrauchen,[361]
ähnlich wie man von einem Schlafenden sagen könne, daß er zwar
manches wisse, aber dieses Wissen im Augenblick nicht in ihm wirksam sei.[362] Wie der Schlafende, ebenso der Betrunkene oder der Wahn-
sinnige, *hat* auch der Unbeherrschte das nötige Wissen und hat es
zugleich doch nicht. Wenn er auch sagt, er wisse sehr genau, was er
tue, so ist er doch kaum etwas anderes als ein Schauspieler, der Em-
pedokles rezitiert, ohne ein Wort von dem zu begreifen, was er da

eigentlich vorträgt.[363] Der Unbeherrschte *hat* also zwar Wissen, aber nicht im Zustand der Wirksamkeit. Nur deshalb sei es ihm möglich, gegen sein Wissen zu handeln.

Mit dieser Erklärung gibt sich Aristoteles allerdings nicht zufrieden, sondern bringt vielmehr einen neue Deutungsmöglichkeit des Problems ins Spiel, die sich entweder als ein selbständiges zweites Argument lesen läßt, oder aber als lediglich eine andere Formulierung des ersten Arguments oder schließlich als dessen Erweiterung. Die Unbeherrschtheit lasse sich, fährt Aristoteles nämlich fort, auch nach Art eines praktischen Syllogismus verstehen, dessen allgemeiner Obersatz zwar gewußt wird, nicht aber der entsprechende Untersatz, der erst den nötigen Bezug zwischen einer vorliegenden Situation und dem Obersatz herstellen würde.[364] Solange ich etwa, erläutert Aristoteles, zwar weiß, daß trockene Nahrung für den Menschen gut ist, nicht aber, daß diese Nahrung hier trocken *ist*, solange weiß ich auch nicht, ob die betreffende Nahrung gut für mich ist oder nicht. Das gleiche gelte (und hier greifen beide Deutungen ineinander über), wenn der Untersatz zwar gewußt, aber dieses Wissen nicht wirksam werde. In jedem Fall läßt sich aber sagen, daß das Wissen vom Allgemeinen erst *wirksam* werden kann, wenn ich eine gegebene Situation auch (wirklich) als eine Situation erkenne, die sich unter das Allgemeine subsumieren läßt. Bei der Unbeherrschtheit könne es sich nun so verhalten, daß der unbeherrscht Handelnde zwar sehr wohl wisse, daß eine bestimmte Art von Handlungen schlecht sei, er aber im Augenblick nicht in der Lage sei zu erkennen, daß die von ihm begangene oder zu tun angestrebte Handlung eben zu jener Art von Handlungen zählt, von denen er genau weiß, daß sie schlecht sind. Ferner sei es auch möglich, daß er das allgemeine Wissen habe, dieses aber nicht wirksam werde, weil ihm ein *anderes* allgemeines Wissen entgegenstehe, das nun seinerseits, und zwar unter dem Einfluß der Begierde, wirksam werde. So wenn ich, statt meinem Wissen, daß alles Süße schlecht sei, Beachtung zu schenken, das entgegengesetzte Wissen wirksam werden lasse, daß nämlich alles Süße auch *angenehm* sei, und dann daraus, daß diese Sache hier süß sei, den praktischen Schluß ziehe, die betreffende Sache zu essen.[365]

In beiden Formulierungen des Arguments (oder in beiden Argumenten) ist Aristoteles bemüht, zwei Wissensformen voneinander zu unterscheiden. In der ersten Version sind es *Zustände* oder *Grade* des Wissens (nämlich Haben und Gebrauch oder reale Möglichkeit und Wirksamkeit), an denen sich die Unterscheidung orientiert, in der zweiten Version hingegen zwei *Gegenstände* des Wissens, nämlich das Wissen des Allgemeinen und das Wissen des Besonderen. Nun gibt es mindestens drei Möglichkeiten, die beiden Beschreibungen miteinander in Beziehung zu setzen. Man kann sie (a) als zwei logisch und inhaltlich unabhängige Argumente begreifen, in dem Sinne, daß es theoretisch genauso möglich wäre, daß jemand ein Wissen des Allgemeinen im Zustand der Wirksamkeit wie eines im Zustand der Nichtwirksamkeit hätte, und/oder eben ein Wissen des Besonderen im Zustand der Wirksamkeit oder eines im Zustand der Nichtwirksamkeit. Man könnte (b) beide Beschreibungen als Varianten desselben Arguments betrachten, so nämlich, daß das Wissen des Allgemeinen grundsätzlich ein Wissen im Zustand der Nichtwirksamkeit wäre, das Wissen des Besonderen hingegen grundsätzlich ein Wissen im Zustand der Wirksamkeit. Nach der von Aristoteles gewählten Formulierung zu urteilen ist es aber wahrscheinlicher, daß (c) die zweite Beschreibung als eine präzisierende Ergänzung der ersten aufzufassen ist, so nämlich, daß das Wissen genau dann im Zustand der Wirksamkeit ist, wenn es *sowohl* ein Wissen des Allgemeinen *als auch* ein darauf anwendbares Wissen des Besonderen beinhaltet. Wo hingegen nur ein Wissen des Allgemeinen ohne ein Wissen des Besonderen herrschte, oder umgekehrt nur ein Wissen des Besonderen ohne ein Wissen des Allgemeinen, da könnte das jeweilige Wissen nicht wirksam sein. Gegen (c) – und a fortiori auch (b) – spricht allerdings, daß Aristoteles sowohl von dem Wissen des Allgemeinen als auch von dem Wissen des Besonderen erwähnt hatte, daß beides je für sich im Zustand der Potenz wie im Zustand der Wirksamkeit sein könne,[366] woraus folgt, daß die Wirksamkeit nicht einfach aus dem Zusammentreffen des allgemeinen und des besonderen Wissens resultieren kann. Man könnte aber (c) durch eine Verbindung mit (a) retten, indem man nämlich auf der Ebene der Wirksamkeit noch einmal zwischen einer Wirksamkeit erster Stufe und einer Wirksamkeit zweiter Stufe unterschiede, wie es Aristoteles in seiner Schrift über die Seele ausgeführt hat.[367] So ist ihm das Auge beispielsweise als bloß materielles Ding betrachtet nur Stoff und Möglichkeit (dynamis). Seinem Begriff nach *wirklich* (erste Stufe) werde das Auge hingegen erst durch die Sehkraft, aber im *eigentlichen* Sinne wirklich (zweite Stufe) werde es erst durch den *Gebrauch* des Sehvermögens, d. h. durch das *Sehen* selbst. Analog dazu könnte man auch bezüglich des Wissens sagen, daß es im eigentlichen Sinne wirksam erst sei, wenn es sich als Handeln entäußert. Diese *praktische* Wirksamkeit setzt als Wirksamkeit zweiter Stufe *sowohl* ein Wissen des Allgemeinen *als auch* ein Wissen des Besonderen voraus, und zwar beides im Zustand der Wirksamkeit (erster Stufe). Wirksamkeit des Wissens in diesem starken Sinne meint dann immer den Gebrauch des Wissens, d. h. wenn ich ein solches Wissen tatsächlich habe, dann handle ich notwendig gemäß diesem Wissen. Das kann ich aber nur, wenn ich sowohl die gegenwärtige Situation erkenne, als auch ein Wissen darüber habe, was in einer solchen Situation zu tun ist. Wenn ich nur weiß, daß dies ein Fieberkranker ist, nicht aber, wie man mit einem Fieberkranken umgeht, werde ich mit meinem Wissen nichts anfangen können. In der gleichen Lage befinde ich mich, wenn ich zwar weiß, wie man mit einem Fieberkranken umgeht, nicht aber, daß dies hier ein Fieberkranker ist.

Für dieses doppelte Wissen im starken Sinne (wirksames Wissen des Allgemeinen *und* wirksames Wissen des Besonderen) hat Aristoteles einen Begriff, was leicht übersehen werden kann, da er diesen Begriff nicht im Rahmen des Problems der Unbeherrschtheit erörtert. Er nennt dieses Wissen *Phronesis*, was so viel bedeutet wie Lebensklugheit oder besser noch (da es weit mehr ist als bloße Cleverness im Erreichen beliebiger Ziele): sittliche Einsicht. Phronesis ist bei Aristoteles eine Art fest im Charakter gegründete Fähigkeit zur stets richtigen Bestimmung und Ausführung derjenigen Handlungen, die ein im ganzen gutes Leben ausmachen oder innerhalb eines solchen unabdingbar sind.[368] Phronesis ist also kurz gesagt ein Wissen darum, welche Handlungen in Wahrheit gut und welche in Wahrheit schlecht sind, und zwar ein Wissen, das bereits seine eigene Anwendung einschließt. Das bedeutet, daß Phronesis schon dem Begriff nach ein Wissen im oben beschriebenen starken Sinne ist, ein *wirksames* Wissen also, das eben deshalb und nur deshalb Wissen heißt, weil es stets zur Ausführung der als richtig erkannten Handlung führt.[369] Der Unbeherrschte, der im Prinzip weiß, was zu tun wäre, es aber in einer gegebenen Situation dann doch nicht tut, besitzt demnach *keine* Phronesis. Die Phronesis ist – im Unterschied etwa zur philosophischen Weisheit – grundsätzlich auf das *Handeln* bezogen und hat es deshalb niemals nur mit dem Allgemeinen, sondern immer auch und vor allem mit dem Besonderen und Einzelnen zu tun. Zur richtigen Einsicht, sagt Aristoteles, gehört beides, das Wissen des Allgemeinen und das Wissen des Besonderen.[370] Z. B. genüge es nicht, wenn ich nur wisse, daß leichtes Fleisch besser verdaulich sei als schweres. Ich muß auch im Einzelfall wissen, *welches* Fleisch leicht ist. Junge Menschen besäßen selten sittliche Einsicht,[371] da diese sich nicht von einem Tag auf den anderen und durch bloße Belehrung erwerben lasse, denn zur Kenntnis des Besonderen gehöre eine gewisse Erfahrung.[372]

Was für einer Art ist nun dieses Wissen, das ich durch Erfahrung erwerbe? Es kann nicht in der Kenntnis einer allgemeinen Regel bestehen, denn für die Erkenntnis des Besonderen als Besonderem kann es keine allgemeine Regel geben. Aristoteles vergleicht es mit dem Wissen, das vermittels des intuitiven Verstandes (nous) erlangt wird, der die letzten und allgemeinsten, nicht weiter ableitbaren Wahrheiten erfaßt, bei denen jede wissenschaftliche Erkenntnis (epistêmê) ansetzen muß.[373] Auch die Phronesis ist eine Art intuitiver Verstand,[374] denn wie von den allgemeinsten Gegenständen keine wissenschaftliche Erkenntnis möglich ist, so auch nicht am anderen Ende des Weges von dem Besonderen. Sowohl das Allgemeinste als auch das Besondere sind *Letztgegebenheiten* (eschata), und als solche müssen beide, wenn auch nicht notwendig auf dieselbe Weise, *wahrgenommen* werden, allerdings ohne die Beschränkung auf bestimmte Gegenstände, wie sie den Sinnesempfindungen eigentümlich sind, sondern eher so, wie man in der Mathematik ein Dreieck als Letztgegebenes wahrnehme. Mittels der Wahrnehmung, schreibt Aristoteles entsprechend in der *Metaphysik*, erlangen wir „die bestimmteste Erkenntnis der Einzeldinge".[375] Damit kommt Aristoteles zu dem gleichen Ergebnis wie Platon im *Theaitet*, mit dem Unterschied, daß Aristoteles klar ausspricht, was Platon nur angedeutet hat.[376] Ohne die Kenntnis des Besonderen ist die Kenntnis des Allgemeinen nutzlos. Darum, sagt Aristoteles, bedarf es im Leben notwendig einer Wahrnehmung (aisthesis) des Besonderen.[377] Dies ist der Grund, warum die Anschauungen der Alten und die tradierten Meinungen nach Auffassung des Aristoteles genauso ernst genommen werden sollten wie strenge Beweise. Die Alten nämlich hätten durch lange Erfahrung ein Auge dafür gewonnen, was im Einzelfall zu tun sei.[378] Sittliche Einsicht wäre demnach so etwas wie ein Vermögen der *Wahrnehmung* des Richtigen und Falschen im Bereich des Handelns.

Sehen wir nun, inwieweit sich diese Überlegungen des Aristoteles für unsere ursprüngliche Problemstellung fruchtbar machen lassen. Wir hatten angenommen, daß die Gleichgültigkeit gegenüber anderen Menschen und dem, was ihnen geschieht, aus dem fehlenden Bewußtsein ihrer Wirklichkeit resultiert: Wer mir gleichgültig ist, der ist mir nicht wirklich, in dem Sinne, daß ich ihn nicht als das erkenne, was er faktisch ist, nämlich eine Person, ein Mensch, dessen Leben für ihn selbst die gleiche absolute, einzigartige Bedeutung hat wie mein Leben für mich. Mag er auch noch so an seinem Leben hängen, mag sein Leid auch noch so groß sein, so kümmert mich das doch nicht weiter, weil ich in Wahrheit nichts davon weiß. *Sein* Leid ist mir unbekannt, denn alles, was ich wahrnehme (nicht weil es nichts anderes wahrzunehmen gäbe, sondern weil dies eben die Art ist, wie ich wahrnehme), sind körperliche Reaktionen, vielfältig deutbare Zeichen, die nichts mehr bezeichnen als sich selbst. Diese Unwissenheit, so lautete unsere Vermutung, ist der Grund dafür, daß Menschen gegenüber dem Leiden anderer Lebewesen so oft gleichgültig sind bzw. sich im Handeln nicht von diesem Leiden betreffen lassen. Nur vermochten wir vorhin nicht so recht zu sagen, worin (wenn man von den praktischen Konsequenzen, die es ja zu erklären galt, einmal absieht) eigentlich das echte Wissen sich von dem vermeintlichen Wissen (mit Platon gesprochen: der wahren Meinung) unterscheidet. Diese Schwäche der Erklärung läßt sich nun mit Hilfe der aristotelischen Analyse des Unbeherrschtheitsproblems und der daraus resultierenden Bestimmung des wahren, handlungswirksamen Wissens als Zusammensetzung aus allgemeinem und besonderem Wissen beheben. Denn jetzt sehen wir, daß, um einen elementarethischen Grund zu haben, einem Menschen bzw. irgendeinem leidensfähigen Lebewesen *kein* Leid zuzufügen, ich ein doppeltes Wissen benötige, nämlich erstens, daß es falsch ist, einem solchen Wesen Leid zuzufügen (daß ich es nicht soll), und zweitens daß es sich bei der Sache, mit der ich es hier zu tun habe, tatsächlich um ein solches leidensfähiges Wesen handelt (von dem ich weiß, daß es falsch ist, ihm Leid zuzufügen). Wenn ich aber nur weiß, daß es falsch ist, leidensfähigen Wesen Leid zuzufügen, nicht aber, daß dies ein leidensfähiges Wesen ist, und wenn ich zwar weiß, daß dies ein leidensfähiges Wesen ist, nicht aber, daß es falsch ist, solchen Wesen Leid zuzufügen, werde ich im einen wie anderen Fall keinen elementarethischen Grund haben, ihm kein Leid zuzufügen (was nicht unbedingt bedeutet, *daß* ich einen Grund hätte, es zu tun, oder nicht *andere* Gründe, es nicht zu tun).

Wenn ich nun tatsächlich davon überzeugt bin, daß man einem leidensfähigen Wesen im allgemeinen kein Leid zufügen sollte, dann ist es, wann immer ich einem solchen Wesen begegne, entweder so, daß ich seine Leidensfähigkeit bemerke, oder so, daß ich sie nicht bemerke. Wenn ich weiß, daß dieses Wesen leidensfähig ist und dieses Wissen in mir wirksam wird, d. h. wenn ich es *wirklich* als leidensfähiges Wesen erkenne, werde ich ihm – gemäß dem aristotelischen Paradigma – sicher kein Leid zufügen. Wenn ich es aber entweder überhaupt nicht oder nicht *wirklich* als leidensfähig erkenne, dann kann es mir passieren, daß ich ihm – obwohl es faktisch meiner allgemeinen Handlungsmaxime widerspricht – ein Leid zufüge, da ich zwar das Wissen habe, daß es schlecht ist, leidensfähigen Wesen Leid zuzufügen, nicht aber das Wissen, daß es schlecht ist, gegenüber *diesem hier* auf eine Weise zu handeln, die, wie ich weiß, bei leidensfähigen Wesen Leid verursachen würde. Einen Stein kann man nicht mißhandeln, aber wenn ich ihn für einen Menschen halte, kann ich doch glauben, daß ich es tue. Umgekehrt kann ich ein reines Gewissen bewahren, wenn ich einen Menschen, den ich mißhandle, für einen Stein halte.[379] Ödipus tötet seinen Vater und ehelicht seine Mutter und würde doch die Zumutung von Vatermord und Inzest auf das entschiedenste zurückweisen. Er hält sich für schuldlos, nicht weil er sich nicht um die anerkannten moralischen Gebote kümmern würde, sondern weil er nicht weiß, daß er eines von ihnen gebrochen hat. Er hat ein (wirksames) Wissen des Allgemeinen, aber kein – nicht einmal ein nichtwirksames – Wissen des Besonderen. Grundsätzlich gilt: Dadurch, daß mir das Wissen um die Subsumierbarkeit der in der gegebenen besonderen Situation anfallenden Handlung unter eine von mir akzeptierte, allgemeine moralische Handlungsmaxime fehlt, bleibt es mir gestattet, diese Maxime auch weiterhin zu achten und eine etwaige positive Selbsteinschätzung zu bewahren, ohne mich aber in meinem konkreten Handeln nach ihr richten zu müssen. So hat Descartes, indem er die Empfindungsfähigkeit der Tiere leugnete und sie zu bloßen Automaten erklärte, einen hervorragenden Weg gefunden, Experimente am lebenden Tier, die man bei Menschen zurecht als schwere Folter betrachten würde, moralisch zu legitimieren. Entsprechend erklärten die Nazis Juden für Untermenschen, nahmen so auch derer Leiden ein Stück seiner Wirklichkeit und konnten deshalb ihre Vernichtungsaktion planen und durchführen, ohne daß die Ausführenden notwendig an ihrer eigenen moralischen Integrität hätten zweifeln müssen – denn es waren ja in ihrem Verständnis keine Menschen, im vollen Sinne des Wortes, die sie quälten und töteten. „Die Entmenschlichung der Objekte und die positive moralische Selbsteinschätzung", schreibt Zygmunt Bauman zurecht über die Bürokratisierung der Judenvernichtung im Dritten Reich, „verstärken sich gegenseitig."[380] Mit anderen Worten: die Ausführenden des größten und bestorganisiertesten Massakers in der Geschichte wußten und akzeptierten in der Regel durchaus, daß man Menschen nicht einfach umbringen durfte, aber sie wußten nicht (oder sie hatten vergessen oder nie gelernt), daß es tatsächlich Menschen *waren*, die sie umbrachten. Was heißt aber: sie wußten es nicht? Soll man im Ernst glauben, daß die Mörder nicht wußten, was sie taten, daß sie tatsächlich wähnten, ihre Opfer seien keine Menschen oder empfänden den Schmerz und das Leid nicht wie sie selbst? Wohl wußten sie es, vielleicht aber wußten sie es nicht so, wie es nötig gewesen wäre, um es nicht zu tun. Vielleicht war ihr Wissen, daß sie es mit Menschen und realem Leiden zu tun hatten, nur, aristotelisch gesprochen, nicht *wirksam*, und es war die Nichtwirksamkeit, nicht die Nichtexistenz dieses Wissens, die sie daran gehindert hat, einen entsprechenden Bezug zu ihren moralischen Grundsätzen herzustellen. „Ein Antisemit", schrieb 1945 Maurice Merleau-Ponty, „könnte es nicht mitansehen, wie Juden gefoltert werden, wenn er sie wirklich sehen, wenn er dieses Leiden und diesen Todeskampf in einem individuellen Leben wahrnehmen würde, doch die Juden, die leiden, sieht er gerade nicht, er ist im Mythos *des* Jüdischen."[381] Noch einmal stellt sich also die Frage, was es genau bedeutet, zu *wissen* – und diesmal im starken Sinne zu wissen –, daß ein Mensch ein Mensch ist und daß sein Leiden wirklich ist?

Das Wissen des Besonderen ist nach Aristoteles, wie wir sahen, eine Art von Wahrnehmung. Wenn das richtig ist, würde im starken Sinne zu wissen, daß dies hier ein leidensfähiges Wesen ist, bedeuten, es tatsächlich als leidensfähiges Wesen *wahrzunehmen*. Die Leidensfähigkeit an *diesem* Wesen wahrzunehmen, ist etwas ganz anderes als nur zu wissen, daß dieses Wesen zur Gruppe der leidensfähigen Wesen gehört. Die Leidensfähigkeit wahrzunehmen, bedeutet nicht, daß wir sie aus irgendwelchen *anderen* Merkmalen des betreffenden Wesens (wie etwa dem Vorhandensein eines zentralen Nervensystems) *erschließen* und sie ihm deshalb *zubilligen*. Die Leidensfähigkeit wahrzunehmen, bedeutet vielmehr, daß die Leidensfähigkeit *selbst* an dem konkreten Einzelwesen, um das es in der Handlungssituation geht, zur Erscheinung kommt. Das solcherart erlangte Wahrnehmungswissen ist in stärkerem Maße Wissen als es irgendein anderes Wissen sein kann. Es ist das eigentlich *wirksame* Wissen, und zwar nicht nur des Besonderen, wie man zunächst denken könnte, sondern damit auch zugleich des Allgemeinen. Tatsächlich ist nämlich dieses starke Wissen oder die unmittelbare Wahrnehmung des Besonderen das Fundament, auf das sich die allgemeinen Sätze der Moral stützen. Ich würde niemals (im starken Sinne) wissen, daß es schlecht ist, Menschen zu töten und leidensfähigen Wesen Leid zuzufügen, wenn ich nicht schon einmal die Wirklichkeit des Menschseins bzw. des Leidens an einem an-

deren Wesen unmittelbar erfahren hätte. Ursprünglich ist, wie nicht
oft genug betont werden kann, nicht die allgemeine Regel, aus der
dann deduktiv die in einer besonderen Situation erforderliche Handlung abgeleitet würde, sondern ursprünglich ist die Wahrnehmung
eines anderen als leidensfähigem Wesen, aus der dann induktiv die
allgemeine Regel folgt. So läßt sich auch die eher beiläufige Bemerkung des Aristoteles verstehen, daß man von der Wahrnehmung des
Einzelgegebenen aus zum Allgemeinen gelange.[382] Ich ziehe also den
Schluß, daß wir erst dann *wirklich* erkennen, was Leidensfähigkeit
bedeutet, wenn wir sie schon einmal an einem anderen Wesen wahrgenommen haben, und daß, wenn wir sie erkannt *haben*, wir *zugleich*
erkannt haben, daß es schlecht ist, diesem Wesen Leid zuzufügen.
Anders gesagt: das eigentlich moralische (elementarethische) Handeln
beruht *allein* auf einem durch die Wahrnehmung vermittelten Wissen
des Besonderen, das heißt, es ist ein *Wertewissen*, das dem Wahrnehmenden bereits eine bestimmte Handlung nahelegt, ohne daß diese
erst noch nach Art eines praktischen Syllogismus über einen voraus-
zusetzenden allgemeinen Satz vermittelt zu werden bräuchte. Eine
moralische Überzeugung ist im Idealfall ein durch die Wahrnehmung
erlangtes und durch sie stets erneuertes und bestätigtes Wissen um das,
was ist. Die Wahrnehmung ist die Quelle der Moral. Versiegt sie oder
wird sie zeitweise oder dauerhaft verstopft, so daß die allgemeinen
moralischen Grundsätze von der Wahrnehmung abgeschnitten werden, verlieren sie ihre Wirkungskraft. „Denn", wie Aristoteles bemerkt, „alles Wahrnehmbare wird ungewiß, wenn es der Wahrnehmung entzogen wird".[383]
Die Wahrheit dieses Satzes und seine moralphilosophische Bedeutung wird eindringlich bestätigt durch die Versuche, die der Psychologe Stanley Milgram zwischen 1960 und 1963 an der Yale University
durchführte. Die Versuche sind auch heute noch relativ bekannt, werden aber üblicherweise nur als Beleg für die extreme Autoritätshörig-
keit zitiert, die viele Menschen auch und vielleicht gerade in Fragen
der Moral beweisen. Selten jedoch wird bemerkt, daß Milgram mit
seinen Versuchen nicht zuletzt auch die allgemeinen Bedingungen individuellen moralischen Handelns erkunden wollte und daß er dabei
entdeckte, wie sehr unsere Bereitschaft, einen anderen Menschen vor
Schmerz und Verletzung zu bewahren, davon abhängt, inwieweit er
uns *sinnlich erfahrbar* (und damit wirklich) wird. Der Verlauf der
Versuche soll deshalb hier noch einmal in Erinnerung gerufen werden.

24. Das Milgram-Experiment[384]

Der ursprüngliche Zweck von Milgrams Experiment war es festzustellen, unter „welchen Bedingungen (…) ein Mensch, dem ein Versuchsleiter aufträgt, mit zunehmender Härte gegen einen anderen Menschen vorzugehen, diesen Befehlen gehorchen und unter welchen Bedingungen (…) er den Gehorsam verweigern" würde.[385] Versuchspersonen (verschiedener Bildungs- und Altersstufen) wurden durch Zeitungsanzeigen und Rundschreiben angeworben, vorgeblich für eine Untersuchung der Gedächtnisleistung und des Lernvermögens. Vor dem Experiment wurde jedem erklärt, daß man erstens herausfinden wolle, wie sich Bestrafung auf das Lernen auswirke, und zweitens, welche Rolle die Person des Lehrers dabei spiele. Deshalb wolle man nun eine Versuchsperson als Schüler einsetzen, eine andere als Lehrer. Aufgabe des „Schülers" würde es sein, Wortpaare zu lernen, Aufgabe des Lehrers hingegen, den Lernerfolg zu überprüfen und eventuelle Fehler zu bestrafen. Mittels eines fingierten Losentscheids wurden sodann die echten Versuchspersonen zu Lehrern bestimmt, während die jeweiligen Schüler in Wirklichkeit von einem Mitarbeiter des Versuchsleiters gespielt wurden. Die Versuchspersonen wurden nun jeder vor einen eindrucksvollen Generator platziert, dessen Schalter sie bewegen sollten, um damit dem auf einem speziellen Stuhl festgebundenen „Schüler" Elektroschocks zu versetzen und ihn auf diese Weise für eventuelle Fehler zu bestrafen. Dabei sollte die Spannung bei jedem Fehler um 15 Volt erhöht werden, solange bis alle Wortpaare gelernt sein würden. Insgesamt gab es dreißig Schalter, die mit Voltangaben zwischen 15 und 450 sowie zusätzlichen Bezeichnungen für „leichte", „mäßige", „mittlere", „kräftige", „schwere", „sehr schwere" und „bedrohliche" Schocks beschriftet waren (sowie „xxx" für die beiden höchsten Voltstufen). Zögerte die Versuchsperson in einem bestimmten Stadium des Experiments, weitere Schocks in verabreichen oder die Spannung weiter zu erhöhen, forderte der Versuchsleiter sie zum Weitermachen auf. Bei Nachfrage schloß er die Möglichkeit bleibender „Gewebsschädigungen" für den „Schüler" schroff aus. Blieb die Versuchsperson trotz der nachdrücklichen Ermahnungen des Versuchsleiters bei ihrer Weigerung fortzufahren, wurde das Experiment abgebrochen.

Der Versuch war zunächst so angeordnet, daß der „Schüler" sich in einem Nebenraum befand und vom „Lehrer" weder gesehen noch

gehört werden konnte. Allein das Surren des Generators und Aufblin-
ken einer Leuchte zeigte das erfolgte Verabreichen eines Schocks an.
Lediglich bei 300 Volt dröhnten für einen Moment die Wände, wenn
das Opfer im Protest dagegen schlug. Erst zu diesem Zeitpunkt weigerten sich die ersten Versuchspersonen, mit ihrer Tätigkeit fortzufahren. Der weitaus größte Teil aber, insgesamt 65 %, ließ sich nicht ab-
lenken und ging bis zur Maximalstufe von 450 Volt. Dieses von niemandem erwartete und später in der Öffentlichkeit großes Aufsehen
erregende Ergebnis veranlaßte Milgram, nach einer „Kraft" zu suchen
und in das Experiment einzuführen, „die den Widerstand der Versuchsperson gegen die Befehle des Versuchsleiters bestärken" würde.[386] In Voruntersuchungen, bei denen der „Schüler" durch eine be-
klebte Glasscheibe undeutlich gesehen werden konnte, war von Be-
obachtern bereits das Bemühen der Versuchspersonen bemerkt
worden, den Blickkontakt mit dem „Schüler" zu vermeiden. Um herauszufinden, ob vielleicht die Gehorsamsbereitschaft abnehmen würde, „wenn das Opfer der Versuchsperson immer deutlicher gemacht
würde",[387] wurde der Versuch nun dreifach variiert. Die erste Variante, von Milgram „akustische Rückkopplung" genannt, machte die Reaktionen des „Schülers" *hörbar*: seine Schmerzenslaute und -schreie,
seine Bitten, mit der Bestrafung aufzuhören und ihn zu befreien, sein
schließliches Verstummen. Obwohl sich nun einige weit früher als
noch in der ursprünglichen Versuchsanordnung weigerten, bis zum
Ende der Prozedur fortzufahren, senkte sich doch die Zahl jener, die
dennoch bereit waren, den Maximalschock zu versetzen, nur geringfügig (62,5 %). Dies wurde erst anders bei der zweiten Variante
(„Raumnähe"), bei welcher der „Schüler" mit dem „Lehrer" im selben
Raum saß und somit nicht mehr nur hör- sondern jetzt auch sichtbar
war. Nun waren es mit einem Mal nur noch 40 %, die sich dem erklärten Willen des Versuchsleiters und der Disziplin des Experiments
bis zum Schluß fügten, wenn auch zum Teil unter verbalem Protest.
Die letzte Variante („Berührungsnähe") schließlich nötigte den „Lehrer" ab einer Spannung von 150 Volt, den „Schüler" zu berühren und
seine Hand gegen dessen ausdrücklichen Wunsch auf eine Schockplat-
te zu pressen, um die Bestrafung zu vollziehen. Der Prozentsatz derer,
die sich auch hierdurch nicht von ihrer vermeintlichen Aufgabe abbringen ließen, sank um weitere zehn auf 30 Prozent. Zusammenfassend läßt sich also sagen, „daß die Gehorsamsbereitschaft sich deutlich
vermindert, je unmittelbarer und näher der Kontakt des Opfers zur
Versuchsperson" ist.[388]

Milgram gab sich nun nicht mit einer bloßen Konstatierung dieses Befundes zufrieden, sondern fragte auch nach seinen Ursachen. Eine mögliche Erklärung glaubte er unter anderem auch darin zu finden, daß erstens in der ursprünglichen Versuchsanordnung („Fernraum") die Versuchspersonen sich „nur in einem begrifflichen Sinn" bewußt seien, „daß ihre Handlungen einem anderen Schmerz zufügen", zweitens, daß der Erkenntnisbereich dort auch so verengt sei, „daß das Opfer aus dem Bewußtsein verdrängt werden" könne, während es bei ständiger Sichtbarkeit „zwangsläufig in die Wahrnehmung der Versuchsperson" eindringe. Hinzu komme drittens, daß bei Raum- und Berührungsnähe ja auch das Opfer seinerseits die Versuchsperson anblicken und auf diese Weise kontrollieren könne, denn möglicherweise falle „es uns leichter, einen zu verletzen, der nicht fähig ist, unsere Handlungen zu beobachten, als einen, der sehen kann, was wir tun." Eine solche Tendenz lasse sich etwa in der Scheu vor offener Kritik erkennen oder auch im Bemühen, einen anderen nicht anzusehen, wenn man ihn belügt. Möglicherweise gehöre auch das Verbinden der Augen eines Opfers vor seiner Erschießung in diesen Zusammenhang. Von Bedeutung könne viertens auch sein, daß die eigene Handlung im Fernraum-Experiment durch die „physische Trennung zwischen der Handlung und ihrer Wirkung" nicht mehr in ihrer *Einheitlichkeit* erfahren werden könne.[389] Mit zunehmender (erst akustischer, dann auch optischer) Nähe des Opfers werde die Verbindung zwischen Handlung und Wirkung jedoch immer zwingender, bis sie schließlich in der Berührungsanordnung unabweisbar werde. „Jedes Mittel, die erfahrene Bedeutung des Akts ‚ich bereite einem Menschen Schmerzen' zu beseitigen oder abzuschwächen, macht es leichter, den Akt auszuführen. (...) Denkt man nur an die Anzahl, ist es verwerflicher, zehntausend Menschen zu töten, indem man ein Artilleriegeschoss in eine Stadt feuert, als einen Menschen zu töten, indem man mit einem Stein auf ihn einschlägt; dies ist jedoch bei weitem der psychisch schwierigere Akt. Entfernung, Zeit und physische Barrieren neutralisieren das Moralempfinden. Es gibt praktisch überhaupt keine psychologischen Hemmungen, Küstengebiete zu bombardieren oder aus einem Flugzeug, siebentausend Meter hoch, Napalm abzuwerfen. Und für einen Mann vor einem Knopf, der die Vernichtung eines ganzen Landstrichs auslöst, hat die Bedienung dieses Knopfes etwa die gleiche emotionale Bedeutung, wie wenn er nach dem Aufzug klingelt."[390]

Zurecht spricht Milgram von der *erfahrenen* Bedeutung des Akts ‚ich bereite einem Menschen Schmerzen'. Die Erfahrung ist der

Schlüsselbegriff dieser Passage. Er verweist auf eine Wissensart, die sich nicht nur von jedem rein kognitiven Wissen unterscheidet, sondern auch – im Widerspruch zur üblichen Abwertung des Sinnlichen – wesentlich *zwingender* zu sein scheint als dieses. Unser bloß abstraktes Wissen, daß wir durch eine bestimmte Handlung einen anderen Menschen verletzen werden, ist eben in der Regel ein zu schwaches Motiv, als daß es uns daran hindern könnte, unter geeigneten Umständen die betreffende Handlung auszuführen. Jeder Pilot, der im Begriff ist, eine Bombe auf ein bewohntes Gebiet abzuwerfen, weiß, was er tut, und weiß es doch nicht. Er weiß (oder hat vielmehr eine wahre Meinung darüber), daß dort unten Menschen sind und daß ein Großteil von ihnen in Folge des Bombenabwurfes sterben werden. Aber das Menschsein dieser Menschen ist ihm nur ein Begriff, keine begegnende Wirklichkeit, und auch ihr Sterben ist nur die Eliminierung zählbarer Einheiten. Die herrschende Sprachregelung tut das ihre, um den Akt der Vernichtung vor dem Bewußtsein des Handelnden zu verbergen (tote Soldaten etwa sind „feindliche Verluste"). Die Opfer werden nicht mehr in ihrer Einzigartigkeit und somit auch nicht mehr in der Wirklichkeit ihrer Existenz erfaßt, denn abstraktes Wissen ist immer Wissen des Allgemeinen, niemals des Besonderen. Wirklich ist aber nur das Besondere, nicht das Allgemeine. Um begreifen zu können, was es bedeutet, einen Menschen zu töten, muß ich den ganzen Sachverhalt konkret erfahren. Das heißt, ich muß sowohl erfahren, daß ich einen Menschen *verletze*, als auch, daß es ein *Mensch* ist, den ich verletze, als auch schließlich, daß *ich* es bin, der ihn verletzt. All dies wird extrem erschwert, solange das Opfer weder hör- noch sichtbar ist. In der modernen Gesellschaft mit ihrem breitgefächerten bürokratischen Apparat lassen sich destruktive Handlungen derart aufsplittern, daß die Opfer der Handlung ganz aus dem Blick geraten. Jede Bürokratisierung leistet so der Entmenschlichung Vorschub und erleichtert die Tötung, wie es überhaupt jede Entfernung der Opfer aus dem Gesichtskreis der Ausführenden tut. Ohne den wohlorganisierten deutschen Verwaltungsapparat etwa wäre der Mord an den europäischen Juden kaum möglich gewesen. Was durch Bürokratisierung nicht erreicht werden konnte, machte die Konzentration der Opfer in zumeist außerhalb Deutschlands liegenden Tötungslagern und die Ersetzung der die Ausführenden psychisch zu sehr belastenden Massenerschießungen durch Gaskammern möglich. Diese waren nicht nur ungleich effektiver, sondern nach Himmlers vermutlich ehrlicher Ansicht auch vermeintlich „humaner" und sauberer, weil sie weniger Personal verlangten und den eigentlichen Tötungsprozeß vor den Augen der unmittelbaren Täter verbergen konnten.[391]

Selbst wenn das Opfer in Hör- und Sichtnähe gerückt wird, wie in Milgrams Experiment, gibt es allerdings noch genügend Techniken, mit deren Hilfe sich die Wirklichkeit des anderen und seines Leidens weiterhin verdrängen läßt. Um mit ihrer Aufgabe trotz der sinnlichen Präsenz ihres Opfers fortfahren zu können, wandten Milgrams Versuchspersonen etwa das Gesicht ab und konnten so weiterhin dem Anblick und Angeblicktwerden entgehen. Andere Techniken bestanden zum Beispiel darin, die Wortpaare besonders laut zu lesen, „um die Proteste des Opfers zu verdecken", oder einfach die ganze Konzentration und Aufmerksamkeit auf die Erfüllung der anfänglich übernommenen Aufgabe zu verwenden.[392] Dadurch wird die Moral nicht etwa ausgeschaltet, sondern lediglich verlagert: die Verantwortung gegenüber dem leidenden Menschen wird ersetzt durch die funktionale Verantwortung des Gehorsams und der Aufgabenerfüllung. Der durchaus moralisch motivierte Wille zur Effizienz verdrängt das Mitleid oder läßt es erst gar nicht aufkommen. Die Unterdrückung des Gefühls gerät zur Pflicht. Der Ausführende versteht sich selbst als bloßes Werkzeug in den Händen eines anderen (von dem angenommen wird, daß er schon weiß, was er tut und warum) und setzt seine moralische Energie darein, ein möglichst *gutes* Werkzeug zu sein. So verbirgt er vor sich selbst, daß letztlich doch *er* es ist, der den Akt ausführt.

25. Der Blick des anderen

„Er stand auf, auch ich stand, wir sahen einander ins Herz der Augen."
Martin Buber[393]

Auch durch das Abwenden des Gesichts kann, wie Milgram gezeigt hat, die Konfrontation mit der Wirklichkeit des Leidens anderer vermieden werden. Dies mag zunächst merkwürdig erscheinen, weil der Gesichtssinn doch im allgemeinen als der am meisten distanzierende Sinn gilt, derjenige Sinn, der noch am ehesten eine nüchterne, affektionslose Bestandsaufnahme dessen, was ist, erlaubt, weil er das Wahrnehmungssubjekt gleichsam aus der Situation und den existentiellen Bezügen, die es daran binden, herausnimmt. Sehend halten wir die

Welt auf Abstand, vermögen wir uns zu absentieren „von den Ver-
fänglichkeiten der konkreten, sinnlichen Umgebung zugunsten eines
Übersehens, das den Blick in die Ferne fixiert".[394] Sehend kann ich
ein Ding wahrnehmen, ohne sogleich von ihm in Anspruch genom-
men zu werden, kann mich so verhalten, als gäbe es keinerlei kausale
Beziehungen zwischen uns, als würden wir in zwei verschiedenen
Welten leben. „Wir treten", schreibt Hans Jonas in seinem bekannten
Aufsatz über den *Adel des Sehens*, „absichtlich zurück und schaffen
Distanz, um uns die Welt anzusehen, d. h. Gegenstände als Teile der
Welt; und auch, damit wir ungestört sind von der dichten Nähe dessen, was wir *nur* zu sehen wünschen; um die volle Freiheit unserer
prüfenden Aufmerksamkeit zu haben."[395] Der Gegenstand präsentiert
sich mir in einer Art „kausaler Indifferenz", „außerhalb der Sphäre
möglichen Umgangs und möglicher Umweltswichtigkeit"[396]: „Ich
kann wählen, mit ihm in Verkehr zu treten, aber es kann erscheinen,
ohne daß die Tatsache seines Erscheinens schon Verkehr involviert.
(...) Es ist mir gegenwärtig, ohne mich in seine Gegenwart zu ziehen".[397] Doch gilt dies nur solange, wie das von mir Angeblickte sich
passiv meinem Blick unterwirft, solange es nicht aus der Gegenständ-
lichkeit, die mein Blick ihm aufzwingt, heraustritt. Nicht indem es
kausal tätig wird und physisch auf mich einwirkt – was seine Gegen-
ständlichkeit nicht beeinträchtigen würde – sondern indem es *zurück-
blickt* und sich auf diese Weise der Vergegenständlichung widersetzt.
Denn so rückt, was im Augenblick zuvor noch weit entfernt, in einer
anderen Welt zu sein schien, unerwartet und oft genug gegen unseren
Willen in die größte, unmittelbare Nähe. Um dieser nicht ausgesetzt
zu sein, wenden wir unseren Blick ab,[398] wie wir es täglich tun, zumeist wohl, ohne uns dessen überhaupt noch bewußt zu sein. In der
Stadt gehen wir, um nur ein Beispiel zu nennen, an einem Bettler
vorüber, der uns, ausdrücklich oder unausdrücklich, um Geld bittet,
und wir wenden den Blick ab, bevor wir gezwungen sind, dem seinen
zu begegnen. Selbst wenn wir seiner Bitte entsprechen, bemühen wir
uns doch, nicht hinzusehen, an seinen Augen und damit an ihm selbst
vorbei zu sehen, weil wir ahnen oder wissen, wir würden uns leichter
anrühren lassen, wenn wir nur einmal richtig hinschauen und uns so
auf die nicht rational vermittelte, sondern in unmittelbarer sinnlicher
Gegenwart erlittene Erkenntnis einlassen würden, daß uns hier jemand gegenübersitzt, der tatsächlich Not leidet und dessen Not für
ihn selbst das entscheidende Datum einer Wirklichkeit ist, die sich für
ihn von allen anderen Wirklichkeiten unendlich abhebt, weil nur sie

die *seine* ist. „Man blickt auf, man horcht hin, schon ist man in etwas verwickelt" (Anna Seghers).[399] Gerade dies aber möchten wir nach Möglichkeit vermeiden, weil wir, einmal angerührt, uns zu Handlungskonsequenzen veranlaßt sehen könnten, die eine weitreichende Umgestaltung unseres gewohnten Lebens unumgänglich machen würden. Wir wollen von seiner Wirklichkeit nichts wissen; deshalb schauen wir weg. „Keiner", schrieb einmal Franz Rosenzweig, „kann einem bittenden Menschen widerstehen. Keiner kann einem bittenden Menschen nicht willfahren. Er muß sich abwenden, wenn er ihn nicht erhören will. Bleibt er ihm zugewandt, so muß die Bitte ihn besiegen."[400] Um das Mitleid in den Grenzen zu halten, innerhalb derer die Wohlgeordnetheit der eigenen Existenz ungefährdet bleibt, dürfen wir nicht zulassen, daß der andere sich aus seiner Anonymität und Unwirklichkeit befreit und uns als dieser eine bestimmte Mensch, der uns hier und jetzt ansieht und derart einen An-Spruch an uns stellt, uns in die Pflicht eines elementaren Sollens ruft, daß uns dieser ganz und gar einzigartige Mensch gegenübertritt. Solange wir dem Bettler nicht in die Augen schauen, bleibt er nur ein Bettler, einer unter vielen, eine, mit Sartre gesprochen, bloße Bettlerfunktion, und derart bewahren wir uns davor, seinen Anspruch beantworten zu müssen.[401]

Aber warum sind es gerade die Augen des anderen, die wir nach Möglichkeit nicht anblicken wollen? Eben weil sich die Augen, und allein die Augen, dem bloßen Angeschautwerden verweigern: Sie sind nicht passiv, ein wehrloser, gefügiger Gegenstand unserer Aufmerksamkeit, wie jeder andere Teil des menschlichen Körpers, sondern sie *blicken zurück*, oder vielmehr: durch sie blickt uns *jemand* an und zwingt uns (wie, bleibt rätselhaft), dessen gewahr zu werden. Wir können die Augen des anderen nicht ansehen, ohne dabei selbst wiederum von ihm angesehen zu werden. So erblicken wir uns selbst im Blick des anderen und erfahren uns so nicht mehr nur als Subjekt, sondern mittelbar auch als Objekt.[402] Aber wichtiger noch ist, daß wir nun den anderen nicht mehr einfach als Objekt betrachten können, sondern kaum umhin können, ihn auch als Subjekt zur Kenntnis zu nehmen. Darum heißt es, daß die Augen das Tor zur Seele sind.[403] Sie sind das Tor zur Wirklichkeit des anderen, das sich mir im Blick öffnet (nicht dieser oder jener Wirklichkeit, sondern zu seiner Wirklichkeit schlechthin). Ein Tor, durch das hindurch wir eine ganze Welt erblicken (das *Dasein* dieser Welt, nicht ihr Sosein), eine ganze Welt, die nicht die unsere ist; eine einzigartige Existenz neben der unseren, die, sobald wir einmal auf sie aufmerksam geworden sind, es uns *verbietet*, ihr nicht beizustehen, wenn sie unserer bedarf.[404] Wenn wir daher, aus welchen Gründen auch immer, nicht beistehen (müssen) wollen, wenn wir uns nicht der Gefahr einer elementaren Sollenserfahrung auszusetzen bereit sind, wenn wir Wert darauf legen, unsere Gleichgültigkeit zu bewahren, dann dürfen wir nicht sehen, daß der andere uns sieht. Denn so ist es viel leichter, etwas zu tun oder anzuordnen, was in irgendeiner Weise Unglück über den anderen bringt. „Man denke", bemerkt Tugendhat, „z. B. an eine Ausländerbehörde: in Deutschland sitzt der Beamte häufig hinter einem Milchglasfenster, und die Anträge und ihre Beantwortungen werden durch einen Schlitz (...) hin- und hergeschoben; die Behörde meint den Beamten sogar vor dem Blick seiner Gegenübers schützen zu müssen."[405] Jemanden nicht anzublikken heißt gewissermaßen, ihm die Wirklichkeit abzusprechen, und eben darum kann auch die Erfahrung, nicht angeblickt zu werden, so empören und verbittern. Wir spüren, daß wir für einen Menschen, der uns gar nicht anblickt, im Grunde nicht da sind, daß wir genauso gut ein anderer oder gar nicht da sein könnten. Unsere Existenz und Nicht-Existenz sind buchstäblich gleich-gültig. Auch dies erleben wir jeden Tag.

Wir brauchen nur zum Einkaufen in einen Supermarkt zu gehen und werden dort mit einiger Wahrscheinlichkeit diese Erfahrung machen, wenn wir etwa an der Kasse stehen und der Kassierer oder die Kassiererin während des ganzen Vorgangs uns nicht einmal richtig ansehen, uns zwar dann scheinbar noch einen Guten Tag wünschen, aber uns dabei gar nicht meinen, nicht meinen können, weil sie uns ja gar nicht wahrgenommen haben, nicht *wirklich* wahrgenommen haben. Der Abschiedsgruß gilt nicht uns, sondern dem „Käufer", auf dessen bloße Funktion wir uns reduziert finden und damit unserer Wirklichkeit als Individuum beraubt, wie auch der Kassierer sich damit seiner eigenen Individualität beraubt hat, denn im Blicken und Zurückblicken schützt man nicht nur den anderen vor der entwürdigenden Vergegenständlichung, sondern auch sich selbst. Hieraus läßt sich, nebenbei bemerkt, auch die große Bedeutung des Grußes verstehen. Grüßen heißt zeigen, daß man den anderen gesehen hat. Im Grüßen bedeutet man dem anderen also nicht so sehr, daß man selbst nun da sei, sondern vielmehr, daß der andere (nämlich für den Grüßenden) da sei, daß man ihn gesehen hat, daß man sich seiner Wirklichkeit bewußt ist. Dieser Sinn tritt unverstellt zutage in der, wie man mir versichert hat, üblichen Begrüßungsformel der südwestafrikanischen Nama: „mutschi atze", was soviel bedeutet wie „Ich sehe dich".[406]

Andere ethnologische Befunde weisen in dieselbe Richtung. So sollen etwa die Rwala-Beduinen durch einen erwiderten Gruß zum Beistand verpflichtet worden sein, und von polynesischen Kopfjägern heißt es, daß sie ihre Opfer nur von hinten töten durften: sobald sie ihnen ins Gesicht gesehen hatten, wäre die Tötung als Mord gebrandmarkt worden.[407] Das Abwenden des Gesichts und die Verweigerung des Grußes haben so dieselbe Funktion, nämlich die Wirklichkeit des anderen oder, was dasselbe ist, seine Menschlichkeit[408], auszublenden.

26. Lévinas und das „Antlitz"

Nicht ohne guten Grund stützt daher Emmanuel Lévinas seine gesamte Ethik auf die Begegnung mit dem, was in der inzwischen eingebürgerten deutschen Übersetzung als *Antlitz* bezeichnet wird. Lévinas selbst spricht, weniger getragen, von „visage", was dem deutschen „Gesicht" entspricht und vielleicht glücklicher so übersetzt worden wäre, wenn nicht Antlitz von seinem Ursprung her das *Entgegenblickende* bedeuten und so treffend den Aspekt der Erwiderung des Blickes und damit der Umkehrung des Subjekt-Objekt-Verhältnisses festhalten würde.[409] Denn eben das ist es, was Lévinas mit dem Begriff „visage" bezeichnen möchte: dasjenige am anderen, das meinem aus sicherer Distanz her kommenden, vergegenständlichenden, einordnenden und damit vereinnahmenden Blick einen unerwarteten Widerstand entgegensetzt. Unerwartet deshalb, weil es das, *als Gesehenes*, eigentlich gar nicht kann oder können dürfte.[410] „Visage", „Antlitz", meint zunächst die unerhörte *Erfahrung* dieses Widerstandes, eines Widerstandes, den ich, was ich auch anstelle, nicht zu brechen vermag. Dem Blick des anderen begegnend erfahre ich, daß er sich mir, vermöge seiner *Innerlichkeit* (interiorité)[411], auf immer entzieht, daß er einen unendlichen, weil niemals überbrückbaren Abstand bewahrt, eine *absolute* und nicht nur eine relative Differenz,[412] daß er, mit einem Wort, der *Andere* ist und bleibt.[413] Das Antlitz des anderen ist der *Ausdruck* dieses unendlichen Entzogenseins, seiner *Exteriorität* oder *Transzendenz*. Es sprengt die Totalität, das Ganze des Seins, die solipsistische Welt der Vernunft, in der das Ich immer nur sich selbst begegnet.[414] Der andere, der mir in seinem Antlitz, entgegenblickend, buchstäblich widerfährt, ist darum, wie Lévinas sagt, *jenseits des Seins*,[415] sowie das Antlitz selbst *jenseits des Sichtbaren* ist.[416] Das Antlitz, im Sinne von Lévinas, ist also nicht das physisch greifbare, in

seinen Eigenschaften beschreibbare Gesicht, und auch nichts, was sich
als sichtbares Zeichen bestimmter Charaktereigenschaften lesen ließe,
als Wesensausdruck oder Physiognomie. Das Antlitz ist als solches
überhaupt kein Gegenstand der sinnlichen Wahrnehmung; es ist kein
Phänomen, sondern vielmehr das, was *im* Phänomen *über* das Phänomen hinausgeht, so daß sich die Erfahrung des Antlitzes auch nur in
paradoxen Begriffen beschreiben oder vielmehr evozieren läßt, als ein
„bildloses ‚Sehen', ein ‚Sehen' ohne die dem Sehen eigenen Vermögen
der synoptischen und totalisierenden Objektivation".[417] Entsprechend wird der andere durch das Antlitz auch nicht *erkannt* – da
Erkenntnis nach Lévinas eine Angleichung oder Adäquation an das
Selbst ist und der andere *als* anderer folglich nicht erkannt werden
kann –[418], sondern er *offenbart* sich (jedoch nicht als dieses oder jenes,
nicht als ein solches). Das Antlitz ist „kein Inhalt, den unser Denken
umfassen könnte"[419] und es bezeichnet auch keinen solchen Inhalt; es
ist die „Spur (trace) eines Rückzugs"[420], *Epiphanie*. „Während das
Phänomen bereits Bild ist, Manifestation, die gefangen ist in ihrer
plastischen und stummen Form, ist die Epiphanie des Antlitzes lebendig.
Sein Leben besteht darin, seine Form aufzulösen, in der sich jedes
Seiende, sobald es in die Immanenz eintritt, d. h. sobald es sich als
Thema darstellt, bereits verbirgt. Der Andere, der sich im Antlitz manifestiert, durchstößt gewissermaßen sein eigenes plastisches Wesen
wie ein Seiendes, das das Fenster öffnet, auf dem indes seine Gestalt
sich schon abzeichnet. Seine Anwesenheit besteht darin, sich der Form
zu *entledigen*, die ihn gleichwohl manifestiert. Seine Erscheinung ist
ein Mehr über die unvermeidliche Erstarrung der Erscheinung hinaus".[421] Dieses Mehr kennzeichnet Lévinas auch als *Sprechen* (parler).
„Die Augen, die unverhehlbare Sprache der Augen, brechen durch die
Maske hindurch. Das Auge leuchtet nicht, es spricht".[422] Indem der
andere mich ansieht, spricht er also zu mir; er spricht, ohne *etwas* zu
sagen, außer vielleicht das eine: daß er da und zugleich nicht da ist,
das heißt gerade als Anderer präsent. Sein Sprechen bedeutet eine Forderung, die Forderung nach einer Antwort, die Forderung, in ein Gespräch einzutreten und damit eine gemeinsame Welt zu errichten.[423]
So höre ich, indem ich das Antlitz des anderen erblicke, auf, ein (in
seiner Totalität eingeschlossener) Nur-Sehender zu sein, und werde zu
einem Hörenden, einem Zuhörenden. Das Sehen des Antlitzes ist ein
Zuhören: „Im Gegensatz zum Sehen, das sich des Gesehenen im Licht
der Vernunft bemächtigt, es er-greift, sich vor-stellt, ist das Hören ein
Sprechen-Lassen des Antlitzes; das Hören entspringt nicht der Inten-

tionalität des Bewußtseins, sondern wird vom Sprechen des Anderen erweckt und ermöglicht".[424] Zuhörend und antwortend[425] auf das Sprechen des Antlitzes gelange ich über mich selbst hinaus, ich öffne mich zum ganz Neuen und Anderen hin, lasse mich unterweisen. „Das Außergewöhnliche der Sprache liegt darin, daß sie ihrer eigenen Erscheinung zu Hilfe kommt. Das Wort besteht darin, sich über das Wort zu erklären. Es ist Unterweisung (enseignement). Die Erscheinung ist eine geronnene Form, aus der sich schon jemand zurückgezogen hat; in der Sprache hingegen verwirklicht sich der unaufhörliche Zustrom einer Gegenwart, die den unvermeidlichen Schleier ihrer eigenen Erscheinung, die wie jede Erscheinung plastisch ist, zerreißt. Die Erscheinung offenbart und verbirgt; das Wort hat darin sein Wesen, in einer vollständigen und immer erneuerten Offenheit die unvermeidliche Verbergung jeder Erscheinung zu überwinden".[426]

Nun meint Lévinas, daß das Sehen des Antlitzes, welches das Hören seiner Rede und die Wahrnehmung seines Anspruchs auf Antwort ist, den Solipsismus des Selbst (sein monadisches, fensterloses Sein) *derart* unterbricht, daß einer, der diese Rede vernimmt, damit auch eine Verpflichtung erfährt, dem anderen in seiner Not beizustehen bzw. seine Verletzlichkeit nicht auszunutzen. Die Wahrnehmung des Antlitzes ist also für Lévinas zugleich die elementarethische Erfahrung eines elementaren Sollens. Das Antlitz, schreibt er, ist „inständiges Flehen",[427] aber darin nicht nur Bitte, sondern Imperativ, eine „nicht abzulehnende Anordnung, ein Gebot, das die Verfügungsgewalt des Bewußtseins einschränkt"[428]. Ähnlich wie bei Jonas kommt hierbei „das Verbot (...) nicht nachträglich hinzu, sondern sieht mich gerade aus dem Grund der Augen an, die ich auslöschen will".[429] Ich benötige keine ethische Reflexion und brauche kein abstraktes Prinzip zu bemühen, um mir klarzumachen, was ich zu tun habe oder ob ich überhaupt verpflichtet bin, etwas zu tun. Ich weiß mich unmittelbar, im Angesicht des anderen, für ihn verantwortlich, ob ich will oder nicht. Indem ich den anderen, der mich ansieht und damit anredet, als verletzlich und bedürftig erfahre, erfahre ich ihn zugleich als Gebieter, der mir seine Verletzung und in letzter Konsequenz seine Tötung untersagt, und zwar ohne daß dabei die Verletzlichkeit als ablösbares, verallgemeinerungsfähiges *Argument* für das Tötungsverbot angesehen werden könnte.[430] Indem ich den „Widerstand dessen, was keinen Widerstand leistet" am eigenen Leib erfahre,[431] indem ich „dem harten Widerstand dieser schutzlosen Augen" begegne,[432] höre ich, wie das Antlitz zu mir spricht: ‚Du sollst/darfst nicht töten!', wobei dieses ‚Du sollst/darfst nicht' von Lévinas verstanden wird als ein ‚Du *kannst* nicht'[433] und folglich auch als ein ‚Du *wirst* nicht'.[434] In Anbetracht der Faktizität des Tötens muß dies zunächst verwundern. Zwar betont Lévinas, daß es sich hierbei nicht um eine ontologische, sondern um eine ethische Notwendigkeit,[435] ein ethisches Nicht-können handle, aber gemeint ist doch (anders als z. B. bei Kant, der auch auf der Notwendigkeit des moralischen Handelns beharrt, worüber wiederum Schopenhauer sich lustig macht) ein reales Nicht-können, allerdings nicht, wie man vielleicht denken könnte, die Unfähigkeit, einen anderen Menschen, dem man ins Angesicht gesehen hat, zu töten, sondern vielmehr die Unfähigkeit, den Anderen als Anderen kategorial zu erfassen und damit seine eigenständige Wirklichkeit aufzuheben. Das Nicht-Töten-Können meint hier lediglich die Unmöglichkeit einer vollständigen Aneignung und Beherrschung des anderen, die Unmöglichkeit, seiner habhaft zu werden. Gerade weil er sich als Anderer meiner Verfügungsgewalt prinzipiell entzieht, weil er mir unaufhebbare Grenzen setzt, kann ich ihn „nur" noch töten, in dem verzweifelten Bemühen, das, was ich niemals mir zu eigen machen kann, wenigstens zu vernichten[436]: „Der Andere ist das einzige Seiende, dessen Negation nur als ganze geschehen kann: als Mord. Der Andere ist das einzige Wesen, das ich töten wollen kann. Ich kann wollen. Und doch ist dieses Können ganz das Gegenteil des Könnens. Der Sieg dieses Könnens ist seine Niederlage als Können. In dem Augenblick, in dem mein Töten-können sich realisiert, entkommt mir der Andere. Gewiß kann ich, indem ich töte, ein Ziel *erreichen*, ich kann töten, wie ich jage oder wie ich Bäume oder Tiere umlege. Aber dann habe ich den Anderen in der Offenheit des Seins überhaupt ergriffen, als Element der Welt, in der ich mich aufhalte, ich habe ihm nicht in die Augen gesehen, ich bin nicht seinem Antlitz begegnet. Die Versuchung der vollständigen Negation, die das Unendliche dieses Versuchs und seine Unmöglichkeit ermißt, das ist die Gegenwart des Antlitzes. Dem Anderen von Angesicht zu Angesicht gegenüberstehen – das bedeutet, nicht töten zu können".[437] Diese Stelle ist in mehrfacher Hinsicht aufschlußreich. Sie macht *erstens* deutlich, daß Töten bei Lévinas zweierlei heißen kann, nämlich a) die Vernichtung der physischen (und möglicherweise auch psychischen) Existenz, und b) den Akt der begrifflichen Adäquation, die Reduktion des Fremden auf das Bekannte. Wenn Lévinas sagt, daß ich den anderen nicht töten *kann*, meint er also, daß ich ihn mir nicht aneignen, ihn mir nicht gleich machen, nicht verstehen und erkennen kann, *indem* ich ihn töte (a). Denn indem ich dies tue, entzieht sich mir der andere wieder aufs Neue, nämlich durch den Rückzug in den Tod, der ja das ganz Andere – anders-als-Sein – ist. „Töten [a] ist nicht Beherrschen, sondern Vernichten, der absolute Verzicht auf das Verstehen. Der Mord übt Macht aus über das, was der Macht entkommt. Er ist noch Macht, denn das Antlitz drückt sich im Sinnlichen aus; aber schon Ohnmacht, weil das Antlitz das Sinnliche zerreißt".[438] *Zweitens* wird deutlich, daß das Erblicken oder Erhören des Antlitzes und damit die Erfahrung des anderen *als* anderem nicht notwendig ist: er kann von mir auch, wie Lévinas sich ausdrückt, „in der Offenheit des Seins überhaupt ergriffen" werden, als Ding unter Dingen[439] also, das ich meinen Zwecken dienlich mache, wie es eben geht. In diesem Fall kann ich den anderen natürlich auch ohne weiteres töten (a); ich kann ihn nur nicht töten *wollen*, was wohl so zu verstehen ist, daß es mir beim Töten dann nicht um das Töten selbst gehen kann: Wenn ich den anderen töte, dann so, wie ich andere Dinge erledige, zweckrational, ohne Bosheit, schlicht um meine Bedürfnisse zu befriedigen – wobei ich niemals auf den Gedanken kommen werde, daß ich ihn in Wahrheit gar nicht töten (b) kann. Ob ich aber das Antlitz des anderen wahrnehme oder nicht, hängt letztlich auch von mir selbst ab, von der Art und Weise, wie ich mich dem anderen zuwende. Um das Antlitz zu sehen, muß ich gleichsam durch es hindurchsehen: „Wenn Sie eine Nase, Augen, eine Stirn, ein Kinn sehen und sie beschreiben können, dann wenden Sie sich dem Anderen wie einem Objekt zu. Die beste Art, dem Anderen zu begegnen, liegt darin, nicht einmal seine Augenfarbe zu bemerken. Wenn man auf die Augenfarbe achtet, ist man nicht in einer sozialen Beziehung zum Anderen. Die Beziehung zum Antlitz kann gewiß durch die Wahrnehmung beherrscht werden, aber das, was das Spezifische des Antlitzes ausmacht, ist das, was sich nicht darauf reduzieren läßt",[440] *Ausdruck* nämlich.[441] *Drittens* ist festzuhalten, daß auch wenn ich den anderen in seiner unaufhebbaren Andersheit wahrnehme, wenn ich ihm tatsächlich ins Antlitz schaue, dies den anderen nicht notwendig davor schützt, von mir getötet zu werden. Selbst dann, wenn ich dem anderen „von Angesicht zu Angesicht" gegenüberstehe, kann ich ihn noch töten (a). Tatsächlich muß ich ihn paradoxerweise zuallererst so wahrnehmen, um ihn überhaupt „töten wollen" zu können. So als würde mich gerade die Einsicht in mein Nicht-Können, in das prinzipielle Entzogensein, kurz: die Andersheit des anderen *gegen ihn* einnehmen und zum Mord an ihm provozieren.[442]

Wie aber ist es denkbar, daß ein und dieselbe Erfahrung, nämlich die des Antlitzes, sowohl den Wunsch zu töten als auch die Scheu davor begründet? – denn dasselbe, was mich allein dazu bringen können soll, es töten zu wollen, ist ja Lévinas zufolge zugleich das, was mich direkt anspricht und zur Schonung (ja zu mehr noch: zum vorbehaltlosen Dienst am anderen) verpflichtet. Man kann sich vorstellen, daß die Einsicht in die Unbeherrschbarkeit des anderen (in das *Du-kannst-nicht* des Tötens) Wut und Haß erregt. Ich schaue dich an, und dein Blick sagt mir: Versuch doch, mich zu beherrschen; es wird dir nie ganz gelingen. Und obwohl ich weiß, daß du recht hast, begehre ich auf, antworte mit einem trotzigen „Das-wollen-wir-doch-einmal-sehen" und töte dich (um so das, was mir die Grenzen meiner Macht ständig vor Augen führt,[443] aus der Welt zu schaffen). Aber ist diese Erfahrung tatsächlich *identisch* mit der elementaren Sollenserfahrung, mit dem Du-darfst-nicht, das mir im Antlitz des anderen unabweisbar entgegentritt? Wir haben bereits gesehen, daß das Nicht-töten-*Können* in Wahrheit Nichtbeherrschbarkeit meint; das Nicht-töten-*Dürfen* aber kann sich nicht auf die Beherrschbarkeit beziehen, da es sinnlos und überflüssig wäre, etwas, was man ohnehin nicht zu tun in der Lage ist, unter ein Verbot zu stellen. Da ich es nicht soll, muß ich es wohl können. Das Verbot kann also nur der Vernichtung der körperlichen Existenz gelten: ich kann den anderen nicht beherrschen, aber ich darf oder soll ihn nicht töten. In welchem Verhältnis stehen nun das Nicht-Können und das Nicht-Dürfen zueinander? Die Nichtbeherrschbarkeit ist ein Aspekt der Andersheit des anderen, die wiederum auf seiner Innerlichkeit oder Selbstheit beruht. Beherrschen heißt für Lévinas angleichen, Reduktion des Fremden auf das Selbe. Der andere ist nicht vergleichbar, weder mit mir noch mit sonst irgend etwas; er ist ein Mit-nichts-zu-Vergleichendes, und das wiederum heißt: er ist einzigartig. Insofern ich den anderen beherrschen kann, ist er nicht einzigartig. Wenn nun, wie ich oben[444] ausgeführt habe, die elementarethische Erfahrung stets auf dem Bewußtsein von Einzigartigkeit aufruht, dann ist das Nicht-Beherrschen-Können oder vielmehr die *Erfahrung* dieses Nicht-Könnens tatsächlich die notwendige Voraussetzung für das Du-darfst-nicht einer jeden elementaren Sollenserfahrung. Aber ist sie auch (psychologisch) hinreichend? Das Du-darfst-nicht impliziert das Du-kannst-nicht, doch muß deshalb umgekehrt nicht notwendig das gleiche gelten. Vielleicht gibt es einfach verschiedene Weisen, auf die Erkenntnis von Nichtbeherrschbarkeit, von prinzipieller Andersheit und Einzigartigkeit zu reagieren:

Liebe oder Haß, Güte oder Bosheit. Dann wären das Töten-wollen und das Nicht-töten-dürfen, anders als Lévinas anzunehmen scheint, tatsächlich zwei *verschiedene* Erfahrungen, denen lediglich das Element des Du-kannst-nicht (beherrschen) gemeinsam wäre, während die Verschiedenheit der Erfahrung auf die Verschiedenheit der *Wertung* dieses Elements zurückgeführt werden müßte. Diese letzte Verschiedenheit selbst allerdings ist nicht mehr weiter begründbar. Ich fürchte, daß wir uns einfach damit abfinden müssen, daß es Menschen gibt, die auch, wenn sie das Antlitz eines anderen Menschen erblickt haben und über eine klare Vorstellung seiner Einzigartigkeit verfügen, seinem Leben dennoch keinen Wert beimessen können oder wollen. Solche Menschen sind nicht einfach nur gleichgültig, weil sie für die Wirklichkeit eines anderen Menschen unempfänglich sind oder sie erfolgreich verdrängt haben, sondern sie sind positiv *grausam*, wobei Grausamkeit hier nicht als Eigenschaft von Handlungen verstanden werden darf, sondern als eine gewisse Bewußtseinslage oder Einstellung. Viele Handlungen, die wir als grausam bezeichnen würden, geschehen in Wirklichkeit aus Gleichgültigkeit, zuweilen gepaart mit einem aus Prinzipien gewonnenen Pflichtgefühl[445]; einige aber geschehen tatsächlich *aus* Grausamkeit. Der in diesem Sinne Grausame ist das, was man mit gutem Grund böse nennt, weil man von ihm nicht mehr sagen kann, daß er nicht wüßte, was er tut. Er weiß ebenso sehr um die Wirklichkeit des anderen und seiner Leiden wie der Mitleidige, ist es doch gerade diese Wirklichkeit, die ihn Interesse an der Tat finden läßt. „Wenn man nicht weiß, wie weh eine Handlung tut," heißt es bei Nietzsche, „so ist sie keine Handlung der Bosheit".[446] Der Grausame ist sensibel und einfühlsam wie O'Brien in Orwells Roman *1984* oder Fortunato in Machado de Assis' Erzählung *Der geheime Grund.*[447] Weit davon entfernt, dem Blick des anderen auszuweichen, sucht er ihn gerade, um das ganze Ausmaß von dessen Qual und die volle Tragweite seiner Vernichtung erleben und auskosten zu können.

Daß eine solche echte Grausamkeit, das Böse möglich ist, bestätigt erneut die Lücke, die zwischen dem ontologischen Faktum der Einzigartigkeit und der elementarethischen Intuition der Unersetzbarkeit besteht. Obwohl der Grausame die Einzigartigkeit des anderen erkennt, wird er ihm nicht unersetzbar. Es gibt eben kein sicheres Mittel, um einen Menschen zu moralischen Empfindungen zu bewegen. Die Frage nach den „Bedingungen für das Erscheinen des Antlitzes", die Lévinas kurz aufwirft, aber nicht eigentlich zu beantworten versucht,[448] erübrigt sich hierdurch freilich nicht, solange wir – wie es die

Beobachtung der Fakten nahelegt – weiterhin davon ausgehen, daß die *meisten* Menschen, wenn sie einen anderen verletzen oder ihm in der Not den Beistand verweigern, dies nicht aus Grausamkeit tun, sondern aus dem fehlenden Bewußtsein seiner Wirklichkeit und einer daraus resultierenden (und daher im Prinzip behebbaren) Unempfänglichkeit für sein Leid heraus.

27. Namen

Wenn man also von den Fällen echter Grausamkeit absieht (deren Vorkommen nicht ausgeschlossen werden kann, die aber, da sie nur einen Bruchteil des Leidens verursachen, das wir Menschen einander zufügen, nicht das eigentliche Problem darstellen), ist die Ausblendung der Wirklichkeit des anderen oder, mit Lévinas gesprochen, seines Antlitzes, die entscheidende Voraussetzung für den Akt seiner Verletzung oder Vernichtung. Sie wird erleichtert, wenn das Opfer von einer anderen *Art* ist als der Täter oder von diesem wenigstens als zu einer anderen Art gehörig gedacht und empfunden wird. Die Anthropologen sprechen in diesem Fall von Pseudo-Speziation. So werden Menschen zu Untermenschen erklärt oder durch Beschimpfungen, moralische Diskreditierung oder einfach die Betonung ihrer Andersheit aus der Gemeinschaft ausgegrenzt. „Den Massakern [des Völkermords in Ruanda 1994] gingen stets politische Versammlungen ‚zur Einstimmung‘ voraus, bei denen örtliche Führer, gewöhnlich in Begleitung eines höheren Vertreters der Provinz- oder der nationalen Regierung, die Tutsi als Teufel bezeichneten – mit Hörnern, Hufen, Schwanz und allem, was dazugehörte – und in der alten Sprache der Revolution den ‚Arbeitsauftrag‘ erteilten, sie zu töten.“[449] Der angebliche Feind wird umso bereitwilliger vernichtet oder der Vernichtung preisgegeben, wenn er zuvor verteufelt wurde.[450] Dem leistet allerdings bereits die gewöhnliche sprachliche Pauschalisierung der Opfer Vorschub. Indem man sie unter den Allgemeinbegriff „Jude“, „Ausländer“ oder was auch immer subsumiert, nimmt man ihnen die Individualität, die ihnen doch allein Wirklichkeit verleiht. Jeder Begriff läßt das Individuum, den konkreten, wirklich daseienden Menschen, aus dem Bewußtsein, ja sogar aus der Anschauung selbst verschwinden, weshalb schon die bloße Benennung durch einen Begriff dehumanisierend wirken kann. Allein die Eigennamen stehen nicht für Begriffe, sondern bezeichnen (idealiter) nur diesen einen Menschen. Darin besteht die ethische Bedeutung der Namensnennung, die etwas ganz anderes ist, als die Geste, mit der ich auf jemanden weise. Im Zeigen wird nur ein bestimmter Ort bezeichnet, der nur zufällig im Augenblick mit einer bestimmten Person besetzt ist, aber genauso gut von einer anderen Person eingenommen werden könnte. Den Namen aber nehme ich mit, wo immer ich hingehe. Er bezeichnet keinen Ort, sondern *mich*. Die Nennung meines Namens ist daher eine Bestätigung meiner Einzigartigkeit. Wirklich ist aber nur, wem eine solche Bestätigung gewährt wird. Darum ist das Namenlose in praktischer oder ethischer Hinsicht Nichts. Die Kenntnis und Nennung des Namens ändert den Blick, den ich auf einen Menschen (wie überhaupt auf die Dinge) werfe.

Alle Dinge, soweit wir mit ihnen zu tun haben, tragen Namen: sie heißen Steine, Bäume, Menschen und Kaffeemaschinen, und sie heißen so, weil wir sie so nennen. *Wie* wir sie nennen, ist dabei einigermaßen beliebig; worauf es vor allem ankommt, ist, daß sich die Benennungen voneinander unterscheiden, so daß wir mit ihrer Hilfe auch die *Dinge* voneinander zu unterscheiden vermögen, und zwar genau in dem Maße, wie wir sie zu unterscheiden *wünschen*. Dabei genügt es uns gewöhnlich, die Dinge ihrer Art nach zu unterscheiden, also *Klassen* von Dingen von anderen Klassen zu unterscheiden. So unterscheiden wir Kaffeemaschinen von Toastern, aber für die eine Kaffeemaschine verwenden wir den gleichen Namen wie für jede andere Kaffeemaschine, nämlich „Kaffeemaschine". Freilich können wir hier auch noch weiter differenzieren und zum Beispiel elektrische von nicht-elektrischen Kaffeemaschinen oder solche der einen Marke von solchen anderer Marken namentlich unterscheiden, aber für die *einzelne* Kaffeemaschine haben wir (in aller Regel) keinen besonderen Namen, was eben daran liegt, daß für uns die Unterscheidung zwischen dieser und allen anderen keine große Rolle spielt: es kommt uns nicht darauf an, ob es diese oder eine andere Kaffeemaschine ist, die wir vor uns haben, solange sie ihren Zweck erfüllt und (guten) Kaffee macht. Indem wir der einzelnen Kaffeemaschine keinen Namen geben, drücken wir eine quasi-moralische Haltung ihr gegenüber aus, nämlich, daß wir sie nicht für wesentlich unersetzbar halten.[451] Und dasselbe gilt auch bei den meisten anderen Dingen: so verzichten wir gewöhnlich darauf, jedem einzelnen Baum oder Stein einen Namen zu geben, weil uns nichts daran liegt, sie zu unterscheiden. Ein Baum (bzw. eine Kiefer, eine Tanne, eine Eiche) oder ein Stein ist uns (in theoretischer und in praktischer Hinsicht) wie der andere, solange sie das tun, was Bäume und Steine eben so tun, das heißt, solange sie die *Eigenschaften* aufweisen, aufgrund derer wir sie Bäume oder Steine nennen. Hier dient die Benennung also in erster Linie der Klassifizierung, der Abgrenzung bestimmter Eigenschaftskomplexe von anderen. Der Zweck des Namens ist es, ein Ding als ein So-und-so zu kennzeichnen.[452]

Nun gibt es bestimmte Arten von Dingen, die wir nicht nur ihrer *Art* nach benennen, sondern auch *jedes für sich*, zum Beispiel Planeten, Schiffe, Städte und Wirbelstürme. Wir tun dies, um sie von allen anderen Dingen *derselben* Art unterscheiden zu können, und zwar so, daß wir auch in ihrer Abwesenheit in der Lage sind, uns eindeutig auf sie zu beziehen. Somit dient die Benennung hier nicht der Klassifizierung, also der Feststellung, daß es sich dabei um ein So-und-so handelt. Der Name verweist nicht auf bestimmte *Eigenschaften* des Dinges (wie der Name „Schiff" oder der Name „Planet"), sondern auf *dieses selbst*, darauf, daß es *nicht* wie jedes andere seiner Art ist, sondern eine *eigene* Identität oder Selbigkeit besitzt – wir sprechen darum hier von Eigennamen –, ohne daß dem bestimmte Eigenschaften *zugrunde* lägen: der Planet Saturn heißt nicht Saturn, weil er so oder so beschaffen ist, zum Beispiel Ringe hat, da er auch dann, wenn er seine Ringe (die wir vor allem anderen mit dem Namen Saturn verbinden) verlieren sollte, weiterhin Saturn bleibt. Ebenso würde die Stadt Paris auch dann noch Paris heißen, wenn es keinen Eiffelturm und keinen Triumphbogen (oder was auch immer wir sonst in diesem Fall für charakteristisch halten) gäbe. Ihre individuellen Eigenschaften sind also nicht konstitutiv für ihre Benennung,[453] und ihre artgemäßen Eigenschaften (die sie zu einem *Planeten* oder einer *Stadt* machen) sind es auch nicht, weil sie ja gerade die individuelle Benennung nicht zu stützen vermögen. (Würde Paris in einem Krieg buchstäblich dem Erdboden gleichgemacht, so daß nichts mehr übrig bliebe, das wir noch als Stadt im weitesten Sinne ansprechen würden, dann gäbe es zwar auch kein Paris mehr, eben weil Paris eine Stadt war, aber es waren ja nicht die Eigenschaften, die es eine Stadt sein ließen, die aus ihm *Paris* gemacht haben.) Darum läßt sich auch nicht sinnvoll fragen, ob es sich bei dem Gegenstand der Rede („jene Stadt" etwa) um *ein* Paris handle, da wir selbst dann, wenn es mehrere Dinge gibt, die diesen Namen tragen (der trojanische Prinz, ein Rennpferd, Paris in Frankreich, Paris in Texas), nicht meinen, daß die den Buchstaben nach gleiche Benennung auf irgendwelche gemeinsamen Eigenschaften der benannten Dinge hindeute. Einmal bezeichnet der Name eben *diese* Stadt, ein anderes Mal *jene* Stadt und wieder ein anderes Mal ein Rennpferd, ohne daß damit zugleich irgendeine *Beziehung* zwischen diesen dreien mitbezeichnet würde (was nicht ausschließt, daß eine solche Beziehung faktisch besteht, indem das eine etwa nach dem anderen benannt wurde). „Eigennamen (proper names)", stellt John Stuart Mill in seinem *System der Logik* fest, „sind nicht mitbezeichnend (connotative): sie bezeichnen die Individuen, die man mit ihnen benennt, ohne irgendwelche Attribute als jenen Individuen anhaftend anzuzeigen oder in sich zu schließen. Wenn wir einem Kind den Namen Paul oder einem Hund den Namen Cäsar geben, so sind diese Namen einfach Zeichen, die uns in den Stand setzen sollen, jene Individuen zu einem Gegenstand der Rede zu machen".[454] Aus diesem Grund verstehen wir einen Eigennamen auch erst dann überhaupt, wenn wir wissen, auf welches individuelle Ding er sich bezieht. Wenn wir den Namen „Paris" hören und annehmen, daß damit die französische Hauptstadt gemeint ist, wenn doch in Wahrheit von dem Ort in Texas die Rede ist, dann haben wir ihn schlicht nicht verstanden, und das obwohl die französische Hauptstadt ja tatsächlich Paris heißt. Vielleicht muß man sogar sagen, daß wir den Namen fälschlich für einen anderen gehalten haben, daß also die beiden Orte gar nicht, wie es zuerst den Anschein hat, denselben Namen haben, sondern in Wahrheit zwei verschiedene Namen, die, wie Mill sagt, nur „zufällig gleich geschrieben und gesprochen werden",[455] so wie auch der allgemeine Name „Bank", welcher ein Geldinstitut meint, als ein anderer angesehen werden kann als der gleich*lautende* (aber eben nicht selbe) Name, welcher ein Sitzmöbel bezeichnet.

Nun verleihen wir nicht *allen* Orten einen eigenen Namen, sondern nur solchen, die für uns irgendwie zu unterscheiden wichtig ist. Ebensowenig tragen alle Planeten, Wirbelstürme oder Schiffe einen Namen. Wir meinen auch nicht, daß diese Dinge von der Art sind, daß jedes von ihnen einen eigenen Namen haben sollte. Es ist vielmehr für bestimmte Zwecke ganz einfach *praktisch*, einigen von ihnen einen Namen gegeben zu haben, und im allgemeinen ist das der einzige Grund, warum wir es tun. Bei Menschen jedoch verhält es sich anders: Erstens hat *jeder* Mensch einen Namen, so daß es niemanden gibt, auf den man sich nicht auch in seiner Abwesenheit individuell beziehen könnte, und zweitens benutzen wir den Namen nicht nur, um *über* ihn zu reden, sondern auch, um *mit* ihm zu reden. Wir fragen einen Menschen, wie er heißt, nicht allein, um ihn später im Gespräch mit anderen identifizieren zu können, sondern um ihn, auch wenn wir mit

ihm allein sind und kein Mißverständnis darüber auftreten kann, zu
wem wir reden, mit seinem Namen *anreden* zu können. Dieser Gebrauch menschlicher Eigennamen zum Zweck der Anrede läßt sich
nicht aus dem Bedürfnis nach eindeutiger Kennzeichnung erklären.[456]
Infolgedessen wird er auch von den gängigen sprachanalytischen
Theorien der Eigennamen, die sich in der Hauptsache mit einer Frage
beschäftigen, nämlich „wie man mit singulären Termini auf konkrete
Einzeldinge referieren kann"[457], völlig übergangen.[458] Tatsächlich aber
zeigt bereits dieser Gebrauch, daß der Name, den ein Mensch trägt
und mit dem wir ihn ansprechen, kein, wie Mill annahm, *beliebiges*
Zeichen ist, das allein dazu dient, ihn zu bezeichnen und von anderen
zu unterscheiden. Wäre das nämlich der einzige Zweck der Namensgebung, dann könnten wir ja auch statt des Namens eine andere Form
der eindeutigen Kennzeichnung wählen, etwa das Verhältnis, in dem
der oder die Betreffende zu anderen Menschen steht („meine jüngste
Tochter" bzw. „die jüngste Tochter von X")[459], oder eine das hinwei-
sende Pronomen („dieser hier") fortsetzende raum-zeitliche Bestimmung („derjenige, der am dem und dem Tag um die und die Uhrzeit
in der und der Stadt geboren wurde") – was allerdings etwas umständ-
lich wäre – oder ganz einfach eine Zahl („Nr. 2. 210. 351"). Dadurch
würde aber, das sollte nicht übersehen werden, der so bezeichnete
Mensch in ganz anderer Weise von uns verstanden werden. So wird
eine Frau, die zeit ihres Lebens immer nur als „Tochter von X" identifiziert wird, auch zeit ihres Lebens tendenziell in erster Linie im
Licht dieses ständig in Erinnerung gerufenen Verhältnisses wahrgenommen werden und nicht *als sie selbst.* Ihr einen *eigenen* Namen
zuzugestehen, ist dagegen ein Ausdruck ihrer Anerkennung als individueller Person, als eigenständiger Existenz, und deswegen ist es
nicht gleichgültig, ob sie selbst einen Namen hat oder nicht und ob
ich sie bei ihrem Namen nenne oder es nicht tue. (Wenn ich meiner
Katze einen Namen gebe, dann tue ich das nicht, um mich eindeutig
auf sie beziehen zu können, da sie, sofern ich nur eine habe, als „meine
Katze" bereits eindeutig genug gekennzeichnet ist und der Name,
z. B. „Tiger", ja auch tatsächlich weniger eindeutig sein kann als die
Verhältnisbestimmung. Ich tue es vielmehr, um ihrer *Unersetzbarkeit*
– die sie in meinen Augen besitzt – Ausdruck zu verleihen, denn jede
beliebige Katze könnte meine Katze sein, aber nicht jede beliebige
Katze könnte *diese* Katze sein. Sie ist eben, was sie ist, ob es meine ist
oder nicht.) So bleibt auch die raumzeitliche Bestimmung hinter dem
Namen zurück, indem sie die Identität in gänzlich unangemessener

Weise an ein Datum bindet, das zufälliger nicht sein könnte, aber durch seine Herausgehobenheit Wesentlichkeit vortäuscht. Im übrigen hat die Angabe genauso wenig Informationsgehalt wie eine beliebig zugeordnete Zahl, die den rein formalen Zweck der Differenzierung genauso gut, aber ehrlicher, erfüllt. Oder genauer gesagt erfüllt die Zahl (und alle Kennzeichnungen, die sich ohne Verlust durch eine Zahl ersetzen lassen) einen *doppelten* Zweck: einerseits unterscheidet sie nämlich sicher das eine vom anderen, andererseits aber bringt sie zum Ausdruck, daß jedes von beiden trotz ihrer Verschiedenheit doch nur *eines von vielen* ist. Die echte, irreduzible Individualität (die Einzigartigkeit im Unterschied zur bloßen Einmaligkeit), die der Name betont, geht verloren, wenn an seine Stelle eine Zahl tritt (eine Seriennummer, wie sie auch die Kaffeemaschine hat). Der Unterschied zwischen den Individuen wird also durch die Zahl soweit getilgt, daß er gerade noch Unterscheidbarkeit und Identifizierung zuläßt: Der Unterschied zwischen zwei Menschen schrumpft derart auf die Größe des Unterschiedes zwischen zwei Zahlen. Und selbst dieser minimale und rein formale Unterschied kann nur mit Hilfe eines externen Verzeichnisses überhaupt aufrechterhalten werden. Unserem individuellen Gedächtnis entschwinden die Zahlen schnell. Indem man einem Menschen den Namen verweigert und ihm statt dessen, um ihn bei Bedarf dennoch identifizieren zu können, eine Zahl zuordnet, bringt man zum Ausdruck, daß man keinen Wert darauf legt, sich an ihn zu erinnern. Man zeigt seine Bereitschaft, ihn als menschliches Gegenüber zu vergessen. „Ich könnte glauben," schreibt Javier Marías in seinem Roman *Morgen in der Schlacht denk an mich*, „dich niemals kennengelernt zu haben, wüßte ich deinen Namen nicht, der unveränderlich bleibt, ohne die geringste Abnutzung, in unversehrtem Glanz, und so bleiben wird, auch wenn du ganz verschwunden und auch wenn du tot sein wirst. Er ist das, was bleibt, und die Namensliste der Lebenden unterscheidet sich in nichts von der Namensliste der Toten, und nicht nur das: Es ist das einzige, was uns hilft, uns zu erkennen und nicht den Verstand zu verlieren, denn wenn jemand unseren Namen leugnet und zu uns sagt: ‚Du bist es nicht, auch wenn ich dich sehe, du bist es nicht, auch wenn du so aussiehst', dann werden wir in den Augen desjenigen, der dies zu uns sagt und uns verleugnet, tatsächlich aufhören, wir selbst zu sein, und es erst wieder werden, wenn er uns den Namen zurückgibt, der uns begleitet hat wie die Luft."[460] – Der Name und seine Nennung setzt dem Vergessenwerden und dem Schon-vergessen-sein Widerstand entgegen.[461] Er

hebt den einzelnen aus der Masse heraus, während die Zahl ihn ein-
gliedert. Er weist auf ihn hin als auf etwas, oder vielmehr jemanden,[462]
der (im oben definierten Sinn des Wortes) *einzigartig* ist und folglich,
wenn er stirbt, nicht durch ein anderes, Gleichartiges, ersetzt werden
kann, und das nicht obwohl, sondern gerade *weil* sein Fehlen in der
Menge der Namen keine erkennbare Lücke hinterläßt. Nur wer den
Menschen gekannt hat, als einen von allen anderen unterschiedenen
(aber nicht durch seine Eigenschaften unterschiedenen), wird seinen
Namen darin vermissen. Eine eigentliche *Lücke* aber, ein objektiv be-
merkbares Fehlen entsteht nicht, da die Menge der Eigennamen, anders als die der Zahlen, kein System bildet. Wenn eine Zahl durch den
Tod ihres Trägers ausfällt, hinterläßt sie eine für jeden deutlich erkennbare Lücke in der Zahlenreihe, die sogleich nach Ausfüllung verlangt
und diese eben auch problemlos erlaubt.[463] Die Zahl als solche suggeriert Ersetzbarkeit, der Name hingegen signalisiert deren Unmöglichkeit. Indem ich einen Menschen, ohne daß es zur Identifizierung nötig
wäre, bei seinem Namen nenne, bedeute ich ihm (und allen anderen),
daß ich mir seiner Einzigartigkeit bewußt bin, ich gebe ihm zu verstehen, daß er in meiner Wahrnehmung nicht „irgendeiner" ist, daß er
– für mich – nicht genauso gut nicht sein könnte, daß ich mit ihm als
mit einer *Person*[464] rede und nicht als einem *Funktionsträger*, nicht als
einem Gefangenen, Untergebenen oder Dienstleister irgendeiner
Art. Ich folge, wie Derrida im Anschluß an Lévinas formuliert, dem
„Gesetz der Redlichkeit", indem ich „geradeheraus", „*für* den Anderen" rede, indem ich mich direkt „*an* den Anderen" wende.[465]
    Die weniger identifizierende als vielmehr individualisierende (die
Individualität verabsolutierende) und darin dezidiert *ethische* Funktion des Eigennamens bzw. seiner Nennung kann übrigens leicht auf-
gehoben werden, wenn der Eigenname anfängt, als Klassenname
wahrgenommen zu werden. Darauf zielte zum Beispiel die nationalsozialistische Strategie, jüdische Bürger zur Annahme eines für typisch jüdisch gehaltenen Namens (Israel oder Sara) zu zwingen.[466] Die
Bedeutung des Eigennamens als *Eigen*name trat hier mit Absicht zurück zugunsten seiner (übrigens ganz konventionellen und daher
nicht im engeren Sinne zur Bedeutung des Namens gehörigen) *Mit*-
bedeutung (Konnotation) als *jüdischer* Name, oder vielmehr kehrte
sich das Verhältnis von Bedeutung und Mitbedeutung um, da der
Name jetzt ja *in erster Linie* nicht mehr die individuelle Person bezeichnen sollte, sondern vielmehr seine Zugehörigkeit zu einer bestimmten Personengruppe oder *Art* von Personen.[467] Damit wurde

dem einzelnen eine Gruppenidentität aufgezwungen, die seine Einzigartigkeit als Mensch (für die allgemeine, ja selbst die jüdische Wahrnehmung) in den Hintergrund treten ließ und damit gleichsam sein
Menschsein selbst zum Verstummen brachte. Aus dem selben Grund
sprach die nationalsozialistische Propaganda auch vorzugsweise von
„*dem* Juden" oder „Juda" statt von „den Juden": Aus den vielen Subjekten wurde so ein einziges, das, anders als die wirklichen Individuen,
durch bestimmte, als verdammenswert geltende Eigenschaften vollständig definiert werden konnte und wurde. Wenn die Namensgebung
von Königen und Päpsten oft dem selben Muster folgt und der Name
dort weniger die Person als ihren Status kennzeichnet, nämlich ihr
König- oder Papstsein, dann ist auch darin eine gewisse Entmenschlichung intendiert, jedoch nicht in erniedrigender, sondern in erhö-
hender Absicht. Wenn der Papst spricht, soll er nicht als Mensch gehört werden, sondern als Stellvertreter Gottes auf Erden. Wenn ein
Jude sprach, dann sollte man ihn ebenfalls nicht als Mensch hören,
sondern als Exemplifikation all der schlechten Eigenschaften, die seiner „Rasse" zugesprochen wurden. Im einen Fall wird dem einzelnen
eine zusätzliche, das bloß allgemein Menschliche übersteigende, Würde zugesprochen (die Würde des Amtes), im anderen hingegen ihm
nur die menschliche Würde abgesprochen (ohne sie durch eine andere
Form der Würde zu ersetzen), denn die Botschaft lautet: einer wie
alle, gleich in jeder entscheidenden Hinsicht, ununterschieden, in-dif-
ferent.[468] Der einzelne Mensch verschwindet in seiner nunmehrigen
Namenlosigkeit als Unterschiedener und zu Unterscheidender hinter
dem Begriff, unter den er so gebracht wird. In Vergessenheit gerät dabei,
was der Eigenname in Erinnerung hält (oder sich wenigstens bemüht,
in Erinnerung zu halten), nämlich daß kein Begriff, und sei er auch
noch so komplex, einen einzelnen Menschen in seiner Individualität
zu erfassen vermag. Der andere übersteigt immer meine Vorstellungen, entzieht sich einem vollständigen Verstehen und beweist gerade
darin seine eminente *Wirklichkeit* (der andere ist immer der *andere*).
Der Eigenname erinnert an diese Transzendenz, indem er keine Eigenschaft, sondern den Menschen selbst bezeichnet. Den anderen bei
seinem Namen zu nennen, ist Ausdruck der Scheu davor, ihn in den
eigenen Gedanken und damit im Selbst aufgehen zu lassen, eine Scheu,
die derjenigen nicht unähnlich ist, die christliche Theologen angesichts
der Forderung empfanden, Gott angemessen zu benennen.[469] Der eigentliche Sinn des Namens (des *Eigen*namens), der Sinn seiner Nennung, ist somit gerade seine Sinnlosigkeit (im Sinne Freges).[470]

Die Welt ist, was sie ist, egal, wie wir das, was uns in ihr begegnet, benennen, wie wir es denken und wie wir uns zu ihm verhalten. Einerseits. Andererseits ist die Welt für uns stets *erlebte* Welt, Erscheinung, nicht Ding an sich; und für die Art und Weise, *wie* uns die Welt erscheint, ist es nicht egal, wie wir sie denken, welche Vorstellungen wir uns über sie machen, was wir glauben, daß sie bzw. das, was darin begegnet, dem Wesen nach ist. Und dieser Glaube drückt sich teilweise auch in den Namen aus, die wir den Dingen verleihen. Umgekehrt wirkt die Benennung auf unsere Vorstellungen zurück. So haben auch die Namen Einfluß auf das Erscheinungsbild der Welt, und man kann es ändern, vielleicht nicht von heute auf morgen, aber doch allmählich, indem man die Namen ändert. Wie wir benennen, so denken wir auch, und wie wir denken, so nehmen wir wahr. Unsere Wahrnehmung aber bestimmt unser Handeln: „Als was wir sie schauen, das tun wir den Dingen an" (Ludwig Klages).[471] Aus diesem Grund ist es in praktisch-ethischer Hinsicht nicht gleichgültig, ob ein Eigenname seiner eigentlichen, individualisierenden Bestimmung gemäß gebraucht, zum Zweck der Klassifizierung mißbraucht, durch andere Kennzeichnungen ersetzt oder sogar ersatzlos fallengelassen wird.

Aber nicht nur die Eigennamen, sondern auch die allgemeinen Namen, die wir für Menschen und die Vorgänge, die sie betreffen, benutzen, beeinflussen unser Verhalten ihnen gegenüber, weil sie uns, je nach dem, wie die Benennung ausfällt, unterschiedliche Handlungsweisen als angemessen bzw. unangemessen erscheinen lassen und uns damit, vielleicht ohne daß wir uns dessen bewußt sind, ein bestimmtes Handeln nahelegen. Um einen Menschen als Menschen behandeln zu können, muß ich ihn zuallererst als Menschen wahrnehmen, und es ist *leichter*, ihn als Menschen wahrzunehmen, wenn er auch als Mensch bezeichnet wird und man von ihm nicht ständig nur als „Feind", als „Japs" oder „Gook" oder „Spagettifresser", oder gar explizit als „Untermensch", als „Ratte" oder „Parasit" reden hört (und schließlich selber redet). Einen Menschen zum Tier zu erklären,[472] ist nicht zuletzt deshalb eine der wirksamsten Arten begrifflicher Ausgrenzung, weil Tiere in der Regel keine Eigennamen tragen, und wenn sie es doch tun, wie im Fall von Haustieren, sie dann bereits einen anderen Status haben. Die überwiegende Namenlosigkeit der Tiere korrespondiert mit der Gleichgültigkeit, mit der Menschen gewöhnlich ihrem Schicksal gegenüber stehen und standen. Schon von jeher hat man in der westlichen Kultur die Tiere als Gebrauchsgegenstände betrachtet. Chrysipp, der große Systematiker der stoischen Schule, brachte die zu seiner Zeit übliche und noch heute vorherrschende Einstellung auf den Punkt, indem er erklärte, daß Schweine nur deshalb eine Seele (d. h. Leben) anstelle von Salz (nämlich als Konservierungsmittel) hätten, damit sie nicht verfaulten.[473] Das Christentum übernahm die Ansicht, daß Tiere keine Seele hätten, und der neuzeitliche Rationalismus schließlich erklärte mit Descartes aller Sinneswahrnehmung zum Trotz die Tiere für schlechthin empfindungslos. So schieben sich Begriffe vor die Erfahrung, und es entsteht ein durch Vor-Urteile erzeugtes Scheinbild, mit dem Effekt, daß die Daseinsberechtigung der Tiere wie der mit ihnen gleichgesetzten Menschen kurzerhand wegdefiniert wird.[474]

Um den Schmerz und den Tod eines Menschen ernstzunehmen, um ihnen eine Bedeutung, ein Gewicht beizumessen, muß ich sie auch als solche wahrnehmen, und das fällt mir schwerer, wenn von diesem Schmerz und von diesem Tod nicht *als* Schmerz und *als* Tod gesprochen wird, sondern als „Dezimierung feindlicher Kräfte", als „Neutralisierung", „Eliminierung" oder „Liquidation", als mehr oder weniger hohe „Verluste", als unbeabsichtigte „Nebenwirkung" oder, noch verschleierter, als „Kollateralschaden". Oft genug verbergen ausgesprochen spielerisch klingende Namen die tödliche Realität des bezeichneten Vorgangs. Elaine Scarry führt in ihrer Studie *Der Körper im Schmerz* einige eklatante Beispiele hierfür an: „Der Akt des Verletzens, das Fleisch, das verletzt wird, oder die Waffe, die verletzen soll, bekommen einen neuen Namen. Die Abschußvorrichtung für amerikanische Raketen heißt dann ‚cherrypicker', die massiven amerikanischen Luftangriffe auf Nordvietnam, in deren Verlauf Napalmbomben abgeworfen wurden, taufte man ‚Sherwood Forest' oder ‚Pink Rose'; die von den Japanern im Zweiten Weltkrieg eingesetzten Selbstmord-Flugzeuge wurden von den amerikanischen Soldaten ‚night blossoms' genannt; die Japaner bezeichneten die Gefangenen, die sie in ihren Lagern medizinischen Experimenten unterzogen, als ‚Klötze', und der Tag, an dem im Ersten Weltkrieg bei Tannenberg dreißigtausend Russen und dreizehntausend Deutsche ihr Leben lassen mußten, ging als ‚Tag der Ernte' in die Historiographie ein".[475] Die gewählten Namen dienen hier vorrangig dem Zweck der Verschleierung dessen, was *wirklich* geschieht: die Verletzung und Vernichtung einzigartigen Lebens.

Vorstellung und Gefühl

28. Vom Wechsel des Standpunkts

Wir hatten gesehen, daß das Ausmaß, in dem wir uns einem Menschen (oder einem Tier) gegenüber zur Schonung verpflichtet fühlen, sehr davon abhängt, inwieweit uns dieser Mensch (oder dieses Tier) wirklich zu werden vermag. Die Milgram-Experimente haben deutlich gemacht, daß ein Mensch für uns in der Regel umso mehr Wirklichkeit gewinnt, je mehr er uns sinnlich gegenwärtig wird. Es fällt uns gewöhnlich schwerer, einem Menschen einen Schaden zuzufügen oder diesen Schaden nicht von ihm abzuwenden, wenn wir ihn persönlich kennen, wenn wir seinen Schmerz und sein Unglück sehen und hören, wenn wir ihn zu berühren gezwungen sind, wenn er uns ansieht und wir ihm in die Augen blicken. Das heißt freilich nicht, daß wir grundsätzlich keine moralischen Verpflichtungen gegenüber Menschen oder Lebewesen haben könnten, von deren Existenz wir nur abstrakt Kenntnis haben. Zwar läßt sich, wie sich gezeigt hat, nur dann sinnvoll davon reden, daß für ein Wesen echte moralische Verpflichtungen bestehen, wenn es diese auch selbst erlebt, sich also selbst verpflichtet *fühlt* (und in dem Maße, wie es dies tut), aber tatsächlich beschränkt sich unser Verpflichtungsgefühl ja in der Praxis nicht notwendig auf diejenigen, mit denen wir persönlich bekannt sind oder die wir unmittelbar vor Augen haben. Unser Gefühl ist selten ganz taub für die Forderung nach Universalisierung, wenngleich es den meisten von uns, wie in dem klassischen Gedankenexperiment, sicher leichter fiele, per Knopfdruck die (für uns ja ganz und gar fiktive) Existenz eines unbekannten Chinesen auszulöschen, als mit eigenen Händen einen Menschen zu töten, der hier und jetzt vor uns steht und so selbst für die Anerkennung seiner Einzigartigkeit und Wirklichkeit eintreten kann, indem er sich als dieser eine bestimmte, durch keinen anderen ersetzbare Mensch darbietet und behauptet. Die Annahme aber, daß wir ein Gefühl der Verpflichtung gegenüber anderen Lebewesen auch dann ausbilden würden, wenn wir *niemals* einem solchen Lebewesen in sinnlicher Unmittelbarkeit begegnet wären, erscheint mir so abwegig wie die Idee, man könne beim Bau eines Hauses auch das Erdgeschoß weglassen und gleich mit dem ersten Stock anfangen. Auch da, wo unsere Moral sich von der unmittelbaren Erfahrung gelöst hat, wo sie abstrahiert und überträgt, hat sie doch stets ihren Anfang und ihr Fundament, ihre *arché*, in der Erfahrung. Die Wirklichkeit des anderen (*irgendeines* anderen) muß zunächst konkret-leiblich erfahren werden, und erst wenn dies geschehen ist, erst dann kann sie auch da für gegeben genommen werden, wo sie nicht erfahren wurde. Ich muß also zunächst um die Existenz wenigstens *eines* anderen Menschen *wissen*, um an die Existenz der übrigen *glauben* zu können.

Gleichwohl kann man nicht sagen, daß uns eine Sache stets stärker berührt und in die Pflicht nimmt, wenn sie uns sinnlich gegenwärtig ist, als wenn wir sie uns „nur" vorstellen. Zuweilen helfen wir gerade den Menschen, die wir nicht kennen und niemals kennenlernen werden, die für uns kein Gesicht und keinen Namen haben, bereitwilliger als denen, die mit uns in räumlicher Nähe zusammenleben und uns explizit durch ihr Verhalten oder implizit durch ihre sichtbare Not um Beistand angehen. Spendenaufrufe anläßlich der humanitären Katastrophen, die sich Dutzende Male im Jahr auf der Welt ereignen und von denen uns die Medien in Kenntnis setzen, sind in Deutschland zumeist überaus erfolgreich,[476] während das Elend der Flüchtlinge und Asylanten, die unter uns leben, uns bestenfalls gleichgültig läßt und schlimmstenfalls zu wütenden (verbalen und non-verbalen) Attacken provoziert. Zuweilen lassen wir uns zu Tränen rühren von Schicksalen, die uns berichtet werden, ja sogar von solchen, die nicht nur frei erfunden sind, sondern uns auch noch offen als erfundene präsentiert werden (in Romanen oder Filmen), während uns ein ähnliches Schicksal, sobald wir seiner in der wirklichen Welt buchstäblich ansichtig werden (ohne daß wir diese Ähnlichkeit auch nur bemerken würden), kalt und unberührt läßt, wie es Proust von der Haushälterin Francoise berichtet, die, mitten in der Nacht geweckt, um einem sich in Krämpfen windenden Küchenmädchen im Wochenbett zu helfen, keinerlei Mitleid, sondern nur Ärger über die Störung ihrer Nachtruhe empfindet, jedoch Tränen vergießt beim Lesen der medizinischen Beschreibung genau solcher Anfälle. „Ich wurde mir klar darüber," resümiert der Erzähler und Prousts alter ego Marcel, „daß nicht mit ihr verwandte menschliche Wesen ihr Mitleid um so mehr erregten, in je größerer Ferne sie ihr Dasein fristeten. Die Tränenströme, die sie zeitungslesend über den Unglücksfällen vergoß, denen Unbekannte zum Opfer gefallen waren, versiegten schnell, wenn sie sich die davon heimgesuchte Person ganz genau vorstellen konnte".[477] Der Ausdruck

‚ganz genau vorstellen' ist hier allerdings etwas irreführend, denn genau das ist es, was Francoise nicht tut (und wir in ähnlichen Fällen eben auch nicht), nämlich sich die Qual des Küchenmädchens ganz genau vorstellen. Deren Leiden kümmern sie nicht, ja sie leugnet gar deren Existenz, weil sie nur wahrnimmt, was ihre Herrschaft aufgrund dieser angeblichen Leiden von ihr fordert. Ihre scheinbar außergewöhnlich entwickelte Fähigkeit zum Mitleid versiegt, sobald ihr selbst eine Unannehmlichkeit abverlangt wird. Dann wird sie taub und blind gegen die Not der anderen. Sich vorstellen, wie es ist, solche Krämpfe zu haben, vermag sie nur da, wo diese Vorstellung keine weiteren praktischen Folgen nach sich zieht. Allein dem folgenlosen Mitleid, das billig zu haben ist, gibt sie sich schrankenlos hin. So hemmt hier paradoxerweise das Helfenkönnen das Helfenwollen bzw. -sollen, also die Anerkennung eines elementaren Sollensanspruchs. Und Francoise ist sicher nicht die einzige, der es so geht. Gerade die Erfüllbarkeit eines Anspruchs mag auch bei uns oft genug verhindern, daß wir ihn wahrnehmen. Hieraus läßt sich ersehen, daß die sinnliche Präsenz allein nicht hinreicht, um den moralischen Impuls in uns wachzurufen. Ja, es scheint, als sei sie nicht einmal notwendig. Die Nähe und sinnliche Präsenz erleichtert wohl gewöhnlich die Anerkennung einer Verpflichtung, aber sie erzwingt sie nicht, genauso wie die Ferne und Abwesenheit diese Anerkennung nicht verhindert, sondern nur erschwert. Entscheidend ist *letztlich* nicht, ob der andere uns sinnlich präsent ist oder nicht, sondern ob es ihm gelingt, für uns wirklich zu werden. Daß er für uns wirklich wird, schließt aber ein, daß auch sein *Leiden* für uns wirklich wird, und zwar sowohl das bereits bestehende als auch dasjenige, was er empfinden wird, wenn ich eine bestimmte Handlungsweise vollziehe oder nicht vollziehe. Das wiederum bedeutet, daß ich mir *vorstellen* können muß, wie es für den anderen ist, in einer Situation zu sein, wie sie aufgrund meines Handelns oder Nichthandelns entsteht oder zu bestehen fortfährt. Ohne diesen Sprung der Vorstellungskraft können die anderen mir so nahe sein, wie sie nur wollen: sie werden doch für mich nie mehr sein als mehr oder minder vertraute Fiktionen oder Animationen.

Um den Weg zu einem Ort hin recht eigentlich zu kennen, das heißt ein sicheres Wissen und nicht nur eine ihrem Wesen nach unsichere Meinung von ihm zu haben, muß man ihn Platon zufolge selbst gegangen sein. Um einen anderen Menschen zu kennen, das heißt ein sicheres Wissen seiner eigentümlichen Wirklichkeit zu haben, darf man ihn nicht nur von außen und als Außenstehender betrachten.

Vielmehr muß man selbst „den Weg gehen", nämlich den Weg, den auch er geht, darf sein Leiden also nicht bloß zur Kenntnis nehmen (als eine abstrakte Proposition, die man keinen Grund hat zu bestreiten), sondern muß es vielmehr in der Vorstellung, *als* Leiden, nach- oder mitvollziehen. Es nach- oder mitzuvollziehen aber bedeutet, gleichsam in die Haut des anderen zu schlüpfen und so das fremde (und als solches unwirkliche) Leiden als eigenes (und damit wirkliches) Leiden vorzustellen. Nur zu wissen, daß der andere leidet, so könnte man also sagen, heißt *nicht* zu wissen, daß er leidet. Es heißt eher so viel wie korrekterweise nicht ernsthaft zu bestreiten, daß der andere leidet. *Wahrhaft* zu wissen, daß der andere leidet, heißt hingegen, in der Vorstellung an diesem Leid *teilzunehmen*. Die Annahme, daß dieser Gebrauch des Vorstellungsvermögens eine unerläßliche Voraussetzung für moralische Anteilnahme ist (dafür, daß wir uns das Leid des anderen etwas angehen lassen), hat Adam Smith in seiner *Theorie der ethischen Gefühle* (A Theory of Moral Sentiments) – die übrigens weit mehr Aufmerksamkeit verdient als sie von den heutigen Moralphilosophen gewöhnlich erhält – entfaltet. Auf die Frage, wie es möglich sei, daß wir „oft darum Kummer empfinden, weil andere Menschen von Kummer erfüllt sind"[478], gibt Smith folgende Antwort: „Da wir keine unmittelbare Erfahrung von den Gefühlen anderer Menschen besitzen, können wir uns nur so ein Bild von der Art und Weise machen, wie eine bestimmte Situation auf sie einwirken mag, daß wir uns vorzustellen suchen, was wir selbst wohl in der gleichen Lage fühlen würden. Mag auch unser eigener Bruder auf der Folterbank liegen – solange wir selbst uns wohl befinden, werden uns unsere Sinne niemals sagen, was er leidet. Sie konnten und können uns nie über die Schranken unserer eigenen Person hinaustragen und nur in der Phantasie können wir uns einen Begriff von der Art seiner Empfindungen machen. (...) Vermöge der Einbildungskraft (imagination) versetzen wir uns in seine Lage, mit ihrer Hilfe stellen wir uns vor, daß wir selbst die gleichen Martern erlitten wie er, in unserer Phantasie treten wir gleichsam in seinen Körper ein und werden gewissermaßen eine Person mit ihm".[479] Tatsächlich tragen uns unsere Sinne natürlich oft über die Schranken unserer eigenen Person hinaus, aber wenn, dann tun sie es eben dadurch, wie Smith deutlich erkannte, daß sie uns einladen oder sogar nötigen, uns an die Stelle des anderen zu versetzen. Ohne einen solchen „in der Phantasie vollzogenen Wechsel der Situation"[480] würde sich auch bei größter sinnlicher Nähe kein Mitgefühl irgend einer Art einstellen, denn der Schmerz eines anderen

Menschen ist nicht der eigene, und es gibt keinen erkennbaren Grund, warum der Schmerz des anderen auch uns selbst Schmerzen bereiten sollte. Nur wenn wir uns ins Fühlen des anderen hineinversetzen und zwar so, daß wir auch noch die geringfügigsten Umstände seiner Situation nachfühlen, werden wir der Wirklichkeit seines Schmerzes gerecht und gewahr. Dazu, betont Smith, dürfen wir uns nicht vorstellen, wie es uns selbst (in unserer Person, in unserer Rolle) in dieser Situation gehen würde, sondern wie es dem anderen, so wie *er* ist,[481] geht: „Wenn ich mit dir Beileid empfinde, weil du deinen einzigen Sohn verloren hast, und ich deinen Kummer nachzufühlen trachte, dann überlege ich nicht, was ich, ein Mensch von dieser bestimmten Stellung und diesem bestimmten Beruf, erdulden würde, wenn ich einen Sohn hätte und dieser unglückseligerweise stürbe, sondern ich überlege, was ich erdulden würde, wenn ich wirklich du wäre, und ich tausche nicht nur meine Verhältnisse mit den deinen, sondern ich tausche auch die Person und die Rolle mit dir. (...) Ein Mann kann mit einer Wöchnerin wohl sympathisieren; aber es ist doch ganz unmöglich, daß er sich vorstellen könnte, er selbst würde in seiner eigenen Person und seiner eigenen Lebenslage ihre Schmerzen erleiden".[482] Erst durch diesen die spezifische Situation, in der nur der andere sein kann, einschließenden Wechsel des Standpunkts wird, so Smith, eine Korrektur jener perspektivischen Verzerrung möglich, aufgrund derer uns die anderen Menschen als weniger wichtig und weniger wirklich erscheinen als wir selbst, und umso unwichtiger und unwirklicher, je weiter sie von uns entfernt sind – ähnlich wie auch unserem Auge die sichtbaren Gegenstände, etwa ein Baum, mit zunehmender Entfernung immer kleiner erscheinen. Um zu der Einsicht zu gelangen, daß der Baum, der gleich nebenan steht, in Wahrheit nicht größer ist als der Baum, der hundert Meter entfernt ist, müssen wir uns zunächst von der Perspektive des ersten Baumes lösen und die Welt von der Perspektive des zweiten Baumes aus betrachten, aus der nun der erste Baum seinerseits als klein erscheint. Machen wir diese Erfahrung wiederholt, lassen wir uns bald nicht mehr von der aktuellen Perspektive täuschen (indem wir nun den ersten Baum tatsächlich für kleiner halten, so wie wir vorher den zweiten für kleiner gehalten haben) und fangen an, unabhängig von dem Standpunkt, den wir zufällig gerade einnehmen (also unabhängig davon, welchem Baum wir gerade näher sind), beide Bäume als gleich groß zu betrachten. Eine realistische Beurteilung der tatsächlich bestehenden Größenverhältnisse gelingt uns also erst dann, wenn wir gelernt haben, gleichsam eine Perspektive außerhalb jeder möglichen Perspektive einzunehmen, und eben dies, meint nun Smith, müßten wir auch tun, um *moralische* Konflikte in angemessener Weise zu entscheiden. Als erstes gelte es, den Standpunkt des anderen einzunehmen, als zweites jedoch, sich von diesem genauso zu lösen wie von dem eigenen. Denn wenn wir dies nicht täten und die Situation des anderen ausschließlich aus seiner Perspektive beurteilten, dann hätten wir wenig gewonnen, da wir die absolute Wirklichkeit und die entsprechende Bedeutung, die wir zuvor allein uns selbst und *unseren* Interessen zuerkannten, nun allein ihm und *seinen* Interessen zubilligen müßten. Wir hätten dann keinerlei Möglichkeit, die *Angemessenheit* seines Leidens (oder auch seines Nichtleidens) zu beurteilen, und wären daher auch für den Fall, daß sein Leid nur verhindert werden kann, wenn ein anderer leidet (zum Beispiel wir selbst), außerstande, zu entscheiden, wessen Leiden mehr zählt, es sei denn, wir wollten uns an Richard Hares Rat halten und uns allein an der *Quantität* des jeweiligen Leidens orientieren. Es wurde bereits dargelegt, warum Hares Vorschlag nicht als ernst zu nehmende Alternative in Betracht kommt. Die Aporie, in die Hare hineingerät, indem er die vorhandenen Präferenzen zum alleinigen Maßstab moralischer Entscheidungen erklärt, hat Smith glücklich vermieden, indem er diese Präferenzen wiederum dem Prüfstein der Angemessenheit unterwirft. Maßgeblich für die Beurteilung der Situation und entsprechend auch für das moralisch richtige Handeln ist dann nicht mehr die Beantwortung der Frage, ob und wie sehr ein Mensch unter einer bestimmten Situation *tatsächlich* leidet oder nicht leidet, sondern vielmehr, ob die Situation, in der er sich befindet, *derart* ist, daß sein Leiden oder auch sein Nichtleiden als angemessen oder berechtigt gelten kann.[483] Wenn einer sich beispielsweise ernsthaft grämt über etwas, was, nüchtern betrachtet, ganz unbedeutend ist, dann sollten wir seinem Leid wenig Gewicht zumessen, wie auch er es tun würde, wenn er nur einmal genügend Abstand von sich nähme, um eine realistische Einschätzung der Wichtigkeit des von ihm Beklagten zu gewinnen. Und wenn umgekehrt ein Mensch, der etwa aufgrund einer Geistesstörung jegliches Urteilsvermögen verloren hat, wenig hierunter leide, ja eher noch besonders glücklich scheine, so müsse man doch sehen, daß ein solcher Zustand etwas Schreckliches sei, ein Zustand, den auch der Kranke selbst als schrecklich empfinden *würde*, wenn er sich dessen nur bewußt wäre.[484] Sich ganz auf den Standpunkt des anderen zu stellen und sich auf seine Situation einzulassen, bedeutet also nach Smith nicht, auch seine *Einschätzung* dieser Situation (und damit seine aktuellen Präferenzen) zu übernehmen. Denn diese kann falsch sein, wobei der Maßstab des Falschen nicht die reine Vernunft oder etwas dergleichen ist, sondern vielmehr das allgemein vorherrschende, tatsächliche *Empfinden* der Menschen, das heißt das, was normale Menschen, wenn sie nicht selbst Partei sind, in einer bestimmten Zeit und Kultur als angemessen und unangemessen wahrnehmen. Als richtig oder schicklich (proper) haben ein Gefühl (wie zum Beispiel Dankbarkeit oder Rachsucht) und die daraus hervorgehenden Handlungen genau dann zu gelten, wenn ihnen „jeder vernünftige Mensch bereitwillig in seinem Herzen beipflichten" würde,[485] und vernünftig sind wir genau dann, wenn wir die Rolle eines zwar sympathetischen, aber dabei doch völlig unparteiischen Beobachters (impartial spectator) einnehmen. „Wir dürfen sie weder von unserem, noch auch von seinem Platze aus betrachten, weder mit unseren eigenen Augen, noch mit den seinigen, sondern wir müssen sie von dem Platze und mit den Augen einer dritten Person ansehen, die in keiner näheren Beziehung zu einem von uns beiden steht, und die mit Unparteilichkeit zwischen uns richtet".[486] Diese Unparteilichkeit des Urteils ist aber nur dann überhaupt möglich, wenn wir uns zuvor in die Situation des anderen (bzw. aller Beteiligten) eingefühlt haben. Denn erst der Wechsel des Standpunktes in der Vorstellung, das imaginative Hineinschlüpfen in die Haut des anderen, läßt uns zuallererst gewahr werden, daß auch er wirklich ist (so wirklich und einzigartig wie wir selbst), und somit, daß es nicht gleichgültig ist, was mit ihm geschieht. Über die Vorstellung erschließen wir uns den anderen als etwas, das zählt, das heißt als jemand oder Person. Das ist einer der beiden Gründe, warum die Unparteilichkeit nur über den scheinbaren Umweg der Parteilichkeit (der uns von einem Extrem zu einem anderen führt) zu haben ist.[487] Um unparteiisch zu sein, müssen wir zuvor Partei für den anderen ergriffen haben, so wie wir, um zu erkennen, daß der entfernte Baum so groß ist wie der nahe, zuvor erlebt haben müssen, wie klein die Welt von dessen Warte aus erscheint. Der zweite Grund dafür, zunächst den Standpunkt des anderen einzunehmen, besteht darin, daß wir ohne eine solchen Wechsel gar nicht erfassen könnten, in was für einer Situation sich der andere eigentlich befindet, also auch nicht, worum es für ihn geht und was für ihn auf dem Spiel steht. Solange wir dies aber nicht wissen, können wir kein gerechtes Urteil fällen, es sei denn zufällig.

29. Bilder

Fragen wir uns aber nun, was uns überhaupt veranlaßt, jenen Sprung der Vorstellungskraft vorzunehmen, werden wir zurückgeführt auf die sinnliche Erfahrung, die für die Moral aus zwei Gründen wichtig bleibt: erstens weil sie die Vorstellungskraft aus sich heraus, aufgrund einer gewissen natürlichen Tendenz[488] *anregt* oder, eher noch, *hinreißt*, besagten Sprung zu tun und so den anderen als wirklich zu entdecken, und zweitens, weil, wie gesagt, dieser Sprung ganz unmöglich wäre, wenn mir der andere niemals sinnlich gegeben wäre. Aber wie es Bestimmungsgründe gibt, welche die gewöhnliche oder natürliche Wirkung der sinnlichen Gegenwart konterkarieren und mitunter eben auch gänzlich aufheben können, so gibt es auch Mittel, den Mangel an sinnlicher Präsenz zu kompensieren und die Vorstellungskraft auf andere Weise zum anderen und seiner Wirklichkeit hin zu lenken. Eine sehr naheliegende Möglichkeit der Kompensation ist offensichtlich der Gebrauch von *Bildern,* insbesondere Fotografien und Filmaufnahmen; naheliegend deshalb, weil dadurch ein Schein von Unmittelbarkeit erzeugt wird, der den Betrachter zu dem Glauben verführt, er sehe genau das, was wirklich geschehen sei, und er sehe *alles,* was es überhaupt zu sehen gibt oder gab, oder wenigstens alles *Wesentliche* dessen.[489] Der Betrachter wird von der augenscheinlichen Wirklichkeit dessen, was er sieht, ganz und gar eingenommen, ist dabei aber außerstande, seine Wahrnehmung einer kritischen Prüfung zu unterziehen. Er bleibt ganz und gar angewiesen auf das, was ihm gezeigt wird und gerät so zwangsläufig in die Gefahr, Opfer einer Täuschung zu werden, wenn nämlich das Bild gestellt und die ihm darin präsentierte Wirklichkeit nur fingiert ist. Aber auch wenn das Bild nicht im üblichen Sinne des Wortes gestellt wurde, wenn also die gezeigten Ereignisse, Handlungen und Gefühle nicht zum Zweck der Aufnahme vorgespiegelt, sondern tatsächlich nur eingefangen und wiedergegeben wurden, kann es doch täuschen, wenn es absichtlich oder unabsichtlich in einen falschen Kontext gestellt wird (wie bei einigen Fotografien der Wehrmachtsausstellung des Hamburger Instituts für Sozialforschung, auf denen zwar wirkliche Opfer zu sehen waren, aber eben keine Opfer der Wehrmacht). Der Haupteinwand gegen *jedes* Bild ist jedoch, daß es selbst dann, wenn es in jeder möglichen, also auch in dieser Hinsicht wirklichkeitsgetreu ist, notwendig doch nur eines unter vielen möglichen Bildern bleibt, die hätten gemacht und gezeigt

werden können. Das, was wir sehen, ist dann zwar wirklich (oder es
war wirklich), aber es gibt eben noch vieles andere, das ebenso wirklich ist, das wir aber nicht sehen, weil man es uns nicht zeigt. Das
selten ohne Bedacht ausgewählte Bild läßt uns dann das, was nur einen
Teil der Wirklichkeit ausmacht, für die ganze Wirklichkeit halten.
Und weil wir nicht gleichgültig bleiben gegenüber dem, was wir sehen, weil das Bild (*dieses* Bild) ganz bestimmte Emotionen weckt (was
beiläufig bemerkt ein wesentlicher Bestandteil der Wirklichkeit des
Bildes ist)[490], die wiederum ein moralisches Urteil nach sich ziehen
oder vielmehr beinhalten, werden wir dazu verleitet, Partei zu ergreifen und Handlungsweisen und deren Akteure zu verurteilen, die wir
vielleicht ganz anders bewerten würden, hätte man uns nur statt dieses
Bildes ein anderes gezeigt. Peter Handke hat mit einigem Recht diese
(wahrscheinlich unbewußte) Beeinflussung der öffentlichen Meinung
durch die von den Medien verbreiteten Bilder während des Bosnienkrieges scharf kritisiert: „doch weshalb habe ich solche gar sorgfältig
kadrierten, ausgeklügelten und eben wie gestellten Aufnahmen noch
keinmal – jedenfalls nicht hier, im ‚Westen‘ – von einem serbischen
Kriegsopfer zu Gesicht bekommen? Weshalb wurden solche Serben
kaum je einzeln gezeigt, sondern fast immer nur als Grüppchen, und
fast immer nur im Mittel- oder fern im Hintergrund, eben verschwin-
dend, und auch kaum je, anders als ihre kroatischen oder muslimi-
schen Mitleidenden, mit dem Blick voll in die Kamera, vielmehr seit-
oder bodenwärts, wie Schuldbewußte?"[491] Das Ziel dieser Kritik bestand nun sicher nicht darin, die Leiden der kroatischen und musli-
mischen Bevölkerung, die uns durch zahlreiche Aufnahmen ein-
drucksvoll vor Augen geführt wurden, in Abrede zu stellen. Was
Handke störte und was er monierte, war vielmehr die mediale *Ausblendung* und damit praktische Leugnung allen Leidens auf serbischer
Seite, die dazu führte, daß die Serben von der westlichen Öffentlichkeit fast ausschließlich kollektiv als Täter wahrgenommen wurden
und tatsächlich gar nicht anders wahrgenommen werden konnten. Vor
diesem Hintergrund forderte Handke mehr „Gerechtigkeit für Ser-
bien" und gab sich alle Mühe, durch seinen Reisebericht auch die
Serben als lebendige, wirkliche Menschen erkennen zu lassen und so
die vielleicht allzu bereitwillige und leichtfertige Einteilung in Täter
und Opfer ins Wanken zu bringen – ein Unterfangen, das seinem Ruf,
wie man sich erinnern wird, nachhaltigen Schaden zugefügt hat. Allerdings neigte Handke wohl dazu, die Authentizität der leibhaften
Erfahrung (und insbesondere auch *seiner* Erfahrung) und die Kluft

zwischen dem Erleben der „Sache selbst" und der bloßen Wahrnehmung ihres Bildes zu überschätzen. „Was weiß man, wo man vor lauter Vernetzung und Online nur Wissensbesitz hat, ohne jenes tatsächliche Wissen, welches allein durch Lernen, Schauen und Lernen, entstehen kann. Was weiß der, der statt der Sache einzig deren Bild zu Gesicht bekommt, oder wie in den Fernsehnachrichten, ein Kürzel von einem Bild, oder, wie in der Netzwelt, ein Kürzel von einem Kürzel?"[492] Die platonische Unterscheidung zwischen wahrem Wissen und bloßer Meinung, zwischen dem Zugriff auf die Sache selbst und dem Zugriff auf ihr Bild, die Handke hier gegen die mediale Vermittlung ins Feld führt, ist in diesem Fall jedoch irreführend, weil auch durch die unmittelbare Erfahrung ein solches Wissen kaum zu erlangen ist. Denn natürlich haben wir niemals, auch nicht in der persönlichen Begegnung, die Sache selbst, sondern immer nur ein Bild von ihr, das mal mehr, mal weniger umfassend, differenziert und zutreffend ist. Auch wenn wir selbst am Ort des Geschehens anwesend sind, so gibt es doch immer zugleich viele Orte, an denen wir nicht anwesend sind und an denen gleichfalls etwas geschieht, was möglicherweise für die Beurteilung des von uns an diesem Ort Gesehenen relevant ist. Wir können immer nur zu einer bestimmten Zeit an einem bestimmten Ort sein, so daß wir niemals die ganze Wirklichkeit sehen, sondern immer nur einen Teil, der uns aber, nicht anders, als es eine Fotografie tun wird, aufgrund der ihm (nämlich als Teil der *Wirklichkeit*) innewohnenden Überzeugungskraft *nahelegt*, ihn als ganze Wirklichkeit aufzufassen. Vermutlich geschieht dies dann sogar in weit stärkerem Maße, so daß die Gefahr einer einseitigen oder gar entschieden falschen Beurteilung des Geschehens entsprechend größer ist, wenn man statt eines Bildes (vermeintlich) der Sache selbst ansichtig wird. Daß man auch im Fall persönlicher Anwesenheit vor einer regelrechten Täuschung nicht sicher sein kann, hat im Dezember 1989 der rumänische Geheimdienst vorgeführt, als er, zwei Tage nach dem Sturz Ceausescus, die internationale Presse in Temesvar zu einem Massengrab mit angeblichen Opfern des gestürzten Regimes führen ließ. Die Pressevertreter zeigten sich damals so bestürzt über den Anblick der verstümmelten und aufgeschlitzten Leichen (und scheinbar lebendig begrabener Kinder), daß keiner von ihnen auch nur auf die Idee kam, die ihnen – im berechtigten Vertrauen auf die selbstbeglaubigende Kraft unmittelbarer Anschauung – nahegelegte Interpretation zu bezweifeln und genauer nachzufragen, unter welchen Umständen, wann, wie und warum, die Menschen, die sie dort vor sich sahen, ums

Leben kamen. Die Nachricht von dem Massaker ging sofort um die Welt und stellte sicher, daß der Umsturz und die anschließende geheime Hinrichtung des Diktators und seiner Frau den Beifall und die Unterstützung der Weltöffentlichkeit fand. Wenig später stellte sich dann heraus, daß die gefundenen Leichen allesamt eines natürlichen Todes gestorben waren und aus den Kühlkammern des Städtischen Krankenhauses stammten. Aber zu diesem Zeitpunkt hatte die Inszenierung ihren Zweck bereits erfüllt.[493]

Aber auch, wenn man nicht, wie hier geschehen, auf eine absichtliche Täuschung hereinfällt, wird man doch auf eine oder doch wenige Perspektiven unter vielen möglichen beschränkt bleiben. Weiterhin findet eine Auswahl statt, die wir selbst nicht zu treffen vermögen (weil niemand sehen kann, was er nicht sieht, und somit auch nicht, *daß* er nicht sieht)[494], und daher in gewissem Sinne zufällig ist. Hinzu kommt, daß in der Regel das, was wir zuerst sehen, das, was wir danach sehen, prägt, indem es unserer Aufmerksamkeit eine Richtung gibt und uns sodann nur noch das überhaupt wahrnehmen läßt, was unsere ersten Eindrücke bestätigt und bekräftigt, während alles, was diese Eindrücke relativieren könnte, leicht aus dem Bewußtsein verdrängt wird bzw. erst gar nicht hineingerät. So ist die Differenz zwischen dem Betrachten eines Vorgangs und dem Betrachten der Abbildung (Fotografie) eines Vorgangs hinsichtlich der Möglichkeit, auf der Grundlage dieser Betrachtungen zu einem wohlausgewogenen Urteil zu gelangen, weit geringer als man vielleicht zunächst anzunehmen geneigt ist. Damit soll freilich nicht gesagt werden, daß die sinnliche Wahrnehmung weder in dem einen noch in dem anderen Fall irgendeinen Erkenntniswert besitze. Nur darf man den Bildern eben nicht *zuviel* zutrauen und etwas von ihnen fordern, was sie (ob als Fotografie oder in der direkten Wahrnehmung) schlicht nicht zu leisten vermögen, nämlich die *ganze* Wahrheit zu zeigen. Bilder sind immer einfach, die Wahrheit (oder Wirklichkeit) immer komplex. Obgleich aber jedes Bild so notwendig Teile der Wirklichkeit ausblendet, indem es mich zwingt, eine bestimmte Perspektive einzunehmen, zeigt es mir doch auch, sofern es authentisch, also nicht gestellt oder kontextuell verfälscht ist, etwas, was ich ansonsten, ohne diese Fokussierung, ohne diese Lenkung meiner Aufmerksamkeit, vielleicht niemals bemerkt hätte.[495] Bilder, die Szenen der Gewalt und der Not, die vor Ort eingefangen und mir via Fernsehen übermittelt werden, öffnen mir buchstäblich die Augen für ein Stück Wirklichkeit, das mir bislang verborgen war. Denn eine Fotografie ist, wie Roland Barthes in seinem schö-

nen Buch über sie bemerkt, „ein vom Wirklichen abgeriebenes
Bild"[496], „eine Emanation des Referenten. Von einem realen Objekt,
das einmal da war, sind Strahlen ausgegangen, die mich erreichen, der
ich hier bin; die Dauer der Übertragung zählt wenig; die Photographie
des verschwundenen Wesens berührt mich wie das Licht eines
Sterns".[497] Fotografische Aufnahmen machen mir bewußt, das etwas,
von dem ich vielleicht zuvor, wenn überhaupt, nur in dürren Worten
gelesen oder gehört hatte, von dem ich nur Zahlen und das, was man
Fakten zu nennen gewohnt ist, kannte, tatsächlich irgendwo auf der
Welt *geschieht*,[498] an einem realen Ort und in einer realen Zeit, daß es
wirkliche Menschen sind, die dort leiden und einen elenden Tod sterben.[499] Und *das* ist keine Täuschung. Das Leiden, das ich sehe, der
Tod und die Vernichtung, die mir die Bilder zeigen, sind wirklich, und
wenn ich davon berührt werde, wenn ich mich hineinziehen lasse in
die Wirklichkeit dieser Menschen, die ich nicht kenne, aber nun doch
sehe, dann geschieht dies nicht aufgrund einer falschen Einschätzung
der Situation, sondern aufgrund einer echten Einsicht, deren moralische Bewertung spontan erfolgt und so in dem Sinne, wie ich den
Begriff oben verwendet habe, als elementar gelten muß. „Durch jedes
dieser Bilder", schreibt Barthes, „gelangte ich unweigerlich über die
Unwirklichkeit des Dargestellten hinaus, wie von Sinnen betrat ich
den Schauplatz, drang ich ins Bild, umarmte ich das, was tot ist, das,
was sterben wird, wie Nietzsche, als er am 3. Januar 1889 weinend
einem geschundenen Pferd um den Hals fiel: verrückt geworden aus
Mitleid."[500]

30. Worte

Doch braucht der hierbei stattfindende Sprung der Vorstellungskraft,
der Standpunktwechsel, der uns zum anderen bringt und ihn für uns
wirklich werden läßt, sich, wie bereits angedeutet, nicht notwendigerweise auf eine – mittelbare oder unmittelbare – sinnliche Wahrnehmung zu stützen. Zuweilen reicht es auch schon aus, ein Ereignis bloß
in bestimmter Weise zu erzählen, um unserer Gleichgültigkeit, wenigstens für den Augenblick, ein Ende zu setzen und uns Anteil nehmen
zu lassen am Schicksal uns ansonsten völlig unbekannter Menschen.
Proust meinte sogar, daß die sinnliche Wahrnehmung eher ein Hin-
dernis für die Anteilnahme sei als daß sie sie fördere, weil uns die
Menschen durch die Vermittlung der Sinne gewissermaßen *zu* wirk-

lich würden: „Es waren die Begebenheiten, die in dem Buche vorka-
men, das ich las; zwar waren die darin auftretenden Personen nicht
,wirklich', wie Francoise sagte. Aber alle unsere Gefühle, in denen wir
die Freuden und Leiden einer wirklichen Person miterleben, kommen
auch nur durch ein Bild zustande, das wir uns von diesem Glück oder
Mißgeschick machen; der geniale Einfall des ersten Romanschriftstellers bestand in der Entdeckung, daß, da in unserer emotionalen Sphäre
das Bild das wesentliche Element ist, die Dinge entscheidend verein-
facht und vervollkommnet würden, wenn man die wirklichen Personen kurzerhand ausschaltete. Ein wirklicher Mensch, mögen wir noch
so sehr mit ihm sympathisieren, wird von uns zum großen Teil durch
die Sinne aufgenommen, das heißt, große Partien an ihm bleiben un-
durchsichtig für uns und bilden eine Art toter Last, mit der unser
Empfindungsleben nicht anzufangen weiß. Stößt ihm ein Unglück zu,
so können wir nur an einer kleinen Stelle der Gesamtvorstellung, die
wir von ihm haben, davon berührt werden, ja mehr noch: auch nur in
einem kleinen Teil der Gesamtvorstellung, die er von sich selber hat,
wird er selbst es sein können. Die Erfindung des Romanschriftstellers
war nun, diese für die Seele undurchdringlichen Partien durch eine
gleiche Menge immaterieller Teile zu ersetzen, das heißt solcher, die
unsere Seele sich anverwandeln kann."[501] So interessant und aufschlußreich aber diese Erklärung auch sein mag, so kann doch schwerlich
übersehen werden, daß wir an wirklichen Menschen, sobald wir sie
einmal als wirklich erkannt haben, weit größeren Anteil nehmen als
an Romanfiguren. Die Tränen, die man über den Tod einer Romanfigur vergießt, versiegen schnell; die Trauer hält nicht an, ja sie ist gar
keine echte Trauer, sondern nur eine Art Feuerübung, bei der man
zwar dieselben Maßnahmen ergreift wie bei einem richtigen Feuer,
aber anschließend zum gewohnten Leben zurückkehrt, als sei nichts
geschehen (und tatsächlich *ist* ja auch nichts geschehen). Trauern kann
man nur um einen wirklichen Menschen,[502] so wie man auch nur mit
einem wirklichen Menschen (bzw. einem, den man für wirklich ansieht) mitleiden kann. Die Kunst des Romanciers besteht darin, seine
Worte so zu wählen, daß der Leser sich vorstellt, was er empfinden
würde, wenn die Figuren des Romans, von denen er weiß, daß sie
nicht wirklich sind, wirklich *wären*. Und diese *Vorstellung des Gefühls* löst dann selbst wieder ein Gefühl aus, das dem vorgestellten
Gefühl ähnelt, dem aber nicht nur die Intensität mangelt, die jenem
aufgrund seiner Wirklichkeitsbezogenheit zukommt, sondern auch
das dazugehörige Moment der Verpflichtung, das uns zum eingreifen-

den Handeln drängt. Wenn wir jedoch glauben, daß die Menschen, von denen uns erzählt wird, tatsächlich und wirklich existieren, dann können wir beinahe ebenso stark berührt und uns zum Eingreifen aufgerufen fühlen wie dann, wenn wir, mit Lévinas zu sprechen, ihr Antlitz sähen. „Die lebhafte Vorstellung irgend eines Objekts", lehrte David Hume, „nähert sich immer dem Eindruck desselben".[503] Lebhaft aber wird die Vorstellung eines Gegenstandes durch den Glauben an seine Existenz (nach Hume *ist* der Glaube nichts anderes als die Lebhaftigkeit der Vorstellung).[504] An die Existenz anderer Menschen glauben wir allerdings erst dann, wenn wir zumindest eine Ahnung ihrer Einzigartigkeit gewonnen haben. Solange der einzelne Mensch nur als einer unter vielen in Erscheinung tritt, ist er für uns austauschbar und daher praktisch nicht existent, so daß die Nachricht seines Todes uns ganz und gar unbeindruckt läßt. Und ebenso geht es uns, wenn wir davon in Kenntnis gesetzt werden, daß Hunderte und Tausende solcher nicht existenter Menschen aus der Welt verschwunden sind. Egal mit welcher Zahl ich eine Null multipliziere: es wird bei diesem Rechenvorgang doch niemals, mag die Zahl auch noch so hoch sein, etwas anderes als eine Null herauskommen. Darum berührt uns eine Nachricht, die uns vom neuerlichen Tod einer großen Anzahl von Menschen berichtet (etwa: „In der Nacht zum Sonntag kamen bei einem Erdbeben in der Türkei 15 000 Menschen ums Leben"), so gut wie überhaupt nicht. Auch wenn wir lesen, daß am Tag zuvor wieder soundsoviel Tausende in einem brutalen Krieg hingemetzelt wurden, so hindert uns das wohl in den seltensten Fällen, unser Frühstücksei aufzuessen und dabei zu den Fußballergebnissen oder den Börsenkursen weiter zu blättern. Zwar zweifeln wir nicht eigentlich daran, daß diese Menschen existiert haben, das heißt, wir bezweifeln nicht den Wahrheitsgehalt der Nachricht, aber *wirklich* werden uns die Toten durch diese Nachricht doch nicht. Unser Glaube an ihre Existenz ist kaum mehr als eine bloße Konvention. „Ein einzelner Tod", soll einmal Josef Stalin bemerkt haben, „ist eine Tragödie, eine Million Tode sind eine Statistik",[505] und damit hatte er, der selbst den Tod von Millionen Menschen zu verantworten hatte, zweifellos recht, wenn wir unsere gewöhnlichen Empfindungen zum Maßstab nehmen – und wie sollten wir dies nicht tun, finden doch Tragödien immer nur in den menschlichen Empfindungen statt und nirgends sonst. Die Natur kennt keine Tragödien. Paradoxerweise vermag daher sogar eine knappe Beschreibung eines einzelnen Todes uns von der Wirklichkeit des Berichteten in einem solchen Maße zu überzeugen, wie es auch die elaborierteste Klage über eine Million Tode niemals könnte. Ein einziges Beispiel mag hier genügen, um diese Behauptung zu belegen. „Einmal", so berichtet ein Opfer der serbischen Terroraktionen während des Bosnienkrieges, „holten sie eine junge Frau mit einem Baby in die Mitte des Saals (...). Sie befahlen ihr, sich auszuziehen. Die Frau legte das Baby auf den Boden neben sich. Vier Tschetniks vergewaltigten sie; sie schwieg und sah nur auf ihr Kind. Als man von ihr abließ, bat sie, ihrem Kind die Brust geben zu dürfen. Da schnitt ein Tschetnik dem Baby mit einem Messer den Kopf ab. Er gab der Mutter den blutigen Kopf. Die arme Frau schrie. Sie nahmen sie mit nach draußen, und sie kam nie mehr zurück."[506] Durch die Worte bricht hier mit jäher Macht die Wirklichkeit hindurch, die sonst durch unser abstraktes Wissen, daß es in Bosnien oder anderswo wiederholt zu „Menschenrechtsverletzungen" oder gar „Massakern" (Srebrenica!) gekommen sei, gnädig verhüllt wird. Auf einmal begreifen wir, daß es wirkliche Menschen sind, deren Rechte dort verletzt werden, und daß das Verletzen ihrer Rechte (was für ein Euphemismus!) bedeutet, daß *sie selbst* verletzt, gedemütigt, gefoltert und umgebracht werden. Auf einmal sehen wir, ohne zu sehen: Wir haben den Sprung getan. Und doch sind es nur Worte, die wir gelesen haben, also für sich genommen ausdruckslose Zeichen auf einem Stück Papier, die anders als die sichtbaren Teile einer Fotografie nicht mehr als Spuren verstanden werden können, die der von ihnen bezeichnete Gegenstand hinterlassen hat und die so von seiner Existenz unmittelbar Zeugnis ablegen. Die Grenze zwischen wahrer Rede und (fiktionaler) Literatur ist darum fließend: in den Worten selbst finden wir nichts, das uns sagen könnte, ob das, was sie beschreiben, auch tatsächlich geschehen ist. Wir können also nicht wissen, ob es diese Frau, von der hier berichtet wird, je gegeben hat, und ob das, was von ihr erzählt wird, sich so zugetragen hat oder nicht. Vielleicht ist die ganze Geschichte eine makabre Erfindung wie die von den lebendig begrabenen Kindern von Temesvar. Dann wäre die Wirklichkeit, die, wie ich es oben ausgedrückt habe, durch die Worte durchbricht, ein bloßes Produkt unsere Phantasie (und zwar auch dann, wenn die Person, von der berichtet wird, tatsächlich existiert und ihr auch passiert ist, was erzählt wird). Auch der Durchbruch ereignete sich nur in der Vorstellung, wäre also gerade kein Durchbruch. Läßt sich dann aber noch sinnvoll behaupten, daß das, was uns hier, auch dann, wenn die beschriebenen Vorgänge und der Mensch selbst erfunden sind, schlagartig ins Bewußtsein tritt, *Wirklichkeit* ist?[507] Ich meine ja, wenngleich mit Wirklichkeit hier nicht im strengen Sinne die Wirklichkeit *dieses bestimmten Menschen* gemeint sein kann, da dieser uns ja in der Beschreibung gar nicht gegeben ist (auch wenn die Beschreibung zu einem real existierenden Menschen paßt), aber doch die Wirklichkeit *eines* anderen Menschen, nämlich desjenigen (wer auch immer es ist), der in eine solche Situation gerät. Denn so wie ich etwas als nicht wirklich erfahren kann, obgleich es (wirklich) existiert, so kann ich auch umgekehrt etwas als wirklich erfahren, was nicht existiert. Die Wirklichkeit, die wir erfahren, ist (nämlich qua Erfahrung oder qua Vorstellung) in uns, nicht in der Sache. Daß ändert aber nichts daran – und das allein ist entscheidend –, daß wir uns, sobald wir etwas als wirklich begreifen (und erst dann), nicht mehr heraushalten können, daß wir nicht anders können als uns vorstellen, wie es sein muß, so etwas zu erleben. Und wenn wir glauben, daß es dort Menschen gibt, die es tatsächlich erleben, dann werden wir auch wünschen, daß so etwas nicht geschieht, und Handlungen befürworten, die es zu verhindern versprechen.

31. Die Bedeutung des Geschichtenerzählens für die moralische Erziehung

Oben hatte ich die Trauer um eine Romanfigur mit einer Feuerübung verglichen, bei der wir uns zwar in ähnlicher oder gleicher Weise verhalten wie bei einem richtigen Brand, aber ohne daß dies einen nachhaltigen Einfluß auf unser Leben hätte. Wir können beim Lesen oder Hören einer Geschichte, von der wir wissen, daß sie nicht im gewöhnlichen Sinne des Wortes wahr ist, starke Empfindungen haben, und wie Prousts Francoise echte Tränen vergießen über das Unglück der Figuren, doch werden sich, wenn wir die Geschichte hinter uns haben, unsere Gefühle meist sehr schnell beruhigen, und wir leben weiter wie zuvor. Dennoch ist es nicht so, daß die fiktiven Schicksale, die wir (in einem paradoxen Schwebezustand des Getäuscht- und zugleich auch Nichtgetäuschtwerdens)[508] lesend, hörend oder auch sehend (im Theater oder im Film) mitvollziehen, spurlos an uns vorübergehen.[509] Auch eine Feuerübung bleibt ja nicht ohne Folgen, sonst wäre sie keine Übung. Die Feuerübung ist gerade dazu da, diejenigen, die sich ihr unterziehen, für den Ernstfall zu rüsten. Sie bereitet sie vor auf etwas, das sich jetzt zwar gerade zufällig nicht ereignet, das sich aber doch jederzeit ereignen könnte. Und wenn es einmal wirklich brennt, werden sie im Unterschied zu jenen, die keine Übung hatten, weit

besser darüber Bescheid wissen, welches Verhalten der Situation angemessen ist und welches nicht. In ähnlicher Weise nun bereiten uns
auch die Geschichten, die uns von klein auf erzählt werden und die
unser Leben begleiten, auf die Wirklichkeit anderer Menschen vor.

Unter den hierzulande bekannteren Philosophen haben besonders
Martha Nussbaum und Richard Rorty die wichtige Rolle betont, die
dem Geschichtenerzählen für die moralische Erziehung zukommt.[510]
Beide sind sich darüber einig, daß unsere Werturteile und unser Verhalten nicht von der Kenntnis bzw. Unkenntnis irgendeiner abstrakt
mitteilbaren Wahrheit abhängen, sondern von der Kenntnis bzw. Unkenntnis fremder Erfahrungen, und beide meinen, daß Erfahrungen
Tatsachen sind, von denen man nur dadurch eine Kenntnis erwerben
kann, daß man sie in irgend einer Weise selbst macht.[511] Entsprechend
muß unsere Moral von der Fähigkeit respektive Unfähigkeit abhängen,
Erfahrungen, die andere machen, nachzuvollziehen. Da aber unser eigenes Leben begrenzt ist und wir folglich nur, verglichen mit der großen Zahl der Möglichkeiten, wenige Erfahrungen selbst machen können, wird es immer viele Erfahrungen geben, die, wenn andere uns von
ihnen berichten, wir nicht wiedererkennen und deshalb auch zunächst
nicht verstehen. Will man uns nun trotzdem zu einem solchen Verständnis verhelfen, bleibt nur, meint Nussbaum, uns eine möglichst
farbige und lebendige Geschichte zu erzählen: „If one is asked to teach
those truths, one's only recourse is to recreate that experience for the
hearer: to tell a story, to appeal to his or her imagination and feelings
by the use of vivid narrative. Images are valuable in this attempt to
make the audience share the experience, to feel, from the inside, what
it is *like* to be that".[512] Die erzählende Literatur versteht Nussbaum als
ein beinahe unerschöpfliches Reservoir an solchen Verständnis erwek-
kenden Geschichten, Geschichten, die uns lehren, „was es bedeutet, ein
Mensch und nicht etwas anderes zu sein"[513], Geschichten, die uns an
Erfahrungen teilhaben lassen, die wir auf andere Weise nie hätten machen können, und auf diese Weise die Chance für das Verstehen der
Situation anderer Menschen wesentlich vergrößern. „The lyrics both
show us and engender in us a process of reflection and (self)-discovery
that works through a persistent attention to and a (re)-interpretation
of concrete words, images, incidents. We reflect on an incident not by
subsuming it under a general rule, not by assimilating its features to the
terms of an elegant scientific procedure, but by burrowing down into
the depths of the particular, finding images and connections that permit
us to see it more truly, describe it more richly".[514]

Rorty würde hier sicher zustimmen, obgleich er, anders als Nussbaum, es lieber vermeidet, von zu erkennenden Wahrheiten zu sprechen. Wenn wir heute im allgemeinen mehr Verständnis aufbringen für das Leben und die Leiden anderer Menschen, wenn wir Sklaverei und rassische Diskriminierung verurteilen, an unveräußerliche Menschenrechte, die allen Menschen kraft ihres Menschseins zukommen, glauben und uns weltweit für ihre Respektierung einsetzen, dann liegt das nach Rorty nicht etwa daran, daß wir jetzt besser wüßten, was falsch und was richtig, gut und schlecht ist, sondern schlicht daran, daß wir heute anders (nicht besser) *fühlen* als es etwa die Menschen im Mittelalter taten, und zwar deshalb, weil man uns lange genug „traurige und sentimentale Geschichten" erzählt hat,[515] deren suggestiver Kraft wir schließlich erlegen sind.[516] Wären die Geschichten andere gewesen, so scheint Rorty anzunehmen, wären wir in anderer Weise emotional erzogen, das heißt manipuliert worden. Tatsache ist aber, daß *die* Art von Geschichten, die *wir* gehört haben, dazu geführt haben, unsere Sympathie auszudehnen, derart daß wir heute dazu neigen, weit mehr Menschen als zu uns gehörig, als „Leute wie wir" ansehen, als Menschen, die uns in wesentlicher Hinsicht gleichen. So habe etwa Harriet Beecher-Stowe mit ihrem Roman *Onkel Toms Hütte* weit mehr für die Anerkennung und Verbreitung der Idee unveräußerlicher Menschenrechte getan als Kant mit seiner *Grundlegung zur Metaphysik der Sitten*.[517] Denn praktisch gefühlte und gelebte Solidarität unter den Menschen werde nicht durch philosophische Untersuchungen hervorgebracht, sondern durch die Stimulation der Einbildungskraft. Solidarität beruht auf der „Fähigkeit, fremde Menschen als Leidensgenossen zu sehen", und wenn sich diese Fähigkeit heute häufiger findet als früher, dann verdankt sich dies vor allem den „Hauptvehikeln moralischer Veränderungen und Fortschritte" Roman, Kino und Fernsehen.[518] Fragt man aber nun, wie es Büchern und Filmen gelingt, unsere Gefühle derart zu beeinflussen, dann antwortet Rorty nicht anders als Nussbaum mit dem Verweis auf ein moralisch relevantes *Wissen*, das freilich kein Wissen um irgendwelche vermeintlichen moralischen Tatsachen ist, sondern ein Wissen um das, was dem anderen wichtig ist. Sie können eine solche solidarisierende Wirkung nämlich nur dadurch erzeugen, daß sie „unsere Sensibilität für die besonderen Einzelheiten des Schmerzes und der Demütigung anderer, uns nicht vertrauter Arten von Menschen steigern. (...) Der Prozeß, in dessen Verlauf wir allmählich andere Menschen als ‚einen von uns' sehen statt als ‚jene', hängt ab von der Genauigkeit, mit der beschrieben wird, wie fremde Menschen sind".[519] Damit ist klar, daß zwar nicht jede Geschichte die beschriebene Wirkung hat, aber daß wenn sie diese hat, dann doch nur deswegen, weil sie etwas Wirkliches sichtbar macht. Wenn es sich also um eine Manipulation handelt, dann um eine Manipulation durch Wahrheit.

Durch die Bücher, die wir lesen, werden wir, wenn sie differenziert genug sind, vertraut mit den unterschiedlichsten Menschen und Charakteren, indem wir sie nicht allein von außen, als unbeteiligte Beobachter, kennenlernen, sondern gleichsam von innen. So versetzt uns ein guter Erzähler auf die allerbequemste Weise direkt in den anderen hinein, läßt uns die Welt mit den Augen seiner Figuren sehen, zeigt uns ihre geheimsten Gefühle und Gedanken, wie auch die Ursachen derselben, und läßt uns auf diese Weise sowohl besagte Gefühle und Gedanken als auch die aus ihnen entspringenden Handlungsweisen verständlicher werden. Mitunter führt dies dazu, daß wir durch das Lesen eines einzigen Buches dazu gebracht werden, aufmerksam zu werden auf die Leiden von Menschen in einer ganz bestimmten Art von Situation und uns ihnen gegenüber anders zu verhalten oder uns für ein anderes Verhalten ihnen gegenüber einzusetzen. Dickens mag im 19. Jahrhundert so etwas bei manchen Lesern bewirkt haben, auch Zola in Frankreich, weil sie Bücher geschrieben haben, „die uns helfen, weniger grausam zu werden"[520], die zur Veränderung unseres Lebens einladen, die dies erforderlich erscheinen lassen. Wie aber läßt sich diese Wirkung erklären? Noel Carroll hat sich kürzlich in einem Aufsatz gegen die Annahme ausgesprochen, daß die durch manche Bücher geförderte Veränderung unserer Empfindungen und unseres Verhaltens einem Zugewinn an moralischem Wissen zu verdanken sei. Vielmehr würden lediglich bereits vorhandenes Wissen und vorhandene moralische Gefühle aktiviert, indem wir dazu ermutigt würden, ein allgemeines Handlungsprinzip, dessen Gültigkeit für uns auch vorher schon außer Frage stand, auf einen besonderen Fall anzuwenden, einen Fall, den wir zuvor nicht als unter dieses Prinzip fallend angesehen hatten. „Narrative artworks", schreibt Carroll, „supply us with content with which to interpret abstract moral propositions".[521] Das soll heißen, daß wir durch solche Bücher nicht etwa lernen, Ungerechtigkeit abzulehnen (denn das taten wir schon vorher, und wenn wir es nicht taten, so werden wir es jetzt auch nicht mehr lernen), sondern vielmehr, eine Sache als ungerecht zu begreifen, die uns zuvor gar nicht so erschienen war, etwa die in den Vereinigten Staaten bis in die 60er Jahre hinein institutionalisierte ungleiche Behandlung Farbiger[522] oder die politische Diskriminierung schwuler und lesbischer Paare.[523] Die Wirkung einer gut erzählten Geschichte besteht Carrolls, von ihm selbst *klarifikationistisch* genanntem, Ansatz zufolge also nicht darin, daß sie uns irgendwelche moralischen Regeln entdecken oder entwikkeln hilft; sondern darin, daß sie uns darüber *aufklärt*, auf welche Gegenstände unsere moralischen Prinzipien und Gefühle (der Zustimmung oder Empörung) angemessenerweise anzuwenden sind. Leider sagt Carroll nichts darüber, wie seines Erachtens die Prinzipien entstehen, die hier Anwendung finden sollen und welcher Art diese Prinzipien sind, aber offensichtlich glaubt er, daß sie einen klaren Inhalt unabhängig von ihrer Anwendung haben könnten. Ich muß gestehen, daß ich mir unter solchen Prinzipien nichts vorzustellen weiß. Es müßte dann möglich sein, daß ein Mensch *dieselben moralischen Grundsätze* unterhält wie ein anderer, aber dennoch, im Unterschied zu diesem, beispielsweise der Meinung ist, daß es durchaus in Ordnung ist, wenn Schwarze nicht wählen und nicht in denselben Restaurants verkehren dürfen wie Weiße. Dabei glaubt er, ex hypothesi, genauso an die Gerechtigkeit wie dieser andere, sieht aber zunächst nicht, wieder im Unterschied zu diesem, daß es ungerecht ist, wenn man einer bestimmten Gruppe von Menschen allein aufgrund ihrer Hautfarbe elementare Rechte verweigert. Erst durch die Lektüre von, sagen wir, *Onkel Toms Hütte* wird ihm dies klar. Aber kann man in einem solchen Fall tatsächlich sagen, daß beide zuvor *denselben* Begriff von Gerechtigkeit hatten? Sicher, es ist möglich, daß beide meinten, Ungerechtigkeit sei schlecht und zu vermeiden, aber was stellten sie sich vor, wenn sie dies meinten? Vielleicht, daß jeder das bekommen solle, was er verdiene, oder daß Gleiches gleich, Ungleiches aber ungleich behandelt werden solle. Aber auch das ist nur wieder eine Leerformel, deren Inhalt solange unbestimmt bleibt, wie wir nicht wissen, was beide jeweils über die Frage denken, wer was verdient oder wer mit wem gleich und wer ungleich ist. Und wenn sie hierüber unterschiedlicher Ansicht sind, dann favorisieren sie de facto nicht dasselbe Handlungsprinzip, weil ohne eine inhaltliche Spezifizierung, also ohne Angabe der Fälle, die unter die allgemeine Regel zu fassen sind, völlig unklar bleibt, was das Prinzip eigentlich besagt. Ja, da eine solche Regel unmöglich handlungsleitend sein kann, ist es nicht einmal sinnvoll, hier von einer Regel zu sprechen. Was der Rassist und der Antirassist teilen mögen, sind vielleicht dieselben Vokabeln, aber sicher nicht dieselben Begriffe. Es wäre absurd zu behaupten, Sokrates und Thrasymachos hätten ein gemeinsames Moralprinzip, nur weil beide für ihre Position die Bezeichnung der Gerechtigkeit in Anspruch nehmen. Ihre Begriffe sind unterschiedlich, weil sie sie unterschiedlich *anwenden*. Ich stimme Carroll darin zu, daß literarische Beschreibungen uns dabei helfen können zu erkennen, daß Angehörige einer bestimmten Gruppe von Menschen genauso voll und ganz menschliche Personen (fully human persons) sind wie wir selbst. Aber ich glaube nicht, daß wir bereits vorher über eine allgemeine Regel verfügen, die besagt, daß allen menschlichen Personen bestimmte Rechte zukommen, und daß wir diese Regel nun lediglich nach Art eines praktischen Syllogismus auf einen neuen Gegenstand anwenden. Und zwar nicht allein deshalb, weil eine solche Regel nichtssagend ist, solange unklar ist, wer als menschliche Person zählt und wer nicht, sondern auch, weil wir gar keinen allgemeinen Obersatz brauchen, um zu erkennen, daß es falsch ist, diese Menschen so zu behandeln, wie es geschieht. Die Falschheit erschließt sich uns nicht über den Umweg einer Regel, unter die wir das Besondere zunächst subsumieren, um dann seine Falschheit logisch daraus abzuleiten. Statt dessen erkennen wir *unmittelbar* mit der Wirklichkeit des anderen seinen inhärenten Wert und damit auch die Falschheit bestimmter Verhaltensweisen ihm gegenüber, und zwar auch solcher Verhaltensweisen, die als falsch zu betrachten uns vorher niemals in den Sinn gekommen war, weil wir es versäumt haben, darüber nachzudenken, wie der andere wohl die daraus resultierende Situation erlebt. Wir *schließen* nicht auf die Falschheit einer Handlung oder das Nicht-sein-Sollen einer Situation; wir *nehmen* sie *wahr*. „Moral knowledge", schreibt zurecht Nussbaum, „is not simply intellectual grasp of propositions; it is not even simply intellectual grasp of particular facts; it is perception. It is seeing a complex concrete reality in a highly lucid and richly responsive way; it is taking in what is there, with imagination and feeling."[524]

Eine direkte Auswirkung auf unser Handeln hat die literarische Beschreibung eines Unrechts als Unrecht allerdings zumeist nur dann, wenn die Objekte, die in der Fiktion unsere Teilnahme erwirken, auch noch außerhalb der Fiktion identifizierbar bleiben, etwa als Angehörige einer Gesellschaftsschicht oder Volksgruppe, denen wir vorher nie genug Beachtung geschenkt haben oder nie nahe genug gekommen sind, um sie als einzelne Menschen zu sehen und zu bedenken, wie die Situation, in der sie zu leben gezwungen sind, von ihnen empfunden wird. Aber auch wenn unsere Anteilnahme sich weniger leicht in die Realität übertragen läßt, so daß wir nach beendeter Lektüre zunächst nicht anders handeln als vorher, kann es doch sein, daß sich unmerklich etwas ereignet hat, was auf lange Sicht auch Folgen für unsere Handlungsweise haben wird. Denn je mehr wir lesen, desto vertrauter werden wir mit *dem* Menschen, mit dem, was alles Mensch sein kann, mit seinen Möglichkeiten und deren Grenzen, mit all den Variablen, den zahllosen Arten und Weisen, als einzelner Mensch in der Welt zu sein, und mit den Konstanten, die allen Menschen, wie unterschiedlich sie auch sonst sein mögen, gemeinsam sind: Geburt und Tod, Begierden und Schmerzen, Hoffnungen und Enttäuschungen, Sehnsucht und Verzweiflung.[525] Wir lernen, die Vielheit in der Einheit und die Einheit in der Vielheit zu sehen. So gewöhnen wir allmählich unsere Vorstellung daran, jenen Sprung zu tun, der uns den anderen als wirklich erkennen läßt. Derart imaginativ geübt finden wir es nun auch in der Realität leichter, uns in den anderen (wer er auch sei) hineinzuversetzen und die Bedeutung zu erfassen und anzuerkennen, die sein Leben (sein Leid und sein Glück) für ihn hat. Wir sind jetzt offener, aufmerksamer,[526] empfangsbereiter, weil wir gelernt haben, daß der andere nicht ich ist, und, wichtiger noch, daß er es auch nicht zu sein braucht, weil er nämlich, und zwar gerade *weil* er nicht ich ist, in entscheidender Hinsicht *wie* ich ist: eine Person, ein Ich, eine eigenständige, ihrer selbst bewußte und fühlende, einzigartige Wirklichkeit. „Literarische Texte", schreibt darum zurecht Herlinde Pauer-Studer in ihrer Einleitung zu der von ihr herausgegebenen Sammlung von Aufsätzen Martha Nussbaums,[527] „sind als Einladungen an die Leser, sich in andere zu versetzen und deren Lebensbemühungen, Glücksmomente, Motivationen, Zwiespältigkeiten, Enttäuschungen und Scheitern nachzuvollziehen, auch Formen der moralischen Erziehung – insbesondere einer Schulung der Empfindungen und der Urteilskraft, die für die sanfteren Färbungen zwischenmenschlicher Begegnung sensibilisiert." Daß unsere Urteilskraft durch diese Öffnung zum anderen hin nicht nur keinen Schaden nimmt, sondern ihrer im Gegenteil sogar als Fundament bedarf, sahen wir bereits. Wichtig ist nur, daß wir auch in der Lage sind, uns, nachdem wir die Welt mit den Augen des anderen betrachtet haben, auch wieder aus seiner Perspektive zu befreien. Aber auch darin üben wir uns durch die Lektüre ein. Denn gerade dadurch, daß wir mit einer Vielzahl von Perspektiven konfrontiert werden, die wir nacheinander selbst einnehmen und die wir so alle, auch wenn sie miteinander konfligieren, als in sich begründet erfahren, werden wir zu einer Stellungnahme, also einer externen Bewertung dieser Perspektiven genötigt. Gerade durch die Vielzahl der als möglich aufgezeigten Haltungen kommen wir kaum umhin, darüber nachzudenken, welche Haltung wir selbst befürworten und welche nicht und aus welchen Gründen, und uns auf diese Weise Klarheit über unsere eigenen Wertungen zu verschaffen.[528] Wir lernen also nicht nur, daß wir das Fühlen und Handeln eines anderen nicht schon deshalb gutheißen müssen, weil wir einsehen, daß er dafür aus seiner Sicht durchaus gute Gründe hat, sondern wir lernen auch, was wir selbst gutheißen und was nicht. Damit will ich nicht sagen, daß dies schon von Anfang an feststehe und uns nur die nötige Selbsterkenntnis fehle. Vielmehr bilden sich auch unsere elementaren Wertungen erst mit der Zeit klar heraus, indem wir imaginativ mit anderen Menschen und ihren unterschiedlichen Erfahrungsweisen bekannt werden und dabei allmählich eine Sammlung von *Paradigmen des Guten* (und des Schlechten) anlegen, auf die wir zurückgreifen können, wenn es gilt, eigene oder fremde Handlungsweisen zu beurteilen. Wenn uns die Literatur (und übrigens auch, wie Rorty richtig sieht, das Fernsehen)[529] beispielsweise immer wieder, in wechselnden Perspektiven und unerwarteten Nuancen, den Unterschied zwischen Tapferkeit und Feigheit, Treue und Treulosigkeit, Wahrhaftigkeit und Verlogenheit vor Augen führt, dann werden auch wir bald ein Verständnis dieser Unterschiede entwickeln, nicht indem wir einfach übernehmen, was uns dargeboten wird (denn was uns dargeboten wird, läßt immer verschiedene Verständnisweisen des jeweiligen Unterschiedes zu), sondern indem aus den vielen uns (nicht in Gestalt abstrakter Definitionen, sondern ganz konkreter Ereignisse) dargebotenen Möglichkeiten des Verständnisses einiges stärker auf uns wirkt als anderes, sich festsetzt und für uns exemplarische Geltung erlangt. So könnte sich uns wohl das Verhalten des Damon (wie auch seines namenlosen Freundes) in Schillers *Bürgschaft* als Musterbeispiel von Freundschaft und Treue eingeprägt haben und, ohne daß wir uns dessen überhaupt bewußt wären, unseren späteren Werturteilen zugrunde liegen. Unsere Werte können sich aber auch durch die Lektüre ändern, unsere Vorstellungen können differenzierter werden, und neue Paradigmen können an die Stelle der alten treten.[530] So lehrt uns eine Geschichte vielleicht, daß unsere bisherige Vorstellung davon, was Freundschaft bedeutet und was sie uns abverlangt, in mancher Hinsicht überzogen, in anderer Hinsicht dagegen unzureichend war, und daß es andere und *bessere* Arten gibt, Freundschaft zu denken und zu leben; und vielleicht wäre uns diese Tatsache nie bewußt geworden, wären wir nicht durch die Erzählung darauf gestoßen worden. Dies geschieht dadurch, wie Gregory Currie (1998) ausgeführt hat, daß wir uns vorstellen, die Erfahrungen zu machen, die uns beschrieben werden, und daß wir dann unwillkürlich emotional zu diesen Erfahrungen Stellung nehmen. Die Vorstellung einer Erfahrung geht so über in die Erfahrung eines Gefühls (der Freude oder des Glücks, des Ärgers oder des Zorns), das die vorgestellte Erfahrung *bewertet*. Beim Lesen stellen wir also eine Art „moralisches Gedankenexperiment" an,[531] das uns hilft, Dimensionen der Erfahrung in ihrem Wert zu erkennen, von deren Existenz wir zuvor gar nichts ahnten. Und es ist nicht die Vernunft, sondern das Gefühl, das uns diesen Wert erschließt.

32. Die Rolle des Gefühls für die moralische Wahrnehmung

Die Ansicht, daß unsere Gefühle sowohl für die moralische Beurteilung von Situationen, Handlungen und Charakteren als auch für das eigene moralische Handeln entscheidend sind,[532] hat zuerst David Hume nachdrücklich vertreten. „Alle Sittlichkeit", befand Hume, „hängt von unseren Gefühlen ab".[533] Natürlich brauchen wir keine Gefühle, um zu wissen, was in der Gesellschaft, in der wir leben, als moralisch verwerflich angesehen wird. Auch ohne Gefühle wissen wir, was gesollt und nicht gesollt ist, also was man von uns (und anderen) im allgemeinen zu tun und zu sein erwartet und was nicht. Aber das ist kein Wissen darüber, was gut oder schlecht *ist*, sondern nur darüber, was dafür gehalten wird, ein Tatsachenwissen also, kein Wertewissen. Wie bedeutsam dieser Unterschied für unser Handeln ist, hat der Neurologe Antonio Damasio in einer 1995 erschienenen Untersuchung über die Auswirkungen von Hirnschädigungen (aufgrund von Unfällen o. ä.) auf die moralische Kompetenz der Geschädigten herausgearbeitet. Er stellte fest, daß diejenigen physischen Schäden, die eine starke Beeinträchtigung oder gar einen völligen Verlust *emotionaler* Reaktionen herbeiführten, damit auch das Verhalten signifikant veränderten. Der Verlust eines großen Bereichs der Gefühle führte dazu, daß die Geschädigten sich um moralische und soziale Normen nicht mehr kümmerten und daß sie unweigerlich Dinge taten, die sie mit dem Gesetz in Konflikt und in die soziale Isolation hineinbrachten. Auffällig ist dabei, daß einige der von Damasio untersuchten sozial gestörten Patienten (nämlich solche mit präfrontaler Schädigung) zwar noch, wie Tiere oder Neugeborene, auf unmittelbar gegebene Reize (Schlüsselreize) zu reagieren vermochten, etwa auf einen plötzlichen Aufschrei in der Nähe oder ein Wanken des Bodens mit Anzeichen von Furcht, aber gänzlich unfähig zu *sekundären* Gefühlen waren, das heißt solchen, die von bloßen *Vorstellungsbildern* erweckt werden, wie ein Experiment offenbar machte, bei dem den Patienten Bilder von Verbrechen, Naturkatastrophen und ähnlichem gezeigt wurden: „Es stand außer Frage", schreibt Damasio, „daß diese Versuchspersonen die Dias aufmerksam betrachtet hatten, daß sie den Inhalt der Bilder verstanden hatten und daß sie über die in den Dias dargebotenen Konzepte auf mehreren Ebenen verfügten – sie wußten nicht nur, was sie darstellten (zum Beispiel einen Mord), sondern sie erkannten auch, daß der Mord auf eine schreckliche Art dargestellt wurde, daß einem das Opfer leid tun mußte und daß diese Situation höchst bedauerlich war. Mit anderen Worten, ein gegebener Reiz hatte hinsichtlich der Situation, die er in der Vorstellung frontal geschädigter Versuchspersonen bedeutete, eine Fülle von Wissen abgerufen. Doch anders als die Kontrollpersonen hatten die Patienten mit frontaler Schädigung keine Hautleitfähigkeitsreaktion erzeugt. (…) Da war ein Mensch, der sowohl um die manifeste Bedeutung dieser Bilder wie auch ihre implizite emotionale Bedeutung wußte, der sich aber auch darüber im klaren war, daß er angesichts dieser impliziten Bedeutung nicht mehr so ‚empfand', wie er früher empfunden hatte und wie zu empfinden vielleicht von ihm erwartet wurde. Daß offenbar wissen nicht notwendigerweise empfinden heißt, auch wenn einem klar ist, daß das, was man weiß, einen eigentlich dazu veranlassen müßte, in einer bestimmten Weise zu empfinden".[534] Es ist also nicht so, daß diesen Menschen ein Wissen darüber abhanden gekommen war, welche Vorgänge und Handlungen wie zu bewerten waren. Sie wußten Bescheid über die moralischen Maßstäbe, die von der Gesellschaft, in der sie lebten, aufgestellt und propagiert wurden. Aber ohne die entsprechenden Gefühle hatten diese Maßstäbe für sie ihre Verbindlichkeit verloren. Das heißt, sie wußten, was gewünscht wird, aber nicht, daß das, was gewünscht wird, auch tatsächlich wünschenswert ist. Ohne Gefühle wissen wir gar nichts von Wert oder Unwert, von dem, was ich anfangs das *elementare Sollen* genannt habe. „Eine Emotion zu haben, heißt ein Werturteil abgeben über die Situation, in der man sich befindet" (Solomon).[535] Entsprechend bedeutet *keine* Emotion zu haben, die Situation *nicht* zu bewerten. Es wäre uns daher auch ganz gleich, was in der Welt passierte, solange wir nicht selbst unmittelbar davon betroffen wären, und selbst dann blieben wir noch gleichgültig, wenn wir nicht zumindest ein Gefühl für uns selbst hätten, wenn es nicht bestimmte Zustände gäbe, die wir, wenn wir sie durchleben müßten (oder uns auch nur vorstellten, sie zu durchleben) als angenehm empfänden, und andere, die uns ein Unwohlsein bereiteten. Ebenso muß auch das, was anderen geschieht, wenn uns selbst daraus weder Schaden noch Nutzen erwachsen kann, irgendeine affektive Reaktion, ein Gefühl der Abneigung oder der Zustimmung, der Empörung oder der Freude, in uns auslösen, um uns – so oder so – zum Handeln zu bewegen. „Wir könnten nicht wirklich glauben," bemerkt zurecht Mary Midgley, „daß Ungerechtigkeit schlecht sei, wenn sie uns nicht an irgendeinem Punkt anwiderte."[536] Tugendhat hingegen meint, daß moralisch gerade *nicht* urteile, wer sagt, daß er für seine Person es nicht *ertrage*, wenn (zum Beispiel) Tiere getötet würden: „Man kann dann nur sagen, man ertrage es nicht, und nicht, es sei unmoralisch."[537] Aber wenn man es *ohne weiteres* erträgt, welchen Grund hätte man dann noch zu sagen, es sei unmoralisch? Sicher, ‚ertragen' kann vieles heißen: es ist vorstellbar, daß einer nur den *Anblick* einer Tat (etwa der Schlachtung eines Tieres) nicht erträgt, und zwar auf eine rein physische Weise, indem ihm übel wird oder dergleichen, daß er aber gegen die Tat selbst im Grunde genommen gar nichts einzuwenden hat. Er kann eben nun einmal, wie man sagt, kein Blut sehen: Sein Schnitzel wird ihm darum nicht weniger schmecken. Er lehnt es dann ab, in seinem spontanen Widerwillen etwas anderes zu sehen als eine rein mechanische und in sich bedeutungslose Reaktion auf einen visuellen Reiz. Wer dies vermag, der wird keinen weiteren Gedanken verschwenden, um die Natur des Reizes und den Grund für die eigene Reaktion darauf näher zu verstehen; er kann sich damit begnügen, dafür zu sorgen, daß er dem Reiz nicht weiter ausgesetzt ist. Aber natürlich kann sich der Widerwille, das Nicht-ertragen-Können, auch auf den Vorgang selbst richten, den als solchen verstandenen Akt des Tötens, und sobald ich dies erkenne (denn es kann mir wohl auch verborgen bleiben), werde ich schwerlich noch in der Lage sein, mein starkes Mißbehagen als bloße Idiosynkrasie oder persönliche, von der Sache her unbegründete Abneigung (wie die, sagen wir, zu grünen Bohnen) zu verstehen. Vielmehr werde ich den Grund für meine Reaktion in der Sache suchen, und dann erscheint mir der *Vorgang* selbst als einer, der schlechterdings nicht zu ertragen ist, die Handlung als eine, die *zu Recht* meinen Widerwillen hervorruft, und ich werde darum, ganz wie Kant es für das ästhetische Geschmacksurteil behauptet hat, allen anderen, ohne daß ich einen rationalen Grund dafür anführen könnte, *zumuten*, meine Gefühle des

Abscheus zu teilen. Deshalb kann ich durchaus sagen, daß etwas unmoralisch ist, allein auf der Grundlage, daß ich es nicht ertrage. Tatsächlich gibt es gar nichts anderes, das mir als Grundlage für ein solches Urteil dienen könnte, sofern ich unter ‚unmoralisch‘ mehr verstehe als nur ‚dem, was üblicherweise für unmoralisch *gehalten* wird,
widersprechend‘. Als schlecht kann ich eine Sache nur ansehen, wenn
ich sie als schlecht *empfinde*, wenn sie mich empört oder entsetzt,
mich zornig macht oder mich elend fühlen läßt, und ein Mensch, dem
es keinerlei Mühe macht, ein Ereignis oder eine Handlungsweise zu
ertragen, der kann diese unmöglich als schlecht empfinden. Wenn ich
mich selbst und mein Empfinden ganz herausnehme und die Sache
rein für sich, objektiv, nüchtern und vernünftig betrachte, wenn ich,
mit Schopenhauer zu reden, zum „reinen Erkenntnissubjekt“, zum
bloßen „Spiegel des Objekts“ werde, dann ist mir sogleich ein Ding
wie das andere. Das einzige Interesse, das ich noch an ihm zu nehmen
vermag, ist ein ästhetisches. Man betrachte etwa, schreibt Hume, einen
absichtlichen Mord, „betrachte denselben von allen Seiten und sehe
zu, ob man darin das tatsächliche oder realiter Existierende finden
kann, was man *moralisches Übel (vice)* nennt. Wie man das Ding auch
ansehen mag, man findet nur gewisse Affekte, Motive, Willensent-
schließungen und Gedanken. Außerdem enthält der Fall nichts Tat-
sächliches. Das ‚moralische Übel‘ entgeht uns gänzlich, solange wir
nur den Gegenstand betrachten. Wir können es nie finden, es sei denn,
wir richten unser Augenmerk auf unser eigenes Inneres, und entdek-
ken dort ein Gefühl von Mißbilligung, das in uns angesichts dieser
Handlung entsteht. Auch dies ist eine Tatsache, aber dieselbe ist Gegenstand des Gefühls, nicht der Vernunft“.[538] Dieses Gefühl der Mißbilligung kann freilich unterschiedlich stark sein, sich auf der eine
Seite bis zum Abscheu, bis zum schieren Nicht-ertragen-Können steigern, oder endlich so schwach ausgeprägt sein, daß es kaum noch als
Gefühl erkennbar ist und darum fälschlich für eine Vernunftregung
gehalten wird. Umgekehrt gründet natürlich auch die positive Bewertung einer Handlung in Gefühlen: „Unser Bewußtsein der ‚Tugend‘
besteht nur darin, daß wir bei der Betrachtung eines Charakters eine
besondere Art von Befriedigung *fühlen*. In eben diesem *Gefühl* besteht unser Lob und unsere Bewunderung. Wir fragen nicht erst weiter nach der Ursache dieser Befriedigung; wir *schließen* nicht daraus,
daß ein Charakter uns erfreut, daß er tugendhaft sei, sondern, indem
wir fühlen, daß er uns in einer bestimmten Weise erfreut, fühlen wir
eben damit, daß er tugendhaft ist“.[539] Und würden wir es nicht fühlen,

würden wir ihn auch nicht als tugendhaft erkennen, denn weder hat unser Lob bzw. unsere Mißbilligung ihren Ursprung in der Vernunft noch geht das moralisch Gute notwendig mit dem Vernünftigen und das moralisch Schlechte mit dem Widervernünftigen zusammen. Weder ist es, wenn man nur die Sache selbst betrachtet, unvernünftig, einen Mord zu begehen, noch einen Mord begehen zu wollen, noch einen Mord gutzuheißen. Und entsprechend ist das jeweilige Gegenteil auch nicht ohne weiteres als vernünftig anzusehen. Eine Handlung ist nur dann unvernünftig, wenn sie voraussehbarerweise Wirkungen hat, die der Handelnde lieber vermeiden würde und die er durch anderes Handeln auch vermeiden könnte. Ein Wollen ist nur dann unvernünftig, wenn es auf einer falschen Meinung beruht, also wenn etwa ein zur Erreichung eines bestimmten Zweckes ungeeignetes Mittel fälschlich für geeignet gehalten und darum gewollt wird. Aber dann ist, recht besehen, gar nicht das Wollen, sondern die ihm zugrundeliegende Meinung unvernünftig. Gleiches gilt auch für die Affekte, die als solche, wie Hume betont, niemals unvernünftig sind. Was unvernünftig sein kann, sind nur die sie begleitenden oder zugrundeliegenden Urteile, wenn ich mich zum Beispiel vor etwas fürchte, was nicht existiert.[540] Darum läuft es „der Vernunft nicht zuwider, wenn ich lieber die Zerstörung der ganzen Welt will, als einen Ritz an meinem Finger. Es widerspricht nicht der Vernunft, wenn ich meinen vollständigen Ruin auf mich nehme, um das kleinste Unbehagen eines Indianers oder einer mir gänzlich unbekannten Person zu verhindern".[541] Was aber, wenn nicht die Vernunft, sollte mich dazu motivieren, die Leiden eines anderen Menschen so wichtig zu nehmen, daß ich mich bemühe, sie ohne Rücksicht auf meinen eigenen Vor- oder Nachteil so gering wie nur möglich zu halten? Daß ich ihm möglichst nicht schade und ihm helfe, wenn er in Not ist? Ein Gefühl der Mißbilligung, sagt Hume, aber warum sollte ich eine Handlungsweise, die einen anderen verletzt, mißbilligen, wenn ich nicht selbst in irgendeiner Weise an dem Leid, das dadurch entsteht, Anteil nähme? Anders gefragt: Ist es nicht, wie hundert Jahre später Schopenhauer behaupten sollte, ein bestimmtes Gefühl, nämlich das Gefühl des *Mitleids*, das letztlich alles moralische Handeln inspiriert?

33. Das Mitleid

Daß das einzig wahre Fundament der Moral das Mitleid sei, ist die zentrale Aussage in Schopenhauers moralphilosophischem Hauptwerk, der *Preisschrift über die Grundlage der Moral* (1841). Bekanntlich fand diese (anonym unterbreitete) Abhandlung bei den Preisrichtern der Königlich Dänischen Societät der Wissenschaften so wenig Anklang, daß ihr kein Preis zuerkannt wurde, obwohl niemand anders sonst sich darum beworben hatte. Grund dafür mögen mit die harschen Ausfälle gegen anerkannte Philosophen seiner Zeit (namentlich Fichte und Hegel) gewesen sein, aber sicher nicht ausschließlich, denn hätte Schopenhauer die Preisrichter davon überzeugen können, daß er die richtige Antwort auf die von der Societät gestellte Frage gegeben habe, hätte man ihm seine Grobheiten wohl gern verziehen. Was genau die dänischen Preisrichter vermißten, wird aus der äußerst knapp gehaltenen Begründung ihrer Entscheidung nicht deutlich. Klar wird aber wenigstens soviel, daß sie der Argumentation Schopenhauers nicht folgen konnten oder wollten und daß sie jedenfalls nicht glaubten, die gestellte Frage sei in angemessener Weise beantwortet worden. Die Frage hatte gelautet: „Ist die Quelle und Grundlage der Moral zu suchen in einer unmittelbar im Bewußtsein (oder Gewissen) liegenden Idee der Moralität und in der Analyse der übrigen, aus dieser entspringenden, moralischen Grundbegriffe, oder aber in einem anderen Erkenntnisgrunde?" Voraus geht dieser Frage eine Erläuterung, in der es heißt, daß die Idee der Moralität mit einer „ihr eigentümlichen Notwendigkeit" hervortrete. Beides deutet darauf hin, daß man es schlicht für selbstverständlich hielt, daß es sowohl ein moralisch objektiv Richtiges und Falsches gebe, als auch daß man dies, auf welcher Grundlage auch immer, *erkennen* könne. Man setzte voraus, daß eine *Wissenschaft* der Moral möglich sei, eine Wissenschaft, die es unternimmt, die (auch dem gewöhnlichen Bewußtsein bekannten) menschlichen Pflichten zweifelsfrei festzustellen, also systematisch darzulegen, was ein jeder Mensch tun soll und warum.

Angesichts solcher Erwartungen kann es nicht verwundern, daß Schopenhauers Abhandlung für preisunwürdig befunden wurde. Sie mußte als Affront verstanden werden, weil Schopenhauer sich von Anfang an weigerte, die Voraussetzungen zu akzeptieren und damit die Spielregeln einzuhalten. Gleich im ersten Hauptteil der *Preisschrift über die Grundlage der Moral* unterzieht er die Kantische Lösung des

Begründungsproblems einer ausführlichen und vernichtenden Kritik. Was er moniert, sind im wesentlichen drei Punkte:

Erstens hält er Kants Begriff eines für jedes vernünftige Wesen verbindlichen Sittengesetzes, also eines allgemein, unabhängig von jeder Voraussetzung geltenden *absoluten Sollens*, oder kurz: eines *kategorischen* Imperativs, für selbstwidersprüchlich und folglich unverständlich. Natürlich kann man mir etwas gebieten, mir erklären, daß ich dies oder jenes tun solle, aber eine Bedeutung, ein Gewicht für mein Handeln, hat dieses Gebot nur, wenn damit eine Strafandrohung (im Falle einer Nichtbefolgung des Gebots) bzw. das Versprechen einer Belohnung (im Fall seiner Befolgung) verbunden ist. Kann ich weder durch die Befolgung des Gebotes etwas gewinnen noch durch die Nichtbefolgung einen Schaden erleiden, dann habe ich nicht den geringsten Grund, der an mich gestellten Forderung Beachtung zu schenken. Jedes Gesetz beruht auf Zwang: ich muß es einhalten, weil ich sonst Sanktionen (z. B. durch Gott oder den Staat) zu befürchten habe. Hätte ich nichts zu befürchten, gäbe es für mich auch kein Gesetz, das heißt, keines, das für mich Geltung besäße. Die Geltung von Gesetzen ist also allein eine Frage der Machtverhältnisse. Folglich ist die Rede von kategorischen Imperativen und einem absoluten Sollen unsinnig. Imperative sind immer hypothetisch, jedes Sollen relativ, nämlich bezogen auf den Willen desjenigen, der soll, und der einen *Grund* braucht, so zu handeln, wie man es von ihm verlangt. Es gibt aber der Art nach nur zwei Gründe, die den Willen überhaupt zum Handeln zu bewegen vermögen, nämlich die Aussicht auf Erlangung eines Gutes und die auf Vermeidung eines Übels. Hieraus resultiert nun eine Schwierigkeit für das Verständnis moralischen Handelns. Denn wenn ich nicht zu handeln vermag ohne einen Grund zum Handeln, und der einzige in Frage kommende Grund ein für mich zu gewinnendes Gut ist, dann ist es offenbar unmöglich, moralisch zu handeln, das heißt so, daß ich etwas nicht um meinetwillen, sondern um eines anderen willen tue. Der kategorische Imperativ wird mich also nur dann dazu bewegen, mich ihm gemäß zu verhalten, wenn ich mir einen Vorteil davon verspreche. Dann aber handle ich nicht mehr moralisch, sondern eigennützig. Soweit der erste Einwand.

Als Zweites macht Schopenhauer gegen Kant geltend, daß die reine, abstrakte Vernunft mit ihren gänzlich erfahrungsfreien, apriorischen Begriffen niemals für irgendeinen Menschen den Anstoß zum moralischen Handeln geben könne. Das angebliche Fundament erweise sich bei näherer Betrachtung als bloße Fiktion, ein Spiel mit Begriffen, ohne jeden realen Gehalt. Schon um die subtilen Gedankengänge, die zum kategorischen Imperativ als oberster Handlungsregel führen, überhaupt anzustellen, muß ich bereits ein Motiv haben. Denn warum sollte sich ein Mensch die Mühe machen, sich nach einem Gesetz für sein Handeln, nach einem Prinzip zur Begrenzung seines Willens umzusehen, wenn er sich nicht entweder einen Vorteil davon verspricht oder aber bereits von anderer Seite her moralisch motiviert ist? „Die moralische Triebfeder", schreibt Schopenhauer, „muß schlechterdings, wie jedes den Willen bewegende Motiv, eine sich von selbst ankündigende, deshalb positiv wirkende, folglich *reale* sein: und da für den Menschen nur das Empirische, oder doch als möglicherweise empirisch vorhanden Vorausgesetzte, Realität hat; so muß die moralische Triebfeder in der Tat eine *empirische* sein und als solche ungerufen sich ankündigen, an uns kommen, ohne auf unser Fragen danach zu warten, von selbst auf uns eindringen, und dies mit solcher Gewalt, daß sie die entgegenstehenden, riesenstarken, egoistischen Motive wenigstens möglicherweise überwinden kann".⁵⁴² All dies treffe aber auf die Begriffsverknüpfungen der sogenannten reinen Vernunft nicht zu. Tatsächlich könne die Vernunft selbst niemals Ziele setzen und damit das Handeln motivieren. Darum ist vernünftiges Handeln, wie Kant annimmt, keineswegs mit moralischem Handeln gleichzusetzen. Die Vernunft ist niemals mehr als ein Instrument des Willens. Ist dieser gut, dient die Vernunft dem Guten, ist er schlecht, dem Schlechten.

Der dritte Einwand richtet sich gegen den versteckten Egoismus in Kants oberstem Grundsatz der Moral, jener berühmten heuristischen Regel zur Auffindung moralisch vertretbarer Handlungsmaximen: „Handle nur nach der Maxime, von der du zugleich wollen kannst, daß sie als allgemeines Gesetz für alle vernünftigen Wesen gelte." Fragt man nämlich, welches Kriterium denn darüber entscheidet, ob ich solches wollen kann oder es eben nicht wollen kann, dann zeigt sich, daß dieses Kriterium nach Kants eigener Auffassung nichts anderes ist als mein eigener Nutzen. So kann ich nicht wollen, daß es ein allgemeines Gesetz werde, Menschen, die in Not sind, nicht zu helfen, weil, gäbe es ein solches Handlungsgesetz, man ja dann auch mir keine Hilfe gewähren würde, wenn ich selbst einmal in Not geriete. Wenn ich das Gesetz also ablehne, dann gar nicht um des anderen willen, der meine Hilfe braucht, sondern allein um meinetwillen. Nicht der Wille, kein Unrecht zu tun, sondern die Furcht, Unrecht zu erleiden, begründet also meine Akzeptanz der entsprechenden Handlungsmaxime. Dies hat unter anderem zur Folge, daß ich etwa, anders als Kant suggeriert, durchaus wollen kann, daß die Maxime, Unrecht zu tun, wann immer es mir nützt und ich die Gelegenheit dazu habe, ein allgemeines Gesetz werde – solange ich nämlich hinreichend sicher bin, in einer solchen Situation die Oberhand zu behalten und mich vor dem Unrecht, das andere mir zufügen wollen, zu schützen. Eine kategorische Geltung von bestimmten Handlungsmaximen läßt sich somit auch inhaltlich nicht plausibel machen.

Was aber ist nun durch diese Kritik gewonnen? Nun, einiges, denn wir wissen jetzt, welche Fehler wir vermeiden müssen, wenn wir versuchen, die Frage nach der Grundlage der Moral zu beantworten. Wir kennen die Rahmenbedingungen und wissen, wie die Antwort *nicht* aussehen kann. Der erste und größte Irrtum (sowohl Kants als auch der dänischen Societät der Wissenschaften) besteht Schopenhauer zufolge darin, die Ethik in eine legislatorisch-imperativische Form pressen zu wollen. Die Aufgabe des Ethikers könne es nicht sein vorzuschreiben, was die Menschen tun *sollen*, sondern zu erklären, was sie tatsächlich *tun*. Entsprechend gilt, daß der noch zu findende Grund der Moral zwar das moralische *Handeln* begründen können muß, nicht aber eine *Pflicht* zu solchem Handeln. Zweitens muß der Grund „etwas sein, das wenig Nachdenken, noch weniger Abstraktion und Kombination erfordert, das, von der Verstandesbildung unabhängig, jeden, auch den rohesten Menschen, anspreche, bloß auf anschaulicher Auffassung beruhe und unmittelbar aus der Realität der Dinge sich aufdringe".[543] Was wir suchen, ist also nicht ein Argument, sondern eine Erfahrung, und zwar eine solche – dies ist das Dritte –, an welcher der Eigennutz keinen Anteil hat.

Diese drei Bedingungen erfüllt nun, meint Schopenhauer, allein das *Mitleid*. Es ist erstens frei von Eigennutz, weil wir nur dann aus Mitleid handeln, wenn wir um des anderen willen handeln, also allein deshalb, weil *er* leidet. Unser Ziel ist es, sein Leiden zu mindern oder zu beenden, ganz egal, ob uns dies einen Vorteil bringt oder nicht. Ferner ist das Mitleid etwas, was sich *unmittelbar* beim Anblick fremden Leidens einstellt. Ohne weiter darüber nachzudenken, erfahren wir das Leiden des anderen als schlecht und als ausreichenden Grund, helfend einzugreifen. Und drittens schließlich ist das Mitleid eine Tatsache und keine Norm, das heißt, es gibt nicht so etwas wie eine Pflicht zum Mitleid. Falsch, ja sogar unsinnig wäre es zu sagen, wir *sollten* mitleidig sein. Das Mitleid, das wir empfinden, ist der alleinige Grund dafür, daß wir überhaupt irgendetwas als gesollt begreifen können. So erweist sich das Mitleid als Quelle und Grund der Moral, und zwar als *einziger* Grund, denn uneigennützig zu handeln, bedeutet ja um des anderen willen zu handeln, das heißt mit dem Ziel, sein Wohl zu befördern und sein Leid möglichst gering zu halten. Dazu müssen mir aber, wie Schopenhauer sich ausdrückt, Wohl und Weh des anderen so präsent sein wie mein eigenes: ich muß an seinem Wohl mich freuen und an seinem Leid leiden, das heißt ich muß mit ihm *mitleiden*. Uneigennütziges Handeln ist also nur möglich unter der Voraussetzung des Mitleids, und alle Gerechtigkeit und alle Menschenliebe leiten sich hieraus ab.

Freilich ist dieser ganze Vorgang höchst mysteriös, weil wir, um zu handeln, in aller Regel einen Grund brauchen, jedes begründete, das heißt rational nachvollziehbare Handeln (lateinisch: ratio, englisch: reason) aber notwendig egoistisch ist, so daß ein uneigennütziges Handeln gar nicht möglich scheint. Sobald wir erkennen, warum wir so und nicht anders handeln sollten, ist unser Handeln schon nicht mehr moralisch. Erkennen wir es aber nicht, werden wir nicht handeln, da uns ein Motiv fehlt. Und doch gibt es, wie uns die Erfahrung lehrt, uneigennützige Handlungen. Schopenhauer löst dieses Problem dadurch, daß er das Mitleid als *intuitive (anschauende) Erkenntnis* interpretiert, das heißt als ein Wissen, das dem Wissenden selbst nicht als solches bewußt ist, aber das nichtsdestotrotz sein Handeln beeinflußt. Indem wir uns von dem Leid eines anderen bewegen lassen, setzen wir eine Einsicht um, von der wir gar keine abstrakte Kenntnis zu haben brauchen (und die, wenn wir sie doch haben, uns gar nichts nützt), nämlich die Einsicht, daß in Wahrheit der andere und wir eins sind, daß die Kluft, die uns von allen anderen Menschen trennt, eine bloße Illusion ist, die eine wesentliche Identität verschleiert. Das Mitleid ist der Riß in diesem Schleier: mitleidig empfinden und handeln wir, als ob wir den wahren Sachverhalt klar vor Augen hätten, und dennoch, soweit es uns selbst bewußt ist, handeln wir gerade nicht, weil wir im anderen nur eine Erscheinungsform unserer selbst erkennen, sondern ausschließlich deshalb, weil er leidet. Dieses Leiden, das sich uns plötzlich in seiner ganzen schrecklichen Wirklichkeit aufdrängt, ist unser unmittelbares Motiv.

Ich will dies hier nicht weiter ausführen[544] und mich statt dessen der Frage zuwenden, aus welchen Gründen dem Mitleid bis heute die zentrale Stellung in der ethischen Theorie verweigert wird, die Schopenhauer ihm mit so vielen einleuchtenden Gründen zugedacht hatte. Unverkennbar besitzt das Mitleid in der Moralphilosophie nach wie vor einen schlechten Ruf und ist weit davon entfernt, als das einzig wahre Fundament ihres Gegenstands anerkannt zu werden. Die Geringschätzung des Mitleids hat eine lange Tradition. Schon Zenon, der Begründer der stoischen Schule, bezeichnete das Mitleid als „Krankheit der Seele", und Seneca meinte, daß gerade die Schlechtesten am meisten zum Mitleid neigten, indem sie gar nicht auf die Ursache fremden Elends sähen, sondern allein auf das gegenwärtige Geschick. So würden sie sich auch „von den Tränen sehr schädlicher Menschen bewegen lassen" und diese sofort aus dem Kerker befreien, wenn man sie nur ließe.[545] Das Mitleid bringt uns also dazu, Menschen Gutes zu erweisen, die es nicht verdienen, was den griechischen und römischen Philosophen ausgesprochen *unvernünftig* erschien und ihrer Auffassung nach letztlich eine Zerstörung aller gesunden Moral bewirken mußte. Richtschnur des Handelns sollte in allen Dingen nicht irgendeine spontane subjektive Gefühlsaufwallung, eine perturbatio animi, sondern allein die nüchtern-objektive Vernunft sein.

„Mitleid", so hält Spinoza viel später in einem Lehrsatz fest, „ist bei einem Menschen, der nach der Leitung der Vernunft lebt, an sich schlecht und unnütz".[546] *Schlecht* ist das Mitleid, weil es eine Unlust ist, und jede Unlust, für sich selbst betrachtet, schlecht ist; *unnütz* aber, weil das, was das Mitleid zuweilen an Gutem zu bewirken vermag (zum Beispiel wenn wir aufgrund unseres Mitleids anderen Menschen, die es verdienen, Hilfe zuteil werden lassen), durch das Gebot der Vernunft (ex rationis dictamine) ebenso bewirkt würde. Da wir aus Mitleid überdies oft das Falsche tun, indem wir etwa jemandem helfen, der es *nicht* verdient, die Vernunft aber, anders als das Mitleid, eine *sichere* Erkenntnis der Schlechtigkeit eines Zustandes oder einer Handlung erlaubt, können wir auf das Mitleid gut verzichten. Ja, da wir beim Mitleid nie ganz ausschließen können, daß es uns moralisch in die Irre führt, sollten wir uns sogar darum bemühen, jede Regung des Mitleids in uns zu unterdrücken. Wer vernünftig ist, braucht kein Mitleid, um das Gute zu erkennen und danach zu handeln – ohne Mitleid fährt er sogar besser. Nur für die Unvernünftigen mag das Mitleid allenfalls noch einen Nutzen haben, da es immer noch besser sei, ab und an aus Mitleid Gutes zu tun, als es überhaupt nicht zu tun.[547]

Nach Schopenhauer hat sich an dieser Einstellung nicht viel geändert. Noch immer glaubt man weithin an die moralische Kraft der Vernunft und an die schädlichen Wirkungen des Mitleids. So wendet etwa Käte Hamburger gegen Schopenhauers Anspruch, die Gerechtigkeit aus dem Mitleid ableiten zu können, ein, daß diese beiden gar

nichts miteinander gemein hätten. Vielmehr handle es sich bei Mitleid
und Gerechtigkeit um „ganz unterschiedliche, ja sich ausschließende
Verhaltensweisen, derart, daß z. B. ein Richter sein gerechtes Urteil
nicht durch Mitleid mit dem Angeklagten beeinflussen lassen darf.
Denn selbst bei weitgehender Berücksichtigung mildernder Umstände
muß die Objektivität des Urteils gewahrt, darf das rein subjektive
Gefühl des Mitleids nicht eingesetzt werden".[548] Die Gerechtigkeit,
meint Hamburger, stelle einen „höheren und schwierigeren Grad moralischen Urteilens dar",[549] indem dabei nämlich das Subjekt des Urteilens (in seiner konkreten Individualität) ganz außer Acht gelassen
werde und sein Objekt (der andere also, dem Gerechtigkeit zuteil
wird) einen „allgemein-abstrakten Charakter" besitze. Beides zusam-
mengenommen garantiere größtmögliche Objektivität. „Der andere
des Mitleids ist dagegen", schreibt Hamburger, „ausschließlich Gegenstand der Subjektivität des Mitleid Fühlenden, und das heißt, daß
dieser von ebenso individuell-konkreter Beschaffenheit ist wie jener".[550] Auch sei das Mitleid nicht zuletzt geprägt von Herablassung
und Verachtung, wie zahlreiche Redewendungen wie etwa die vom
‚mitleidigen Lächeln' belegten.[551] Dieselbe Auffassung äußerte kürzlich Avishai Margalit in seinem hochgelobten Buch „Politik der Würde". Mitleid (pity), so schreibt er dort, „ist ein Begriff, der eine asym-
metrische Relation ausdrückt. Es ist stets mit einem Überlegenheits-
gefühl verbunden: ‚Mir könnte so etwas nie passieren'."[552]

Ich fasse die wesentlichen Kritikpunkte noch einmal zusammen.
Behauptet wird das folgende:

1) sei das Mitleid, wenn man ganz von seinen Folgen absehe, an
sich selbst betrachtet schlecht, weil es zusätzliches Leid bereite.

2) sei das Mitleid oft auch in Ansehung seiner Folgen schlecht, weil
es unser Urteil verzerre, Objektivität verhindere und uns so davon
abhalte, das Richtige zu tun, das heißt, gerecht zu handeln.

3) sei das Mitleid selbst da, wo es gute Folgen habe, doch immer
noch überflüssig, weil uns die Vernunft, und zwar mit größerer Sicherheit, zum selben Handeln führe.

4) schließlich sei das Mitleid niemals frei von Herablassung und
Verachtung und damit moralisch verdächtig.

Zum ersten Einwand (Das Mitleid sei an sich selbst schlecht): Die
Behauptung beruht offenkundig auf zwei Voraussetzungen. Die erste
besagt, daß das Mitleid ein Leiden sei, und die zweite, daß jedes Leiden (an sich) schlecht sei. Daß das Mitleid ein Leiden sei, müssen wir,
meine ich, akzeptieren. Es erscheint kaum denkbar, daß einer einem

anderen (uneigennützig) hilft, ohne von seinem (tatsächlichen oder auch nur möglichen) Leiden berührt zu werden, also so, daß er dabei innerlich gleichgültig oder sogar frohgemut bleibt.[553] Wenn aber so etwas irgendwie doch möglich sein sollte, so würden wir hier sicherlich nicht von einer Regung des *Mitleids* sprechen und auch sein Handeln nicht mitleidig nennen wollen. Was auch immer das Mitleid ist: es ist sicher nicht vergnüglich. Aber ist es deshalb auch notwendig schlecht, wie behauptet wird? Nicht, wenn es Gutes bewirkt, würden wir vielleicht spontan antworten, aber von den Wirkungen sollen wir ja gerade absehen. Auch wenn das Mitleid einen echten Nutzwert haben sollte (und somit aufs Ganze gesehen als gut gelten müßte), so wäre es doch für sich selbst genommen, nämlich als Leiden, immer noch schlecht. Und dies ist eine Behauptung, die, so scheint es, von dem Zugeständnis möglicher positiver Folgen gar nicht berührt wird. Jedoch: was will das heißen: Leiden sei für sich genommen, also *als solches* immer schlecht? Als eine Identitätsbehauptung kann dies kaum gemeint sein, denn wenn die Begriffe des Leidens und des Schlechten identisch wären, würde der Satz nicht mehr besagen, als daß Leiden eben Leiden sei. Der Satz hätte gar keine Aussage mehr; er wäre tautologisch, wie der korrespondierende Satz, daß jede Lust als solche gut sei. Wir nehmen ihn aber nicht tautologisch wahr, das heißt die Frage, ob das Leiden immer schlecht, die Lust immer gut sei, erscheint uns sinnvoll, woraus zu schließen ist, daß die beiden Begriffe nicht identisch sind.[554] Und tatsächlich bezeichnen wir ja auch mitunter Dinge oder Sachverhalte als schlecht, die weder Leid erkennbar beinhalten noch zur Folge haben. So würden wir zum Beispiel nicht meinen, daß ein Mensch, der aufrichtig glaubt, es würde ihm an nichts fehlen, solange er eine Satellitenschüssel auf dem Balkon und einen Kasten Bier im Keller hat, ein gutes Leben führe. Die Tatsache, daß es ihm nichts ausmacht, geistlos dahin zu vegetieren, macht es nicht besser.[555] Auch wenn solch ein Mensch nicht leidet, würden wir doch zumindest zögern, sein Leben für gut zu halten, das heißt, wir würden in aller Regel nicht *wünschen*, so zu leben, genauso wenig wie wir wünschen würden, durch eine Wunderpille in einen Zustand andauernder Euphorie versetzt zu werden, einen Zustand, der in keiner ursächlichen Beziehung zur Wirklichkeit steht. Die Illusion des Glücks fühlt sich vielleicht genauso an wie das echte Glück, und dennoch ist es nicht ausgeschlossen, daß wir, wenn man uns vor die Wahl stellte (wie es Neo, dem Helden aus dem Film ‚Matrix' geschieht), die häßliche Wirklichkeit der schönen Illusion vorzögen. Denn wir wollen nicht einfach nur glücklich sein, sondern wir wollen einen *Grund* haben, glücklich zu sein, und dieser Grund soll real und nicht nur erträumt sein. Darum erscheint uns das Leiden unter bestimmten Umständen wünschenswerter und somit besser als sein Gegenstück, die Lust. Freilich wäre es auch dann nicht das Leiden als solches, das wir vorzögen, sondern vielmehr dessen Angemessenheit in der gegebenen Situation. Nicht immer aber ist das Leid angemessener, das heißt wahrheitsgemäßer als die Lust, zuweilen mag es auch umgekehrt sein, und zuweilen mag es auch gar keinen Unterschied in dieser Hinsicht geben. Wenn aber alle Umstände gleich wären, wer würde dann noch zögern, sich für die Lust zu entscheiden und das Leid nach Möglichkeit zu übergehen? Zeigt das nicht, daß doch alles Leiden *als solches* schlecht ist? Nicht unbedingt, denn wenn wir einmal zugegeben haben, daß noch etwas anderes außer dem Leiden schlecht ist und etwas anderes außer der Lust gut, dann haben wir damit auch zugegeben, daß es nicht das Leiden ist, daß eine Sache schlecht macht, und nicht die Lust, die eine Sache gut macht, und dann ist nicht mehr so ohne weiteres ersichtlich, warum eigentlich alles Leiden schlecht sein sollte und alle Lust gut. Im übrigen: würden wir dies wirklich glauben, müßten wir alle heilfroh sein, wenn man uns von unserer Leidensfähigkeit befreite. Wären wir das aber tatsächlich? Stellen wir uns vor, eine gute Fee käme zu uns mit dem scheinbar freundlich gemeinten Angebot, uns die Bürde des Leidenkönnens von den Schultern zu nehmen. Wir bräuchten nur Ja zu sagen und schon wären wir gänzlich unempfänglich für jede Art des Leidens. Wir hätten nie wieder irgend welche Schmerzen, hätten keine Angst vor dem Tod, würden uns um nichts mehr Sorgen machen und uns durch nichts, was in der Welt geschieht, was auch immer es sei, in unserer Seelenruhe stören lassen. Wir blieben fortan gänzlich unberührt vom Lauf der Welt; kein Unglück, nicht einmal der qualvolle Tod von Menschen, die uns nahestehen (oder, um genau zu sein: nahe*standen*), nicht einmal der Tod unserer eigenen Kinder würde uns irgendetwas ausmachen. Würden wir ein solches Angebot annehmen? Mag sein, daß es Augenblicke gibt, wo ein jeder von uns in Versuchung geriete, aber wir würden sicher nicht freudig diese unverhoffte Gelegenheit ergreifen. Ich nehme an, daß die meisten letztlich doch zurückschrecken würden und den nicht unbegründeten Verdacht hätten, daß sich hinter der Maske der guten Fee der Teufel verbirgt. Denn wir wüßten sehr gut, daß wir ohne die Fähigkeit zu leiden aufhören würden, Menschen zu sein, und daß wir uns damit auch einer spezifischen Form des Glücks berauben würden.[556] Damit meine ich nicht, daß das Glück notwendig eines Kontrasts bedarf, derart, daß die Zeiten des Leidens gleichsam die dunklen Punkte sind, welche die lustvollen Augenblicke umso heller erstrahlen lassen und so mittelbar ein größeres Glück verursachen, als es ohne Leiden möglich gewesen wäre. Mag sein, daß dies so ist, aber was ich hier meine, ist etwas anderes, nämlich daß die Fähigkeit zu leiden selbst *ein Teil des Glücks* ist. Es ist ein Glück, leiden zu können. Ein Glück ist es, weil sich im Leiden (in manchem, nicht in jedem) etwas zu offenbaren vermag, und zwar ein Gut, was uns auf keine andere Weise gegeben werden könnte. So hat die Wahrnehmung von Schönheit oft etwas Schmerzliches, und beides, Schmerz und Schönheit, ist so eng miteinander verbunden, daß der Schmerz nur verstanden werden kann als die spezifische Art und Weise, wie solche Schönheit erfahren wird. Ich kann die Schönheit nicht anders haben, als durch den Schmerz – wen die Schönheit nicht schmerzt, dem entgeht sie. Und ähnlich, meine ich, muß auch die Fähigkeit, um *anderer* willen zu leiden und mit ihnen mitzuleiden, beurteilt werden. Ohne diese Fähigkeit gibt es keine Gemeinschaft, weil niemand, der nicht zu leiden vermag, sich je als einer Gemeinschaft zugehörig erfahren kann. Wer nicht zu leiden vermag, bleibt einsam, in sich verschlossen; er erkennt nicht das Gute außer ihm. Verletzlichkeit ist eine Form der Offenheit: sie macht uns reicher und größer, eines größeren Gutes teilhaftig. Leidend erfahren wir einen Teil der Welt (etwa das Leben eines geliebten Menschen) als absolut oder inhärent wertvoll, das heißt nicht wertvoll in bezug auf einen bestimmten Zweck, dem es dient, sondern für sich genommen, nur aufgrund dessen, was es ist. Und die Erfahrung, daß etwas solcherart wertvoll ist, ist selbst eine in sich wertvolle, mithin eine gute Erfahrung.

Zum zweiten Einwand (Aus Mitleid tun wir oft das Falsche): Dahinter steht, so vermute ich, folgender Gedanke: erstens verleitet uns das Mitleid, da es nur auf das Leiden des anderen sieht und nicht auf dessen Ursache, dazu, Menschen Gutes zu tun, die es nicht verdienen, und zweitens dazu, die Leiden Dritter nicht in Betracht zu ziehen und nichts dagegen zu tun. Beides, meint man, widerstreite der Gerechtigkeit, denn gerecht sei es, wenn jeder die Folgen seines Handelns selbst trage, auch wenn sie negativ sind, ungerecht aber, wenn man ihm dabei helfe, die unangenehmen Folgen, die er doch nur sich selbst zuzuschreiben hat, zu vermeiden. Und ein doppeltes Unrecht entstehe hieraus, wenn durch eine solche Hilfe jemand anders, der ebenso hilfsbedürftig und mehr der Hilfe wert ist, der aber nicht das Glück hat, bemitleidet zu werden, zu leiden gezwungen sei, sei es dadurch, daß ihm nun keine Hilfe zuteil wird, weil man nicht zweien zugleich helfen kann, oder dadurch, daß ihm ein Schaden erwächst durch den, dem man geholfen hat und der dadurch wieder in den Stand gesetzt wurde, anderen zu schaden. Aus Mitleid helfen wir dem Mörder zu entkommen, der daraufhin weitere Morde begeht. Schlecht ist es also bereits, wenn ich einem helfe, der es nicht verdient, noch weit schlechter aber, wenn eben hierdurch ein anderer unverdienten Schaden erleidet. Darum ist es falsch, den Mörder zu bemitleiden, den man ins Gefängnis sperren will, aber auch den Trinker, der, weil er das Trinken nicht lassen kann, Arbeit und Wohnung verliert und auf der Straße landet, oder den Drogensüchtigen, der im Bahnhofsklo elend zugrunde geht. Anstatt uns nämlich um solche Menschen zu bekümmern und Mühe und Arbeit an sie zu verschwenden, sollten wir lieber Menschen beistehen, die es verdienen, das heißt Menschen, die *unverschuldet* ins Unglück geraten sind. Mitleid sei hierfür eher hinderlich.

Wir alle kennen diese Art von Argumentation, wenn nicht von uns selbst, so doch von anderen. Sie unterstellt, daß wir in der Lage sind, zwischen Menschen, die unser Mitleid oder unsere tätige Hilfe verdienen, und solchen, die es nicht tun, klar zu unterscheiden. Hilfe verdienen, so wird erklärt, nämlich die, die unverschuldet leiden, keine Hilfe hingegen die, deren Leid selbstverschuldet ist. Doch ist diese Unterscheidung höchstens in der Theorie klar, nicht jedoch in der Praxis, wo es stets um konkrete Handlungen geht, die gar nicht erkennen lassen, inwieweit sie frei gewählt oder ein Ergebnis der Umstände sind. Schuld und Unschuld liegen hier so dicht beieinander, daß von einer klaren Trennung keine Rede mehr sein kann. Ist der Mörder schuld an seiner Tat oder seine Gene und die Umwelt, die ihn zu dem gemacht haben, was er ist? Hat sich der Süchtige frei dafür entschieden, süchtig zu werden? Schwer zu sagen. Aber auch andersherum läßt sich fragen: Hat der Autofahrer, der ohne Absicht einen Menschen überfährt, nicht dessen Tod verschuldet, selbst wenn er nicht zu schnell gefahren ist? Denn schließlich hat ihn doch niemand gezwungen, in eine solch mörderische Maschine zu steigen, die er offenkundig nicht kontrollieren kann. Und trägt nicht auch das Kind, das ihm vor das Auto gelaufen ist, letztlich selbst Schuld an seinem Tod? Es hätte doch auch auf seine Mutter hören und auf dem Gehweg bleiben können. Wir könnten uns endlos über diese Fragen streiten und werden sie niemals befriedigend beantworten. Die Antwort hängt immer davon ab, welche Perspektive wir einnehmen wollen. Wo hört die Freiheit auf und fängt der Zwang an? Wir wissen es nicht. Deshalb zeugt unsere Behauptung, dieser oder jener trage selbst Schuld an seinem Schicksal, weniger von dem tatsächlichen Vorhandensein einer Schuld als vielmehr von unserer eigenen Unwilligkeit zu helfen. Nicht weil sein Leiden tatsächlich selbstverschuldet wäre, wollen wir ihm nicht helfen, sondern umgekehrt: weil wir ihm nicht helfen wollen, denken wir uns sein Leid als selbstverschuldet.

Aber nicht nur der Schuldbegriff bzw. seine Anwendung auf konkrete Fälle ist unklar, sondern auch der Begriff des Verdienstes, den man darauf stützen möchte. Wie müssen wir denn eigentlich sein, was müssen wir tun, damit wir Gutes *verdienen*? Schuldlos eben, so wird uns gesagt. Aber selbst wenn wir, allen Bedenken zum Trotz, zugestehen, daß ein bestimmter Mensch sein Unglück selbst verschuldet hat, wieso sollte daraus folgen, daß er weder Mitleid noch tätige Hilfe verdient? Das eine läßt sich aus dem anderen gar nicht schlüssig ableiten. So läßt sich umgekehrt auch nicht plausibel machen, warum einer, der schuld*los* ins Unglück gerät, eben *wegen* seiner Schuldlosigkeit unser Mitleid verdient. Wir setzen hier einfach fest, wer Hilfe verdient und wer nicht, wer es wert ist, daß ihm geholfen werde, und wer es nicht wert ist, aber wer hat uns denn eigentlich dazu ermächtigt? Wer hat uns zum Richter über Wert und Unwert anderer Menschen gemacht? Wenn wir schon von Verdienst reden wollen, dann müssen wir, meine ich, zugestehen, daß jeder Mensch und übrigens auch jedes Tier, das leidet, unser Mitgefühl und unsere Hilfe verdient. Darum handeln wir nicht ungerecht, wenn wir in unseren Hilfeleistungen nicht sehr wählerisch sind und uns nicht an äußerst fragwürdigen, weil letztlich willkürlichen Wertzuweisungen orientieren. Freilich mögen wir aus einem spontanen Gefühl des Mitleids heraus etwas tun, was wir nachher bereuen, weil unsere Handlung Konsequenzen hatte, die wir nicht vorausgesehen hatten, obwohl man sie hätte voraussehen können. Aber wir können durchaus mit allen Gefangenen Mitleid haben, ohne deshalb gleich für die Öffnung aller Gefängnistore eintreten zu müssen. Wenn wir es aber doch tun, dann ist dies weniger unserem Mitleid zu verdanken als vielmehr einer davon ganz unabhängigen Beschränkung der Perspektive, also einem Mangel an Umsicht, der uns daran gehindert hat, auch die leidvollen Folgen unseres eigenen geplanten Handelns zu bedenken. Mit anderen Worten hatten wir, recht betrachtet, nicht etwa zuviel Mitleid, sondern zu wenig. Wir dürfen eben über dem Mitleid, das wir mit einem Menschen empfinden, nicht vergessen, auch mit anderen, die von unserem Handeln mit betroffen sein können, mitzuleiden.

Zum dritten Einwand (Das Mitleid ist überflüssig. Auf die Vernunft ist mehr Verlaß): Schopenhauer selbst hat auf die Widerlegung dieser Annahme viel Mühe verwandt. Ich habe zu Beginn dieses Kapitels seine Argumente skizziert und brauche sie darum hier nicht noch einmal zu wiederholen. Mir scheint, daß Schopenhauer in diesem Punkt gegen Kant Recht behält. Denn für ein reines Vernunftwesen gäbe es, wie schon Hume dargelegt hatte, überhaupt keine moralischen Verpflichtungen, weil es außerstande wäre, Verpflichtung zu erfahren, und zwar nicht deshalb, wie Kant meinte, weil ein reines Vernunftwesen ohnehin (also ohne Selbstzwang) das Richtige täte, sondern weil es für ein solches Wesen überhaupt nichts Richtiges gäbe. Ursula Wolf, die zu den wenigen gehört, die heute mit Schopenhauer versuchen, die Moral auf das Mitleid zu gründen,[557] insistiert zu Recht darauf, daß eine „Person, der Sympathiegefühle völlig unbekannt sind und die gleichwohl die Prinzipien dieses Bereichs nicht nur zu Vermeidung negativer Folgen für sich selbst befolgt, sondern sie als moralische Prinzipien befolgt, (…) ein psychologisch schwer verständliches Konstrukt" wäre.[558] Darum lautet das erste Gebot, das man Menschen beibringen muß, von denen man will, daß sie anderen Menschen Gewalt antun, nicht etwa: Hört auf, vernünftig zu sein, sondern: Hört auf, Mitleid zu empfinden.[559] Denn erst das Gefühl, die affektive Anteilnahme, schließt, wie wir gesehen haben, die Situation erstmals als eine moralisch relevante für uns auf. Gefühle verändern die Wahrnehmung des Gegenstandes,[560] indem sie ihn als etwas erscheinen lassen, das nicht in bezug auf irgendeinen Zweck, sondern an sich selbst (und damit auch für uns) gut oder schlecht ist. So baut der Affekt des Mitleids, wie Ursula Wolf schreibt, darauf auf, „daß ich erkenne oder wahrnehme, daß der andere leidet. Wenngleich hier nicht der Sachverhalt selbst durch den Affekt erkannt wird, wird aber doch der Wertaspekt nur durch den Affekt erschlossen; das Mitleid erschließt mir das Leiden des anderen als etwas, was für mich selbst schlecht ist, wovon ich in meinem eigenen Sein negativ betroffen bin."[561] Ich stimme dem zu, würde allerdings noch einen Schritt weiter gehen als Wolf und sagen, daß auch schon der Sachverhalt, daß der andere leidet, erst durch das Mitgefühl wirklich erkannt wird. Solange ich das Leiden des anderen nicht nachfühle, solange ich nicht mit ihm leide, weiß ich letztlich gar nichts von seinem Leid, das heißt, ich weiß nicht einmal wirklich, *daß* er leidet. Statt dessen folge ich, wenn ich sein Leid formal anerkenne, lediglich einer sprachlichen Konvention. Ich benutze das Wort Leid als Kürzel für bestimmte Verhaltensweisen, die zu erwarten sind, wenn einer ,leidet', aber um sein Leiden selbst weiß ich so wenig, wie ich weiß, wie man Fahrrad fährt, wenn ich ein Buch darüber gelesen habe. Und ohne dieses Wissen wird mich das Schicksal des anderen kalt lassen.

Unverständlich ist mir daher, wie Käte Hamburger glauben kann, daß ein Mensch, der in unserer Wahrnehmung lediglich einen „allgemein-abstrakten Charakter" und keine „individuell-konkrete Beschaffenheit" besitzt, überhaupt jemals ein Gegenstand moralischer Rücksichtnahme werden sollte. Denn der einzige Grund für mich, einem anderen Menschen ohne erkennbaren Nutzen für mich selbst *Gerechtigkeit* widerfahren lassen zu wollen, besteht darin, daß er mir als ein einzigartiges und als solches unersetzbares Individuum erscheint. Ich muß sein Leiden (und sein Leidenkönnen) in seiner Wirklichkeit anerkennen und das heißt, ich muß ihm dieselbe Wichtigkeit zuerkennen wie meinem eigenen. Und das geht nur, wenn ich sein Leid irgendwie nachempfinde, und zwar tatsächlich *sein* Leid. Ich muß die Welt so sehen und so empfinden, wie er es tut, weil ich sonst gar nicht wissen kann, was diese oder jene Entwicklung der Ereignisse, eine Beleidigung etwa oder eine körperliche Attacke, für ihn bedeutet. Wenn ich das aber nicht weiß, bin ich außer Stande, sein Interesse gegen das eines Dritten abzuwägen. Es ist unmöglich, zwischen zwei konkurrierenden Ansprüchen gerecht zu vermitteln, ohne zu wissen, worum es für die Beteiligten jeweils geht.[562] So bleibt etwa jemandes Trauer um den Verlust eines Menschen ohne sympathetische Einfühlung in sein Leid unverständlich. Ohne die Fähigkeit, mit anderen mitzuleiden, bleibe ich notwendig blind für alle Arten von Leiden, die mir selbst fremd sind, weil sie an Situationen gebunden sind, in denen ich nie war und in vielen Fällen auch nie kommen werde. Ohne Mitleid, das uns den anderen in seiner Besonderheit zugänglich macht, bleibt Gerechtigkeit zufällig. Die Vernunft kann es nicht ersetzen. Das führt auch nicht etwa dazu, daß unsere Moral gänzlich dem Zufall des Augenblicks überlassen bleibt, denn das Mitleid ist keineswegs notwendig so flüchtig und unzuverlässig, wie oft behauptet wird. Es kann sich auch zu einer dauerhaften Einstellung verfestigen, einer Haltung der Offenheit und gesteigerten Sensibilität für die vielfältigen Formen, in denen das Leid zuhause ist. Es kann, mit anderen Worten, zur Tugend werden,[563] denn Gefühle kommen nicht über uns und verlassen uns wieder, ohne daß wir etwas dazu könnten. Weit davon entfernt, passive Opfer unserer Affekte zu sein, sind wir vielmehr durchaus in der Lage, bestimmte Gefühle zu kultivieren und andere zu verdrängen. So hat auch Schopenhauer das Mitleid von vornherein nicht als eine den Schwankungen des Augenblicks ausgesetzte Verwirrung der Seele verstanden, sondern als eine Erkenntnis, die, einmal gewonnen, ein für alle Mal das Handeln bestimmt, in Übereinstimmung mit den Maximen der Gerechtigkeit (Neminem laede: schade niemandem) und der Menschenliebe (Omnes, quantum potes, juva: hilf allen, soweit du es vermagst).[564]

Zum vierten Einwand (Das Mitleid ist geprägt von Verachtung und Herablassung): Mitleid kann kränken, wenn der Bemitleidete selbst sich nicht als Leidender begreift, wenn er sein Leiden verbergen möchte oder wenn er nicht will, daß andere auf sein Leid eingehen. Aber da diese Kränkung nur wieder eine Form des Leidens ist, müßte jemand, der tatsächlich und wahrhaft mit dem anderen mitleidet, hier vor einem *Ausdruck* des Mitleids zurückscheuen. Wer einen anderen, dessen Leiden durch die Zurschaustellung von Mitleid noch vergrößert wird, sein Mitleid spüren läßt, ist in Wahrheit gar nicht mitleidig, weil er offensichtlich das Leiden des anderen gar nicht versteht oder es ihn gleichgültig läßt. Wahres Mitleid beinhaltet immer teilnehmendes Verständnis für das wirkliche und absehbare Leiden des anderen. Wer mitleidig lächelt, lächelt nicht aus Mitleid.

Damit sind die vier Hauptgründe gegen Schopenhauers These, daß das Mitleid das Fundament der Moral sei, wenn nicht widerlegt, so doch, wie ich hoffe, in ihrer Überzeugungskraft erheblich erschüttert worden. Die Richtigkeit seiner Annahme ist damit freilich noch nicht bewiesen, da es noch andere Einwände geben mag, die wir hier gar nicht in Betracht gezogen haben. Aber solange diese nicht formuliert und geprüft wurden, gibt es keinen guten Grund, Schopenhauers Versuch, die Moral auf das Mitleid zu gründen, nicht ernsthaft in Betracht zu ziehen.

Verantwortung

34. Pflicht und Verantwortung

In den vergangenen Kapiteln (14–33) habe ich versucht, die Ursachen und Rahmenbedingungen elementarethischer Erfahrungen zu erhellen. Ich habe beschrieben, *wie* meiner Meinung nach Menschen (und andere Lebewesen) von uns wahrgenommen werden müssen und *was* an ihnen wahrgenommen werden muß, damit ihr Leben, ihr Glück und Unglück etwas für uns bedeuten, damit es in unseren Augen einen eigenständigen Wert erhält. Was nun noch zu tun bleibt, ist erstens zu klären, wie wir *selbst* beschaffen sein müssen, um durch andere unbedingt verpflichtet werden zu können, und zweitens, wie weit diese Verpflichtung reicht, also *wozu* wir eigentlich verpflichtet sind, wenn wir es sind bzw. uns so erfahren. Dazu ist es nötig, einen Begriff ins Spiel zu bringen, der in diesem Buch bislang noch nicht thematisiert wurde, ohne den sich aber die unbedingte Verpflichtung, die wir angesichts eines anderen erfahren können, das elementare Sollen also, letztlich nicht angemessen verstehen und beschreiben läßt: Ich meine den Begriff der Verantwortung.

Pflicht und Verantwortung sind verwandte, aber nicht identische Begriffe, die freilich nicht immer streng auseinander gehalten werden. Ich schlage vor, beide wie folgt zu unterscheiden: Verpflichtet sind wir – in den oben (Kap. 7) ausgeführten Bedeutungen des Wortes –, etwas zu *tun* oder nicht zu tun, verantwortlich hingegen dafür, daß etwas *geschieht* oder nicht geschieht (oder auch: daß etwas geschehen ist oder nicht geschehen ist). Zwar reden wir auch davon, daß wir verantwortlich für unsere Handlungen sind, aber wir sind es doch nur insofern, als unsere Handlungen etwas bewirken, also das Geschehen beeinflussen können. Nur weil wir verantwortlich sind für die Dinge, sind wir auch verantwortlich für unsere eigenen Handlungen, soweit sie diese Dinge betreffen. Und umgekehrt können wir zwar auch deshalb verpflichtet sein, etwas zu tun oder nicht zu tun, weil unser Handeln bzw. Nichthandeln dies oder jenes bewirkt (etwa den Tod eines Menschen), aber wir können auch verpflichtet sein, etwas zu tun (oder nicht zu tun), *ganz egal*, welche Folgen daraus entstehen. Das heißt, Verantwortung impliziert zwar Verpflichtung, Verpflichtung jedoch nicht notwendig Verantwortung. So kann ich mich offenbar verpflichtet fühlen, nicht zu lügen, ohne einen Gedanken an die Folgen des Lügens oder Nichtlügens zu verschwenden; ich kann mich aber nicht verantwortlich fühlen für etwas, ohne mich zugleich verpflichtet zu fühlen, in bezug darauf in bestimmter Weise zu handeln, also zum Beispiel unter bestimmten Umständen zu lügen, wenn es nötig ist, um der Verantwortung gerecht zu werden, die ich für das Leben des sich bei mir vor seinen Häschern verbergenden Freundes habe (was nicht ausschließt, daß es andere Pflichten gibt, die wiederum mit *dieser* Verpflichtung kollidieren).[565]

Wenn nun Pflicht sich in erster Linie auf die eigenen Handlungen und erst in zweiter Linie, wenn überhaupt, auf deren Folgen bezieht, Verantwortung hingegen in erster Linie auf die Gegenstände und erst in zweiter Linie (aber durchaus notwendig) auf die Handlungen, die sich auf sie auswirken, und Verantwortung somit zwar Pflicht impliziert, nicht aber umgekehrt Pflicht Verantwortung, dann macht es unter Umständen einen großen praktischen Unterschied, ob ich mich verantwortlich fühle oder (nur) verpflichtet (jedoch nicht verantwortlich). Denn wenn ich nur Pflichten, aber keine Verantwortung kenne, dann werde ich vielleicht einen guten Grund haben, niemanden zu töten, aber möglicherweise keinen solchen Grund, einen Dritten daran zu hindern, daß *er* jemanden tötet. Natürlich könnte auch das meine Pflicht sein, aber der entscheidende Punkt ist, daß es eine andere, neue Pflicht wäre, die sich aus der ersten nicht ergibt. Ich kann also nicht aus der Tatsache, daß ich dazu verpflichtet bin, niemanden zu töten, schließen, daß ich auch verpflichtet sei, andere stets daran zu hindern, jemanden zu töten, so wie ich auch nicht daraus, daß ich hierzu verpflichtet bin (wenn ich es bin), auf eine Verpflichtung schließen kann, das Leben eines jeden Menschen auch vor Krankheiten oder Naturkatastrophen (und nicht nur vor anderen Menschen) zu schützen. Jede Pflicht besteht hier unabhängig von der anderen, und es liegt keinerlei Widerspruch darin, sich zu dem einen, aber nicht zu dem anderen verpflichtet zu fühlen, also etwa dazu, nicht zu töten, aber nicht dazu, keine Tötung zuzulassen. In einer solchen reinen Pflichtethik, die dem entspricht, was Max Weber seinerzeit absolute oder Gesinnungsethik nannte,[566] kann es also durchaus Gründe geben (obgleich dies sicher nicht notwendig ist), die, wie Thomas Nagel es formuliert, dagegen sprechen, daß „man selbst etwas tut – und nicht dagegen, daß es geschieht."[567] Was dies bedeutet, illustriert Nagel anhand des folgenden aufschlußreichen Beispiels (bei dessen Wiedergabe ich die eher phantasievollen Einzelheiten weglasse und mich auf den Kern beschränke): man nehme an, es sei notwendig, einem kleinen, in jeder Hinsicht unschuldigen Kind den Arm umzudrehen und ihm auf diese Weise große Schmerzen zuzufügen, um von einem Dritten wichtige Informationen zu erpressen, die zur Rettung mehrerer Menschen führen. Quält man das Kind nicht, wird man die Information (aller Voraussicht nach) nicht erhalten und die Menschen werden (aller Voraussicht nach) sterben. Die Frage lautet: Sollte man es tun oder nicht? Nagel selbst meint, daß unter der Voraussetzung der Existenz deontologischer Gründe (die von ihm akzeptiert zu werden scheint), also aus der Sicht einer reinen Pflichtenethik, die Antwort lautet müßte, daß man das Kind zwar auf keinen Fall selbst quälen sollte, aber wenn jemand anders es täte, um die lebenswichtigen Informationen zu erpressen, dann es doch geschehen lassen sollte. Denn es wäre, wie Nagel bemerkt, „nicht rational (...), auf den entsprechenden Vorteil zu verzichten, um einen anderen daran zu hindern, dem Kind den Arm umzudrehen." Nagel gibt vor, daß diese Antwort mit „unseren allgemeinen Intuitionen" übereinstimmt, was mich, wenn es zuträfe, sehr wundern würde, da mir selbst diese Antwort höchst merkwürdig erscheint, und zwar deshalb, weil sie einerseits auf die Logik einer reinen Pflichtenethik aufbaut, andererseits aber verantwortungsethische Aspekte hineinmengt, die diese Logik ad absurdum führen. Denn Nagel geht hier ja nicht nur davon aus, daß es Dinge gibt, die man unter keinen Umständen, komme, was da wolle, selbst *tun* darf (wie zum Beispiel ein kleines Kind foltern oder ihm mit Bedacht schwere Schmerzen zufügen), aber keine eigentliche Verpflichtung, andere davon *abzuhalten*, es zu tun (was aus der Sicht eines Verantwortungsethikers schon merkwürdig genug erscheint, aber der immanenten Logik einer reinen Pflichtenethik wenigstens nicht widerspricht). Vielmehr scheint er eine *weitere*, und letztlich nur aus der *Verantwortung* für das Leben der in Gefahr befindlichen Menschen erklärliche, Pflicht anzunehmen, nämlich die Pflicht, andere nicht daran zu hindern (sondern womöglich noch positiv darin zu unterstützen), die benötigte Information mit Gewalt zu erpressen, mit anderen Worten also eine Pflicht, genau das zu tun, was einem selbst zu tun die Pflicht verbietet. Nun gilt aber in aller Regel, daß, wenn wir uns verpflichtet fühlen, etwas zu tun oder nicht zu tun, wir auch andere hierzu verpflichtet glauben. Wenn ich es für meine Pflicht halte, niemanden zu töten, dann halte ich es eben für falsch, jemanden zu töten, und das bedeutet, daß ich es nicht

nur dann, wenn *ich* es tue, für falsch halte, sondern auch dann, wenn
ein *anderer* es tut, der sich in einer vergleichbaren Situation befindet.
Zwar ist es nicht ausgeschlossen, daß (ich davon überzeugt bin, daß)
nur ‚Leute wie ich‘ die betreffende Pflicht haben, nicht aber andere
(die zum Beispiel einer höheren oder niederen Kaste oder Gesellschaftsschicht angehören oder schlicht einer anderen Art von
Mensch), oder im Extremfall sogar, daß ich als einziger diese Pflicht
habe (weil ich von Gott oder wem auch immer auserwählt bin), aber
dies sind *Einschränkungen*, die sich einer bestimmten kulturspezifi-
schen oder idiosynkratischen Interpretation verdanken und nichts
daran ändern, daß das Gefühl der Pflicht zunächst ein allgemeines ist,
das sich auf die Handlung bezieht und so von sich aus zur Verall-
gemeinerung tendiert. Wenn ich mich also verpflichtet fühle, einem unschuldigen Kind unter keinen Umständen absichtlich große Schmerzen zuzufügen, dann werde ich in aller Regel auch andere verpflichtet
glauben, dies nicht zu tun. Daraus folgt zwar nicht, daß ich mich auch
verpflichtet fühlen müßte, andere unter allen Umständen daran zu
hindern, dies zu tun, aber doch zumindest, daß ich mir *wünsche*, alle
anderen mögen ebenso handeln wie ich es tue, und daß ich mich diesem Wunsch entsprechend bemühe, sie dahingehend zu beeinflussen,
daß sie sich meinem Standpunkt anschließen. Ich müßte schon in einer
ausgesprochen seltsamen psychischen Verfassung sein, um einerseits
mich moralisch verpflichtet zu fühlen, eine Handlung auf keinen Fall
auszuführen, andererseits es aber nicht abzulehnen, ja sogar zu begrüßen, wenn andere sich zu eben derselben Handlung entschließen.
Die (verantwortungsethische) Rationalität, die Nagel hier so unglücklich hineinmengt (es wäre „nicht rational, auf den betreffenden Vorteil
zu verzichten"), läßt die Berufung auf die Pflicht als bloße Heuchelei
erscheinen, so wie die Strategie der katholischen Inquisition, die von
ihr verurteilten und als irregeleitete Seelen bedauerten Ketzer anschließend zwecks Folter und Hinrichtung den weltlichen Mächten zu
übergeben. Ich will damit nicht sagen, daß es in jedem Fall falsch oder
unvertretbar wäre, in der beschriebenen Situation das Kind zu quälen,
sondern nur, daß, *wenn* man es für falsch (oder unvertretbar) hält, man
dies konsequenterweise auch bei anderen dafür halten und zu verhindern suchen sollte. Man kann nicht zugleich, mit Max Weber zu sprechen, (glaubhaft) Gesinnungsethiker und Verantwortungsethiker sein,
sondern man muß sich entscheiden für das eine oder das andere.
    Welche Entscheidung die *richtige* ist, läßt sich, nach allem, was bis-
lang gesagt wurde, nicht allgemeingültig klären, wohl aber, was eine

solche Entscheidung bedeutet und worauf wir uns jeweils einlassen, wenn wir uns entweder zur (reinen, absoluten) Pflicht oder zur Verantwortung bekennen. Zur weiteren Verdeutlichung der unterschiedlichen Implikationen empfiehlt sich erneut die Betrachtung eines Gedankenexperiments. Es stammt von Bernard Williams und wurde von ihm in einer seiner früheren Arbeiten erdacht, um die Utilitaristen in Verlegenheit zu bringen.[568] Das Gedankenexperiment, das ich meine, ist dem von Nagel nicht unähnlich. Die Situation, die Williams beschreibt, ist im Kern die folgende: ein Mann (Jim) wird vor die Wahl gestellt, entweder aus einer Gruppe von zwanzig Menschen einen auszuwählen und eigenhändig zu töten oder aber zusehen zu müssen, wie diese zwanzig von jemand anderem (Pedro) erschossen werden. Indem Jim also einen tötet, rettet er neunzehn das Leben. Wie sollte er sich entscheiden? Williams meint, daß der Utilitarist hier die Tötung befürworten müßte, während er selbst sich dagegen ausspricht, und zwar deshalb, weil, wie er meint, „jeder von uns besonders dafür verantwortlich ist, was *er* tut, und nicht so sehr dafür, was andere tun".[569] Ausdrücklich kritisiert Williams den „Begriff der negativen Verantwortlichkeit", worunter er die Auffassung versteht, daß man nicht nur für das eigene Tun, sondern auch für die (voraussehbaren, aber nicht beabsichtigten) Folgen des eigenen Tuns bzw. Nichttuns (denn in bezug auf die Folgen ist auch das Nichttun ein Tun) verantwortlich sei.[570] Da Jim, wenn er sich weigert, das Angebot wahrzunehmen, den Tod dieser zwanzig Menschen zwar möglicherweise mit *herbeiführt* (denn vielleicht hätte Pedro sie ja tatsächlich nicht getötet, wenn er den von ihm verlangten Mord begangen hätte), aber nicht eigentlich *verursacht* (da seine Entscheidung keinen Zwang auf Pedro ausübt, der immer noch selbst darüber entscheidet, ob er seine Gefangenen tötet oder eben nicht), ist Jim nach Auffassung von Williams nicht für deren Tod verantwortlich.[571] Nun ist hier zunächst einmal zu bemerken, daß, indem Williams das Vorhandensein einer von ihm so genannten negativen Verantwortlichkeit leugnet, er faktisch die Verantwortung selbst leugnet. Was er sagt, läuft auf die Behauptung hinaus, daß wir keine Verantwortung, sondern nur Pflichten haben, was Williams hier vielleicht auch nicht unlieb wäre (obwohl er ansonsten keine Affinität zu irgendeiner Form von Prinzipienethik erkennen läßt), weil er sich damit in größtmöglichen Gegensatz zur utilitaristischen Position, die heute zumeist als typische Vertreterin einer Verantwortungethik gilt, wähnen dürfte. Tatsächlich aber läßt sich der Utilitarismus in seiner gängigen Form (Mill mag hier eine Ausnahme sein) ohne Probleme ebenfalls als eine reine Pflichtenethik interpretieren. Als Utilitarist muß ich mich nämlich verpflichtet glauben, das zu tun, was insgesamt gesehen den größten Nutzen herbeiführt. Und wenn ich tue, wozu ich dergestalt verpflichtet bin, dann bin ich *nicht* verantwortlich für die Folgen meines Tuns, also etwa dafür, daß ein Mensch, den ich, um größeren Schaden zu vermeiden, um sein Leben bringe, dieses Leben verliert. Nicht ich bin dafür verantwortlich, sondern die Umstände sind es, die Unvollkommenheit der Welt oder was auch immer. Ob Jim sich darum den utilitaristischen Standpunkt zu eigen macht oder den von Williams dargelegten, spielt insofern keine Rolle, als er sich in beiden Fällen von der Verantwortung freisprechen darf, denn er hat nicht nur eine Entscheidung getroffen, sondern er weiß auch, daß er die *richtige* Entscheidung getroffen hat und ihm keinerlei Vorwurf zu machen ist. In beiden Fällen ergab sich ja das Dilemma, vor dem er zu stehen schien, lediglich aus einer Fehleinschätzung der eigenen Pflichten, weshalb es sich im Rückblick als Schimäre herausstellt. Die Entscheidung für die Pflicht unter Ausklammerung der Verantwortung erweist sich so als Rückzug, als Befreiungsschlag von der Last der Verantwortung für das eigene Handeln.[572] „Wenn die Folgen", schreibt zu Recht Weber, „einer aus reiner Gesinnung fließenden Handlung üble sind, so gilt ihm [dem reinen Gesinnungsethiker] nicht der Handelnde, sondern die Welt dafür verantwortlich, die Dummheit der anderen Menschen oder – der Wille Gottes, der sie so schuf. Der Verantwortungsethiker hingegen (…) fühlt sich nicht in der Lage, die Folgen eigenen Tuns, soweit er sie voraussehen konnte, auf andere abzuwälzen. Er wird sagen: diese Folgen werden meinem Tun zugerechnet."[573] Daher kann man zwar sowohl, ohne sich zu widersprechen, die Meinung vertreten, daß Jim nicht verpflichtet sei, auf das hinterhältige Angebot Pedros einzugehen, sondern im Gegenteil seine Pflicht gerade darin bestehe, das Angebot abzulehnen, als auch, daß (wenn man die utilitaristische Perspektive bevorzugt) er sehr wohl dazu verpflichtet sei. Man kann aber nicht, ohne den Begriff der Verantwortung seines spezifischen Sinnes zu berauben, mit Williams (und Lucas)[574] sagen, daß er nicht (zumindest teilweise) *verantwortlich* für den Tod von Pedros Gefangenen sei. Wenn ich sehe, wie jemand ertrinkt und ich ihn ohne Risiko für mich selbst oder Dritte retten könnte, es aber nicht tue, dann würde mir wohl kaum jemand zustimmen, wenn ich erklärte, daß ich nicht für den Tod dieses Menschen verantwortlich sei, da ich ihn ja nicht *verursacht* hätte. Auch die angenommene Handlungsfreiheit Pedros, die zwischen Jims Handeln oder Nichthandeln und dem Tod der gefangenen Indianer steht und so einen direkten Kausalzusammenhang verhindert – denn Jims Verweigerung *zwingt* Pedro ja keineswegs, die Gefangenen zu töten – befreit Jim nicht von der Verantwortung für die Folgen seines Handelns. Das täte es nur dann, wenn wir nur verantwortlich für strikt *notwendige* Handlungsfolgen wären, nicht aber für nur mögliche, selbst wenn diese wahrscheinlich sind. Aber das liefe praktisch darauf hinaus, daß wir nur noch für unsere Handlungen, kaum aber noch für deren Folgen verantwortlich wären (denn wenige Folgen unseres Handelns sind derart zwingend, daß man sich nicht vorstellen könnte, daß sie nicht auch nicht hätten eintreten können). Und selbst wenn man aus irgendeinem Grund behaupten wollte, daß wir zwar im allgemeinen durchaus verantwortlich seien auch für die (nur) möglichen Folgen unseres Handelns, nicht aber dann, wenn eine andere *Person* zwischen meinem Handeln und dem Ereignis steht (wir also nicht verantwortlich seien für das, was ein anderer Mensch tut), würde das doch die Verantwortlichkeit derart empfindlich beschränken, daß unser Verantwortungs*gefühl* sich dagegen empören müßte. Wenn wir jemanden nicht daran hinderten, ein Verbrechen zu begehen, obwohl wir es könnten, wären wir nicht verantwortlich, denn wir begingen ja kein Verbrechen. Wenn Pedro die zwanzig Indianer erschießen wollte und Jim könnte ihn daran hindern (indem er ihm zum Beispiel die Waffe abnähme) und täte es nicht, wäre er nicht verantwortlich für ihren Tod, denn es war ja Pedro, der sie tötete und nicht er. Selbst wenn wir jemanden dazu überreden würden, ein Verbrechen zu begehen, wenn wir seine Naivität oder auch seine Begierden zu diesem Zweck ausnutzen würden, wären wir in keiner Weise verantwortlich, denn der andere hätte ja nicht auf uns hören müssen, und wir haben ja das Verbrechen nicht selbst begangen. Das ist aber nicht das, was man sich gemeinhin unter Verantwortung vorstellt. Williams (oder sein Verteidiger) könnte sich jetzt noch einen Schritt weiter zurückziehen und sagen, daß entscheidend dafür, Jim von aller Verantwortung für den Tod der Zwanzig freizusprechen, weder sei, daß die bedauerlichen Folgen seines Nichthandelns keine Notwendigkeit hatten, noch daß es eine andere Person gab, deren Handeln letztlich das betrübliche Ereignis verursacht hat. Entscheidend sei vielmehr, daß Jim selbst einen Menschen hätte töten müssen, um den Tod der Gefangenen zu verhindern. Dies ist aber etwas, was er unter keinen Umständen tun sollte. Wenn er den Tod der Zwanzig nur um den Preis, selbst ein Mörder zu werden, verhindern kann, und es darum

nicht tut, ist er nicht verantwortlich für deren Tod. Aber wenn das
richtig wäre, dann wäre er dafür auch dann nicht verantwortlich, wenn
er statt einer Geisel Pedro erschießen müßte und es nicht tut. Er müßte sich sagen: lieber erschießt Pedro die Geiseln, als daß ich Pedro
erschieße. Erschießt er sie, ist er allein verantwortlich. Es dürfte Jim
(und Williams) allerdings schwer fallen, diese Sichtweise vor den An-
gehörigen der Opfer zu rechtfertigen. Freilich ist Pedro, anders als der
von Jim auszuwählende Indianer in dem von Williams konstruierten
Fall, nicht unschuldig, und vielleicht will man ja sagen, daß man nur
dann nicht verantwortlich für die Folgen seines Handelns sei, wenn
man, um sie zu verhindern, einen *unschuldigen* Menschen töten müßte. Aber auch mit diesem Zug wäre nicht viel gewonnen. Stellen wir
uns vor, Pedro wäre hypnotisiert oder aufgrund eines Unfalls zeitwei-
lig geistig verwirrt, so daß er ganz ohne eigene Schuld etwas täte, was
er, wäre er nur Herr seiner selbst, niemals tun würde: wenn Jim nun,
wissend, daß Pedro nichts dazu kann, es ablehnen würde, ihn zu töten, wäre er dann weniger verantwortlich für den Tod der Indianer,
den er hätte verhindern können, aber nicht verhindert hat, als wenn
Pedro den Mord aus freien Stücken begangen hätte? Ich vermag nicht
einzusehen, wieso das so sein sollte. Letztlich läuft die Argumentation
Williams' deshalb, wie bereits bemerkt, auf eine Leugnung der Verantwortung überhaupt hinaus. Was übrig bleibt, ist eine reine Pflichtenethik. Halten wir also fest: Gibt es Verantwortung, dann ist Jim
auch selbstverständlich für den Tod von Pedros Gefangenen mit verantwortlich, wenn sie faktisch nicht getötet worden wären, hätte er
getan, was von ihm verlangt wurde. Ja, ich meine, er ist sogar dann
schon dafür verantwortlich, wenn er *nicht ausschließen kann*, daß sie
nicht getötet worden wären, und das kann er nicht, selbst dann nicht,
wenn er Pedros Psyche gut genug kennt, um überzeugt davon zu sein,
daß Pedro seine Gefangenen ohnehin töten würde. Denn sobald er
sich weigert, das üble Spiel Pedros mitzuspielen, läßt sich nur noch
vermuten, aber nicht mehr mit letzter Sicherheit sagen, was geschehen
wäre, wenn er mitgespielt *hätte*. Aus der Tatsache, daß Jim somit,
indem er sich dem Ansinnen Pedros verweigert, mitverantwortlich für
deren Tod ist, folgt allerdings *nicht*, daß er verpflichtet gewesen wäre,
anders zu handeln, in dem Sinne, daß er klarerweise hätte anders handeln sollen. Aus der Tatsache, daß ich für etwas verantwortlich bin,
läßt sich zwar (a priori) folgern, daß ich im Licht dieser Verantwortung auch verpflichtet bin, *etwas* zu tun, nicht aber ohne weiteres,
was. Das liegt daran, daß meine Handlungen sich in der Welt nicht

nur auf eine Sache auswirken, sondern unter Umständen auf eine ganze Reihe von Sachen bzw. Personen, und ich für *all* diese Wirkungen verantwortlich bin. So ist, in Williams Fallbeispiel, Jim ja nicht nur, wenn er sich dem Ansinnen Pedros verweigert, für den eventuellen Tod der zwanzig Gefangenen verantwortlich, sondern auch, wenn er es nicht tut, für den Tod des einen, den er bereit war, für das Leben der anderen zu opfern. Und wenn ich, in der von Nagel beschriebenen Situation, dem Kind nicht den Arm umdrehe, bin ich, wenn ich aufgrund dessen die Information nicht erlange, die nötig gewesen wäre, um die gefährdeten Menschen zu retten, genauso für *deren* Tod verantwortlich, wie ich, wenn ich es doch tue (oder zulasse), für die Schmerzen und die Angst und die möglicherweise dauerhafte seelische Schädigung *des Kindes* verantwortlich bin. Während meine Verantwortung für die Menschen, die, nach allem, was ich weiß, sterben werden, wenn ich ihnen nicht helfe, mich dazu verpflichtet, alles zu tun, was ich kann, um sie zu retten, verpflichtet mich meine Verantwortung für das Kind dazu, ihm keinen Schaden zuzufügen. Und ich kann nicht, indem ich die Situation gleichsam objektiv zu betrachten versuche, sagen, welche Pflicht für sich genommen die höhere oder verbindlichere ist. Freilich kann ich versuchen, beiden Verpflichtungen gerecht zu werden, indem ich einen Weg finde, wie ich sowohl das Leben der Betroffenen retten kann als auch das Kind nicht zu quälen brauche. Vielleicht finde ich einen solchen Weg, aber vielleicht eben auch nicht. Es ist immer *möglich*, daß ich keinen Ausweg aus dem Dilemma finde, daß jede Handlung, die ich in dieser Situation ausführen kann, mit sich bringt, daß ich eine aus meiner Verantwortung für das Geschehen erwachsende Pflicht verletze. Dennoch muß ich handeln, und ich muß, egal wie ich handle, mein Handeln verantworten, das heißt, ich kann mich, wenn man mich später zur Rede stellt, nicht dadurch aus der Verantwortung herausreden, daß ich etwa sage, daß mir die Situation, so wie sie nun einmal war, keine andere Wahl ließ, daß ich verpflichtet war, so zu handeln und nicht anders, und es somit gar nicht von meiner persönlichen Entscheidung abhing, wie ich handelte. Ich tue dann so, als sei ich gar nicht das Subjekt meiner eigenen Handlungen gewesen, als sei das eigentliche Agens das Sittengesetz selbst, dem ich mich gleichsam nur als Werkzeug zur Verfügung gestellt hätte. Aber so ist es nicht. *Ich* habe entschieden; die Verantwortung kommt mir faktisch zu, und ich nehme sie an und verantworte mein Handeln, indem ich anerkenne, daß meine Entscheidung ganz und gar die meine war, daß ich tat, was ich tat, weil es mir unter den gegeben Umständen nötig oder am besten schien, aber ohne daß ich sicher sein könnte, tatsächlich *das* Richtige getan zu haben. Verantwortung zu übernehmen heißt einzugestehen, daß es Verantwortung gibt, und das wiederum bedeutet, das Sicherheitsnetz zu verschmähen, das uns eine Ethik bietet, die uns klipp und klar sagt, was unsere Pflicht sei und was nicht, und statt dessen zu riskieren, schmerzlich zu fallen, wenn man den Sprung zur Entscheidung wagt. Das Kind kann Rechenschaft von mir fordern dafür, daß ich es quälte, und die auf meine Hilfe Angewiesenen dafür, daß ich sie im Stich ließ. Ich kann versuchen zu erklären, warum ich tat, was ich tat, aber ich werde niemals erklären können, warum es getan werden *mußte*, denn es mußte ja gar nicht getan werden: Ich hätte immer auch anders handeln können, und vielleicht würde ich es auch tun, wenn ich ein zweites Mal in eine solche Situation geriete. Nur weil ich mein Handeln nicht objektiv zu begründen vermag, trage ich die Verantwortung für das, was aus ihm folgt. Könnte ich meine Handlungsweise rational herleiten (für jeden nachvollziehbar und zwingend), hätte sie irgendeine Form von einsehbarer Notwendigkeit, würde nicht ich die Verantwortung tragen, sondern das Prinzip, nach dem ich mich richte.[575] Darum beinhaltet das Eingeständnis von Verantwortung (das zugleich deren Übernahme ist) stets Unsicherheit und Wagnis. Der Unsicherheit entgeht nur, wem es gelingt, sich entweder ganz von dem Bewußtsein, überhaupt zu irgendetwas verpflichtet zu sein, zu befreien, oder aber sich Pflichten zuzulegen, die nicht aus der Verantwortung entspringen. Aber gibt es solche Pflichten überhaupt? Wie kann ich, wenn ich darüber nachdenke, ernsthaft davon überzeugt sein, zu einer bestimmen Handlungsweise verpflichtet zu sein, ohne mich in irgendeiner Weise für die Gegenstände und Personen verantwortlich zu fühlen, auf die ich handelnd einwirke oder einwirken könnte? Sind es denn nicht diese, die mich zu allererst in die Pflicht nehmen? Wenn ich mich etwa verpflichtet fühle, nicht zu lügen, dann doch wohl deshalb, weil es mir irgendwie falsch erscheint, einen anderen *Menschen* zu belügen. Wenn ich glaube, daß man nicht töten solle, dann doch wohl deshalb, weil es mir verwerflich erscheint, *jemanden* zu töten, weil mir das Leben eines Menschen (oder auch eines Tieres) als so wertvoll erscheint, daß seine Vernichtung nur aus schwerwiegenden Gründen (wenn überhaupt) zu rechtfertigen ist. Nehmen wir an, ich würde nicht glauben, daß das Leben eines anderen Menschen irgendeinen inhärenten Wert besitzt, das heißt, ich würde es nicht als wertvoll empfinden (es hätte also *für mich* keinen inhärenten Wert) – warum um alles in der Welt sollte ich mich dann verpflichtet glauben, dieses Leben nicht anzutasten? Wie kann ich gleichzeitig glauben, daß es mich nichts angeht, was mit der Welt *geschieht*, sehr wohl aber, wie ich mich ihr gegenüber *verhalte*? Wenn es tatsächlich jemanden gibt, der felsenfest daran glaubt, daß er zwar Pflichten habe, aber keine Verantwortung (was ich mir nur schwer vorstellen kann), dann ist er so etwas wie ein moralischer Autist, einer, der zwischen sich und der Welt eine hohe Mauer errichtet hat und der rein mechanisch etwas wiederholt, was längst seinen Sinn verloren hat. Jede echte, empfundene Verpflichtung, jedes elementare Sollen, wurzelt in dem Bewußtsein, verantwortlich zu sein für das, was geschieht. Ich kann wohl zeitweise vergessen, daß es diese Wurzel gibt, und mich dazu überreden, daß die Pflicht ihrer nicht bedarf, weil das in mancher Hinsicht so bequemer ist, ich kann sie vielleicht sogar ganz abschneiden, aber wenn ich das tue, ist das, was mir bleibt, gewissermaßen kein lebendiger Baum mehr, sondern nur noch totes Holz. Darum ist es irreführend, Gesinnungs- und Verantwortungsethik als zwar rivalisierende, aber prinzipiell gleichrangige Konzeptionen anzusehen. Die Gesinnungsethik ist in Wahrheit nur eine Schwundform der Verantwortungsethik, weniger deren feindliche Schwester als vielmehr deren mißratene Tochter.

35. Bedingungen der Verantwortlichkeit

Betrachten wir nun genauer, wer wann (das heißt unter welchen Voraussetzungen) für was und wem gegenüber verantwortlich ist. Nehmen wir dazu an, ein Ziegel fällt vom Dach eines Hauses, an dem ich zufällig vorbeigehe, und verletzt mich am Kopf. Nun frage ich, wer dafür verantwortlich ist. Ich könnte sagen: der Ziegel, denn er ist zweifellos die unmittelbare Ursache meiner Verletzung. Oder ich könnte, in der Kette der Ursachen weiter zurückgehend, sagen: der Sturm, der letzte Woche gewütet und die Ziegel des Daches gelockert hat, denn ohne diesen Sturm wäre der Ziegel, der mich getroffen hat, niemals herunter gefallen. Aber das wäre er auch nicht, wenn der Besitzer des Hauses nach dem Sturm einen Dachdecker hinauf geschickt hätte, um eventuell entstandene Schäden zu beseitigen. Er tat es nicht, und der Ziegel fiel herunter und verletzte mich. Nun sage ich, als der vernünftige und zivilisierte Mensch, der ich bin: nicht der Sturm und nicht der Ziegel und nicht eine der zahllosen anderen Ursachen, deren Zusammenspiel letztlich meine Verletzung bewirkt hat, sondern der Hausbesitzer allein ist es, der meine Kopfverletzung zu verantworten hat, und das obwohl er *positiv* ja gar nichts dazu beigetragen hat, daß der Ziegel herabfiel. Trotzdem kann ich sagen, daß er dieses Ereignis mit verursacht hat, so wie ich beispielsweise auch sagen könnte, daß das Ausbleiben des Regens, also gerade die Tatsache, daß es *nicht* geregnet hat, die Ursache für das Verdorren des Getreides war. Aber warum weise ich gerade dem Hausbesitzer die Verantwortung zu und nicht dem Sturm oder dem Ziegel oder irgendeiner anderen Teil- oder Miturache? Nun, sicher doch (so lautet die übliche Erklärung), weil ich annehme, daß der Hausbesitzer, nicht aber der Ziegel oder der Sturm (und auch nicht die Katze, die vielleicht darauf trat), *anders hätte handeln können*, als er es faktisch getan hat, nämlich so, daß das Unglück nicht geschehen wäre. Ich setze also bei ihm Handlungsfreiheit, das heißt das Vorhandensein alternativer Handlungsmöglichkeiten, voraus, und halte mich aufgrund dessen für berechtigt, ihm die Verantwortung zuzuweisen. So trenne ich scharf zwischen einer bloß *kausalen* (und moralisch gleichgültigen) Verantwortung oder Quasiverantwortung[576], die auch Tiere und selbst leblose Gegenstände haben können, und einer eigentlichen, *personalen* (und allein moralisch relevanten) Verantwortung, die auf eine mehr oder weniger freie Entscheidung eines Handlungssubjekts zurückgeht.[577] Entsprechend werde ich auch, wenn sich etwa herausstellen sollte, daß der Hausbesitzer, weil er sich zufällig gerade im Ausland aufhielt, überhaupt nichts davon *wußte*, daß es einen Sturm gegeben hat, oder er aus anderen Gründen keine Möglichkeit hatte, die eventuell entstandenen Schäden am Dach des Hauses beseitigen zu lassen, nicht mehr sagen, daß er für das, was geschehen ist, *moralisch* verantwortlich sei. Das schließt selbstverständlich nicht aus, daß er *rechtlich* verantwortlich ist und das heißt von mir *haftbar* gemacht werden kann, auch ohne den Nachweis (oder auch nur die Annahme) einer persönlichen Schuld. Haftbar ist er dann nicht aufgrund einer angenommenen oder tatsächlichen moralischen Verfehlung, sondern allein nach dem Verursacherprinzip, nach dem zu verfahren den Gesetzgeber kein Verfassungsartikel hindert. Rechtliche Verantwortlichkeit impliziert somit keine moralische Verantwortlichkeit (wie auch umgekehrt moralische Verantwortlichkeit nicht notwendig rechtliche Verantwortlichkeit).

Um den Hausbesitzer (oder irgend jemand anderen) für meine Kopfverletzung moralisch verantwortlich machen zu können, müssen also (nach dem gewöhnlichen Verständnis) mindestens zwei Bedingungen gegeben sein: erstens muß er durch sein Handeln oder Nicht-handeln das Ereignis mitverursacht haben und zweitens muß er in der Lage gewesen sein, daß Eintreten des Ereignisses zu verhindern. Aber das allein reicht offenbar noch nicht hin, um in dem genannten Fall gerade *ihm* die Verantwortung zuzuweisen. Eine dritte Bedingung muß hinzukommen, da es viele andere Menschen gibt, auf welche die ersten beiden Bedingungen zutreffen. Auch die Nachbarn oder die Hausbewohner (und selbst ich) hätten schließlich auf das Dach des Hauses klettern, nach dem Rechten sehen und das Unglück verhindern können. Warum sind wir (oder halten wir uns) dann nicht genauso dafür verantwortlich? Weil es, so meinen wir, nicht unsere *Aufgabe* war, dafür zu sorgen, daß von einem Haus, das uns nicht gehört, keine Gefahr für Vorübergehende ausgeht. Das war vielmehr die Aufgabe des Hausbesitzers. Wenn wir ihm also hier die Verantwortung für das, was geschehen bzw. nicht geschehen ist, zusprechen, dann deshalb, weil ihm schon vorher die Verantwortung für das, was in einem bestimmten Bereich (möglicherweise) geschieht, zukam. Mit anderen Worten hängt die Zuerkennung retrospektiver Verantwortung von der vorherigen Zuordnung prospektiver Verantwortung ab.[578] Allerdings gilt die Einschränkung der moralischen Verantwortlichkeit für bestimmte Ereignisse (hier: auf den Besitzer des Hauses, allgemein: auf eine Person oder eine Gruppe von Personen, der die Aufgabe zugesprochen wird, das Eintreffen dieser Ereignisse zu verhindern) weder hier noch in irgendeinem anderen Fall *unbedingt*. Niemand, der die Möglichkeit gehabt hätte, das Eintreffen des Ereignisses zu verhindern, kann, nur weil *eigentlich* jemand anderem diese Aufgabe zugekommen wäre, von vornherein und ein für allemal, ohne nähere Betrachtung der konkreten Situation, von der diesbezüglichen Verantwortung freigesprochen werden. Die moralische Verantwortlichkeit kann ge- und verteilt werden, aber nur unter Vorbehalt, denn die Verantwortung für das Eintreten des Ereignisses trägt eine Person nur dann *nicht*, wenn sie keinen Anlaß zu der Annahme hat, daß derjenige, dem die Verantwortung primär obliegt, diese, aus welchen Gründen auch immer, nicht wahrnehmen wird. Wenn einer im Nebenhaus wohnt und mitbekommt, daß sich die Ziegel gelockert haben (oder er den Sturm miterlebt hat und solches vermuten kann), wenn er die Gefahr erkennt (oder doch aufgrund des ihm zur Verfügung stehenden Wissens erkennen könnte) und wenn er darüber hinaus auch noch weiß oder guten Grund hat anzunehmen, daß der Hausbesitzer nichts unternehmen wird, dann kann er zwar immer noch *sagen*, daß ihn das nichts angeht, weil es nicht seine Aufgabe sei, sich um solche Dinge zu kümmern, aber tatsächlich geht es ihn jetzt doch etwas an, und es ist, ob er will oder nicht, seine Aufgabe *geworden*, sich darum zu kümmern. (Genauso kommt es in unserer Gesellschaft primär den Eltern zu, sich um ihre Kinder zu kümmern und für ihre Gesundheit und ihr Wohlbefinden zu sorgen. Wenn die Eltern jedoch ihre Aufgabe vernachlässigen, indem sie zum Beispiel ihre Kinder prügeln oder tagelang allein lassen, dann kann niemand, der davon weiß oder es nur argwöhnt, ganz egal in welchem Verhältnis er zu den Kindern steht, sich darauf berufen, es sei nicht seine Aufgabe, sich um das Wohlbefinden dieser Kinder zu kümmern, und sich so selbst von der Verantwortung für sie freisprechen. Was wir wissen und was wir sehen und hören, *macht* uns verantwortlich.) Wenn ich durch den herabfallenden Ziegel verletzt werde und dieser Nachbar mir erzählt, er habe „schon geahnt, daß so etwas passieren würde“, und ich ihn dann frage, warum er es dann nicht zu verhindern versucht hat, dann werde ich mich nicht mit der Antwort zufrieden geben, das sei ja nicht seine Sache gewesen. Es hätte eben seine Sache sein *sollen*, das heißt, ich akzeptiere es nicht, daß einer, der die Verletzungen, die ich erlitten habe, hätte verhindern können, es dennoch, und zwar ohne Not, das heißt ohne einen Grund, den *ich* als ausreichend erachten könnte, nicht tat.

Zusammenfassend läßt sich also sagen, daß wir genau dann für etwas, das geschieht, moralisch verantwortlich zu sein scheinen, wenn wir es a) mitverursacht haben (entweder positiv oder negativ, das heißt durch Nichthandeln), es b) hätten verhindern können und es c) niemand anderen gab, von dem wir guten Grund hatten anzunehmen, daß *er* es verhindert. Ich denke, dies dürfte in etwa dem entsprechen, was heute üblicherweise als zugleich notwendige und hinreichende Bedingungen von Verantwortlichkeit verstanden wird. Offensichtlich sind damit unserer Verantwortung klare und relativ enge Grenzen gezogen, denn verantwortlich für ein Geschehen sind wir diesem Verständnis nach ja nur dann, wenn alle drei Voraussetzungen erfüllt sind. Trifft hingegen auch nur eine der drei nicht zu, sind wir von aller Verantwortung frei. Wir sind also *nicht* verantwortlich, wenn wir es nicht mitverursacht haben *oder* wenn wir es zwar mitverursacht haben, aber nicht hätten verhindern können (das Umgekehrte ist, wenn man unter Verursachung auch negative Verursachung versteht, nicht möglich) *oder* schließlich, wenn wir es zwar sowohl mitverursacht haben als auch hätten verhindern können, wir jedoch keinen Grund hatten daran zu zweifeln, daß jemand anders schon dafür sorgen würde, daß es nicht geschieht.

Nun meine ich, daß, obwohl dies alles zunächst plausibel klingen mag, es doch keineswegs zwingend ist, die Zuschreibung von Verantwortung derartigen Beschränkungen zu unterwerfen. Das heißt, man kann, wie ich im folgenden darlegen will, durchaus sinnvoll davon reden, daß man auch dann für etwas verantwortlich ist und sich (insofern zurecht) dafür verantwortlich fühlt, wenn keine der drei genannten Voraussetzungen erfüllt ist, also auch dann, wenn es 1) jemanden gab, von dem wir mit guten Gründen überzeugt waren, er würde das in Frage stehende Ereignis verhindern, und auch, wenn wir 2) es (aus Mangel an Handlungsmacht oder handlungsrelevantem Wissen) gar nicht hätten verhindern können, und selbst dann, wenn wir 3) es nicht einmal mitverursacht haben. Gewöhnlich wird ein derartige Entschränkung der Verantwortung heute als überholt abgetan, als glücklich überwundenes Stadium in der langen Geschichte des Verantwortungsverständnisses. Dieser Auffassung zugrunde liegt ein fragwürdiges moralpsychologisches Entwicklungsmodell, das der Psychologe Fritz Heider in seinen Untersuchungen zur *Psychologie der interpersonalen Beziehungen* (1958) ausgeführt hat. Danach sind fünf aufeinander folgende Entwicklungsstufen des Verantwortungsverständnisses zu unterscheiden. Auf der (sowohl der individuellen als auch der gesellschaftlichen Entwicklung nach) frühesten Stufe werde eine Person „für jede Wirkung verantwortlich gemacht (...), die irgendwie mit ihr verbunden ist oder irgendwie zu ihr zu gehören scheint." So könne, schreibt Heider, „eine Person z. B. wegen der angeblich schlechten Taten ihrer Kirche oder ihres Landes sogar noch Jahrhunderte später beschuldigt" werden.[579] Auf der zweiten Stufe gelte ein Mensch für alles verantwortlich, was er selbst verursacht habe. Auf der dritten mache man ihn verantwortlich für alles, was er vorausgesehen haben könnte, auf der vierten nur noch für das, was er beabsichtigt hat. Die fünfte Stufe schließlich werde erreicht, wenn die Person für gar nichts mehr verantwortlich gemacht werde, weil jede Handlung als umweltbedingt gedacht werde, insofern nämlich das, was eine Person tut, nunmehr als *notwendige* Folge ihres (selbst wieder ganz und gar umweltbedingten Charakters) und den besonderen Umständen der Situation erscheint.[580] Ob dieser Befund unter entwicklungspsychologischen Gesichtspunkten haltbar ist, muß hier nicht erörtert werden, denn selbst wenn es so wäre, würde daraus doch nicht folgen, daß jede *spätere* Entwicklungsstufe auch tatsächlich, wie es Heiders Darstellung und Wortwahl nahelegt, als eine „höhere" zu betrachten ist. Denn obwohl Heider selbst nicht deutlich macht, was genau er mit „höher" meint, legt das Wort doch eine Abwertung der früheren zugunsten der späteren Stufen nahe, deren Berechtigung aber nirgendwo aufgezeigt wird. Zwar läßt sich nicht übersehen, daß die Bereitschaft, Handlungsfolgen zu verantworten, abnimmt, je „höher" die erreichte Entwicklungsstufe ist, aber warum dies objektiv besser oder der Sache angemessener sein sollte, ist auch hieraus nicht ersichtlich. Vermutlich erscheint dies als so selbstverständlich, daß es keiner weiteren Erläuterung bedarf. Daran hat sich bis heute wenig geändert. Wenn etwa Kurt Bayertz die Abkehr von der bloßen Kausalitätsverantwortung zu einem „bedeutsamen Schritt in der Moralentwicklung" erklärt,[581] dann übernimmt er umstandslos die normativen Implikationen des Heiderschen Entwicklungsmodells. „Wird die innere Verfassung des Handlungssubjekts in die Betrachtung einbezogen, so kann sich ein Verantwortungskonzept ausbilden, für das kausale Urheberschaft zwar eine notwendige, nicht aber eine hinreichende Bedingung der Verantwortung ist." Warum dies ein Fortschritt ist (und nicht vielmehr nur ein alternatives „Interpretationskonstrukt")[582], vermag allerdings auch Bayertz nicht zu erklären, schon deshalb, weil er überhaupt nicht auf die Idee kommt, daß es keiner sein könnte. Zwar läßt er durchblicken, daß es *ungerecht* sei, jemanden für etwas verantwortlich zu machen, was er zwar verursacht, aber nicht eigentlich gewollt habe, aber damit ist ja für die Begründung nichts gewonnen, da damit nur eine weitere, nicht weniger begründungsbedürftige Behauptung aufgestellt wurde, die schon voraussetzt, was doch noch zu zeigen wäre, nämlich, daß man gerechterweise niemanden für die bloße Verursachung eines Ereignisses verantwortlich machen sollte. Genauso gut könnte man aber sagen, daß es gerecht sei, wenn jeder für das gerade stehen müsse, was er getan (und anderen angetan) habe, ganz egal, ob er es gewollt oder nicht gewollt hat. Dem Begriff der Gerechtigkeit widerstreitet diese Auffassung genauso wenig wie dem Begriff der Verantwortung. Darum kann auch Bayertz' beiläufige Abkanzelung der Ethik Albert Schweitzers[583], auch wenn deren Mißachtung in der akademischen Philosophie Tradition hat, nicht ohne weiteres überzeugen. „Wenig Sinn" habe es, meint Bayertz, mit Schweitzer anzunehmen, daß wir an den Geschöpfen, die wir durch unser Leben zu vernichten gezwungen sind, schuldig werden. Aber was heißt hier: es hat wenig Sinn? Ist damit gemeint, daß man *sinnvollerweise* nur dann davon sprechen könne, daß jemand dafür verantwortlich sei, was geschieht, wenn er auch die Freiheit hat, es zu verhindern, so ist die Behauptung, da sicher kein Ausdruck einer begrifflichen Wahrheit, begründungsbedürftig. Ist damit hingegen gemeint, daß es recht unpraktisch wäre, den Verantwortungsbegriff derart weit zu fassen, so ist zu fragen, was denn Praktikabilität, die oft nur ein beschönigender Ausdruck für Bequemlichkeit ist, mit Moral zu tun habe? Freilich, eine Moral, die in *dem* Sinne unpraktikabel wäre, daß sie von uns schlechterdings Unmögliches zu tun verlangte, hätte tatsächlich wenig Sinn. Aber Verantwortung für die Folgen unseres Handelns auch dann zu haben, wenn dieses unvermeidbar ist, besagt, wie oben bereits dargelegt, nicht, daß wir auch verpflichtet wären, diese Folgen in jedem Fall und um jeden Preis zu vermeiden. Dies war natürlich auch nicht die Ansicht Schweitzers. Aus der von ihm tatsächlich als „erschreckend unbegrenzt"[584] gedachten Verantwortung für alles Leben soll vielmehr eine zwar bewußt vage, aber doch in ihrer Ausrichtung klare und durchaus lebbare Verpflichtung hervorgehen, nämlich die, alles Leben, *soweit es einem persönlich möglich erscheint*, zu schützen und zu fördern.[585] Das Ansinnen, dann doch gleich die Verantwortung auf das Maß des Möglichen zurechtzustutzen und so die Moral „gebrauchsfertig" zu machen, lehnt Schweitzer mit Recht ab. Die Verantwortung hat ihren Grund in den Dingen, die von unserem Handeln betroffen sind und die wir als intrinsisch wertvoll, als um ihrer selbst willen bewahrenswert erfahren, und das ist für Schweitzer alles Lebendige. Von daher erwächst der Maßstab des Ethischen: es ist immer schlecht, Leben zu vernichten und zu schädigen, und es ist nicht einzusehen, warum es plötzlich weniger schlecht sein sollte, nur weil wir es nicht immer vermeiden können. Schweitzer betont, wie überaus wichtig es ist, an diesem absoluten Maßstab festzuhalten, denn gerade die aus der Notwendigkeit, anderes Leben zu vernichten und zu schädigen, hervorgehende Unmöglichkeit, unserer Verantwortung ganz gerecht zu werden, die damit verbundene „Unruhe einer niemals und nirgends aufhörenden Verantwortlichkeit"[586], bewahrt uns vor der Selbstzufriedenheit, dem Pharisäertum der reinen Gesinnungsethik, und verhindert so, daß wir als moralische Subjekte abdanken und uns ganz aus der Verantwortung für das, was in der Welt geschieht, herausmoralisieren. „Immer von neuem und in immer originaler Weise setzt die absolute Ethik der Ehrfurcht vor dem Leben sich im Menschen mit der Wirklichkeit auseinander. Sie tut die Konflikte nicht für ihn ab, sondern zwingt ihn, sich in jedem Falle selber zu entscheiden, inwieweit er ethisch bleiben

kann und inwieweit er sich der Notwendigkeit von Vernichtung und
Schädigung von Leben unterwerfen und damit Schuld auf sich nehmen muß."[587] Was möglich ist und was nicht, kann und muß jeder für
sich selbst entscheiden, in jedem einzelnen Fall aufs neue, ohne den
bequemen Rückhalt eindeutiger Handlungsanweisungen. Die Unbegrenztheit der Verantwortung nötigt uns zur steten Selbstprüfung und
-kritik, zur Prüfung der Situation und zur Frage, was dabei auf dem
Spiel steht. Sie nötigt uns zu fragen, ob das, was wir glauben tun zu
müssen, wirklich getan werden muß, ob es, angesichts der Folgen für
andere, wirklich wert ist getan zu werden. Und nicht zuletzt nötigt
uns die Unbegrenztheit der Verantwortung dazu, mit unserer eigenen
Person für unsere Handlungen einzustehen. „Nur subjektive Entscheide kann der Mensch in den ethischen Konflikten treffen. Niemand kann für ihn bestimmen, wo jedesmal die äußerste Grenze der
Möglichkeit des Verharrens in der Erhaltung und Förderung von Leben liegt. Er allein hat es zu beurteilen, indem er sich dabei von der
aufs höchste gesteigerten Verantwortung gegen das andere Leben leiten läßt. (...) Das gute Gewissen ist eine Erfindung des Teufels."[588] Es
ist offensichtlich der verbreitete Wunsch nach einem solchen guten
Gewissen, der die Moralphilosophen heute dazu verleitet, das Vorhandensein einer negativen Verantwortlichkeit entweder ganz zu leugnen
oder diese wenigstens in engen Grenzen halten zu wollen. Typisch ist
die Argumentation von Lucas[589], daß die Annahme unbegrenzter negativer Verantwortlichkeit eine unerträgliche Last auf unsere Schultern lade, weil wir uns dann ständig schuldig fühlen müßten. Egal, was
man tue, es gebe immer noch mehr zu tun. Deshalb müsse die Annahme negativer Verantwortlichkeit falsch sein. Es wäre zwar viel besser (in welcher Hinsicht?), gesteht Lucas zu, wenn wir uns weniger
um uns selbst als um andere kümmerten, wenn wir Geld und Zeit
opfern würden, um unseren weniger glücklichen Mitmenschen beizustehen, aber eine moralische Verpflichtung hierzu bestehe nicht. Nach
dieser überaus vernünftigen Doktrin befinden wir uns also in der er-
freulichen Lage, uns die Hilfe, die wir anderen zuteil werden lassen,
als besonderen Gnadenakt hoch anrechnen zu können, uns aber auch
keinen Vorwurf machen und gefallen lassen zu müssen, wenn wir diese Hilfe verweigern. Egal, was wir tun, haben wir immer schon genug
getan (und zuweilen eben sogar mehr als genug). Wir befinden uns
also immer auf der sicheren Seite, und von Verantwortung kann ernsthaft keine Rede mehr sein. Die negative Verantwortung ist das eigentliche Herz der Verantwortung. Man kann sie nicht entfernen, ohne

die Verantwortung selbst zu opfern. Darum hält Schweitzer auch ganz zu Recht unbeirrt an ihr fest: „Keiner von uns darf ein Weh, für das die Verantwortung nicht zu tragen ist, geschehen lassen, soweit er es nur verhindern kann. Keiner darf sich dabei beruhigen, daß er sich damit in Sachen mischen würde, die ihn nichts angehen. Keiner darf die Augen schließen und das Leiden, dessen Anblick er sich erspart, als nicht geschehen ansehen. Keiner mache sich die Last seiner Verantwortung leicht".⁵⁹⁰

36. Freiheit, Wille und Verursachung

Ich habe bislang dargelegt, daß die verbreitete Annahme, wir könnten sinnvollerweise nur dann für die Folgen unserer Handlungen moralisch verantwortlich gemacht werden, wenn diese beabsichtigt (oder wenigstens voraussehbar) und vermeidbar waren, unbegründet ist. Es bleibt jedoch noch zu zeigen, daß ein solchermaßen verengter und sich eben darum fortschrittlich dünkender Verantwortungsbegriff tatsächlich auch unangemessen ist, insofern er nämlich unser intuitives Verständnis von Verantwortung verfehlt. Daß wir auch dann für etwas verantwortlich gemacht werden können (und in bestimmten Fällen eben auch tatsächlich werden), wenn wir nicht anders hätten handeln können, als wir es taten, wir also faktisch gar nicht frei waren, das fragliche Ereignis zu verhindern,⁵⁹¹ haben bereits Peter Strawson (1962), Harry G. Frankfurt (1969, 1971) und in jüngster Zeit Fisher und Ravizza (1998) gezeigt. Frankfurt (1969) stellte die folgende Überlegung an: angenommen, jemand wolle, daß ich in bestimmter Weise handle (und damit ein Verbrechen begehe), und sei entschlossen und auch ohne weiteres dazu in der Lage, mich dazu zu zwingen (zum Beispiel durch eine wirksame Drohung, durch Hypnose, eine Droge oder gar die Fernsteuerung meines Gehirns). Die Situation ist also so, daß ich, egal ob ich die betreffende Handlung ausführen wollte oder nicht, sie in jedem Fall ausführen müßte. Nun gibt es zwei Möglichkeiten: entweder ich würde diese Handlung nicht ausführen, wenn man mich nicht dazu zwänge (also zwingt man mich), oder ich würde sie auch dann ausführen, wenn man mich nicht zwänge (also zwingt man mich nicht, weil es nicht nötig ist). In beiden Fällen bin ich nicht frei, anders zu handeln als genau so, wie man es von mir erwartet. Dennoch, so würde man denken, wäre ich in dem einen Fall, wenn ich nämlich gegen meinen ursprünglichen Willen gezwungen würde, so zu handeln, nicht dafür verantwortlich, während ich sehr wohl dafür verantwortlich wäre, wenn ich von mir selbst aus das täte, wozu man mich ansonsten zwingen würde. Obwohl ich also faktisch nicht frei bin, anders zu handeln (obwohl das resultierende Ereignis aus meiner Sicht unvermeidbar ist), bin ich doch für mein Handeln verantwortlich. Es scheint also, als sei Handlungsfreiheit keine notwendige Voraussetzung für Verantwortlichkeit. Aber wie steht es mit der Willensfreiheit? Kann man auch dann noch sagen, daß ich verantwortlich bin für das, was ich tue, wenn der Determinismus wahr ist und ich nicht nur nicht anders *handeln* könnte, sondern nicht einmal anders *wollen*, weil mein Wille ganz und gar von Ursachen abhängt, die ich selber gar nicht unter Kontrolle habe (meine genetische Veranlagung, Erziehung oder was auch immer) und die mich buchstäblich zwingen, so zu wollen, wie ich es tue? Auch hier meint Frankfurt, daß die Verantwortung, die ich für mein Handeln trage, hierdurch nicht beeinträchtigt werde: „It is not true that a person is morally responsible for what he has done only if his will was free when he did it. He may be morally responsible for having done it even though his will was not free at all."[592] Tatsächlich ist es schwer, dem Begriff eines solchermaßen freien Willens überhaupt einen Sinn abzugewinnen. Wir müßten uns dann vorstellen können, daß es ein und derselben Person unter ein und denselben Umständen genauso möglich wäre, etwas zu wollen wie es nicht zu wollen. Freiheit des Willens besäße ich dann, wenn es mir ganz frei stünde, heute abend in die Oper gehen zu *wollen* oder lieber zu einem Pferderennen, eine Gemeinheit begehen zu *wollen* oder lieber eine Wohltat. Ich müßte also gegen alle sich mir bietenden Handlungsmöglichkeiten indifferent sein, denn wäre ich es nicht, wäre ich in meinem Wollen schon nicht mehr frei. Wenn ich aber nichts *mehr* will als etwas anderes bzw. eben nichts will, wie kann ich dann jemals entscheiden, was ich will? Würde ich nicht immer schon einen bestimmten Willen in mir vorfinden, wäre er mir nicht gegeben, dann gäbe es gar kein, zumindest kein individuelles Ich. Ich bin ich, das heißt eine ganz bestimmte Person, allein deshalb, weil ich nicht frei bin, Beliebiges zu wollen. Das, was ich will, macht mich ja zu dem, was ich bin. Wäre ich frei, alles zu wollen, wäre ich nichts und könnte gar nicht wollen. Die Art von Willensfreiheit, die durch die deterministische Hypothese bedroht zu werden scheint, ist folglich in sich widersprüchlich und kann schon deshalb nicht als Grundlage von Verantwortlichkeit angenommen werden. Freilich kennen wir sehr wohl eine Unfreiheit des Willens, welche die Verantwortlichkeit des Handelnden unterminiert, aber *diese* Art der Unfreiheit hat, wie Strawson (1962) betont, nichts mit dem radikalen Determinismus zu tun. Wir unterscheiden auch dann noch unbeeindruckt zwischen freiwilligen und unfreiwilligen Handlungen, wenn wir davon überzeugt sind, daß alles, einschließlich des individuellen Willens, einen zureichenden Grund hat, es also in *diesem* Sinne keine Freiwilligkeit gibt. Auch der Determinismus kann den Unterschied nicht verwischen zwischen Willensregungen, die im Rahmen des dem Menschen Möglichen frei sind, und solchen, die es nicht sind, weil sie diesen Rahmen nicht ausschöpfen. Strawson meint, daß wir den Willen eines Menschen dann für frei hielten, wenn er eine „bewußte Handlungskontrolle" beinhalte (was nicht mit Handlungsfreiheit zu verwechseln ist), während ein Wille, der eine solche bewußte Handlungskontrolle nicht enthalte (oder nicht zu enthalten scheine), sich uns als (im Verhältnis dazu) unfrei darstellt. Unfreiwillig in diesem Sinne seien beispielsweise die Handlungen eines kleinen Kindes oder auch die eines Zwangsneurotikers, und so auch jede Handlung, die sich fehlendem Wissen verdankt oder in ihren Konsequenzen nicht beabsichtigt war. Wer in diesem Sinne unfreiwillig handle, sei nicht (oder in stark vermindertem Maße) verantwortlich für seine Tat. Verantwortlichkeit setzt demnach also weder Handlungsfreiheit noch Willensfreiheit (im strengen und damit in sich widersprüchlichen Sinne) voraus, sondern lediglich Handlungskontrolle.[593] Anzeichen für das Vorhandensein von Handlungskontrolle sind Wirklichkeitsbezug, eine gewisse Flexibilität im Verhalten, eine Anpassung des eigenen Handelns an die Situation, die in ihrer Komplexität und ihren unterschiedlichen Anforderungen erkannt und anerkannt wird, und schließlich die Fähigkeit, sein Handeln zu begründen und sich durch Gründe von seinem Handeln abbringen zu lassen. Fehlen solche Anzeichen, wird man keine Handlungskontrolle unterstellen wollen. Dem stimme ich zu, ebenso wie der These, daß einem Menschen, der in *dieser* Weise keine Kontrolle über seinen Handlungen hat, auch keine Verantwortung für diese zukommt (und zwar ganz einfach deshalb, weil ihm generell die Verantwortungs*fähigkeit* abgeht; dazu später mehr). Mangelnde Handlungskontrolle kann aber auch heißen, daß ein Mensch, obwohl ansonsten durchaus verantwortungsfähig, in diesem besonderen Fall außerstande ist, die Kontrolle auszuüben, zum Beispiel, wenn ein Richter einen Angeklagten aufgrund gefälschter, aber von ihm selbst für unanfechtbar gehaltener Beweise auf den elektrischen Stuhl schickt, oder wenn ich jemandem einen leichten Schlag versetze und er daraufhin so unglücklich stürzt, daß er zu Tode kommt. In beiden Fällen würde die Handlungskontrolle fehlen und, wenn Strawson, Fisher und Ravizza recht hätten, damit auch die Verantwortlichkeit. Der geschickt getäuschte Richter wäre nicht für den Tod des von ihm zum Tode Verurteilten verantwortlich und ich nicht für den Tod des von mir Geschlagenen. Diese Ansicht halte ich jedoch für keineswegs zwingend.

Nehmen wir folgende Situation an: Ein Mann A wirft einen Stein und trifft einen anderen B am Kopf. Ist er dafür verantwortlich? Gewöhnlich würde man sagen, daß dies ganz von den Umständen und damit der Art[594] der Handlung abhängt. Folgende alternative Beschreibungen der Handlung sind denkbar:

1) A *wollte* B treffen, als er den Stein warf.

2) A wollte es nicht, *sah* aber die Möglichkeit *voraus* und nahm sie bewußt in Kauf (weil er zum Beispiel C treffen wollte, der sich zufällig in der unmittelbaren Nähe von B befand).

3) A wollte es nicht, unternahm aber auch keine Anstrengungen, um es zu verhindern (er warf den Stein aufs Geratewohl und ohne darauf zu achten, wo er landen würde). Er sah es nicht voraus, hätte es aber voraussehen können.

4) A wollte weder B treffen noch nahm er es bewußt in Kauf noch hätte er diese Möglichkeit voraussehen können (er warf den Stein, nachdem er sich zuvor versichert hatte, daß „die Bahn frei" war und für niemanden eine Gefahr bestand. Er konnte, nach menschlichem Ermessen, nicht ahnen, daß plötzlich, unmittelbar nach seinem Wurf, B hinter einem Baum hervortreten würde, so daß der Stein ihn traf.).[595]

Üblicherweise wird angenommen, daß es für die Frage der Verantwortung einen großen Unterschied macht, welches dieser Szenarien zutrifft. Die philosophische Fachliteratur läßt wie der Alltagsverstand eine deutliche Tendenz erkennen, A mehr Verantwortung für die Folgen seiner Tat zuzusprechen, wenn diese beabsichtigt waren (wie im ersten Fall), als wenn sie nur (wie im zweiten) vorausgesehen wurden, und mehr Verantwortung, wenn sie tatsächlich vorausgesehen wurden, als wenn sie nur (wie im dritten Fall) vorausgesehen hätten werden können. Schließlich scheint man es allgemein für selbstverständlich zu halten, daß A *überhaupt keine* Verantwortung trifft, wenn er die Folgen (wie im vierten Fall)·nicht einmal hätte voraussehen können. „Niemand", schreibt Kurt Bayertz, „kann für Handlungsfolgen verantwortlich gemacht werden, die nicht voraussehbar und vermeidbar waren."[596] Doch was heißt: man kann ihn nicht dafür verantwortlich machen? Offenbar, daß er keine Schuld trägt an dem, was geschah, daß man ihm vernünftigerweise keinen Vorwurf daraus machen kann, daß man es ihm nicht zur Last legen und ihn nicht zur Rechenschaft ziehen darf. Aber noch einmal: *warum* darf man das nicht? Warum sollte ich nicht das Verursacherprinzip anwenden und sagen, daß A schuldig, verantwortlich, rechenschaftspflichtig ist, weil er den Stein geworfen hat, der B verletzt hat?[597] Wer ist denn sonst verantwortlich für B's Verletzung, wenn nicht A? Niemand, wird man sagen, es war ein Unglücksfall. Aber doch ein Unglück, was nicht geschehen wäre, wenn A den Stein nicht geworfen hätte. Betrachten wir einen anderen, analogen Fall. Ich fahre mit dem Auto eine Straße entlang, halte mich an die vorgeschriebene Geschwindigkeit, bin ausgeruht und schaue aufmerksam nach vorne. Plötzlich läuft zwischen zwei parkenden Autos ein Kind auf die Straße direkt vor meinen Wagen. Ich trete sofort auf die Bremse, doch es ist zu spät. Das Kind prallt mit voller Wucht gegen die Kühlerhaube und stirbt. Weder habe ich dies beabsichtigt noch vorausgesehen, noch hätte ich es voraussehen können. Von Handlungskontrolle kann keine Rede sein. Niemand wird demnach sagen können, daß mich irgendeine Schuld an dem Unfall und dem nachfolgenden Tod des Kindes trifft. Ich kann also, nach Bayertz, „nicht verantwortlich gemacht werden" und, dies einsehend, mache auch ich selbst mich nicht dafür verantwortlich. Es wird mir natürlich leid tun, daß das Kind gestorben ist, so wie es auch jedem anderen, der den Unfall zufällig gesehen hat oder davon gehört hat, leid tun wird. Aber da ich weiß, daß ich absolut nichts dafür kann, werde ich mich nicht lange unnötig darüber grämen. Ich werde meine Pflicht tun, bezeugen, was geschehen ist, den Eltern des Kindes, wenn sie mir im Laufe der unvermeidlichen Prozeduren, die mit dem Todesfall zu tun haben, begegnen sollten, mein Beileid aussprechen und dann meiner Wege gehen, wie ich es auch dann würde, wenn ich den Tod des Kindes nicht verursacht, sondern lediglich beobachtet hätte. Nun wird man mir, wenn ich ein solches Verhalten an den Tag lege, vielleicht tatsächlich keinen Vorwurf daraus machen, daß ich die unfreiwillige Ursache des Todes jenes Kindes war – obwohl auch das nicht ganz ausgeschlossen ist, denn mußte ich schließlich unbedingt Auto fahren? –, aber man wird mir sicherlich vorwerfen, daß ich mich offensichtlich in keiner Weise für seinen Tod verantwortlich fühle. Es macht eben doch einen Unterschied, ob ich den Unfall nur beobachtet habe oder ob ich am Steuer des Wagens gesessen habe, der das Kind tötete,[598] und es ist moralisch verächtlich, wenn ich diesen Unterschied weder affektiv noch praktisch anerkenne, indem ich etwa mit den Eltern des Kindes über den Unfall rede, indem ich mich bei ihnen nach dem Kind erkundige, nach seinem Namen und danach, wie es war, dieses Kind; indem ich mir Bilder von ihm zeigen lasse und, soweit ich es vermag bzw. es die Eltern zulassen, ihnen helfe, mit der Situation fertig zu werden; indem ich mich entschuldige, um Verzeihung bitte für den Verlust ihres Kindes. Dieser Akt der Entschuldigung, der die Anerkennung einer Schuld voraussetzt, eines In-der-Schuld-Stehens, ist, so geringfügig er erscheinen mag, vielen Opfern solcher unbeabsichtigter (ebenso wie beabsichtigter oder voraussehbarer) Schädigungen ungeheuer wichtig.[599] Patienten, die wegen eines ärztlichen Kunstfehlers oder irgendeines unglücklichen Umstandes in Folge eines medizinischen Eingriffs einen dauerhaften Schaden davontragen, beklagen oft, daß der behandelnde Arzt sich nicht einmal bei ihnen entschuldigt habe. Eine Patientin, die einen einfachen Beinbruch erlitt und seit der Behandlung ihr Bein nicht mehr bewegen kann, schreibt: „Keine Erklärung des Arztes, der mich einst operierte. Erst recht keine Entschuldigung. Mir fehlt ein Satz in meinem Leben".[600] Dieser Satz erfolgt in den meisten Fällen nicht, geschweige denn ein Bemühen um jede Hilfe, die man nur zu geben in der Lage ist. Der Grund ist oft die Furcht vor juristischen Konsequenzen, die ein vermeintliches Anerkennen der persönlichen Schuld zur Folge haben könnte. „Vor Monaten erklärte die Versicherung des Krankenhauses, sie sehe keine Schuld in meinem Fall. Wo keine Schuld ist, ist auch kein Fehler. Ein medizinisches Gutachten der Landesärztekammer kam zu dem Schluß, es liege ‚ein schicksalshafter Geschehensablauf‘ vor. Ein Haftungsanspruch könne nicht begründet werden".[601] Der entscheidende Punkt, das Ziel der Argumentation, ist offensichtlich der letzte Satz. Worauf es ankommt, ist die Haftbarkeit für Schäden und den daraus abzuleitenden Anspruch auf finanzielle Entschädigung möglichst gering zu halten. Dabei geht es vielen Opfern gar nicht in erster Linie um Entschädigung, sondern tatsächlich um Erklärung und Entschuldigung, darum, daß jemand einsteht für seine Handlungen und deren Konsequenzen, auch wenn diese unbeabsichtigt und so nicht voraussehbar waren.[602] Der entstandene Schaden (sei es ein funkionsuntüchtiges Bein oder ein verlorenes Kind) ist ohnehin nicht wieder gutzumachen. Der Verlust von etwas Unersetzbarem kann durch nichts kompensiert werden.

Daß wir uns trotzdem oft so schwer damit tun, Verantwortung für etwas zu übernehmen, was wir zwar faktisch verursacht, aber nicht vorausgesehen und erst recht nicht gewollt haben, hat vermutlich drei Gründe. Erstens würde das Eingeständnis einer solchen Kausalverantwortung sehr viel von uns verlangen (und umso mehr, als sich niemals genau sagen ließe, was, so daß die Verantwortung nicht in einer erkennbar begrenzten Zeit abgearbeitet werden kann), zweitens würde der Umfang unserer Verantwortung allein vom Zufall bestimmt (der eine hat Glück und es läuft ihm kein Kind vor das Auto, während der andere dieses Glück nicht hat), so daß wir einen erheblichen Kontrollverlust in Kauf nehmen müßten, und drittens schließlich neigen wir dazu, die *Zuschreibung* von Verantwortlichkeit mit deren *Bewertung* zu verwechseln.[603] Ich kann aber durchaus verantwortlich für die Folgen eines Unfalls sein, an dem ich beteiligt war, auch wenn ich diesen nicht im engeren Sinne des Wortes verschuldet habe, ohne deshalb doch *tadelnswürdig* sein zu müssen. Ich bin, anders als ich es wäre, wenn ich das Kind absichtlich überfahren hätte, nicht hassenswert, auch nicht verächtlich, wie ich es vielleicht wäre, wenn ich grob fahrlässig gehandelt hätte (indem ich etwa mit 80 Stundenkilometern durch eine verkehrsberuhigte Zone fuhr). Ich habe keine moralischen Vorwürfe verdient, hätte doch das, was mir passiert ist, jedem anderen genauso passieren können. Aber leider *ist* es nicht irgendeinem anderen passiert, sondern mir. Das Kind ist tot, und ich fuhr den Wagen, der es tötete. Der Umstand, daß ich nichts wirklich falsch gemacht habe, hilft weder dem Kind noch seinen Eltern, und ich muß die nicht mehr zu ändernde Tatsache seines Todes verantworten.

Aus dem gleichen Grund nun kann ich auch verantwortlich für ein Geschehen sein, was ich zwar im Prinzip hätte verhindern können, aber nicht verhindert habe, weil ich keinen Grund hatte daran zu zweifeln, daß jemand anders als ich es schon verhindern würde. Wenn sich herausstellt, daß meine Nachbarn jahrelang ihr Kind mißhandelt haben, sie es aber bislang so gut kaschieren konnten, daß ich nicht das Geringste davon geahnt habe, dann muß ich die Verantwortung für das Leid und die Verletzungen des Kindes mittragen. Denn ich kann nun, da ich es weiß, nicht umhin mich zu fragen, ob ich es nicht hätte ahnen können und müssen. Es ist mir entgangen, aber es hätte mir eben nicht entgehen dürfen, und es wäre mir vielleicht auch nicht entgangen, so daß ich etwas dagegen hätte unternehmen können, wenn ich nur aufmerksamer gewesen wäre. Schließlich kann ich sogar für etwas Verantwortung tragen, das ich weder selbst verursacht noch zugelassen habe, etwas, das ich beim besten Willen nicht hätte verhindern können, und für das ich mich nur deshalb zu verantworten habe,

weil ich mit den Verursachern assoziiert werde bzw. mich mit ihnen
assoziiere (Heiders erste Stufe der Verantwortung). Auf einer Diskussion zum Thema Verantwortung vor einigen Jahren wurde es von
allen Teilnehmern einmütig für absurd gehalten, sie könnten Verantwortung tragen für das, was ihre Eltern und Großeltern zwischen
1933 und 1945 angerichtet hatten. Natürlich ist es nicht sinnvoll, uns
hierfür zu *tadeln*, aber man kann durchaus davon sprechen, daß wir
hier etwas zu verantworten haben, und zwar in besonderer Weise, weil
wir die Kinder jener Menschen sind. Wir tragen keine persönliche
Schuld, aber das entbindet uns nicht von der Verantwortung gegenüber den Opfern, nicht davon, ihnen zu helfen, so gut wir können,
und im Rahmen des Möglichen Wiedergutmachung zu leisten. Denn
wir sind die Kinder, wir sind Deutsche, und nicht zuletzt sind wir
Menschen, wie die Täter von damals.[604]

37. Verantwortung als Fähigkeit und Bereitschaft zur Antwort

Ich bin verantwortlich für das, was geschieht, auch wenn ich nur zugelassen habe, daß es geschieht (negative Verantwortung). Ich bin ferner dafür verantwortlich, auch wenn es mir faktisch gar nicht möglich
gewesen wäre zu verhindern, daß es geschieht (Verantwortung trotz
fehlender alternativer Handlungsmöglichkeiten). Und schließlich bin
ich selbst dann dafür verantwortlich, wenn ich durch mein Handeln
mittelbar oder unmittelbar verursacht habe, daß es geschieht, aber
ganz sicher nicht gewollt habe, daß es geschieht, und sicher alles versucht hätte, um es zu verhindern, wenn ich nur gewußt oder geahnt
hätte, daß es, wenn ich so und nicht anders handle, geschehen würde
(reine Kausalverantwortung).[605] Daß unbelebte Objekte und sogar
Tiere nicht verantwortlich sind für das, was geschieht, selbst wenn sie
entscheidend dazu beitragen, liegt somit nicht etwa daran, daß ihnen
die Freiheit fehlt, anders zu handeln (oder vielmehr: zu wirken), als
sie es tun, auch nicht daran, daß sie nicht über Handlungskontrolle
im Sinne von Strawson verfügen, sondern vielmehr daran, daß sie
prinzipiell nicht in der Lage sind, Fragen einer bestimmten Art zu
verstehen und eine Antwort darauf zu geben, Fragen wie: „Warum
hast du (bzw. haben die deinen) das getan bzw. zugelassen?", „Warum
tust du mir das an?", „Warum stehst Du mir nicht bei?", und Fragen
wie: „Warum mußtest du Auto fahren, hättest du nicht den Bus nehmen
können?", „Warum warfst du einen Stein?", „Warum hast du dich auf

die Beweise verlassen, die dir vorgelegt wurden?", „Warum hast du sie geschlagen (und so ihren Tod verursacht)?" Ein Ding oder Wesen, das Fragen dieser Art nicht versteht, trägt keine Verantwortung und kann auch nicht zur Verantwortung gezogen werden.[606] Verstehen heißt dabei auch, den normativen Gehalt solcher Fragen zu erkennen und anzuerkennen. Denn wer so fragt, verlangt nicht nach einer bloßen Erklärung des Geschehens, sondern nach seiner *Rechtfertigung*, nicht nach seiner Ursache, sondern nach seinem (für den Fragenden akzeptablen) *Grund*. Wer auf die Frage „Warum tust mir das an?" entgegnet: „Weil es mir Spaß macht" oder „Weil es mir Vorteile bringt" und ernsthaft glaubt, damit die Frage beantwortet zu haben, hat sie nicht verstanden, denn der Sinn der Frage war ja gerade: „Wie kannst du mir so etwas antun, *nur* weil es dir Spaß macht oder weil es dir Vorteile bringt? Wenn das tatsächlich der einzige Grund für dein Handeln ist, dann hättest du eben nicht so handeln dürfen." In der Frage impliziert ist bereits, daß Spaß und Vorteil *keine* ausreichenden Gründe dafür sind, einem anderen so etwas (was auch immer es ist) anzutun. Daher versteht die Frage nicht, wer tatsächlich davon überzeugt ist, daß derartige Gründe vollauf genügen, um den Schaden, der anderen aus dem eigenen Handeln entsteht, zu rechtfertigen. Einen solchen Menschen für sein Handeln verantwortlich zu machen, hätte dann so wenig Sinn, wie ein bösartiges Tier verantwortlich zu machen für den Schaden, den es verursacht hat. Das einzige, was man in beiden Fällen tun kann (und um der eigenen und allgemeinen Sicherheit willen tun sollte), ist die Gefahrenquelle nach Möglichkeit auszuschalten, das heißt, dafür zu sorgen, daß Mensch und Tier keinen Schaden mehr anrichten. Verantwortlich kann nur jemand sein und gemacht werden, der prinzipiell bereit ist zuzugeben, daß andere ein Recht haben, von ihm eine Antwort auf solche Fragen zu erhalten, der diese anderen als wirklich erfährt und dem es nicht gleichgültig ist, was mit ihnen geschieht. Verantwortung für ein Geschehen zu *übernehmen*, heißt sich solchen Fragen von Betroffenen zu stellen, ihnen nicht auszuweichen, und die Konsequenzen der eigenen Beteiligung an dem, was geschehen ist, mitzutragen. Es heißt jedoch nicht notwendig zuzugeben, daß man keine guten Gründe für sein Handeln hatte, daß man anders hätte handeln können oder sollen. Es heißt nicht notwendig, eine persönliche Schuld einzugestehen (im Sinne eines tadelnswürdigen Verhaltens), aber es heißt anzuerkennen, daß man, willentlich oder unwillentlich, bewußt oder unbewußt, dazu beigetragen hat, etwas zu verletzen oder gar zu zerstören, was nicht verletzt oder zerstört hätte werden sollen, was also mit anderen Worten einen inhärenten Wert besitzt. („Warum hast du das getan?", fragen die Eltern den Autofahrer, der ihr Kind überfuhr. „Aber ich *habe* es nicht getan", wird der Autofahrer sagen, „es ist mir *passiert*." – „Mag sein, aber es hätte dir eben nicht passieren *dürfen*!" wird ihm entgegnet, und er stimmt zu.)

Verantwortung zu übernehmen, heißt das Recht des anderen auf eine Rechtfertigung meines Verhaltens, soweit es ihn betrifft, anzuerkennen. Diese Anerkennung beinhaltet, daß ich mich, wenn sich ein Verhalten nach reiflicher Überlegung nicht rechtfertigen läßt, nach Möglichkeit anders verhalte, oder, wenn dies aus welchen Gründen auch immer nicht möglich sein sollte, daß ich wenigstens mein Bestes tue, um den aus meinem Verhalten entstehenden Schaden für den anderen so erträglich zu halten, wie es die Umstände erlauben. Verantwortung beweise ich also unter anderem dadurch, daß ich mich stets bemühe, nichts zu tun, was ich vor denen, die davon betroffen sind, nicht rechtfertigen könnte. Die Übernahme von Verantwortung bedeutet den Verzicht auf das Nicht-zu-Rechtfertigende. Und dieser Verzicht, diese Selbstbeschränkung des eigenen Handelns, ist begründet nicht in irgendeinem abstrakten Gebot, sondern in dem anderen selbst, begründet durch die Art und Weise, wie er mir begegnet und wie ich ihn erlebe, als wirklich oder nicht wirklich, einzigartig oder als einer von vielen, unersetzbar oder ersetzbar, inhärent oder nur instrumentell wertvoll. Nicht weil ich mich sonst vor dem anderen rechtfertigen müßte, bemühe ich mich also darum, ihm nicht zu schaden, sondern ich fühle mich verpflichtet, mein Verhalten vor ihm zu rechtfertigen, weil er mir bereits mit dem (von mir als berechtigt empfundenen Anspruch) entgegentritt, ihm nach Möglichkeit nicht zu schaden. Die Selbstbeschränkung meines Handelns ist ein Antworten auf den anderen, auf den Anspruch, den er an mich stellt und den ich vernehme. Schon die Aufmerksamkeit, die ich seinen Belangen widme, ist ein solches Antworten, ein Antworten allerdings weniger auf eine Frage als auf einen Appell: Nimm mich wichtig! Laß mich und mein Schicksal dir nicht gleichgültig sein! „Das Antworten", bemerkt ganz zurecht Bernhard Waldenfels, „beginnt nicht mit dem Reden über etwas, es beginnt überhaupt nicht mit dem Reden, sondern mit dem Hinsehen und Hinhören, das eine eigene Form der Unausweichlichkeit hat."[607] Dieses Hinsehen- und Hinhören-Können, die Empfänglichkeit für die Wirklichkeit des anderen, ist es, was den Menschen vor bloßen Dingen und auch vor Tieren auszeichnet, was ihn

verantwortlich sein läßt und diese nicht: „Der Mensch ist ein Lebewesen, das Antworten gibt".[608] Martin Buber hat das Wesen der Verantwortung ganz ähnlich aus der konkreten Erfahrung des anderen
heraus verstanden, als erwachsend aus der Erfahrung eines elementaren Sollens im Angesicht des anderen. Wir antworten, weil wir ange-
sprochen werden, und zwar derart, daß wir unmöglich nicht antworten können. Es geschieht uns ein Wort, „das eine Antwort heischt".[609]
„Der Begriff der Verantwortung ist aus dem Gebiet der Sonderethik,
eines frei in der Luft schwebenden ‚Sollens', in das des gelebten Lebens zurückzuholen. Echte Verantwortung gibt es nur, wo es wirkliches Antworten gibt. Antworten worauf? Auf das, was einem widerfährt, was man zu sehen, zu hören, zu spüren bekommt".[610] „Dem
Augenblick antworten wir, aber wir antworten zugleich für ihn, wir
verantworten ihn. Ein neuerschaffenes Weltkonkretum ist uns in die
Arme gelegt worden; wir verantworten es. Ein Hund hat dich angesehen, du verantwortest seinen Blick, ein Kind hat deine Hand ergriffen, du verantwortest seine Berührung, eine Menschenschar regt sich
um dich, du verantwortest ihre Not".[611] So wie für Albert Schweitzer
ist es auch für Buber das Lebendige, das uns, durch seine Berührung,
durch seinen Blick, durch sein bloßes Dasein, zur Antwort auffordert,
das uns in die Verantwortung ruft.[612] Hans Jonas, der diese Auffassung teilt,[613] erläutert, warum dies so ist. Das Lebendige ist charakterisiert durch seine Verletzlichkeit und durch die ständig drohende Gefahr seiner Vernichtung. Nur bedingt vermag es sich selbst zu schützen: Es ist sich nicht selbst genug und bleibt angewiesen auf das Glück
der Umstände und (von Geburt an) auf die Unterstützung anderer.
Andere verfügen über die Macht, besagtes Leben zu erhalten oder es
der Vernichtung anheim fallen zu lassen. Aus dieser Konstellation –
hier die unhintergehbare Verletzlichkeit des lebendigen Seins, dort die
Macht zu verletzen oder nicht zu verletzen – erwächst die Verantwortung. Wer die Macht hat, ist verantwortlich für das, worüber er Macht
hat. Das Verantwortungsverhältnis ist also nicht reziprok, das heißt,
verantwortlich für einen anderen bin ich nicht, insofern er mir gleich
ist, sondern insofern er von mir abhängig ist. Natürlich kann auch ich
wiederum von ihm abhängig und er damit für mich verantwortlich
sein, aber das ist ein *neues*, zusätzliches Verhältnis, das keine Notwendigkeit besitzt. Prototypische Verantwortungsverhältnisse sind darum
das Verhältnis der Eltern zu ihrem Kind und das Verhältnis der gegenwärtig lebenden Menschen zu zukünftigen Generationen,[614] aber
auch das Verhältnis des Menschen zu seiner nicht-menschlichen Um-

welt, soweit diese lebendig ist, denn was nicht verletzt werden kann, wie ein Stein, kann nicht unmittelbar Gegenstand der Verantwortung sein, wohl aber ein Tier, obgleich es selbst keine Verantwortung zu tragen vermag. Daß das Tier *unmittelbar* Gegenstand der Verantwortung sein kann, soll hier heißen, daß es zugleich der Adressat der Verantwortung ist, also diejenige Instanz, *vor* (oder gegenüber) der ich verantwortlich bin. Ich bin nicht der Ansicht, daß wir, wie zuweilen behauptet wird,[615] nur vor oder gegenüber anderen Menschen, nicht jedoch vor oder gegenüber der nichtmenschlichen Natur Verantwortung haben könnten. Auch ein Tier, dem ich Leid zufüge oder dessen Leid ich geschehen lasse, ohne ihm beizustehen, kann mich allein durch seinen Blick mit der stummen Frage nach der Berechtigung meines Handelns konfrontieren. Sein Blick, ja mitunter sein bloßes Dasein, läßt mich innehalten, fordert mich auf, meinem Handeln an ihm eine Grenze sein zu lassen und ruft mich so in die Verantwortung. Es gibt von der Sache her keinen Grund, die Verantwortung auf den Menschen oder alle vernünftigen Wesen zu beschränken.

Es ist üblich, Verantwortung als mehrstellige (mindestens dreistellige) Relation zu beschreiben: jemand verantwortet etwas (meist eine Handlung) vor jemandem, das heißt, ein „Subjekt" ist verantwortlich *für* einen „Gegenstand" *vor* einer „Instanz".[616] Hans Lenk[617] fügt sogar noch drei Beziehungsglieder hinzu: *Jemand* ist *für* etwas *gegenüber* einem Adressaten *vor* einer urteilenden und/oder sanktionierenden Instanz *in bezug auf* ein normatives Kriterium *im Rahmen eines* Handlungsbereichs verantwortlich. Deutlich ist hier das Bemühen um ein Schema, mit dessen Hilfe sich die bisweilen komplexen Vernetzungen gesellschaftlicher Verantwortung möglichst detailliert erfassen läßt. Ich will nicht bestreiten, daß eine solche Differenzierung oft sehr nützlich ist; jedoch scheint mir, daß die moralische Grundstruktur von Verantwortung sehr viel einfacher ist, da hier Gegenstand (das Für der Verantwortung), Adressat (das Gegenüber) und Instanz (das Vor) zusammenfallen, ein normatives Kriterium nicht existiert bzw. dieses sich erst aus der Begegnung mit der Sache von selbst ergibt, und schließlich der Handlungsrahmen keinen besonderen Beschränkungen unterliegt. Mit anderen Worten sind ursprüngliche, elementarethische Verantwortungsverhältnisse als *zweistellige* Relationen zu beschreiben. Letztlich kann ich nur für etwas gegenüber jemandem (oder vor ihm) verantwortlich sein, wenn ich zuvor *für* ihn verantwortlich bin. Und nur weil ich für ihn verantwortlich bin, bin ich auch vor ihm verantwortlich. Ich bin also für den anderen vor ihm (und ihm gegenüber) verantwortlich. Verantwortlich *für* etwas bin ich, insofern es verletzbar ist (und ich die Macht habe, es zu verletzen). Verantwortlich *vor* etwas bin ich, insofern es mich anzusprechen vermag (und ich grundsätzlich fähig bin, ihm zu antworten).[618] *Unmittelbar* verantwortlich bin ich für alles, vor dem ich verantwortlich bin, *mittelbar* verantwortlich darüber hinaus auch für alles, was diejenigen, vor denen ich verantwortlich bin, betrifft. So kann ich natürlich für mein Handeln verantwortlich sein, aber nur weil ich für das, was geschieht, verantwortlich bin. Für das Geschehen wiederum bin ich aber doch nur verantwortlich, weil und insofern es *dem anderen* geschieht, das heißt, weil ich letzten Endes für ihn verantwortlich bin. Wäre ich es nicht, gäbe es keinen Grund, warum mich das, was (nicht mir) geschieht, kümmern sollte.

Schluß

38. Noch einmal: Swifts *Bescheidener Vorschlag*

Der Schluß ist Aporie und Appell. Die Philosophie kann Moral beschreiben und in ihren Grundlagen zu verstehen suchen, aber, als Philosophie, nicht vorschreiben, wie wir uns zu verhalten und welche Entscheidungen wir zu treffen haben. Die Moral ist eine Zumutung ohne stichhaltige Begründung. Moralische Fragen gehören somit zu der Art von Fragen, die Heinz von Foerster zurecht als prinzipiell unentscheidbar klassifizierte, Fragen, die uns nichts anderes übrig lassen, als sie selbst zu entscheiden und für diese Entscheidung die Verantwortung zu tragen.[619] Solchen Entscheidungen ist es eigentümlich, daß wir, indem wir sie treffen, nicht nur darüber entscheiden, was wir tun, sondern auch darüber, was wir sind, also was für eine Art von Mensch respektive was für eine Art von Gesellschaft wir sind. Unsere Entscheidung gibt Aufschluß darüber, was uns wichtig ist, was wir für erstrebens- und bewahrenswert halten. Wenn man uns fragt, ob es falsch sei, *moralisch* falsch, Swifts bescheidenen Vorschlag (oder irgendeinen anderen Vorschlag dieser Art)[620] in die Tat umzusetzen, werden wir, sofern wir die Frage überhaupt als sinnvoll akzeptieren, sicher nicht lange brauchen, um eine Antwort zu geben. Aber egal, ob diese positiv oder negativ ausfällt, sagen wir damit wenig über die zu beurteilende Situation aus, umso mehr aber über uns selbst. Moralische Urteile sind immer (unwillkürliche) Selbstbeurteilungen.

Das macht es außerordentlich schwierig, ja unmöglich, zu begründen, gleichsam more geometrico, warum man Swifts Vorschlag nicht gutheißen sollte. Alles, was wir letzten Endes tun können, ist zu ergründen und anderen zu beschreiben, was uns so abstößt an solchen Bestrebungen. So können wir uns etwa scharf gegen die Erniedrigung des Menschen zur Handelsware wenden; wir können die Heuchelei aufdecken, die in der Behauptung liegt, daß es doch auch zum Besten der (hier:) ausschließlich zum Zweck der Schlachtung eine kurze Weile am Leben gehaltenen und gemästeten Kinder sei, indem ihnen so großes Leid erspart werde;[621] wir können unseren Widerwillen zum Ausdruck bringen gegen eine Maßnahme, bei der wie so oft allein die

Schwächsten die Kosten zu tragen haben; und schließlich können wir alles in unserer Macht Stehende tun, um zu verhindern, daß derartige Vorschläge Gehör finden. Hingegen können wir nicht belegen, daß es *falsch* ist. Aber das müssen wir auch nicht, solange sich aufweisen läßt (und das haben wir getan), daß die gegenteilige Behauptung ebensowenig objektiv begründbar ist, nämlich die Behauptung, daß eine solche Maßnahme (die hier natürlich einen Typus markiert), so sehr sich auch unsere moralischen Intuitionen spontan dagegen sperren, doch das in der gegebenen Situation *einzig Richtige* sei, also das, was uns die moralische Pflicht zu tun heißt. Tatsächlich stehen unsere gegenteiligen Intuitionen, wie die Untersuchung gezeigt hat, hier sogar auf einer viel sicheren Grundlage. Denn nicht nur ist der Swiftsche Vorschlag, wenn er ernst gemeint ist (was Swift nicht getan hat), zweifellos menschenverachtend – wie jeder Vorschlag, der das Glück des einzelnen gegen das vermeintliche Glück der Allgemeinheit aufrechnet –, sondern er entbehrt gerade deshalb auch eines tragfähigen Fundaments. Verantwortung zu übernehmen, so wurde gesagt, sei der Verzicht auf das Nicht-zu-Rechtfertigende. Wir können eine solche Maßnahme aber schlechterdings nicht vor den Opfern rechtfertigen. Ihr Leben ist für sie selbst nicht eines unter vielen, sondern das einzige, was sie haben. Es ist kein winziges Detail im Ganzen der Welt, sondern diese Welt selbst (sie sind einzigartig). Ihr Leben und ihren Anspruch auf ein menschenwürdiges Leben gering zu achten und zu opfern, um das Wohl anderer zu steigern, kann ihnen selbst gegenüber somit niemals verantwortet werden. Der aus der Verantwortung auch für deren Leben und Glück resultierende moralische (elementarethische) Imperativ lautet hier stets: Finde einen anderen Weg (die Situation zu verbessern). Wer aber leugnet, daß gegenüber den Betroffenen hier überhaupt eine Verantwortung besteht, der wird kaum erklären können, was die Verpflichtung trägt, die er gegenüber dem Ganzen (dem allgemeinen Glück) behauptet. Wenn das Leben und Glück dieses Menschen hier nicht zählt, warum sollte dann das Leben und Glück irgendeines anderen Menschen etwas zählen? Wenn der einzelne nicht in seiner Einzigartigkeit und Wirklichkeit anerkannt wird und als unersetzbar gilt, warum dann überhaupt irgend jemand? Und wenn niemand als unersetzbar aufgefaßt wird, was spielt es dann überhaupt noch für eine Rolle, was mit anderen Menschen geschieht? Wie können wir glaubhaft für das Wohl der Allgemeinheit eintreten und dabei das Wohl des einzelnen Menschen faktisch mit Füßen treten?

Natürlich gibt es oft Situationen, in denen es unmöglich ist, der Einzigartigkeit jedes einzelnen gerecht zu werden. Zuweilen läßt es sich nicht vermeiden, jemanden zu verletzen, weil egal, was wir tun (oder nicht tun), es immer jemandem zum Schaden gereicht. Wir können jederzeit in eine Situation geraten, in der wir aus einer Menge von gleichermaßen einzigartigen und damit zumindest potentiell unersetzbaren Individuen nur einen Teil schützen können, in der wir also einige, sogar dem Tode, preisgeben *müssen*, und in der uns auch die Betrachtung der faktischen Unersetzbarkeit *aller* Beteiligten keine Entscheidungshilfe sein kann.[622] Aber deshalb können wir uns doch ihrer Unersetzbarkeit bewußt bleiben. Ein solches Bewußt- oder Gewahrsein mag zwar in solchen dilemmatischen Situationen praktisch keine Rolle spielen und denen auch nichts nützen, deren Leben wir uns *nicht* zu retten entschieden haben (eine Entscheidung, für die wir in jedem Fall die volle Verantwortung tragen), es wird sich aber auswirken in allen Situationen, die uns nicht zum Opfer *zwingen*. Denn wir werden ganz anders handeln, wenn wir grundsätzlich von der Ersetzbarkeit des einzelnen ausgehen, als wenn wir es nicht tun. Und unser Handeln wird wiederum die moralische Haltung befestigen und verbreiten, die ihm zugrundeliegt und in ihm zum Ausdruck kommt. Albert Schweitzer hat darauf hingewiesen, daß wir nicht nur verantwortlich für die Tatsachen sind, die wir schaffen, sondern auch für die Gesinnung, die daraus entsteht. So dürfen wir, auch wenn wir das Ganze in den Blick nehmen, niemals den einzelnen vergessen, der diesem Ganzen doch erst seine moralische Relevanz verleiht. Verantworten können wir unsere Entscheidung nur dann, wenn sie geprägt ist von einem ständigen Ringen um das, was Schweitzer *Humanität* nennt. „Öffentliches Wirken, in dem nicht bis zum Äußersten gehende Anstrengung zur Wahrung der Humanität ist, ruiniert die Gesinnung".[623] Sofern uns überhaupt etwas daran gelegen ist, wie die Welt aussieht, in der wir leben, müssen wir uns stets fragen, was für eine Art von Welt es ist, die aus unserem Handeln entsteht oder an deren Entstehen wir so mitwirken. In einer Swiftschen Welt, so ähnlich sie der unsrigen bereits sein mag, in einer Welt, in der es keine Solidarität gibt, in der man gelernt hat, sich mit dem Unglück anderer abzufinden und seinen Nutzen daraus zu ziehen, wird kaum jemand leben wollen. Darum sollten wir uns stets daran erinnern, daß kein Mensch ersetzbar ist, es sei denn, er wird dazu gemacht, und dann unser möglichstes tun, um zu verhindern, daß er dazu gemacht wird, daß wir einander ansehen und behandeln, als sei unsere Existenz bedeutungslos – als wären wir nicht wirklich.

Anmerkungen

1 Zur Kritik an der sensualistischen Wahrnehmungstheorie vgl. Hauskeller 1994 a, S. 51–56, sowie Hauskeller 1995 a.

2 Vgl. Künne 1995.

3 1748, Abschnitt 2.

4 1844, Bd. II, Kap.17, S. 189, 206, 221. Vgl. dazu Hauskeller 1998, Kap. 1.

5 1789, Kap. I.2, S. 17 f.

6 1789, Kap. I.4, S. 18.

7 Jedenfalls dann, wenn sich die Intuitionen dergestalt ändern ließen, daß ein solches Vorgehen nicht mehr allgemeines Entsetzen und Unglück bei den betreffenden Eltern verursachen würde. Andernfalls würde der Nutzen empfindlich beeinträchtigt und vielleicht sogar ins Negative verkehrt.

8 Die Formel, die zuerst Francis Hutcheson in seiner *Inquiry into the Original of Our Ideas of Beauty and Virtue* von 1725 (Zweite Abhandlung, Kap. III.8) beiläufig erwähnt, übernimmt Bentham aus Beccarias *Essay on Crime and Punishment* (engl.: 1767) und benutzt sie erstmals 1776 in *A Comment on the Commentaries and A Fragment on Government*, London 1977 (Collected Works of Jeremy Bentham), S. 393. Erst vierzig Jahre später taucht sie in seinen Schriften wieder auf (Dinwiddy 1989, S. 26).

9 Bentham war übrigens der Meinung, daß die Tötung von Kleinkindern nicht mit einem Mord gleichgesetzt werden dürfe, weil der Hauptgrund gegen das Töten die allgemeine Unsicherheit und Furcht ist, die entstünde, wenn das Töten nicht verboten und streng geahndet würde. Kleinkinder würden sich aber nicht beunruhigen, wenn es übliche Praxis wäre, ihresgleichen zu töten. Vgl. Dinwiddy 1989, S. 112.

10 Bentham 1789, Kap. IV.4, S. 38.

11 Tatsächlich zweifeln wir gewöhnlich nicht daran, daß es größere und kleinere Interessen gibt. Mein Interesse, nicht zu verbluten, dürfte im allgemeinen größer sein als das Interesse des Arztes, noch eben sein Mittagessen zu beenden, bevor er mir zur Hilfe kommt. Schwierig wird es erst, wenn bestimmt werden soll, um *wieviel* größer dieses Interesse ist.

12 Auch Bentham war sich der Schwierigkeit einer Quantifizierung von Glück durchaus bewußt, meinte jedoch, daß man quantifizieren müsse, damit politische Entscheidungen sinnvoll getroffen werden können: ,Tis in vain to talk of adding quantities which after the addition will continue distinct as they were before, one man's happiness will never be another man's happiness: a gain to one man is no gain to another: you might as well pretend to add 20 apples to 20 pears." Dennoch gilt: „This addibility of the happiness of different subjects, however when considered rigorously it may appear fictitious, is a postulatum without the allowance of which all political reasonings are at a stand." (undatiertes Manuskript, zitiert nach Dinwiddy 1989, S. 50).

13 1789, Kap. I.13/14, S. 20.

14 1789, Kap. II.11ff., S. 28ff. Siehe hierzu besonders auch die Anmerkung zu
    Kap. XIV (S. 299ff.).
15 Ebd., Anm. zu Kap. XIV, S. 30.
16 Ebd., Kap. II.14, S. 32.
17 1863, Kap. IV.
18 Ebd., S. 60. Bentham denkt hierüber übrigens nicht anders. Vgl. Dinwiddy
    1989, S. 21, Schneewind 1977, S. 132.
19 Mill 1863, S. 60ff. Vgl. Wolf 1992, S. 24.
20 Ebd., S. 63. Tatsächlich meint Mill, daß niemand jemals einfach nur sein Glück
    erstrebt. Vielmehr ist es immer etwas Konkretes, das wir erlangen wollen und
    in dem sich das Glück (oder ein Teil von ihm) für uns verkörpert (vgl. ebd.,
    S. 65).
21 Ebd., S. 63. „Metaphysisch" meint hier soviel wie „psychologisch". Vgl. Wolf
    1992, S. 160 sowie Anm. 63.
22 Ebd., S. 61.
23 1903, Kap. III.39–48.
24 Hall 1949, Kretzmann 1958. Man könnte es auch so ausdrücken, daß die fak-
    tische Gewünschtheit einer Sache zwar keine *hinreichende*, wohl aber eine
    notwendige Bedingung dafür ist, sie als wünschenswert auszuzeichnen. Nicht
    alles, was gewünscht wird, ist wünschenswert, aber alles, was wünschenswert
    ist (oder als wünschenswert akzeptiert werden soll), muß von irgend jeman-
    dem gewünscht werden. Vgl. Cooper 1969.
25 Vgl. James 1979, S. 149: „The only possible reason there can be why any phe-
    nomenon ought to exist is that such a phenomenon actually is desired. Any
    desire is imperative to the extent of its amount; it *makes* itself valid by the fact
    that it exists at all."
26 Moore hat diese Frage bekanntlich bejaht. Stelle man sich zwei Welten vor, die
    eine wunderbar harmonisch geordnet und überaus schön, die andere unsagbar
    häßlich, und dazu, daß kein Wesen jemals eine dieser beiden Welten erleben
    und ihre Schönheit genießen bzw. ihre Häßlichkeit verabscheuen könne, dann
    sei es immer noch sinnvoll und vernünftig, die Existenz der einen Welt der
    Existenz der anderen vorzuziehen und zur Verwirklichung der ersteren beizu-
    tragen (Kap. III.50, S. 132). Ich muß gestehen, daß ich dies nicht nachvollzie-
    hen kann. Moore setzt hier voraus, daß es Schönheit und Häßlichkeit geben
    könne, ohne daß jemand sie wahrnimmt. Aber kann etwas *an sich schön* sein?
    Mir scheint, eine von niemandem jemals wahrgenommene, erfahrene, erlebte
    Welt ist weder schön noch häßlich. (Ist sie überhaupt?) Vgl. James, S. 145:
    „Imagine an absolutely material world, containing only physical and chemical
    facts, and existing from eternity without a God, without even an interested
    spectator: would there be any sense in saying of that world that one of its
    states is better than another? Or if there were two such worlds possible, would
    there be any rhyme or reason in calling one good and the other bad? (...) How
    can one physical fact, considered simply as a physical fact, be ,better' than
    another? Betterness is not a physical relation." Vgl. auch Nagel 1986, S. 265.
27 1903, III.40.
28 Selbst Sidgwick mißversteht Mill in dieser Weise (1907, S. 84f., 386–89, 418–
    22; Quelle: Wolf, S. 156).
29 Vgl. Brown 1973, S. 9.

30 Dieses entscheidende Prinzip wird gewöhnlich unter dem Stichwort „Hedonismus" gebrandmarkt. Selbst ein Anhänger und Verteidiger des Utilitarismus wie Jean-Claude Wolf kritisiert Mill dafür, sich nicht genügend von jener „einseitige(n) und arme(n) Wertlehre" abgesetzt zu haben, „welche alle Wertungen auf erlebbare Bewußtseinsqualitäten reduziert"(1992, S. 57). Mill ist aber gerade nicht der Auffassung, daß unser Begehren sich immer auf Bewußtseinszustände richtet derart, daß wir eine Sache nur deshalb begehren und wertschätzen, *weil* wir uns von ihrem Besitz einen lustvollen Bewußtseinszustand versprechen. Vielmehr begehren oder wertschätzen wir Dinge durchaus auch *um ihrer selbst willen*, aber das heißt nichts anderes, als daß wir sie in irgendeinem Maße als *lustvoll* erleben oder vorstellen (was übrigens nicht bedeutet, daß die Vorstellung selbst schon lustvoll sein müßte). Das Beispiel, das Wolf anführt, um seine Kritik zu veranschaulichen, demonstriert deshalb auch in keiner Weise das Scheitern des (Millschen) Hedonismus. „Meine Präferenz für eine umfangreiche Bibliothek", schreibt Wolf, „ist nicht so sehr eine Präferenz für eine spezifische Qualität von Lust, die mir der Anblick der oder der Gedanke an die Bibliothek verschafft (...). Was ich vorziehe, ist kein Gefühl oder Bewußtseinszustand, (...) sondern ganz einfach die reichere und besser verfügbare Auswahl für Studium und Unterhaltung – punktum! Jeder Versuch, diese Präferenz in einer spezifischen Qualität von Lust zu fundieren oder auf eine solche zurückzuführen, wirkt gekünstelt." Wolfs „punktum!" und die anschließende Erklärung führt hier in die Irre, denn daß ich die Bibliothek für Studium und Unterhaltung haben möchte und nicht zu meiner Lust, ist ja allenfalls (wenn überhaupt) die halbe Wahrheit: denn was liegt mir an Studium und Unterhaltung, wenn ich sie in keiner Weise als lustvoll erlebe. Mill würde sagen (ohne seinem Hedonismus im mindesten untreu zu werden – und es gibt in der Tat keinen Grund dazu), daß die Bibliothek in Wolfs Fall ein Mittel zu einem Zweck wäre, der für ihn eben offensichtlich einen Teil des Glücks darstellt.

31 1863, Kap. III, S. 54.

32 „Nur jene sind glücklich", schreibt Mill in seiner Autobiographie (1873), „die ihren Sinn auf einen anderen Gegenstand als auf ihre eigene Glückseligkeit gerichtet haben: auf das Glück der anderen, auf die Verbesserung der Menschheit."

33 1843, Buch VI, Kap. VIII, § 3.

34 Ebd., Buch VI, Kap. XII, § 1.

35 „Every art has one first principle, or general major premise, not borrowed from science; that which enunciates the object aimed at, and affirms it to be a desirable object." (1843, Buch VI, Kap. XII, § 2, § 6).

36 Ebd., Buch VI, Kap. XII, § 6. Mill ist sich also des Unterschieds zwischen Sein und Sollen sehr bewußt, was den Verdacht bestärkt, daß der an Mill gern gerichtete Vorwurf eines naturalistischen Fehlschlusses auf einer Fehlinterpretation beruht.

37 1843, Buch VI, Kap. XII, § 3.

38 So argumentiert offen etwa der frühe Utilitarist William Godwin. Weil die Einhaltung von Regeln nur dann sinnvoll sei, wenn sie ganz aktuell dazu diene, das Glück zu vergrößern, sei es absurd, einer Regel auch dann zu gehorchen, wenn es für das Glück besser wäre, sie zu brechen (1793, S. 155), und eben dies gelte auch für die Regel, seine Versprechen zu halten (1793, S. 103 f.)

39 1843, Buch VI, Kap. XII, § 4.

40 Ebd., Buch VI, Kap. XII, § 6.

41 Ebd., Buch VI, Kap. XII, § 7.

42 1859, Kap. I, S. 9.

43 Ebd., Kap. I, S. 10.

44 „The notion that truths external to the mind may be known by intuition or consciousness, independently of observation and experience, is (...) in these times, the great intellectual support of false doctrines and bad institutions." (Mill 1873, Kap. VII).

45 1859, Kap. I, S. 11.

46 Ebd., Kap. I, S. 16 f. (meine Hervorhebung).

47 1859, Kap. V, S. 132.

48 „His voluntary choice is evidence that what he so chooses is desirable." (1859, Kap. V, S. 141).

49 Ebd., Kap. III, S. 93. Die gleiche Einstellung vertrat Bentham, vgl. Dinwiddy 1989, S. 28.

50 1859, Kap. I, S. 18.

51 Ebd., Kap. I, S. 20 f.

52 Ebd., Kap. III, S. 87.

53 „Complete liberty of contradicting and disproving our opinion, is the very condition which justifies us in assuming its truth for purposes of action; and on no other terms can a being with human faculties have any rational assurance of being right." (Ebd., Kap. II, S. 29).

54 Ebd., Kap. III, S. 80.

55 Von zwei Meinungen sei es darum immer die Minderheitenmeinung, die ermutigt werden sollte, weil diese zu der betreffenden Zeit jene „Seite des menschlichen Wohlergehens repräsentiert, die Gefahr läuft, weniger zu erhalten, als ihr zusteht" (ebd., Kap. II, S. 66). Den *utilitaristischen* Einwand, daß die Äußerung bestimmter Meinungen *schädlich* seien und deshalb zurecht unterbunden werden müsse, entkräftet Mill durch den Hinweis, daß auch, was schädlich sei und was nicht, nicht von selbst feststehe, sondern sich als Meinung wie alle anderen Meinungen auch der Diskussion stellen und sich in ihr bewähren müsse. „The usefulness of an opinion is itself a matter of opinion: as disputable, as open to discussion, and requiring discussion as much, as the opinion itself" (ebd., Kap. II, S. 33).

56 Ebd., Kap. II, S. 25. Gleichwohl muß es nach Mill auch Einschränkungen der Meinungsfreiheit geben, nämlich da, wo eine Meinung bzw. deren Äußerung andere unmittelbar oder mittelbar (durch den Einfluss, den sie auf die Handlungen anderer hat) schädigt (Kap. III, S. 78). Aber wann ist dies der Fall? Kann ich jemals sicher sein, daß das, was ich sage, keine schlimmen Folgen hat, gerade wenn es etwas ist, das gewöhnlich nicht gesagt wird? Jeder, meint Mill, sollte alles tun dürfen, was ihn selbst angeht, sich hingegen nicht in das einmischen, was andere angeht. Aber für welche Handlungen gilt das? Reicht es, wenn jemand sich geschädigt *fühlt*, oder muß er auch wirklich geschädigt *sein*? Aber geht das überhaupt: geschädigt sein, aber sich nicht geschädigt fühlen? Mill scheint der Ansicht zu sein, daß die Interessen anderer nur dann wirklich betroffen sind, wenn es nicht von ihnen abhängt, ob sie betroffen sind oder nicht (Kap. IV, S. 104). „There are many who consider as an injury to

themselves any conduct which they have a distaste for, and resent it as an outrage to their feelings. (…) But there is no parity between the feeling of a person for his own opinion, and the feeling of another who is offended of his holding it; no more than between the desire of a thief to take a purse, and the desire of the right owner to keep it. And a person's taste is as much his own peculiar concern as his opinion or his purse" (Kap. IV, S. 115 f.).

57 Ebd., Kap. III, S. 89.

58 1981, S. 87.

59 1981, S. 51.

60 1962, S. 108.

61 Ebd., S. 30.

62 1981, S. 89.

63 Ebd., S. 121.

64 1995, S. 43.

65 1981, S. 46.

66 1962, S. 111.

67 Ebd., S. 49. Vgl. auch Nagel 1970, S. 83, der ein ähnliches Argument wie Hare verwendet.

68 1962, S. 133.

69 1981, S. 162.

70 1962, S. 150.

71 Vgl. Mackie 1977, Kap. 4, insbesondere S. 113.

72 1981, S. 168 (meine Hervorhebung). Vgl. auch Hare 1962, S. 113.

73 Das ist das (nach Gibbard 1988) sogenannte Prinzip der bedingten Reflexion (principle of conditional reflection). Zur Kritik vgl. Vogler 1995, S. 83–85.

74 „Wir sind formal ungerecht, falls wir über identische Fälle anderslautende moralische Urteile fällen und ihnen gemäß handeln" (Hare 1981, S. 221).

75 1981, S. 168 ff.

76 In ähnlicher Weise argumentiert Griffin 1988. Hare antwortet darauf, daß irgendeine Grundlage für die Entscheidung zwischen zwei Zuständen nicht erforderlich sei. „We do not have to have a basis for our preference in the sense of a temporally or even a logically antecedent preference-set. When presented with a choice between two entirely new and unfamiliar experiences that I have just had, I can say which of them I prefer. What I say will express the preference I have formed; but in order to form it I did not have to have it already; nor does the preference somehow act as a logical basis for itself, or justify itself. I do not form the new preference on the basis of a preference. I just form it" (Hare 1988, S. 236). Nun ist es zwar richtig, daß ich in der Regel kein Problem haben werde, von zwei bisher noch nicht gemachten Erfahrungen eine vorzuziehen, aber das heißt nicht, daß meine Wahl keine Grundlage hätte. Ich selbst bin die Grundlage, ich mit meinem spezifischen Charakter, meinen Erfahrungen, Wünschen und Lebenszielen. Die Entscheidungen, die ich treffe, sind niemals unparteiisch, und brauchen es auch nicht zu sein. Jemand anders wird anders entscheiden, weil er anders ist. Und keiner von uns könnte je zu einer Entscheidung kommen, wenn er seine Präferenzen und Metapräferenzen vergessen müßte (was auch immer das heißt). Vgl. auch Hinsch 1995, S. 100 ff.

77 1982, S. 90.

78 Auch wenn Smith des Brötchens mehr bedarf als Jones, könnte immer noch Jones die stärkere Präferenz haben, das Brötchen zu erhalten, als Smith. Z. B. ist es möglich, daß Smith lieber sterben würde, als sich mit einem anderen Menschen um ein Brötchen zu streiten, Jones hingegen würde vorziehen, daß Smith stürbe, als daß er auf das Brötchen verzichten müßte. Jones würde buchstäblich über Leichen gehen, Smith nicht. Nicht zuletzt deshalb ist es auch fraglich, ob statt der tatsächlichen Präferenzen nicht vielmehr das objektive *Wohl* der betreffenden Personen ausschlaggebend für unsere moralischen Entscheidungen sein sollte. Vgl. Griffin 1988, S. 74.

79 Vgl. Griffin 1988. Eine objektive Güterordnung ist aus den Gründen problematisch, die wir in unserer Erörterung Mills benannt haben. *Wer* bestimmt die Ordnung und *wonach* wird sie bestimmt, wenn nicht nach den tatsächlich vorhandenen Wünschen?

80 Die einzige mögliche Beschränkung besteht darin, daß die betreffenden Präferenzen *rational* sein müssen in dem Sinne, daß sie das *wahre* Interesse der präferierenden Person wiedergeben. Es muß sich also um die Art von Präferenz handeln, die eine Person hat oder hätte, wenn sie vollständig informiert wäre und klar dächte. Vgl. Hare 1982, S. 28: „whether I am prescribing in my own interest or in someone's else's (...) I must ask, not what I or he does actually at present wish, but what prudentially speaking, we should wish. It is from this rational point of view (in the prudential sense of ‚rational') that I have to give my universal prescriptions."

81 Vgl. Harsanyi 1988.

82 Vgl. Brülisauer 1988, S. 146; Wimmer 1995, S. 309f.

83 Hare 1981, S. 204f.

84 Kusser 1995. Das Argument der Präferenzveränderung mit dem Ziel der Glückssteigerung geht auf Mill (1863) zurück. Zu den damit verbundenen Schwierigkeiten vgl. McPherson 1982.

85 Obwohl auch das ausgesprochen unwahrscheinlich ist, wenn man die wirkliche Situation in Betracht zieht. Vgl. Harsanyi 1988, S. 96: „Suppose that a given society consists of x Nazis and y Jews, and that the Nazis would strongly prefer all Jews to be killed whereas the Jews, of course, would strongly prefer, *not* to be killed. Let us assume, as it is plausible to do, that each Jew's desire to survive is *much stronger* than any Nazi's desire for him and his co-religionists to die. Nevertheless, if we want to give the same weight to anti-social preferences as to other preferences then, if the number x is large enough in relation to the number y, we will have to conclude that the social-utility maximizing policy will be to kill all Jews! Clearly, this is an absurd conclusion. A utilitarian is presumably a utilitarian out of benevolence to other people; and, being a *benevolent* person, he can no doubt rationally refuse to co-operate with anybody's *malevolent* preferences." Harsanyis Schlußfolgerung ist, daß jegliche *externen* (und damit eben auch alle böswilligen) Präferenzen aus dem utilitaristischen Kalkül von vornherein ausgeschlossen werden sollten (vgl. auch Harsanyi 1982, S. 55f.). Hare hält dies nicht für nötig, weil die Wirklichkeit einen solchen Fall kaum zuläßt: „In order to make them numerous enough, and their desires strong enough, and their victims few enough, to justify Harsanyi's use of this example against me, he would have to adjust the case in a way bordering on fantasy" (Hare 1988, S. 245). Hajdin 1990 zeigt

hingegen, daß Hares Theorie den Ausschluß von externen (und Jetzt-für-dann-) Präferenzen verlangt. Vgl. auch Williams 1999, S. 125.

86 Und wenn sie tatsächlich so leicht veränderbar wären, warum sollte ich ihnen dann überhaupt noch irgendein Gewicht zumessen? Anstatt die Zustände optimal den bestehenden Präferenzen anzupassen, könnte ich dann genauso gut die Präferenzen den bestehenden Zuständen anpassen. Statt den Armen mehr vom Kuchen abzugeben (was die Reichen unzufriedener machen würde), wirke ich als guter Utilitarist lieber darauf hin, daß sie mit ihrem jetzigen Zustand zufrieden sind und gar nicht mehr begehren, als sie bereits haben. Vgl. Berlin 1969, S. XXXVIII–XV; Elster 1982; Kusser 1995: „Die gleiche Berücksichtigung aller, die zunächst die gleiche Berücksichtigung ihrer Präferenzen bedeutet, verwandelt sich nun dazu, daß die Präferenzen aller gleichermaßen zur Disposition stehen" (Kusser 1995, S. 134).

87 1981, S. 168. Vgl. Gibbard 1988.

88 Obwohl das freilich auch nicht ausgeschlossen ist, denn wie Hinsch 1995, S. 99, bemerkt: „Das bloße Wissen darüber, welche Präferenzen wir in Zukunft haben werden, impliziert noch keine Wertung der dann von uns präferierten Alternativen. Es konstatiert lediglich das Vorliegen solcher Wertungen in der Zukunft." Zu Recht macht Hinsch auch auf die Bedeutung der Wahrscheinlichkeit des Eintretens eines hypothetischen Falls für die Rationalität der Entscheidung aufmerksam (1995, S. 91, 98), was Hare (1995, S. 265) allerdings bestreitet: „Es ist genau wie mit der Tatsache, daß es unwahrscheinlich ist, daß ich mich in eine Schlange verwandle; sie ändert nichts an der Wahrheit der Behauptung, daß ich, *wenn* ich eine Schlange wäre, keine Beine hätte." Das stimmt zwar, ändert aber nichts daran, daß ich, da ich nun einmal keine Schlange bin, weiterhin Beine *habe*. Vgl. Williams 1999, S. 130.

89 Vgl. Quine 1964, Teil I, § 3.

90 Ganz zu Recht wendet darum Kutschera (1995, S. 67) gegen Hare ein, daß eine „Gleichgewichtung der Interessen anderer, von denen ich weiß, daß ich nicht in ihrer Rolle bin, (...) keine Forderung der Rationalität (ist), sondern eine materiale moralische Forderung."

91 Vgl. Hinsch 1995, S. 96: „Zu wissen, was es für jemanden bedeutet, sich in einer bestimmten Situation zu befinden, impliziert zwar ein Wissen darüber, daß man in ihr dieselben Präferenzen hätte wie derjenige, der sich tatsächlich in ihr befindet. Die Pointe des Prinzips der bedingten situativen Identifikation liegt aber nicht in diesem Übergang von meinem Wissen darüber, welche Präferenzen andere unter bestimmten Bedingungen haben, zu einem Wissen über Präferenzen, die ich unter denselben Bedingungen hätte, sondern in dem Übergang von meinem Wissen über Präferenzen, die ich unter bestimmten Bedingungen hätte, zu Präferenzen, die ich jetzt habe, obwohl diese Bedingungen nicht erfüllt sind."

92 1981, S. 96.

93 Für alle intuitiven Prinzipien gilt, daß sie (nur) „für eine bestimmte Gesellschaft und Zeit angemessen" sind (Hare 1981, S. 243).

94 1981, S. 174 u. 200. Vgl. dazu auch Nozick 1993, Kap. 1 (How to Do Things with Principles), der meint, daß Prinzipien u. a. so wichtig sind, weil nur die Prinzipienbegründetheit das Handeln des anderen für uns *verläßlich* mache. Allerdings, glaubt Nozick, daß dies nur gelte, wenn der andere das Prinzip auch

für *richtig* halte (S. 10). Denn ein Kaufmann, der frei heraus zugibt, daß er die Ehrlichkeit nur deshalb zu seinem Prinzip gemacht hat, weil er weiß, daß das Florieren seines Geschäfts vom Vertrauen seiner Kunden abhängt, der also Ehrlichkeit für zweckdienlich, aber eben nicht für mehr hält, sei offenbar weniger vertrauenswürdig als einer, der die Ehrlichkeit, so wenig rational oder begründungsfähig dies auch sein mag, für schlechterdings *geboten* hält. Mir scheint diese Annahme (die Nozick in die Form rhetorischer Fragen kleidet) jedoch nicht zwingend. Freilich, wenn es das Prinzip des Kaufmanns sein sollte, nur dann ehrlich zu sein, wenn es ihm nützt, ist er nicht nur weniger vertrauenswürdig als einer, der die Ehrlichkeit für *richtig* hält, vielmehr ist er überhaupt nicht vertrauenswürdig. Wenn sein Prinzip aber darin besteht, *immer* ehrlich zu sein (weil er *dies* für nützlich hält, da er weiß, daß man niemals sicher sein kann, daß die eigene Unehrlichkeit unentdeckt bleibt und somit der beste Weg, ehrlich zu scheinen, der ist, ehrlich zu sein), ist er mindestens genauso verläßlich wie jener andere, der gewissermaßen um der Ehrlichkeit willen ehrlich ist. Vielleicht ist er sogar verläßlicher, denn er hat einen guten Grund, ehrlich zu sein, den er sich jederzeit, etwa im Fall einer Versuchung, wieder ins Gedächtnis rufen kann, während jener andere keinen solchen Grund hat und daher der Versuchung nichts entgegenzusetzen vermag als seine (unbegründete) Überzeugung.

95 Williams 1973, S. 61 f.

96 1981, S. 97.

97 Ebd., S. 197.

98 Ebd., S. 251.

99 Ebd., S. 229.

100 Siehe Kap. 19 (Das Ersetzbarkeitsargument).

101 Die intuitiven Prinzipien sollten Hare zufolge möglichst so fest in uns verankert sein, daß sie gerade nicht zur Disposition gestellt werden können. „Deshalb möchte ich ohne das leiseste Bedenken sagen, daß Polizeioffiziere grundsätzlich solche Methoden [d. i. Folter eines Gefangenen, M. H.] nie auch nur in Erwägung ziehen sollten, wie verzweifelt die Umstände auch sein mögen." Dies schon allein deshalb, weil man nie sicher sein könne, daß die Situation die Anwendung rechtfertigt (1962, S. 59). Tatsächlich kann ich aber auch nie sicher sein, daß sie sie *nicht* rechtfertigt.

102 1981, S. 182.

103 1981, S. 40.

104 Ebd., S. 241.

105 Ebd., S. 243.

106 Ebd., S. 70.

107 Ebd., S. 94.

108 Vgl. Mackie 1977, S. 126: „Gleichgültig, wie es um die Wahrheit einer logischen These bestellt sein mag, es ist immer noch eine davon unabhängige Entscheidung für oder gegen das entsprechende grundlegende praktische Prinzip erforderlich."

109 Vgl. Wolf 1984, S. 74.

110 Ich muß nicht wissen, was der andere empfindet und will, um eine moralische Entscheidung treffen zu können. Ich kann auch ohne dies alles wissen, was ich zu wissen brauche, denn das Empfinden und Wollen des anderen ist nicht

an sich relevant, sondern nur dann, wenn ich annehme, daß Moral etwas mit den Präferenzen von Leuten zu tun hat. Das ist aber nicht notwendig.

111 Vgl. Sen/ Williams 1982 a; Taylor 1982; Nagel 1988.

112 Vgl. Hauskeller 1995 a, insbesondere Kap. I.6 (Die affektive Dimension der Wahrnehmung).

113 Vgl. Stevenson 1945, Kap. VIII.

114 Was, wie Stevenson (1945, S. 188) herausstellt, sogar seinen intrinsischen Wert zu steigern vermag.

115 1981, S. 30.

116 1981, S. 117.

117 Vgl. Rolston 1994; ebenso Rolston 1988, S. 114: „To say that something is valuable means that it is able to be valued, if and when (human) valuers come along, but it has this property whether or not humans (or other valuers) ever arrive. To say that something is intrinsically valuable means that it is of such kind that were valuers to arrive they might value it intrinsically rather than instrumentally. (…) This theory of *anthropogenic intrinsic* value differs from the theory of *autonomous intrinsic* value that we are defending."

118 Das Beispiel stammt von Rosenberg 1984, S. 111 ff.

119 „Wer wirklich glaubt", schreibt z. B. Stephen Clark (1983, S. 157), „sein eigenes Bewußtsein und seine eigenen Absichten seien nur dann von Wert, wenn jemand sie wertschätzt (…), fällt ins Bodenlose. Um kohärent zu bleiben, müssen wir irgend etwas, wenn es auch nur das vernünftige Leben ist, als objektiv wertvoll anerkennen."

120 Vgl. Hauskeller 1995 a.

121 Dieser andere könnte (rein theoretisch) auch Gott sein.

122 Insofern ist Holmes Rolston durchaus recht zu geben, wenn er (1988, S. 31 f.) schreibt: „(…) it is false that when humans arrive, what they value is their experiences and nothing more. They value what these experiences are *of*. A lover has a valuable experience, but what he values is not the experience alone (…); he values also the existence of his beloved."

123 1710, Kap. XXIII.

124 Weder *gefunden* noch *erfunden* trifft den tatsächlichen Sachverhalt. Während dort das Objekt in seiner Existenz als unabhängig vom Subjekt vorgestellt wird, so hier das Subjekt als frei über seine Objekte verfügend. Beides ist aber falsch. Die Wahrheit liegt irgendwo in der Mitte zwischen Erfindung und Findung. Ich weiß kein rechtes Wort dafür.

125 1987, S. 65 f.

126 Tatsächlich gilt ihm jede Hervorbringung von etwas bereits als Wertsetzung, weil sie impliziert, daß anderes nicht hervorgebracht wird. Jede Hervorbringung beinhaltet also das Ergreifen einer Möglichkeit und das Verwerfen von anderen. Somit gilt: „There is value wherever there is positive creativity" (Rolston 1988, S. 199).

127 „Unsere eigenen Erfahrungen sind Ströme von Gefühlen höherer Ordnung, die aus Erfahrungsepisoden niedrigerer Ordnung emergieren, welche das innere Wesen der fortdauernden Existenz der Neuronen in unserem Gehirn darstellen, und diese wiederum emergieren aus Erfahrungsepisoden noch niedrigerer Ordnung, die die innere Essenz der Atome und so weiter bilden. Demnach bestand die Natur, bevor es Leben gab, aus Erfahrungsepisoden

vergleichbar niedriger Ordnung. Insofern als solche Erfahrungen hinsichtlich des eigenen gefühlten Befriedigtseins variierten, gab es Wertdifferenzen" (Sprigge 1987, S. 69 f.).

128 Von einem kybernetischen System etwa würde ich nicht sagen, daß es in diesem Sinne einen Unterschied *erfährt*, ja noch nicht einmal, daß es einen solchen *registriert*. Es macht auch hier *für* das System keinen Unterschied, ob der sogenannte Ist-Wert mit dem Soll-Wert (die beide gar keine Werte sind) übereinstimmt oder nicht. Kausale Beeinflußbarkeit ist etwas anderes als die Erfahrung eines Unterschiedes.

129 Vgl. Frankena 1979, S. 294.

130 So der bezeichnende Untertitel des Originals: *Ethics. Inventing Right and Wrong* (1977). In der deutschen Übersetzung wurde daraus irreführenderweise, weil die Radikalität von Mackies Position abschwächend: *Ethik. Auf der Suche nach dem Richtigen und dem Falschen.*

131 Ebd., S. 46.

132 Überraschenderweise meint Mackie (1977, S. 67), daß man durchaus, ohne sich zu widersprechen, sagen könne: „Dies ist ein schöner (guter) Sonnenuntergang, aber die Schönheiten der Natur lassen mich kalt." Ich glaube, daß ein solcher Satz sinnvoll nur in dem Sinne geäußert werden kann, wie ein Blinder sinnvoll den Satz äußern kann: „Dieses Auto ist rot (aber ich sehe es nicht)." Das Wort ‚rot' bedeutet aber für den Blinden nicht das, was es für uns bedeutet, nämlich eine bestimmte Erfahrungsqualität. Für ihn bedeutet es soviel wie die Art von (unbekannter) Eigenschaft, die von sehenden Menschen, mit dem Wort ‚rot' bezeichnet wird. Ebenso kann jemand Mackies Satz nur dann sinnvoll aussprechen, wenn er damit nur sagen will, daß der Sonnenuntergang von der Art sei, daß er von allen Menschen, die für die Schönheiten der Natur etwas übrig haben, als schön bezeichnet werden wird. Unmöglich aber kann er ihn selbst schön finden, das heißt als schön erfahren, da etwas als schön zu erfahren (zu sehen, daß etwas schön ist) es ausschließt, davon unberührt zu bleiben.

133 Man macht es sich daher zu leicht, wenn man, wie etwa Eckart Voland (2000, S. 137) geschwind auf dem Rücken der Soziobiologie dahinreitend, behauptet, die Sache sei eigentlich „ganz einfach: Werte sind in der Natur nicht vorfindlich (oder könnte man jemals den Wert eines Gänseblümchens biochemisch oder auch nur lichtmikroskopisch darstellen?) – nein, Werte werden selbstverständlich zugewiesen und zwar ausschließlich von moralischen Subjekten." Selbstverständlich werden Werte *nicht* zugewiesen und ebenso selbstverständlich nicht nur von moralischen Subjekten. Werte werden erlebt, und nicht alle Werte sind moralischer Art.

134 Vgl. Williams 1999, S. 35.

135 1974, S. 224.

136 Eine andere Auffassung vertritt Williams 1999, S. 19.

137 Vgl. Tugendhat 1984, S. 79.

138 „Wer von euch aber geblieben ist, nachdem er gesehen, wie wir die Rechtssachen schlichten und sonst die Stadt verwalten, von dem behaupten wir dann, daß er uns durch die Tat angelobt habe, was wir nur immer befehlen möchten, wolle er tun." (Kriton 51 e).

139 Nicht nur das (egoistische) Eigeninteresse kann also ein Grund sein, sich

gegen die Erfüllung einer Pflicht zu entscheiden: auch fremde Interessen können hierfür ausschlaggebend sein, etwa wenn ich ein Versprechen oder einen
Vertrag breche, um jemandem zu Hilfe zu kommen, oder (ein Standardbeispiel in der Auseinandersetzung mit dem Utilitarismus) wenn ich einen
Menschen töte, um vermeintlich Schlimmeres (beispielsweise den Tod von
zwei Menschen) zu verhindern.

140 Vgl. Foot 1952, S. 162: „The behaviour is required, not simply recommended,
but the question remains as to why we should do what we are required to
do."

141 1984, S. 73.

142 Natürlich kann ich mich darüber, was meine Kinder oder irgendein anderer
Mensch braucht, auch irren. Aber das ändert nichts daran, daß der Grund
meines Handelns allein *ihre* (wahre oder vermeintliche) Bedürftigkeit ist.

143 Und wenn man will, kann man gerade das Moral nennen. Vgl. Gamm 1998 a,
S. 267: „Moral, könnte man sagen, tritt erst angesichts einer Verpflichtung in
Erscheinung, die uns in einem kategorischen Sinn auffordert, Verantwortung
zu übernehmen, *gleichgültig, ob man dabei mit den moralischen Standards
der Kultur und Gemeinschaft kollidiert oder nicht*" (meine Hervorhebung).

144 Es führt kein *Weg* vom Sein zum Sollen, das heißt, wo das Sein *allein* gegeben
ist, komme ich nicht zum Sollen. Das Sollen muß gewissermaßen immer
schon da sein (wie der Igel in der Fabel).

145 1979, S. 235.

146 1991, S. 228.

147 1994, S. 122.

148 1979, S. 236.

149 Ein anderes, dem empfundenen Sollensanspruch entgegengesetztes Handeln
bleibt also weiterhin möglich. Die Sache verpflichtet mich, aber sie zwingt
mich nicht.

150 1979, S. 240.

151 Ebd., S. 235.

152 Vgl. Frankena 1979, S. 290 f.: „Kann man ein Sollen von einem Sein ableiten?
Darüber wurde schon viel debattiert. Ich glaube nicht, daß solch eine Ableitung logische Gültigkeit beanspruchen kann, außer vielleicht in gewissen un-
interessanten Fällen. Aber ich glaube, daß Seinszustände bestimmte Sollens-
forderungen nahelegen".

153 1995, S. 184.

154 1977, S. 21.

155 Vgl. Wolf 1984, S. 65.

156 Mackie 1977, S. 132. Ähnlich (wenn auch mehr Spielraum für die Interpretation lassend) Dieter Birnbacher, der meint, daß jeder „Versuch, sich durch
den Rückgriff auf eine objektiv vorgegebene Natur von der Aufgabe (und der
Verantwortung) einer eigenen Bewertung und Entscheidung zu entlasten, (...)
zum Scheitern verurteilt" sei (1991, S. 225).

157 Adam Smith (1759) hat deshalb seinen unparteiischen Zuschauer zugleich als
teilnehmenden Zuschauer konzipieren müssen, weil ihm sonst jede Basis für
ein begründetes (moralisches) Urteil gefehlt hätte. Vgl. Kap. 27.

158 1999, S. 236.

159 Mein Wollen ist also, wenn ich ihm folge, nicht der letzte Grund meines

Handelns, sondern dieses Wollen ist selbst wiederum begründet in einem anderen, nämlich dem, was ich als wirklich erfahre, in diesem Fall, der Not und der Hilfsbedürftigkeit des anderen. Vgl. Nagel 1970, S. 81: „in so far as a desire must be present if I am motivated to act in the interest of another, it need not be a desire of the sort which can form the basis for a motivation. It may, instead, be a desire which is itself motivated by reasons which the other person's interests provide. And if that is so, it cannot be among the conditions for the presence of such reasons."

160 Vgl. Peter Abaelard's Ethics. An Edition with Introduction, English Translation and Notes by D. E. Luscombe, Oxford 1971, sowie Hauskeller 1999 a, S. 124–127.

161 Frankfurt, der hierfür den Begriff der *second-order desires* eingeführt hat, meinte, daß solche Wünsche zweiter Ordnung oder vielmehr die *Willensbestrebungen* zweiter Ordnung *(second-order volitions)* – das heißt Wünsche, nicht nur etwas zu wünschen, sondern es zu *wollen* – den Menschen erst zum Menschen machen: „It seems peculiarly characteristic of humans, however, that they are able to form what I shall call ‚second-order desires‘" (1970, S. 6). Denn der Mensch unterscheide sich vom Tier vor allem durch die Fähigkeit zur Willensfreiheit, ohne solche Wünsche zweiter Ordnung aber könne es keine Willensfreiheit geben: „It is only because a person has volitions of the second order that he is capable both of enjoying and of lacking freedom of the will" (S. 14). *Ausgeübt* werde die Willensfreiheit schließlich, wenn die Willensbestrebungen zweiter Ordnung auch den Willen erster Ordnung (also das, was ich tatsächlich tue, wenn man mich läßt) bestimmen. Handlungsfreiheit besitze ich also, wenn ich tun kann, was ich will, Willensfreiheit jedoch erst dann, wenn ich auch wollen kann, was ich zu wollen wünsche. Tiere besitzen nur Handlungsfreiheit, aber keine Willensfreiheit.

162 Die These eines derartig engen Zusammenspiels von kausaler Gebundenheit und Freiheit im Ergreifen relevanter Seinsmöglichkeiten hat überzeugend Alfred North Whitehead entwickelt. Vgl. Hauskeller 1994 a, S. 113–126.

163 1975, S. 191.

164 Vgl. Forst 1999, S. 176: „Der Geltungsanspruch einer moralischen Norm – der gemäß eine jede Person die Pflicht hat, x zu tun oder zu unterlassen – besagt im Kern, daß niemand gute Gründe hat, gegen diese Norm zu verstoßen."

165 Nagel 1978, S. 12.

166 Vgl. Hume 1739/40, 2. Buch, Teil I, Abschnitt 3.

167 Vgl. Harman 1975, S. 194, Williams 1979, S. 110 ff.

168 Vgl. Nagel 1978, S. 150: „Wenn es von gewissen externen Faktoren herrührende *Gründe* sind, durch die sowohl die Handlung als auch der Wunsch, sie auszuführen, motiviert sind, kann der Wunsch schwerlich zu den Bedingungen für das Gegebensein ebendieser Gründe zählen."

169 Vgl. Williams 1976, S. 16 ff.

170 Vgl. Hofer 1957, S. 281.

171 „Unsere Sorge, unsere Pflicht," erklärt Heinrich Himmler in einer Rede an Angehörige der SS, „ist unser Volk und unser Blut", und „ein Verbrechen gegen unser eigenes Blut" sei es, sich um das Schicksal anderer Völker zu bekümmern (zit. nach Hofer 1957, S. 113).

172 Eine Frage, mit der es ernst wird, ist nach Böhme (1997, S. 17) eine, durch die sich entscheidet, was für ein Mensch man ist.

173 Freilich sind unsere Intuitionen auch nicht völlig voneinander isoliert, sondern durch Gefühl und Reflexion vielfältig miteinander verbunden, so daß bestimmte Kombinationen häufiger auftreten als andere. Das ist der Grund, warum sich überhaupt zwischen einer z. B. liberalen und einer konservativen Moral unterscheiden läßt.

174 Vgl. Kuhlmann 1987, S. 284: „Wenn diese skeptischen Bedenken recht haben, dann hatte der Nazifunktionär nicht objektiv unrecht – derartiges gibt es dann nicht –, sondern er handelte nur gegen heute hier übliche Überzeugungen, dann scheint der Versuch, philosophisch etwas Wirksames gegen die Wiederholung derartiger Verhältnisse zu tun, etwa Widerstand gegen sie grundsätzlich zu legitimieren, aussichtslos." Kuhlmann hat hiermit zweifellos recht: der Versuch ist aussichtslos. Allerdings glaube ich, anders als Kuhlmann, nicht, daß es nötig ist, den Widerstand zu *legitimieren*. Worauf es ankommt, ist ihn zu *leisten*, und das kann ich auch ohne Legitimation.

175 1984, S. 92.

176 1976, Kap. 2–4.

177 Vgl. Williams 1985, S. 222.

178 1997, S. 180.

179 Nagel 1997, S. 8.

180 Vgl. Harrison 1976: „Relativism is a metaethical theory, and its truth or falsity is a question for an outside observer. Advocating tolerance or being tolerant are activities which are internal to particular moral systems – the activities of participants. There is nothing that the relativist, qua relativist, can say either for or against tolerance from a moral point of view. The moment he does this he ceases to be an observer of morality and becomes a user of a moral system. And on a relativist analysis of morality, this is exactly what one would expect. If tolerance is to be defended, or, come to that, attacked, it may be from a Christian or Kantian or utilitarian point of view, but it must be *some* point of view. There is no such thing as a moral judgment made from a morally neutral or ,extramoral' position"(S. 239).

181 In dem Sinne nämlich, daß es keine moralische Erwägung gibt, die *dagegen* spricht, also mein Handeln zu einem Unrecht machen würde.

182 1978, S. 36.

183 1978, S. 162f.

184 Vgl. Anm. 97 sowie Arendt 1964, S. 173–176, 188f.

185 „(...) the rational egotist", bemerkt zurecht Rorty (1993, S. 177), „is not the problem. The problem is the gallant and honorable Serb who sees Muslims as circumcised dogs. It is the brave soldier and good comrade who loves and is loved by his mates, but who thinks of women as dangerous, malevolent whores and bitches."

186 Zitiert nach Schirra 1999. Vgl. auch den aktuellen Bericht der OSZE über Menschenrechtsverletzungen im Kosovo (im Internet unter www. osce. org).

187 „A reason", bemerkte zurecht Stevenson (1945, S. 200), „can have force only by relating the recommended object to the object of some preexisting attitude". (Gemeint ist hier ein Grund, der angeführt wird, um jemanden von etwas zu überzeugen oder zu etwas zu bewegen, nicht der Grund, den jemand hat,

etwas zu tun oder für richtig bzw. falsch zu halten.). Vgl. auch Kutschera
1995, S. 71: „Irgendwo hat aber jede Begründung ein Ende, und das heißt,
daß man die erste oder die ersten moralischen Prämissen nur mehr rechtfertigen kann, indem man zeigt, daß sie im Einklang mit unseren moralischen
Intuitionen stehen", sowie Joas 1999, S. 332: „Der Versuch, letzte Werte fun-
damentalphilosophisch zu rechtfertigen, ähnelt den Versuchen, das Dasein
Gottes zu beweisen."

188 1989, S. 327.
189 Ebd., S. 321.
190 1989, S. 330.
191 1984, S. 100.
192 Tugendhat 1984, S. 88. Ich komme somit zu dem gleichen Schluß wie Rorty
(1991, S. 280f.) und glaube mit ihm weder, „daß es überhaupt schlichte moralische Tatsachen dort draußen in der Welt, (...) noch daß es einen neutralen
Boden gibt, von dem aus man beweisen könnte, daß entweder Folter oder
Freundlichkeit eines dem anderen vorzuziehen wäre."
193 1945, S. 193.
194 1978, S. 37.
195 Meine Hervorhebungen.
196 1976, S. 18 f.
197 „Eine Auffassungs- oder Denkweise ist objektiver als eine andere, wenn sie
in geringerem Maße von Besonderheiten der konstitutionellen Ausstattung
eines Individuums und seiner Stellung in der Welt abhängig ist oder von
Besonderheiten der Gattung, der dieses Wesen angehört" (Nagel 1986, S. 13).
198 1759, S. 200.
199 Nagel 1986. Vgl. ebd. S. 253: „Treiben wir die Ansprüche objektiver Distan-
zierung an ihre logische Grenze und durchmustern die Welt aus einer Perspektive, die ausnahmslos alle persönlichen Interessen in Abzug gebracht hat,
so machen wir auch die Entdeckung, daß nichts mehr übrigbleibt – es bestehen dann keine Werte gleich welcher Art mehr, denn nur von Personen, die
ein konkretes Leben in der Welt führen, kann gesagt werden, daß für sie
überhaupt etwas von Bedeutung ist. Wir erhalten damit als Ergebnis den
objektiven Nihilismus."
200 Schopenhauer 1819, § 54, S. 373. Der Text in der Bhagavadgita, auf den Schopenhauer sich bezieht (Kap. II, 11–30), ist diesbezüglich nicht eindeutig, weshalb die Kommentatoren auch zu unterschiedlichen Auslegungen gelangt
sind. So könnte auch gemeint sein, daß der Tod des Individuums nur scheinbar ist, weil die Einzelseele unvergänglich ist und sich im Fall der Zerstörung
ihres materiellen Körpers eine andere Verkörperung sucht: „Nie gab es eine
Zeit, da ich nicht war und du und diese Fürsten, noch wird je eine Zeit
kommen, da wir nicht mehr sein werden" (Bhagavadgita II, 12). Eine andere
Interpretation geht davon aus, daß auch die individuelle Seele stirbt, aber
etwas in jedem von uns gibt, das unvergänglich ist, das Brahman, die Allseele,
die in allen Dingen dasselbe ist. „Der im Körper von uns allen weilt, o Ardschuna, ist ewig, unzerstörbar. Darum sollst du kein Wesen beklagen" (ebd.,
II, 30).
201 Schopenhauer 1844, Kap.41, S. 549. Vgl. Hauskeller 1998, S. 74–79.
202 Bateson 1979, S. 123.

203 Nagel 1986, S. 378 Anm.

204 Nagel 1986, S. 361.

205 1995, S. 142.

206 Mary Midgley (1981, S. 42) meint, daß eben hierin der Hauptgrund für die Wertschätzung des individuellen menschlichen Lebens liege: „Now human originality certainly is a very mysterious thing. The aspect of it which I think will help us most is one which almost does seem to call for the expression ‚the world is always created anew'. This is *individuality*, the simple difference that there naturally is between people. Your world isn't my world; the way in which we each see our public world is unique, unparalleled and irreplaceable. This, in fact, is one of the things meant by saying that ‚each life is sacred', no duplicates are available. Chesterton put it well in discussing what makes the peculiar horror of suicide. He said that the murderer destroys just one man, but the suicide destroys the whole world – *his* world can never come again. And he knows it as the murderer does not know his victim's.“

207 1844, Kap. 41, S. 559. Was wesentlich ist und was nicht, ist weitgehend eine Frage der Festlegung.

208 Baeyer 1997.

209 „Nachdem Hiob durch Gottes schreckliche Prüfung Besitz und Kinder verloren hat, kann Gott ihm zwar durch die Verdopplung seiner Habe den ursprünglichen Besitz ersetzen, nicht aber seine Kinder. Auch wenn Hiob nun doppelt so viele Kinder hat wie vorher, sind sie ihm kein Ersatz und keine Entschädigung für die verlorenen. Hiobs Kinder hatten einen Wert an sich, den Gott durch neue Kinder nicht ausgleichen kann“ (Margalit 1996, S. 89).

210 EN VIII.4.

211 *Achtung* war ursprünglich gleichbedeutend mit *Beachtung*. Die Verwendung des Begriffs im Sinne von *aestimatio* folgt seinem Gebrauch im Sinne von *observatio* und *attentio*. Vgl. Grimm 1854, Bd. 1, S. 171, Eintrag „Achtung“, wo es erklärend heißt: „die vorstellung der rücksicht und beachtung grenzt aber nahe an die der hochachtung und des ansehens“. Vgl. Darwall 1977. Kritisch dazu Wolf 1984, S. 102.

212 Simmel 1901, S. 47.

213 Vgl. hierzu Hauskeller 1995 b und 1997. Gegen die Vermischung ästhetischer und moralischer Werterfahrung spricht sich Martin Seel (1991, 1996) aus. Doch meint Seel zugleich, daß der ästhetische Wert, den die Natur für uns hat, darin bestehe, daß „Natur nicht für uns da ist und nicht mit uns rechnet“ (1996, S. 232). Ist es nun aber nicht so, daß auch unsere *moralische* Wertschätzung eines anderen Menschen viel damit zu tun hat, daß wir ihn als etwas erfahren, das *nicht für uns da ist* und in einem bestimmten Sinn auch *nicht mit uns rechnet*? Worauf gründet sich denn die moralische Anerkennung des anderen? Sicher, er empfindet sich selbst als inhärent wertvoll, aber das ist noch lange kein Grund für mich, mich seiner Betrachtungsweise anzuschließen und ihm einen solchen Wert auch von meiner Seite aus zuzubilligen. Sein Leben muß für mich mehr sein als nur ein Gut *für ihn*: es muß (für mich) ein Gut *an sich* werden. Einen Gegenstand, etwa einen Baum, ästhetisch und das heißt als schön wahrzunehmen, heißt zugleich die *Wahrnehmung* und ihren *Gegenstand* um ihrer selbst willen zu schätzen, das heißt aber nicht allein den *Anblick* des Gegenstands zu schätzen, sondern auch den Umstand,

daß er *ist*, also seine Existenz. Indem ich den Baum als schön wahrnehme, erscheint er mir als etwas, das *gut* ist, da zu sein – und genau das ist der Kern jeder gelebten Moral: die Erfahrung, daß das Dasein von etwas gut ist.

214 Ohne einen solchen Grund aber hängt jede Art von ‚normativem Idealismus‘, wie ihn jüngst (1998) Heiner Hastedt in einem dem *Wert des Einzelnen* gewidmeten Buch vertreten hat, gleichsam in der Luft. Daß der Einzelne „niemals zu opfern (sei) – auch nicht für die Idee der Menschheit oder für das Wohlergehen zukünftiger Generationen" (26) ist dann nicht mehr als ein privater Glaubensartikel, der mangels Begründung für niemanden Handlungsverbindlichkeit erlangen kann, der nicht ohnehin schon denselben Glauben besitzt. Genauso gut könnte man behaupten, daß Rothaarige niemals zu opfern seien, bei allen anderen hingegen die Opferung kein Problem sei. Was *liegt* denn am Leben des einzelnen Menschen, so daß niemand es opfern *sollte*? Worin besteht denn der *Wert* des Einzelnen, worauf gründet er sich? Es ist merkwürdig und eben auch ausgesprochen unbefriedigend, daß Hastedt in seinem Buch nicht den geringsten Versuch unternimmt, diese Frage zu beantworten.

215 „Ist Menschsein etwas Besonderes? Sicher sind Menschen einzigartig – doch das gilt auch für Geranien, Geckos und Giraffen" (Gee 1999).

216 1785, B 77.

217 Vgl. Prauss 1984, S. 68.

218 1797, B 126.

219 1785, B 79.

220 An einer einzigen Stelle seines Werks, in der *Logik* von 1800 (A 23), gesteht Kant noch etwas anderem als der Sittlichkeit (bzw. dem Menschen, insofern er solche besitzt) einen absoluten und inneren Wert und somit Würde zu, nämlich der Philosophie (verstanden als Vernunfterkenntnis aus Begriffen). Das ändert allerdings nichts daran, daß allein der Mensch Würde besitzt.

221 Vgl. U. Wolf 1988, S. 54: „Man fragt sich jedoch, wie man von der Tatsache, daß für eine Person ihr Leben ihr Zweck ist, zu der Vorstellung kommt, daß die Person einen Wert hat. Kants Begründung bleibt hier metaphysisch, indem er den Vernunftbesitz zu einem absoluten Wert erhebt."

222 Zum diesbezüglichen Widerspruch von Anspruch und Wirklichkeit bei Kant vgl. Williams 1962, S. 374 ff.; Margalit 1986, S. 84 f.

223 1790, B 12/13. Vgl. B 411/412.

224 Kant wendet sich also gegen die unter anderem von Pico della Mirandola (1496) vertretene Tradition, die dem Menschen bereits aufgrund seiner (moralisch unbestimmten) Geistigkeit eine Würde zusprach. Für Kant ist eben auch ein vernunftbesitzendes Tier (zoon logon echon) letzten Endes nur ein Tier.

225 Im Unterschied zum *homo phaenomenon*, der der Mensch als Naturwesen ist.

226 1797, A 93.

227 Ebd., A 140.

228 Ebd., A 141. Im Hintergrund steht hier vermutlich die augustinische Vorstellung, daß der Mensch, insofern er *ist* (das heißt, von Gott mit einem bestimmten Wesen erschaffen wurde), stets gut ist und in der Rangordnung aller Geschöpfe am höchsten steht. Egal wie sehr er auch sündigt, bleibt seine

menschliche *Natur* und deren ausgezeichneter Wert doch davon unbetroffen. Gott haßt den Sünder, aber er liebt den Menschen in ihm, und genau das sollen auch wir tun, denn selbst dem sündigsten Menschen kommt aufgrund seiner Willensfreiheit eine Würde (dignitas) zu, die ihn über jedes Tier weit erhebt (De libero arbitrio III.56/57).

229 Vgl. Wetz 1998, S. 15, 45.

230 Wie in neuerer Zeit Hans Jonas annahm, um daraus die Existenz der Menschheit als „erstes Gebot" abzuleiten (1979, Kap.2. IV.1–5 und 4. III.2).

231 „Die Individualität des Menschen", schreibt Margalit (1996, S. 91) zurecht, „leitet sich aus dem Stoff ab, der einen Menschen vom anderen unterscheidet, während die vernünftige Form vielen Menschen gemeinsam sein kann. Die menschliche Vernunft erlaubt also, daß an die Stelle einer Person eine andere mit derselben (vernünftigen) Form tritt."

232 Bereits Max Scheler (1916, Kap. VI, A. 1) hat Kant diesbezüglich kritisiert. Kants Personbegriff erschöpfe „sich darin, der Ausgangspunkt, irgendein X von Ausgangspunkt eines gesetzmäßigen Vernunftwillens oder einer Vernunfttätigkeit als praktischer zu sein." Aber dieser „Tatbestand, daß ,irgend etwas' Subjekt einer Vernunfttätigkeit sei, kommt konkreten Personen, *allen Menschen* z. B., gleichmäßig, und als ein in Allen Identisches zu. Die Menschen können sich in ihrem Personsein allein hiernach in Nichts unterscheiden. Ja, der Begriff einer ,individuellen Person' wird hiernach streng genommen zu einer contradictio in adjecto" (S. 385).

233 1841, § 8, S. 522 f.

234 1851, Bd. 2, Kap. VIII, § 109.

235 Die Gegenthese, daß Bewußtsein identischen Inhalts immer identisches Bewußtsein sei, vertreten z. B. Nishida (1911, S. 39) und Jorge Luis Borges (1952, S. 187), der so weit geht zu behaupten, daß wenn ich, mich selbst vergessend, einige Zeilen von Shakespeare lese, ich tatsächlich Shakespeare *bin*.

236 1787, B 131.

237 Cont. Eut. III, 4 f.

238 Kible 1989, S. 283 f.

239 Richard von St. Viktor, Trin. 4, 6; 4, 17. Zitiert nach Kible 1989, S. 285 f.

240 1913, S. 76.

241 1996, S. 11.

242 Ebd., S. 40.

243 „Es kann und darf nur ein einziges Kriterium für Personalität geben: die biologische Zugehörigkeit zum Menschengeschlecht" (S. 264). Schon Boethius meinte, daß vernunftlose Tiere (und *alle* Tiere gelten ihm als vernunftlos) keine Personen seien. Als Begründung führt er allerdings nur an, daß niemand in bezug auf Tiere von Personen *spreche* (Cont. Eut. II, 34–36).

244 1996, S. 16.

245 Ebd., S. 42.

246 Ebd., S. 78.

247 Hierauf hat besonders Tom Regan immer wieder aufmerksam gemacht. Siehe zum Beispiel Regan 1985, S. 42 f.: „die wirklich entscheidende, die grundlegende Gemeinsamkeit [zwischen allen Menschen und vielen Tieren] ist schlicht die: Jeder von uns ist das empfindende Subjekt eines Lebens, eine

bewußte Kreatur mit einem individuellen Wohl, das für uns von Bedeutung ist, unabhängig davon, wie nützlich wir für andere sein mögen."

248 Diese Bestimmung entspricht in etwa der Lockeschen Bestimmung des *Selbst* (1690, Book II, Ch. 27, § 17): „Self is that conscious thinking thing (…) which is sensible, or conscious of Pleasure and Pain, capable of Happiness or Misery, and so is concerned for it Self, as far as that Consciousness extends" (d. h. bis in das kleinste Gliedmaß der Körpers hinein, das eben deshalb als Teil meiner selbst begriffen wird, weil ich darin Lust und Schmerz zu empfinden vermag). Vgl. auch Rolston 1994, S. 251.

249 „Wenn wir Menschen wirklich so sehen, *wie sie sind,* üben wir keine Kritik, sondern versinken in andächtiger Bewunderung – und das völlig zu Recht. Denn ein solch ungeheuerliches Wesen mit geheimnisvollen Augen und wundersamen Daumen, mit seltsamen Träumen hinter seiner Stirn und einer merkwürdigen zärtlichen Neigung für diesen Ort oder jenes Kind – das ist wahrhaftig etwas Staunenswertes, Überwältigendes. *Einzig und allein die ganz willkürliche, besserwisserische Gewohnheit, es mit etwas anderem zu vergleichen, ermöglicht uns, bei seinem Anblick ruhig zu bleiben"* (Chesterton 1905, S. 59 f., meine Hervorhebungen).

250 Sth I.75, 5/6.

251 Sth I.85, 1, ad 1 u. 2; 86, 1.

252 Cont. Eut. I, 8–10.

253 Vgl. Hegel 1921, S. 65 (Phänomenologie des Geistes, A. Bewußtsein, I. Die sinnliche Gewißheit): „Der konkrete Inhalt der sinnlichen Gewißheit läßt sie unmittelbar als die reichste Erkenntnis, ja als eine Erkenntnis von unendlichem Reichtum erscheinen".

254 1913, S. 77.

255 Diese Intimität der Person betont auch Richard von St. Viktor, wenn er sie definiert als „nichtmitteilbare Existenz einer intellektuellen Natur" (intellectualis naturae incommunicabilis existentia). Zitiert nach Kible 1989, S. 284.

256 Spaemann 1996, S. 101 u. 21.

257 Vgl. de Sousa 1987, S. 168: „Egal wie fein oder grob es spezifiziert wird, das repräsentierte ‚Objekt' bleibt immer allgemein, ist nie ein Einzelding. Eine Spezifizierung kann so fein sein, wie sie will, in ihren Maschen wird niemals nur ein einzelnes Individuum hängenbleiben."

258 Vgl. Mersch 2001: „*Es zeigt (sich) – es gibt (sich)* dann im Sinne der Spur einer ursprünglichen Alterität, die durch die Wahrnehmung gleichsam hindurchscheint."

259 Taureck 1991, S. 66.

260 Daß die *Einmaligkeit* jedes Menschen sich auch an jedem anderen Körperteil festmachen läßt, ist kaum zu bezweifeln. Hier hängt offenbar alles vom Grad der Aufmerksamkeit bzw. der Kennerschaft ab. Ein Friseur überraschte mich einmal dadurch, daß er mich, der ich schon ein- oder zweimal bei ihm war, erst dann als früheren Kunden erkannte, als er anfing, meine Haare zu schneiden. Der Anblick meines Gesichts rief keine Erinnerung in ihm hervor, wohl aber die Art, wie sich meine Haare unter der Schere verhielten. Auf meine Nachfrage belehrte er mich, daß es keine zwei Menschen gebe, die das gleiche Haar hätten und man somit einen Menschen ebenso gut am Haar wie am Gesicht wiedererkennen könne.

261 Die Blickerfahrung wird in Kap. 25 noch einmal ausführlich behandelt.

262 Als *bewußt* wahrgenommen soll hier das verstanden werden, was vom Wahrnehmenden auch dann noch benannt oder vorgestellt zu werden vermag, wenn er die Augen schließt bzw. den Blick abwendet.

263 Walter Benjamin spricht sehr schön davon, daß die Dinge (das heißt: manche Dinge manchmal) „den Blick aufschlagen" bzw. der Mensch sie mit dem (personalen) Vermögen *belehnt*, den Blick aufzuschlagen (Benjamin 1974, S. 647). Vgl. dazu Mersch 2001.

264 1977, S. 67f.

265 Ebd., S. 72.

266 Vgl. Klauß 1990, S. 154: „Sinnlichkeit hat immer auch das Einzelne und Besondere zu seinem Gegenstand; wird dieser auf den Begriff gebracht, dann nur, indem Inkommensurables, Besonderes und damit Lebendigkeit abgeschnitten wird".

267 Dahl 1984, S. 34.

268 Ebd., S. 40.

269 Rescher 1980, S. 178.

270 Ebd., S. 180.

271 Ebd., S. 185.

272 Ebd., S. 186.

273 Vgl. Nagel 1974.

274 Erst ein explizit theologischer Hintergrund mag diesem Gedanken eine gewisse Plausibilität verleihen,wenn nämlich angenommen wird, daß Gott den Menschen als Einzelwesen geschaffen hat, die Tiere hingegen von vornherein nur als Art, so daß das einzelne Tier für Ihn keine Bedeutung hat, der einzelne Mensch indessen schon. Vgl. Thomas von Aquin, ScG III.2, 113: „Das vernünftige Geschöpf untersteht aber der göttlichen Vorsehung als ein um seiner selbst willen gelenktes und behütetes (Wesen): denn ein Individuum, das nur um der Art willen gelenkt wird, wird nicht um seiner selbst willen gelenkt; das vernünftige Geschöpf aber wird um seiner selbst willen gelenkt".

275 Es gibt eine Vielzahl von möglichen (im weiteren Sinne) ökonomischen Begründungen des Artenschutzes. Ehrenfeld 1978, S. 139–150, führt neun an, unterschieden nach den Gebrauchswerten, auf die sich die Begründung jeweils stützt: 1. Erholungswerte und ästhetische Werte, 2. Unentdeckte und unentwickelte Werte, 3. Werte der Stabilisierung eines Ökosystems, 4. Wert als Beispiel des Überlebens, 5. Umweltgrundbedingungen und Überwachungswerte, 6. Wissenschaftliche Untersuchungswerte, 7. Didaktische Werte, 8. Werte der Wiederherstellung des Lebensraumes und 9. Erhaltungswert: Vermeidung irreversibler Veränderungen.

276 Vgl. Feinberg 1974, S. 158.

277 Daß Dinge schön sind, weil und insofern sie einmalig sind, scheint unseren Erfahrungen zu widersprechen, denn es gibt vieles, dessen Einmaligkeit wir nicht bezweifeln, das wir aber gleichwohl nicht als schön anzuerkennen bereit sind. Wenn die Schönheit jedoch nicht auf der Einmaligkeit beruht, ist es auch überflüssig, sie überhaupt anzuführen, es sei denn, die Unersetzbarkeit einer Art hinge an *zwei* Eigenschaften, der Einmaligkeit *und* der Schönheit, die eben *beide* gegeben sein müssen.

278 Vgl. den Bericht der National Bioethics Advisory Commission *Cloning Human*

Beings, Rockville, Maryland 1997, S. 44 (http://www. clark. net/pub/klaa-tu/cloningreport. html). Ebenso Honnefelder 1997; teilweise auch Böhme 1999 sowie 2000, S. 153. Dazu in kritischer Absicht Siep 1998, S. 11 f., und Reich 1998.

279 Einen absoluten Wert und somit Würde zu haben, bedeutet einen Wert zu besitzen, der durch keinen anderen Wert (so groß er auch sein mag) kompen-siert werden kann. Folglich bedeutet einen absoluten Wert zu haben, uner-setzbar zu sein. Unersetzbar aber kann nur etwas Einzigartiges sein (bzw. das, was als einzigartig wahrgenommen wird), weil alles, was nicht einzigartig ist, (im Prinzip) ersetzt werden kann. Hieraus folgt, daß es ohne Einzigartigkeit auch keine Würde gibt.

280 Vgl. z. B. Eser u. a. 1997, S. 365; Greiner 1998; Kitcher 1998.

281 Vgl. Gethmann 1998, der in diesem Sinne von „normativer" im Unterschied zur „genetischen" Identität spricht.

282 1998, S. 156.

283 Siep 1998, S. 12, bemerkt zu Recht: „Darüber hinaus impliziert die Würde, die jedem existierenden eineiigen Mehrling selbstverständlich zukommt, noch nicht, daß eine Menschheit, in der durch medizinische Manipulation die Zahl der eineiigen Mehrlinge in beträchtlichem Maße zunähme, nicht faktisch doch an wechselseitiger Schätzung und Respekt einbüßen würde." Vgl. auch Siep 1997 und Dorff 1997.

284 1996, S. 48.

285 Das Argument läßt sich auch auf Tiere übertragen, insofern auch diese im angeführten Sinne einzigartig sind. Daß ich hier trotzdem nur von Menschen rede, liegt daran, daß Tiere von uns gewöhnlich ohnehin schon nicht als ein-zigartig wahrgenommen werden und deshalb das Klonen diese Situation kaum noch zu verschärfen vermag. Auch nicht geklonte Schafe sehen für uns in der Regel eben eines wie das andere aus. Schafe haben (für den gewöhnli-chen Betrachter) kein Gesicht, was nicht heißt, daß sie nicht so wahrgenom-men werden *könnten*.

286 So etwa Rippe 1994, S. 147 ff.

287 Vgl. hierzu Hauskeller 1994.

288 Vgl. Brülisauer 1988, S. 144 ff.

289 Sen/Williams 1982 a, S. 4: „Utilitarianism, in its central forms, recommends a choice of actions on the basis of consequences, and an assessment of conse-quences in terms of welfare. Utilitarianism is thus a species of *welfarist con-sequentialism* – that particular form of it which requires simply *adding up* individual welfares or utilities to assess the consequences, a property that is sometimes called *sumranking*. (…) Persons do not count as individuals in this any more than individual petrol tanks do in the analysis of the national con-sumption of petroleum." Die Behälter-Analogie findet sich in abgewandelter Form auch bei Regan 1985, S. 38 f., zur Veranschaulichung des folgenden Prin-zips: „Was für den Utilitaristen Wert hat, ist die Befriedigung der Interessen eines Individuums, nicht das Individuum, um dessen Interessen es sich handelt."

290 1973, S. 111. Vgl. Simmel 1901, S. 556: „Daß der Geldwert der Dinge nicht restlos das ersetzt, was wir an ihnen selbst besitzen, daß sie Seiten haben, die nicht in Geld ausdrückbar sind – darüber will die Geldwirtschaft mehr und mehr hinwegtäuschen."

291 Es ist richtig, einen Menschen zu töten, wenn dies die Welt im ganzen zu
    einem glücklicheren Ort machen würde, als wenn er nicht getötet würde,
    bzw. wenn die Präferenzen, ihn zu töten, insgesamt stärker sind als die Prä-
    ferenz des Opfers, nicht getötet zu werden. Vgl. hierzu Kap. 4.

292 Die Ausdrücke „prima facie schlecht" bzw. „prima facie gut" sind äußerst
    beliebt unter utilitaristischen Theoretikern und meinen immer, daß es stets
    Bedingungen gibt, unter denen die betreffende Handlung gerade nicht mehr
    schlecht bzw. gut ist.

293 Singer 1979. Dagegen Spaemann 1996, S. 78: „Personen sind (...) lebendige
    Menschen. Es gibt nicht ein eigenes vom Menschsein unterschiedenes Sein
    von Personen, das zum Beispiel im Denken oder in bestimmten Bewußtseins-
    zuständen bestünde."

294 Zugrunde liegt hier bekanntlich John Lockes Definition der Person als: „a
    thinking intelligent Being, that has reason and reflection, and can consider it
    self as it self, the same thinking thing in different times and places" (1690, II,
    27, § 9).

295 Hauskeller 1995.

296 Vgl. Wolf 1992 a, S. 62 ff.

297 Z. B. 1988 b, S. 70; 1993 b, S. 227. Daß diese Sichtweise auf einem Mißver-
    ständnis der klassischen Formel des Utilitarismus („Das größte Glück der
    größten Zahl") beruht, zeigt Narveson 1967.

298 Die Unterscheidung geht auf Sidgwick (1907, Buch IV, Kap. 1) zurück.

299 Siehe Kap. 4.

300 Hare 1975, S. 153.

301 Ebd., S. 153 f.

302 Hare 1988 b, S. 72.

303 Man beachte, daß der Embryo für Hare *keine* existierende Person ist.

304 1988 a, S. 88.

305 1975, S. 166.

306 1988 a, S. 89.

307 Die Gefühle der Eltern und anderer verdienen allerdings Berücksichtigung,
    so daß es praktisch auch in moralischer Hinsicht sehr wohl einen Unterschied
    macht, ob sich ein Zeugungsverzicht oder eine Abtreibung ereignet. Vgl.
    Schöne-Seifert 1995, S. 213.

308 Die Gleichstellung von Nichtzeugung und Abtreibung kann also entweder
    dazu führen, daß a) die Nichtzeugung fortan als moralisch genauso schwer-
    wiegend eingestuft wird wie bislang die Abtreibung, oder aber b) umgekehrt,
    die Abtreibung als genauso unerheblich wie die Nichtzeugung. Vgl. Lock-
    wood 1988, S. 197. Es ist interessant zu beobachten, wie Hare zunächst die
    Variante a) zu propagieren scheint, um am Ende dann doch bei b) zu enden.

309 Hare 1988 a, S. 90.

310 1988 a, S. 91; 1975, S. 156 f.

311 1975, S. 160.

312 1988 a, S. 92.

313 Ebd.

314 1975, S. 161.

315 Ebd., S. 160. Nämlich so: „A very large number of people, each of whom is
    affected to a small degree, may outweigh one person who is affected to a

greater degree. So even the fact that 60 million taxpayers will have to pay an average of 20 p extra each a year to improve or extend the Health Service is of some moral, as well as political, importance." So müsse unter anderem die Frage gestellt werden, wieviel jährlich für die Pflege behinderter Kinder ausgegeben werde (und ob dies zu verantworten sei) (1974, S. 186 f.).

316 Die Möglichkeit eines Vergleichs zwischen diesen beiden Zuständen begründet Hare mit ihrer Wirklichkeit: immer wenn wir sagen, daß wir froh seien zu existieren, vergleichen wir faktisch unsere Existenz mit unserer Nichtexistenz (1993, S. 226).

317 Das Tier hat demnach, im Sinne Kants, keine Würde, sondern einen (von der Nachfrage unabhängigen, einen objektiven Wert vorstellenden) Preis.

318 Daß sich die Lebensqualität schwer zahlenmäßig bestimmen lasse, ist nach Hare kein Einwand dagegen. Schließlich seien auch vor der Erfindung von Waagen die Menschen in der Lage gewesen, den schwereren vom leichteren Sack zu unterscheiden (1993, S. 227), und das sei auch alles, was hier zur Maßbestimmung nötig sei. Wir müssen lediglich in der Lage sein, irgendwie den besseren vom schlechteren Zustand zu unterscheiden (1981, S. 77 f.), also Präferenzstärken miteinander zu vergleichen (1981, S. 184), und da wir dies ständig tun, können wir es offenbar auch.

319 1993 a, S. 228.

320 Ebd., S. 231.

321 1988 a, S. 94. Wobei, wohlgemerkt, nach Hare die Opfer nicht die Embryonen sind, sondern die *Personen*, zu denen die Embryonen geworden wären, hätte man sie statt dessen implantiert und sich entwickeln lassen.

322 „Wenn eine Person, die wirklich existiert, weil sie hervorgebracht worden ist, es für richtig hält, daß sie hervorgebracht wurde, dann legt sie sich auch auf die Ansicht fest, daß in einem in relevanter Weise ähnlichen Fall es richtig *wäre*, eine Person hervorzubringen, die ihr in relevanter Weise ähnlich *wäre*" – also es für ebenso richtig hält, daß *sie* hervorgebracht wurde (Hare 1995 a, S. 359). Man beachte, daß Hare hier davon redet, daß eine Person es für *richtig* (und nicht einfach nur für *gut*) hält, hervorgebracht worden zu sein. Damit bekommt die Aussage sofort einen moralischen Gehalt, der den gewünschten Schluß tatsächlich erzwingt. Wenn es richtig war, mich zu zeugen, dann muß es auch richtig (im Sinne von moralisch erwünscht oder gefordert) sein, andere zu zeugen. Daß ich aber *froh* bin, gezeugt worden zu sein, heißt nicht, daß ich es auch *richtig* finde.

323 1975, S. 158.

324 Für die Auffassung, daß der Mensch schon lange vor dem Einsetzen eines Selbstbewußtseins und der persönlichen Erinnerung als Person zu betrachten sei, vgl. Lockwood 1988.

325 Anders als Parfit (1984, S. 490) annimmt, ist die hier aufgezeigte scheinbare Asymmetrie also keine absolute Ausnahme, die allein das Verhältnis von Existenz und Nichtexistenz beträfe (derart, daß jene ein Gut, diese aber dennoch kein Übel ist).

326 Vgl. Schöne-Seifert 1995, S. 219; Lenzen 1995, S. 234 f.

327 Zu dem gleichen Schluß, wenngleich mit unterschiedlichen Begründungen, kommen Narveson 1967, Feinberg 1974, Warren 1977 („potential people, as such, are not the sort of entity toward which it is possible to have moral

obligations. The very notion of acting wrongly toward a merely potential person, that is, one which will never become a person, is incoherent", S. 280) und Lockwood 1988 („Bare potential counts for nothing (...). It generates no moral claims or rights", S. 208). Da Existenz als solche kein Gut ist, verfängt auch Hares Replik auf Lenzen 1995 nicht (Hare 1995 a, S. 311 f.), daß die in der Zukunft tatsächlich existierenden Personen andere sein werden, wenn wir die Umwelt weiter zerstören, als wenn wir sie intakt hielten (vgl. Parfit 1988, S. 361–364: „How Lowering the Quality of Life Might Be Worse for No One"). Auch wenn es genau *diese* Menschen nur unter der Voraussetzung der Umweltzerstörung geben wird, könnte es, da die Existenz als solche kein Gut ist, dennoch um ihretwillen falsch sein, die Umwelt zu zerstören und auf diese Weise ihre Existenz zu gewährleisten. Hare hat durchaus recht, wenn er schreibt (1995 a, S. 313 f.): „Ich kann selbstverständlich den Personen, die in hundert Jahren in diese Kirche zur Andacht kommen werden, Schaden zufügen, indem ich, wie es die Bilderstürmer getan haben, den Statuen die Köpfe abschlage, selbst wenn es unbestimmt ist, wer diese geschädigten Personen sein werden", wenn er aber hinzufügt: „oder ob es überhaupt welche geben wird", so hat er unrecht, denn wenn niemals jemand wieder diese Kirche betreten wird, füge ich auch niemandem durch die Zerstörung der Statuen ein Unrecht zu, indem ich ihn des Anblicks der Statuen beraube.

328 1979, S. 137.

329 Zur Grundlegung dieser Auffassung vgl. insbesondere Tooley 1972. Eine knappe und klare Darstellung des Interessenbegriffs und seiner Anwendung liefert Kuhse 1985.

330 Singer 1979, S. 140.

331 Ebd., S. 163.

332 Selbst der utilitaristischer Neigungen ganz unverdächtige Robert Spaemann hält das Glück der Tiere bzw. die Tiere im Hinblick auf das von ihnen empfundene Glück offenbar für austauschbar. „Am wenigsten verletzt", schreibt Spaemann 1989, „wird unsere Verantwortung für Tiere eigentümlicherweise durch deren Tötung. Auch diese ist unverantwortlich, wo sie ohne Notwendigkeit oder guten Grund geschieht. Aber da das Tier von Augenblick zu Augenblick lebt, da seine Innerlichkeit nach allem, was wir vermuten dürfen, nicht das Leben als Ganzes zu einer biographischen Einheit integriert, kann es auf die Länge des Lebens beim Tier nicht eigentlich ankommen. Das Tier ist nicht erwacht zur Wirklichkeit, zum Sein. Es kennt nicht den Antagonismus von Sein und Nichtsein, sondern nur den von Sosein und Anderssein. Darum bezieht sich die Verantwortung für Tiere auf das Wie ihres Lebens, nicht auf die Existenz als solche. Die Existenz ist von Belang, soweit es um Arten geht, um Formen des Lebens, die den Reichtum der Wirklichkeit ausmachen" (S. 231). In den Bereich der menschlichen Verantwortung falle alles, „was seiner Art nach nicht reproduzierbar und nicht wiederherstellbar ist", was für Tiere eben nicht gilt, denn diese *sind* ihrer Art nach reproduzierbar und wiederherstellbar (S. 232).

333 Singer 1979, S. 160.

334 Ebd., S. 167.

335 Ebd., S. 174.

336 Ebd., S. 167 f. Wobei durchaus unklar bleibt, warum dies nicht auch bei Personen der Fall sein sollte. Den Einwand Harts („Wenn Präferenzen, sogar der Wunsch zu leben, durch die Präferenzen anderer aufgewogen werden können, warum können sie dann nicht durch neue Präferenzen aufgewogen werden, die erzeugt werden, um deren Platz einzunehmen?"), den Singer in der zweiten, revidierten Auflagen von *Practical Ethics* anführt und sogleich auszuräumen versucht (S. 168 f.), halte ich nach wie vor für stichhaltig. Singer argumentiert – zu Recht, wie ich denke – im Rückgriff auf unsere Intuitionen, daß die Schaffung (und Befriedigung) einer neuen Präferenz „weder gut noch schlecht" ist, aber er vergißt dabei, daß für die Schaffung eines neuen *Glücks* das gleiche gilt: sie ist weder gut noch schlecht.

337 Vgl. U. Wolf 1988, S. 62: „Der Utilitarist formuliert sein Grundprinzip so, daß das Leiden schlecht ist und verringert werden sollte. Dieser Satz, daß das Leiden überhaupt schlecht ist, scheint aber wenig sinnvoll, denn es gibt kein Leiden einfachhin, sondern nur Individuen, die leiden können."

338 1992 a, S. 102.

339 Vgl. Lockwood 1979, S. 165.

340 1905, S. 286.

341 Als elementarethisch bezeichne ich alle Haltungen, Handlungen und Beziehungen, welche die Erfahrung eines elementaren Sollens (Kap. 8) beinhalten oder darauf zurückgehen.

342 Vgl. Nagel (1970), S. 83: „Recognition of the other person's *reality*, and the possibility of putting yourself in his place, is essential." S. 88: „My argument is intended to demonstrate that altruism (or its parent principle) depends on *a full recognition of the reality of other persons*" [meine Hervorhebungen]. Leider geht Nagel dem von ihm ins Spiel gebrachten Begriff der „Wirklichkeit" nicht weiter nach.

343 Vgl. Scarry 1985, S. 12: „der Schmerz ist wohl auch deshalb so widerwärtig, weil er zwischen der eigenen Realitätswahrnehmung und der Realität der anderen eine unüberwindbare Mauer errichtet. (...) Für den anderen ist dieselbe Erfahrung [des Schmerzes] so schwer faßbar, daß ‚von Schmerzen hören' als Paradebeispiel für Zweifeln gelten kann. So präsentiert sich der Schmerz uns als etwas Nichtkommunizierbares, das einerseits nicht zu leugnen, andererseits nicht zu beweisen ist."

344 Martin Buber hat den Begriff ‚Wirklichkeit' in diesem Sinne gebraucht. In seinen dialogischen Schriften unterscheidet er zwei als Grundworte bezeichnete Weltbezüge, das Ich-Du- und das Ich-Es-Verhältnis. Die liebende Ich-Du-Beziehung kennzeichnet er als *wirkliche* Beziehung zu einem *wirklichen* anderen, während das vergegenständlichende, instrumentalistische Ich-Es-Verhältnis keine wirkliche Beziehung stiftet (sondern nur die Illusion einer Beziehung) und der in einem solchen Verhältnis Stehende es entsprechend auch nicht mit einem wirklichen Menschen zu tun hat, sondern nur mit einem Phantasma, einer bloßen Projektionsfläche seiner eigenen Vorstellungen, Wünsche und Bedürfnisse. Wirklich wird mir der andere nur da, wo er sich aus allen Bezügen, in die ich ihn hineinstelle, zu befreien vermag, wo er mir „in seiner Anderheit, in seiner Selbständigkeit und Selbwirklichkeit" erscheint (1930, S. 182), und das tut er dann, wenn ich mich ihm in Liebe zuneige. „Liebe ist ein welthaftes Wirken. Wer in ihr steht, in ihr schaut, dem lösen

sich Menschen aus ihrer Verflochtenheit ins Getriebe; Gute und Böse, Kluge und Törichte, Schöne und Häßliche, einer um den anderen wird ihm wirklich und zum Du, das ist, losgemacht, herausgetreten, einzig und gegenüber wesend" (1923, S. 19).

345 Im Frühjahr 1989 wurde im New Yorker Central Park eine junge Frau von einer Gruppe Jugendlicher vergewaltigt und so schwer mißhandelt, daß sie einen dauerhaften Hirnschaden davontrug. Als die Täter gefaßt wurden, kommentierte einer von ihnen die Tat mit den Worten: „She was nothing". Palmer (1992, S. 240), der den Fall aufgreift, bemerkt hierzu: „In saying that the woman was ‚nothing', her attacker was denying her independent reality, making her dwell like a puppet in his own vicious fantasy where she could be ripped to pieces."

346 „Vielleicht hätte sie [Mademoiselle Vinteuil] das Böse nicht für einen so außergewöhnlichen, seltenen, aus allen Gewohnheiten herausführenden und dadurch erholenden Zustand gehalten, wenn sie in sich selbst die auch in allen anderen Menschen vorhandene Gleichgültigkeit gegen Leiden, die man schafft, erkannt hätte; jene Indifferenz, die, welche Namen man ihr auch geben mag, einfach die fürchterliche Gestalt ist, in der die Grausamkeit in Permanenz erscheint" (Proust 1976, Bd. 1, S. 220). Vgl. in diesem Zusammenhang auch Bubers Äußerung über die Beziehung zwischen den Menschen der Urzeit (1923, S. 28): „Mag sie [d. i. die Urzeit] eine Hölle gewesen sein – und sicherlich war die, auf die ich im geschichtlichen Denken zurückzugehen vermag, voll Grimm und Angst und Qual und Grausamkeit -: unwirklich war sie nicht. Die Begegnungserlebnisse des Urmenschen waren gewiss nicht zahmes Wohlgefallen; aber besser noch Gewalt am real erlebten Wesen, als die gespenstische Fürsorge an antlitzlosen Nummern."

347 1905, S. 279.

348 1913, S. 69 ff. Der „natürliche Mensch", schreibt Scheler dort (S. 69), sei „doch mindestens relativer Solipsist: Die anderen Menschen haben wohl als Seelen ein Dasein, aber nur ein ‚schattenhaftes Dasein' – wie man sich treffend ausgedrückt hat –; ferner ein Dasein, das selbst nur wieder daseins- und soseinsrelativ ist auf das eigene Ego, die eigene Wertewelt und die eigene als ‚absolut' hingenommene Realität." Erst das Mitgefühl erlaube die Überwindung jener Illusion, die uns den anderen als weniger wirklich erscheinen läßt als wir selbst, denn über das Mitgefühl erschließe sich uns die wesentliche Gleichwertigkeit von Selbst und anderem. Mit der Gleichwertigkeit aber „„wird' für uns erst der andere auch gleich real und verliert seine nur ‚schattenhafte' und ichbezügliche Existenzform" (S. 70).

349 1943, S. 666.

350 1819, 2. Buch, § 19, S. 156 (meine Hervorhebung).

351 1943, S. 666.

352 Es kann hier nur eine *ethische* Möglichkeit gemeint sein.

353 Menon 97 a.

354 Vgl. Wieland 1982, insbesondere §§ 15 u. 17.

355 Dieses Kapitel ist eine überarbeitete Fassung von Hauskeller 1998 a.

356 Protagoras 345 de, 358 ce, Gorgias 509 e, Menon 78 ab.

357 MM II.6, 1200 b.

358 Ebd.

359 „Einzigartige Person" ist natürlich ein Pleonasmus, da das Personsein das Einzigartigsein einschließt. Die Formulierung dient hier nur der Erinnerung.

360 196 d 10–198 d 8.

361 EN VII.5, 1146 b 31 ff.

362 MM II.6, 1201 b.

363 EN VII.5, 1147 a.

364 EN VII.5, 1147 a 1 ff.

365 EN VII.5, 1147 a 24 ff.

366 EN VII.5, 1147 a 7 bzw. 1147 a 33.

367 De An. II.1, 412 a 9 ff.

368 EN VI.5, 1140 a 25 ff.

369 EN VII.11, 1152 a 9.

370 EN VI.8, 1141 b 14 ff.

371 EN VI.9, 1142 a.

372 EN VI.9, 1142 a 11 ff.

373 EN VI.9, 1142 a.

374 EN VI.12, 1143 b.

375 Met. I.1, 981 b 11.

376 Vgl. hierzu Hauskeller 1998 b.

377 EN VI.12, 1143 b.

378 EN VI.12, 1143 b 11 ff.

379 Vgl. Eibl-Eibesfeldts Bemerkungen über den Kannibalismus (1984, S. 217): „Die weite Verbreitung des profanen Kannibalismus in vergangenen Zeiten läßt darauf schließen, daß die Menschen einen toten Feind oft nur als ein Stück Fleisch betrachteten. Der tote Mensch scheint demnach wichtige Signale zu entbehren, die Regungen wie Mitgefühl auslösen. Erst auf einer höheren Ebene der Reflexion wird dem Menschen bewußt, daß es sich auch bei dem toten Feind um einen Menschen handelt."

380 1992, S. 118.

381 1945, S. 192 f.

382 EN VI.12, 1143 b 4.

383 Topik V.3, 131 b.

384 Auch Teile dieses wie des folgenden Kapitels wurden bereits veröffentlicht (in Hauskeller 1996).

385 Milgram 1974, S. 10.

386 Ebd., S. 39.

387 Ebd., S. 50.

388 Ebd., S. 52.

389 Ebd., S. 53–55.

390 Ebd., S. 183.

391 Vgl. Hilberg 1961, Bd. 2, S. 347 ff.

392 Milgram 1974, S. 184.

393 Buber 1930, S. 146.

394 Sting 1994, S. 111.

395 Jonas 1973, S. 216.

396 Ebd., S. 218.

397 Ebd., S. 210 u. 212.

398 Die Alternative zum Abwenden des Blickes ist die Vernichtung des Blicken-
den selbst.

399 In ihrem Roman *Transit* (Darmstadt/ Neuwied 1988, S. 10).

400 Rosenzweig 1921, S. 110.

401 Vgl. Kamlah 1973, S. 79 f.: „Daß Menschen sich einander aufgeschlossen zuwenden, geschieht durch Reden und Zuhören, stets aber auch auf diesem
eigentümlichen Wege des Anblickens, das zu den ersten beglückend menschlichen Verhaltensweisen des Säuglings gehört und das etwas anderes ist als
beobachtendes Hinsehen – so daß sich hier wieder der Übergang zur Ethik
öffnet: Wer in seiner zielstrebigen Geschäftigkeit den Menschen neben ihm
unaufmerksam ‚übersieht‘, wird es nicht allein unterlassen, ihm ‚Aufmerk-
samkeiten‘ zu erweisen, sondern auch schon, sich ihm im Anblicken als Part-
ner des Redens, des Handelns und des Leidens mitmenschlich aufzuschlie-
ßen."

402 Bekanntlich hat Sartre (1943, S. 457–538) gerade diese Verobjektivierung des
eigenen Selbst durch die Erfahrung des Angeblicktwerdens ins Zentrum seiner diesbezüglichen Überlegungen gestellt. Im Blick des anderen werde ich
meiner eigenen Verletzlichkeit, meines Ausgesetztseins inne. Ich erfahre den
anderen als „Tod meiner Möglichkeiten" (ebd., S. 477), der mich zu einem
bloßen Gegenstand in der Welt erstarren läßt, so wie zuvor mein Blicken den
anderen erstarren ließ. Er ist das Subjekt, „das mich durch die Weigerung, Ich
zu sein, zum Objekt macht" (S. 510).

403 Vgl. Hegel 1970, S. 203: „Fragen wir aber, in welchem besonderen Organe die
ganze Seele als Seele erscheint, so werden wir sogleich das Auge angeben;
denn in dem Auge konzentriert sich die Seele und sieht nicht nur durch
dasselbe, sondern wird auch darin gesehen." Es kommt hierbei gar nicht darauf an, ob es tatsächlich die Augen selbst sind, die in uns das Gefühl, von
einer Person angeblickt zu werden, verursachen. Entscheidend ist, daß wir
die Seele oder, wie ich es nennen würde, die Wirklichkeit des anderen in
seinen Augen suchen und finden. Das schließt nicht aus, daß es in Wahrheit
Bewegungen der Gesichtsmuskeln sind, das Mienenspiel also, auf das wir
reagieren. Auch ein Glasauge kann in einem menschlichen Gesicht ausdrucks-
voll erscheinen, während der krankheitsbedingte Verlust der Mimik die Person und damit die Wirklichkeit eines Menschen für andere verschwinden läßt.
Vgl. Cole 1999, der den Fall einer hirngeschädigten Patientin mit Faszial-
lähmung schildert und dazu (S. 14) bemerkt: „Die Ärzte hatten sie nicht deshalb
für schwachsinnig gehalten [was sie tatsächlich nicht war], weil sie nicht reagieren konnte – sie hatte ja Körpersprache eingesetzt und angeboten, ihre
Antworten aufzuschreiben –, sondern weil wir erwartet hatten, einen Großteil der Antwort in ihrem Gesicht zu finden. Ohne seine Mimik hatten wir
durch dieses einfach hindurchgesehen und das Fehlen als Demenz gedeutet.
Ohne Gesicht war ihre Person so gut wie nicht vorhanden" (meine Hervorhebung).

404 Cole (1999, S. 24) bemerkt über die soeben erwähnte Patientin: „Das Gespräch war zwar nicht unmöglich geworden, aber nur wenige Menschen nahmen sich Zeit dafür: Ohne das Feedback und die Bestätigung durch die
Mimik gab es kaum noch Nähe und Anteilnahme."

405 1993, S. 308. Tugendhat vermutet wohl auch nicht ganz zu unrecht, daß viel-

leicht „die modernen Ethiken, die so einseitig die Handlungen hervorgehoben und die Wichtigkeit der zwischenmenschlichen Haltung übersehen haben, einen Teil der Schuld an dieser Milchglasmentalität" tragen (ebd.).

406 Diesen Hinweis verdanke ich der Afrikanistin Dr. Christa Kilian-Hatz. Vgl. auch Buber 1923, S. 22.

407 Eibl-Eibesfeldt 1970, S. 122 f. Dort auch weitere Beispiele. Vgl. auch Eibl-Eibesfeldt 1984, S. 216 („Leute, deren Gesicht man kennt, dürfen nicht gegessen werden, sagen die Jalé.") und Schiefenhövel 1995, S. 352.

408 Damit soll selbstverständlich nicht gesagt werden, daß nicht auch Tiere unseren Blick erwidern und sich so der Vergegenständlichung widersetzen können. Auch Tiere klagen, indem sie uns anblicken, ihre (personale) Wirklichkeit ein und fordern uns so auf, nicht gleichgültig über sie und ihre Interessen hinwegzusehen und hinwegzugehen. Eine tierethische Streitschrift des Schriftstellers Hans Wollschläger trägt darum sehr zu Recht den Titel „Tiere sehen dich an" (1987). Vgl. auch Buber 1923, S. 98: „Die Augen des Tiers haben das Vermögen einer großen Sprache. Selbständig, ohne einer Mitwirkung von Lauten und Gebärden zu bedürfen, am wortmächtigsten, wenn sie ganz in ihrem Blick ruhen, sprechen sie das Geheimnis in ihrer naturhaften Einriegelung, das ist in der Bangigkeit des Werdens aus." Tatsächlich ist die Gewalt des Blickes so groß, daß selbst Habermas (1991, S. 97) sich ihm auch theoretisch nicht ganz verschließen kann: „Soweit Lebewesen an unseren sozialen Interaktionen teilnehmen, begegnen sie uns in der Rolle des Alter ego als ein schonungsbedürftiges Gegenüber, das damit eine Anwartschaft auf unsere treuhänderische Wahrnehmung seiner Ansprüche begründet. Eine moralanaloge Verantwortung besteht gegenüber Tieren, die uns in der (wenn auch nicht *vollständig* ausgefüllten) Rolle einer zweiten Person entgegentreten – denen wir in die Augen sehen wie einem Alter ego."

409 Auch Buber spricht von Antlitz (zuweilen aber auch, ohne Bedeutungsverschiebung, von Gesicht). Vgl. Buber 1930, S. 164, 167 u. 194 f.

410 „Tatsächlich ist das Sehen wesentlich eine Adäquation der Exteriorität an das Innen" (Lévinas 1980, S. 427).

411 „Dank der Dimension der Innerlichkeit verweigert sich das Seiende dem Begriff und widersteht der Totalisierung" (Ebd., S. 74).

412 Ebd., S. 278.

413 „Freilich kann die Beziehung mit dem Unendlichen nicht in Termini der Erfahrung ausgedrückt werden – denn das Unendliche überschreitet das Denken, das es denkt. (...) Aber wenn Erfahrung gerade Beziehung mit dem absolut Anderen besagt – das heißt, mit etwas, das immer über das Denken hinausgeht –, dann vollzieht die Beziehung mit dem Unendlichen die Erfahrung schlechthin" (1980, S. 26).

414 Lévinas 1979, S. 38: „Indem die Vernunft das Ganze in ihre Universalität einschließt, findet sie sich selbst in der Einsamkeit wieder. Der Solipsismus ist weder eine Verirrung noch ein sophistischer Trugschluß: er ist die eigentliche Struktur der Vernunft." Und ebd., S. 41: „Die Vernunft ist allein. Und in diesem Sinne begegnet das Erkennen niemals etwas wirklich anderem. Das ist die tiefe Wahrheit des Idealismus." Ähnlich äußert sich bekanntlich schon Adorno 1966, S. 17: „Der Schein von Identität wohnt jedoch dem Denken selber seiner puren Form nach inne. Denken heißt identifizieren. Befriedigt

schiebt begriffliche Ordnung sich vor das, was Denken begreifen will. Sein
Schein und seine Wahrheit verschränken sich."

415 „Im Bereich des Seins verkehrt sich entdeckte Transzendenz in Immanenz,
das Außerordentliche fügt sich der Ordnung, das Andere verzehrt sich im
Selben" (1963, S. 228).

416 1968, S. 297.

417 1980, S. 23. Derrida (1967, S. 194) nennt diesen paradoxen Zusammenhang,
den er einer klugen Kritik unterwirft, treffend das „Phänomen seiner [d. h.
des anderen] Nicht-Phänomenalität".

418 1982, S. 83.

419 Ebd., S. 65.

420 1968, S. 322. Spur wird hier verstanden als Hinterlassenschaft, als etwas, was
kündet von dem, was vorbeigegangen ist und somit im Augenblick abwesend,
wobei für Lévinas die Abwesenheit unumkehrbar ist, das heißt, die Spur führt
uns niemals hin zu dem, was sie hinterließ. Die Abwesenheit hat somit den
Charakter der Vergangenheit: „Die Spur ist die Gegenwart dessen, was eigentlich niemals war, dessen, was immer vergangen ist" (1963, S. 233).

421 1963, S. 221. „Die Weise des Anderen, sich darzustellen, indem er *die Idee
des Anderen in mir* überschreitet, nennen wir nun Antlitz. Diese *Weise* besteht nicht darin, vor meinem Blick als Thema aufzutreten, sich als ein Ganzes
von Qualitäten, in denen sich ein Bild gestaltet, auszubreiten. In jedem Augenblick zerstört und überflutet das Antlitz des Anderen das plastische Bild,
das er mir hinterläßt, überschreitet er die Idee, die nach meinem Maß und
nach dem Maß ihres ideatum ist – die adäquate Idee" (1980, S. 63).

422 1980, S. 89.

423 1980, S. 328.

424 1979, S. 87.

425 Hierzu mehr in Kap. 37.

426 1980, S. 138.

427 1963, S. 222.

428 Ebd., S. 223.

429 1980, S. 340.

430 Ebd., S. 280.

431 Ebd., S. 286.

432 Ebd., S. 383.

433 1982, S. 67.

434 1980, S. 285.

435 Ebd., S. 120.

436 Ebd., S. 247. Vgl. hierzu Adornos Ausführungen in den *Minima Moralia* unter dem Stichwort ‚Menschen sehen dich an' (1951, § 68): „In der repressiven
Gesellschaft ist der Begriff des Menschen selber die Parodie der Ebenbild-
lichkeit. Es liegt im Mechanismus der ‚pathischen Projektion', daß die Ge-
walthaber als Menschen nur ihr eigenes Spiegelbild wahrnehmen, anstatt das
Menschliche gerade als das Verschiedene zurückzuspiegeln. Der Mord ist
dann der Versuch, den Wahnsinn solcher falschen Wahrnehmung durch
größeren Wahnsinn immer wieder in Vernunft zu verstellen: was nicht als
Mensch gesehen wurde und doch Mensch ist, wird zum Ding gemacht, damit
es durch keine Regung den manischen Blick mehr widerlegen kann."

437 1951, S. 116 f.

438 1980, S. 284.

439 „Das Ding hat im eigentlichen Sinne keine Identität; da es in eine andere Sache konvertiert werden kann, kann das Ding Geld werden. Die Dinge haben kein Antlitz. Als konvertible, ‚realisierbare‘ haben sie einen Preis“ (1980, S. 199). Mit anderen Worten: Dinge sind ersetzbar, während alles, was ein Antlitz besitzt (oder besitzen kann), unersetzbar ist.

440 1982, S. 64.

441 In diesem Sinne, bemerkt übrigens Lévinas, sei „mehr oder weniger der ganze Körper Ausdruck“ (1982, S. 74). „Und der ganze Leib, eine Hand oder eine Rundung der Schulter, können ausdrücken wie das Antlitz“ (1980, S. 383).

442 Indem ich, sagt Sartre (1943, S. 483), den anderen objektiviere – und ihn zu töten ist eine Art, ihn zu objektivieren – verteidige ich mein eigenes Sein gegen ihn.

443 Vgl. Sartre 1943, S. 513: „Nichts kann mich ja begrenzen außer dem Andern.“

444 Kap. 16 u. 17.

445 Vgl. Seneca, De Ira I.XVI.5: „Also: auch wenn ich als Beamter die dunkle Amtstracht anlegen und einberufen muß mit Trompetensignal die Volksversammlung, werde ich den Richtplatz betreten – nicht wütend oder drohend, sondern mit einem Gesicht des Gesetzes, und jene feierlichen Worte werde ich mit mehr ruhiger und gewichtiger als mit wütender Stimme formulieren, und hinzurichten werde ich befehlen nicht zornig, sondern ernst, und wenn ich den Hals des Schuldigen abzuschlagen anordne, und wenn ich Vatermörder einnähen lasse in den Sack, und wenn ich auf den tarpesischen Felsen den Verräter oder Staatsfeind stelle – ohne Zorn werde ich *die* Miene und *die* Einstellung haben, mit der ich Schlangen und giftige Tiere vernichte.“

446 1886, Erster Band, 104. Vgl. Williams 1985, S. 132: „Wahr ist jedoch ganz offensichtlich, daß das einsichtsvolle Verstehen der Gefühle anderer, über das die einfühlende Person verfügt, ebenso der sadistischen oder grausamen Person zukommt, die sich u. a. dadurch von der brutalen oder gleichgültigen Person unterscheidet. (…) Dennoch *weiß* der Grausame natürlich über die Situation und die Gefühle des anderen Bescheid.“ Vgl. auch Williams 1976, S. 69, sowie Spaemann 1996, S. 89: „Die sadistische Vergegenständlichung der Person, in der die Subjektivität gerade nicht ausgeschaltet, sondern *als* Subjektivität zum Objekt gemacht wird. Daß die leidende Person ihre Vergegenständlichung als Mittel zur Befriedigung einer anderen Subjektivität selbst erlebt, darin liegt gerade der Sinn der Prozedur.“

447 „Von Wut, von Haß keine Spur, nur ein seliges, stilles und tiefes Genießen, wie es in einem anderen das Anhören einer herrlichen Sonate oder der Anblick eines göttlichen Bildwerkes, etwas wie die Empfindung reiner Schönheit auszulösen vermocht hätte“ (Assis 1996, S. 230).

448 1951, S. 118.

449 Gourevitch 1998, S. 114.

450 Vgl. auch von Stietencron 1995, S. 47: „Der Gegner wird meist geschildert als brutal, gierig, grausam und schonungslos, ein Wesen, das von Zerstörungswut und tierischem Haß erfüllt ist und das man fürchten muß wie ein wildes Biest. Er ist berechnend, heimtückisch und hinterhältig; auch ist er häßlich, dreckig, eklig, unmoralisch und pervers, kurzum so widerwärtig und gemein, daß es

eine Wohltat wäre, die Erde von ihm zu befreien. Der so porträtierte Feind ist kein Mensch mehr. Er ist ein reißender Wolf, ein dreckiges Schwein, vielleicht auch eine giftige Schlange oder ein elender Wurm: Man muß ihn vernichten, abschlachten oder zertreten, damit er nicht in die eigene Ordnung eindringen, Frauen und Mädchen vergewaltigen und das Chaos herbeiführen kann."

451 De Sousa (1987, S. 169 ff.) nennt diese gewöhnliche, nicht-spezifische Art der Bezugnahme auf einen Gegenstand treffend Quasi-Intentionalität. Nur bei genuin singulärer Bezugnahme könne von echter Intentionalität, die „den entscheidenden Schritt zum Geistigen im vollen Sinne" darstelle (eine These, die nicht weiter begründet wird), gesprochen werden. Singulär sei die Bezugnahme dann, wenn der Gegenstand eines geistigen Akts nicht durch einen anderen ersetzt werden könne, nicht einmal dann, wenn er exakt dieselben Eigenschaften hätte. De Sousas Standardbeispiel ist die Liebe, die einen bestimmten Menschen so meint, daß auch ein Mensch, der von dem Geliebten nicht zu unterscheiden ist, ohne aber dieser Geliebte zu *sein*, beim Liebenden nicht dieselben Gefühle auslösen würde. Der Liebende beweist damit nach de Sousa seine Fähigkeit zu „nichtaustauschbarer Identifikation". Vgl. hierzu auch Hauskeller 1999 b.

452 „Die Wörter" (gemeint sind die allgemeinen Namen), bemerkt Proust sehr schön (1976, S. 512), „führen uns von den Dingen ein kleines, deutliches, landläufiges Bild vor Augen, wie man sie an die Wände eines Schulzimmers hängt, um den Kindern zu zeigen, was eine Hotelbank, ein Vogel, ein Ameisenhaufen ist, und zwar in einer Gestalt, die allen der gleichen Art gleichmäßig nahe kommt."

453 Tatsächlich werden Eigenschaften, wie Kripke (1980) zu Recht herausstellt, lediglich dazu benutzt, die Referenz (Bedeutung) festzulegen (Welchen Planeten meinst du, wenn du von Saturn sprichst? – Den mit den Ringen), ohne daß damit eine *notwendige* Verbindung zwischen dem Namen und den Eigenschaften behauptet würde derart, daß alles, was keine Ringe hat, per definitionem nicht Saturn sein kann. „Saturn" ist eben, wie alle anderen Eigennamen auch, ein „starrer Bezeichnungsausdruck" (rigid designator), der eben (in allen möglichen Welten, wie Kripke sagt) *dieses Ding* dort meint (ob es wirklich Ringe hat oder nur so aussieht, ob es sie verliert oder behält).

454 1843, Buch I, Kap. II, § 5.

455 Ebd.

456 Zur ethischen Bedeutung der Anrede überhaupt vgl. Lévinas 1980, S. 92 f.: „Der Anspruch, um den Anderen zu wissen und ihn zu erreichen, erfüllt sich in derjenigen Beziehung zum Anderen, die als Sprachbeziehung auftritt; ihr Wesentliches ist der Anruf, der Vokativ. Der Andere hält und bestätigt sich in seiner Andersartigkeit, sobald man ihn anruft, sei es auch nur, um ihm zu sagen, daß man mit ihm nicht sprechen kann, sei es, um ihn als Kranken einzustufen, um ihm sein Todesurteil anzukündigen. Während er ergriffen und verletzt wird, während ihm Gewalt geschieht, wird er gleichzeitig ‚geachtet'. Der Angerufene ist nicht Gegenstand meines Verstehens: Er steht unter keiner Kategorie. Er ist der, mit dem ich spreche – er hat Bezug nur auf sich selbst, er hat keine Washeit." Ich zweifle allerdings daran, daß die Anrede, wie Lévinas meint, *stets* Achtung impliziert. Nicht ohne Grund setzt Lévinas den Begriff der Achtung hier ja auch in Anführungsstriche, so als sei

wirkliche Achtung doch noch etwas anderes, was sich mit der Verletzung oder gar Tötung des anderen gerade nicht vereinbaren läßt. Schließlich kann ich auf verschiedene Arten mit dem anderen sprechen, ich kann ihm Anweisungen geben oder von ihm eine Information haben wollen, die ich ebenso sehr (oder ebenso wenig) von ihm erfrage, wie ich Informationen erfrage, indem ich eine Eingabe in meinem Computer mache. Nichts zwingt mich, wenn ich den anderen anrede, gerade den *anderen* anzureden; ich kann ihn auch in einer bestimmten Funktion und damit in seiner vermeintlichen Washeit anreden. Mag sein, daß man in diesem Fall nicht von *Anrede* sprechen sollte (Lévinas unterscheidet die „wirkliche Rede" von der Rhetorik), aber das zeigt nur, daß sich aus der bloßen sprachlichen *Form* der Anrede die Art der Beziehung noch nicht erkennen läßt. Meine Beziehung zu einem Menschen, mit dem ich rede, muß nicht wesentlich anders sein als meine Beziehung zu einem Kaffeeautomaten, bei dem ich zunächst Geld einwerfen und Knöpfe drücken muß, bevor ich einen Kaffee erhalte.

457 U. Wolf 1993, S. 23.

458 Vgl. die von Ursula Wolf (1993) zusammengestellten und als „Dokumentation einer Kontroverse" herausgegebenen Texte.

459 Das ist natürlich nur dann möglich, wenn X einen Namen hat und nicht selbst wieder durch sein Verhältnis zu einem anderen bezeichnet wird, weil sonst ein unendlicher Regreß entstünde („die Tochter der Tochter des Sohnes der Tochter usw."). Aber das Problem ließe sich leicht lösen, indem man einfach allen Männern Namen gibt und alle Frauen grundsätzlich als Tochter ihres Vaters anspräche (oder besser, da der Vater nicht selten ungewisser ist als die Mutter, umgekehrt nur die Frauen Namen erhalten und alle Männer als deren Söhne identifiziert werden).

460 1994, S. 231.

461 Vgl. Klemperer 1975, S. 122: „Ich weiß wahrhaftig nicht, was mich entschiedener oder dauerhafter tröstete: wenn es ein Endchen Pferdewurst gab, oder wenn ich einmal ‚Herr Klemperer' oder gar ‚Herr Professor' tituliert wurde."

462 Vgl. Spaemann 1996.

463 Vgl. Margalit 1996, S. 252 f.: „Entwürdigung heißt, Menschen so zu behandeln, als wären sie keine Menschen, sondern Tiere, Dinge oder Maschinen. Die Bürokratie hat diesen Vergleichsmöglichkeiten eine weitere Variante hinzugefügt: Man kann mit jemandem umgehen, als wäre er bloß eine Nummer. (…) Das extremste Beispiel für diese moderne Form der Entwürdigung sind die Nummern, welche die Nazis auf die Arme der KZ-Häftlinge tätowierten. Der Name einer Person ist Teil ihrer Identität. (…) Wenn man eine Person grundsätzlich nicht mehr mit ihrem Namen anspricht, ist das eine Geste, mit der man ein Zeichen ihrer menschlichen Identität in Abrede stellt. (…) Strafgefangene nicht mehr beim Namen, sondern nur noch bei ihrer Häftlingsnummer zu rufen ist ein Akt, der sie aus der Gesellschaft und vielleicht sogar aus der Menschheitsfamilie ausschließt. (…) In manchen vormodernen Gesellschaften (…) galt allein die Vorstellung, Menschen zu zählen, als verwerflich (…). Vieh durfte man zählen, nicht aber Menschen."

464 „Person", schreibt Robert Spaemann (1996, S. 41), „ist eigentlich kein Begriff, sondern ein Name, und zwar ein Name für ein ‚individuum vagum', ein unbestimmtes Individuum."

465 Derrida 1997, S. 10. Vgl. auch ebd., S. 22.

466 Vgl. dazu Klemperer 1975, S. 103 f.: „Weil man aber den deutschen Volksge-
nossen nicht nur vor den jüdischen Namen beschützen will, sondern noch
viel mehr vor jeder Berührung mit den Juden selber, so werden diese aufs
sorgfältigste abgesondert. Und eines der wesentlichsten Mittel solcher Ab-
sonderungen besteht in der Kenntlichmachung durch den Namen. Wer nicht
einen unverkennbar hebräischen und gar nicht im Deutschen eingebürgerten
Namen trägt, wie etwa Baruch oder Recha, der hat seinem Vornamen ein
‚Israel‘ oder ‚Sara‘ beizufügen. (... Außerdem) dürfen die Eltern ihrer Nach-
kommenschaft keinen irreführenden deutschen Vornamen geben; die nationalsozialistische Regierung stellt ihnen eine ganze Reihe jüdischer Vornamen
zur Auswahl."

467 Und gerade diese Umkehrung des Verhältnisses ist entscheidend, denn natürlich haben die meisten Namen, die wir tragen, ohnehin schon Merkmale, die
sie als einer bestimmten Klasse von Namen zugehörig ausweisen, zum Beispiel als deutsche oder französische Namen, so daß auch ich mich durch
meinen Namen nicht nur als individuelle Person, sondern in aller Regel auch
als Deutscher (bzw. Franzose, Türke oder anderes) zu erkennen gebe. Aber
die *primäre* Funktion des Namens ist doch eine andere, nämlich individuali-
sierende.

468 Vgl. die im Süden der Vereinigten Staaten lange verbreitete Bezeichnung „Onkel Tom" für Farbige und dagegen die alltagssprachliche Verwendung des
unbestimmten Artikels vor Eigennamen wie zum Beispiel in dem Satz: „Ein
Thomas hat für dich angerufen", der nur die Unbekanntheit des Namensträ-
gers anzeigt und nicht die Auflösung des einzelnen in einen Klassenbegriff
intendiert.

469 Thomas von Aquin beschäftigt sich in der *Summa Theogiae* in einem Abschnitt über *Die Namen Gottes* mit der Frage, ob Gott überhaupt angemessen
benannt werden kann und wenn ja, wie (S. th. I.13). Da jede Benennung,
meint Thomas, Verständnis der Sache voraussetze, müsse man, wenn man
benennt, auch wissen, worauf sich der Name bezieht. Darum könne nur das,
was vom Verstand erfaßt werden kann, sinnvoll benannt werden. Wenn Gott
somit überhaupt benannt werden soll, dann ist dies folglich höchstens indi-
rekt möglich, vom Geschaffenen her, nicht aber so, daß damit sein Wesen
erfaßt würde, wie es bei allen anderen Dingen der Fall sei: der Name stehe
gewöhnlich für die Wasbestimmung (ratio, quam significat nomen, est defi-
nitio). Darum habe Gott in diesem Sinne keinen Namen. Am angemessensten
sei für Gott immer noch der Name „Er-ist" zu gebrauchen, weil er das Sein
selbst bezeichne (das Sein ist keine Bestimmung, sondern das, was bestimmt
wird). – Es ist klar, daß Thomas hier nicht von Eigennamen, sondern von
Allgemeinnamen redet, da die Benennung durch einen Eigennamen gerade
nicht die Erfassung seiner Wasbestimmung oder Definition durch den Verstand voraussetzt und somit die Bedingungen erfüllt, die ein göttlicher Name
erfüllen müßte.

470 Merkwürdigerweise meint Robert Spaemann, daß alle Namen, also auch die
Allgemeinnamen, einen Verweis auf die Transzendenz des benannten Dinges
enthalten, daß also die Benennung gerade die Eigenwirklichkeit des Benannten heraushebe und festhalte. (Daß nur der Mensch hierzu fähig sei, mache

seine besondere Würde aus.) „Darum", schreibt er, „gibt der Mensch den Dingen Namen. Die Katze nennt die Maus nicht ‚Maus', sondern frißt sie. Wir dagegen fällen nicht nur Bäume oder nutzen sie zu diesem oder jenem Zweck, wir sagen ‚Baum' und meinen damit das, was der Baum ist, ehe er etwas ‚für uns' ist. Nicht als ob wir dieses ‚Wesen' des Baumes wirklich verständen. Wir verstehen auch nicht wirklich, wie einer Katze zumute ist. Aber wir sehen, daß sie nicht nur Gegenstand ist, den wir sehen, sondern daß wir auch umgekehrt von ihr gesehen werden, und daß hinter diesem Blick ein für immer verborgenes Geheimnis liegt, das sich in diesem Blick nur ankündigt" (Spaemann 1984, S. 77).

471 SW 1, S. 664.

472 Vgl. Schiefenhövel 1995, S. 359.

473 Cicero, ND II, 160.

474 Vgl. Cartmill 1995, S. 172: „Lebende Tiere aufzuschneiden, um herauszubekommen, wie ihre Körper funktionieren, ein Brauch, der wenigstens bis auf Galen zurückgeht [und auch heute noch gern und mit unserer demokratischen Billigung praktiziert wird], wurde während der wissenschaftlichen Revolution des 17. Jahrhunderts ein alltäglicher Laborvorgang. Es war eine verteufelte, nach Folterkammer riechende Angelegenheit, bei der das Tier unter furchtbaren Qualen lebendigen Leibes seziert wurde und das einzige verwandte Narkotikum die cartesianische Philosophie war, die das Empfinden des Experimentators betäubte." Vgl. auch Adorno 1951, § 68.

475 Scarry 1985, S. 100. Vgl. auch ebd., S. 68, wo Scarry ähnliche Umbenennungen bei Folterpraktiken untersucht: „In all diesen Fällen, in denen zur Benennung schmerzhafter Formen körperlicher Versehrung ein Wort gebraucht wird, das auf zivilisatorische Errungenschaften verweist, kommt es zu einem Zirkel von Negationen: Da ist kein Mensch, der schreckliche Schmerzen litte, da ist nur ein Telefon; da ist kein Telefon, da ist nur ein Mittel zur Zerstörung eines Menschen, der kein Mensch ist, sondern ein Telefon, das kein Telefon ist, sondern ein Mittel zur Zerstörung eines Telefons. Die doppelte Negation eines Menschen und eines Symptoms von Zivilisation führt in dieser Kombination zu einer weiteren Negation, zur Negation der Wahrnehmung dessen, was da geschieht, durch den Folterer, und diese Negation sorgt ihrerseits dafür, daß die ersten beiden Negationen weiterwirken können. Die Sprache der Folterer ist nicht nur ein Indiz für den Wahrnehmungsprozeß, der die menschliche Realität, so schreiend gegenwärtig sie auch sein mag, unsichtbar und unhörbar macht. Sie trägt vielmehr ihrerseits dazu bei, daß dieser Wahrnehmungsprozeß in Gang kommt" (Scarry 1985, S. 68).

476 Allerdings zumeist erst dann, wenn zumindest ein Surrogat sinnlicher Nähe zur Verfügung gestellt wird. So blieben zu Beginn der Flutkatastrophe in Mosambik im Februar 2000 die Beistandsgesuche diverser Hilfsorganisationen solange von der Weltöffentlichkeit unbeachtet, bis ein Kamerateam die Geburt eines Kindes auf einem Baum inmitten der Fluten filmte. Kaum verbreitete das Fernsehen diese Bilder, fanden sich viele Menschen plötzlich zur Hilfe bereit.

477 Proust 1976, S. 164.

478 1759, S. 1.

479 Ebd., S. 2.

480 Ebd., S. 23.

481 Das ist genau das, was von Hare, übrigens ohne auf Smith Bezug zu nehmen, das Prinzip der bedingten Reflexion (Conditional Reflection Principle) genannt wird (Vgl. Kap. 4). Freilich kann ich niemals der andere sein und eben deshalb auch nicht eigentlich wissen, wie es für ihn ist, in einer solchen Situation zu sein. Was ich allein wissen kann, ist, wie es für mich wäre.

482 Smith 1759, S. 528 f.

483 Ohne einen solchen extrapräferentiellen Maßstab müßten alle Lebensumstände als gleichwertig gelten, solange kein ausdrückliches Bedürfnis besteht, sie zu ändern. Oft genug passen sich aber unsere Bedürfnisse an die Umstände an. Wir gewöhnen uns an die Umstände, in denen wir zu leben gezwungen sind, auch wenn sie noch so dürftig sind, und lernen bald, gar nichts anderes mehr zu wünschen, weil der Wunsch uns nur daran hindern würde, mit der gegebenen Situation zurecht zu kommen. Der Fuchs (in Äsops Fabel), der keine Möglichkeit hat, die Trauben zu erreichen, weil sie zu hoch für ihn hängen, flüchtet sich in Verachtung und behauptet, sie seien ohnehin sauer, und bald schon ist er selbst davon überzeugt, daß sie es seien. Tatsächlich aber sind sie nach wie vor süß und ein echtes Gut auch für ihn. Nur erkennt er sie nicht mehr als Gut und hat darum aufgehört, sie zu wünschen. Legte man nun zum Zweck ethischer Beurteilung ausschließlich die vorhandenen Präferenzen zugrunde, müßte eine Welt, in der vielen Menschen die Trauben des Lebens vorenthalten blieben, als ebenso gut gelten, wie eine Welt, in der alle sie genießen dürfen – womit gegen ungerechte Verhältnisse aus moralischer Sicht nichts mehr einzuwenden wäre. Zum Phänomen der „sour grapes" vgl. besonders Elster 1982 und 1983. Für weitere Argumente gegen eine alleinige Orientierung an den tatsächlichen Wünschen unter Vermeidung einer Konzeption des Wünschens*werten* vgl. Nussbaum 1988 und 1990 sowie Gamm 1998.

484 Smith 1759, S. 7.

485 Ebd., S. 100.

486 Ebd., S. 201.

487 Vgl. Nussbaum 1993, S. 157: „Die abstrakte Sichtweise des abwägenden Intellekts ist ein stumpfes und relativ beschränktes Instrument, wenn ihr nicht die lebhafte und emphatische Vorstellung zu Hilfe kommt, die sich ausmalt, was es wirklich bedeutet, ein bestimmtes Leben zu führen."

488 Vgl. Kap. 11 (über das moralische Apriori).

489 Zur Frage, ob und inwieweit Fotos als realistisch zu betrachten sind, vgl. Böhme 1999c, S. 111–127.

490 Leider beschäftigt sich das „Die Wirklichkeit des Bildes" betitelte Buch von Brandt (1999) erstaunlicherweise mit kaum etwas so wenig wie der *Wirklichkeit*. Weder die Wirklichkeit, die das Bild zeigt, noch die Wirklichkeit des Bildes als solchem, mit der Böhme sich in seiner „Theorie des Bildes" auseinandersetzt (1999 c), sind für Brandt offenbar auch nur entfernt von Interesse. Ausgenommen eine einzige Seite, auf der er erwähnt, daß ein Bild auch eine moralische Bewertung vollziehen bzw. suggerieren könne (S. 218 f.), beschäftigt ihn ausschließlich der *Begriff* des Bildes. Es wäre daher besser gewesen, wenn Böhme und Brandt sich darauf verständigt hätten, ihr Buch jeweils so zu betiteln, wie es nun der andere getan hat.

491 Handke 1996, S. 42.
492 Ebd., S. 30.
493 Vgl. dazu Rumiz 2000, Kap. 3.
494 Heinz von Foerster nennt dies („Wir sehen nicht, daß wir nicht sehen.") das Prinzip der doppelten Blindheit. Vgl. von Foerster 1999.
495 Vgl. hierzu Martens 1997, S. 196 f.
496 1980, S. 126.
497 Ebd., S. 90 f. Vgl. auch Böhme 1999 c, S. 116; Brandt 1999, S. 144.
498 Vgl. Barthes 1980: „Die Photographie ruft nicht die Vergangenheit ins Gedächtnis zurück (…). Die Wirkung, die sie auf mich ausübt, besteht nicht in der Wiederherstellung des (durch Zeit, durch Entfernung) Aufgehobenen, sondern in der Beglaubigung, daß das, was ich sehe, tatsächlich dagewesen ist" (S. 92). „Jegliche Photographie ist eine Beglaubigung von Präsenz" (S. 97).
499 Der Vietnamkrieg wurde nicht zuletzt deshalb von den US-Amerikanern verloren, weil eine den Feldzug ungehindert begleitende Heerschar von Bildreportern ständig durch das Fernsehen die grausamen Auswirkungen des Krieges in die heimischen Wohnzimmer brachte und auf diese Weise weite Teile der amerikanischen Öffentlichkeit gegen die Fortführung des Krieges einnahm. In späteren Kriegen hat man sich deshalb darum bemüht, den Freiraum der Journalisten so weit wie möglich einzuschränken, um so eine gesteuerte Berichterstattung für die eigenen Zwecke nutzbar machen zu können (erstmals praktiziert im Falklandkrieg, perfektioniert im Golfkrieg und bemüht im Kosovokrieg). Vgl. hierzu Grimberg 2000.
500 Barthes 1980, S. 128.
501 Proust 1976, Bd. 1, S. 116 f.
502 Was unter anderem die *Identifikation* dieses Menschen, das heißt eine Vorstellung davon, mit *wessen* Tod man es zu tun hat, voraussetzt. Vgl. Hume 1739/40, Buch II, Teil III, Abschnitt 9: „Wenn jemand von einer durchaus glaubwürdigen Persönlichkeit hört, einer seiner Söhne sei plötzlich getötet worden, so kann gewiß der Affekt, den dies Ereignis hervorruft, nicht eher zur wirklichen Trauer werden, als bis der Betreffende gewisse Kunde erhält, welchen seiner Söhne er verloren hat."
503 Hume 1739/40, Buch 2, Teil I, Abschnitt 11.
504 Ebd., Buch 1, Teil III, Abschnitt 7: „Wenn demnach der Glaube nur die Art und Weise ändert, wie wir einen Gegenstand uns innerlich vergegenwärtigen, so kann seine Wirkung nur darin bestehen, daß er unseren Vorstellungen größere Energie und Lebhaftigkeit verleiht. Das Fürwahrhalten oder Glauben kann also völlig zutreffend bestimmt werden als eine lebhafte Vorstellung". Und wenige Seiten später bemerkt Hume: „Wenn zwei sich hinsetzen und ein Buch lesen, dessen Inhalt der eine als Erfindung, der andere als eine wahre Geschichte betrachtet, so erhalten beide offenbar dieselben Vorstellungen in derselben Reihenfolge; und die Ungläubigkeit des einen und der Glaube des anderen hindern die beiden nicht, ihrem Autor dieselben Gedanken zuzuschreiben. Seine Worte rufen in beiden dieselben Vorstellungen hervor; nur üben seine Aussagen nicht dieselbe Wirkung auf beide. Der Gläubige faßt alle Einzelheiten lebhafter auf; er nimmt größeren Anteil an den Personen, vergegenwärtigt sich ihre Handlungen und Charaktere, ihre Sympathien und Antipathien; er geht sogar so weit, sich ein Bild von ihren Zügen, ihrem

Ausdruck, ihrer Persönlichkeit zu machen, während der andere, der den Aussagen des Autors keinen Glauben schenkt, eine schwächere und mattere Vorstellung von all diesen Einzelheiten gewinnt, und sich, abgesehen von dem Interesse, das ihm der Stil und die geistvolle Art der Komposition einflößen, wenig an ihr zu erbauen vermag."

505 Zitiert nach Gourevitch 1998, S. 240.

506 Wiedergegeben von Slavenka Drakulic in der *New York Times* vom 13. 12. 92. Hier zitiert nach Shute/Hurley 1993, S. 12.

507 Das Problem ähnelt dem der „Pseudo-Relationen", mit dem de Sousa (1987, S. 186 ff.) sich in seiner Theorie der Gefühle beschäftigt. Manche Gefühle richten sich auf Objekte, die nicht existieren, z. B. wenn einer sich vor Geistern fürchtet oder vor etwas, das ihn de facto in keiner Weise bedroht. „Doch wie kann es reale Relationen zu einem nicht-existierenden Ding geben?" Vgl. dazu Palmer 1992, Kap.1: „Fictional Persons and Fictional Worlds".

508 Vgl. dazu Hauskeller 1995 a, IV.2: Der Schein der Wirklichkeit.

509 Vgl. Radford/Weston 1975.

510 Vgl. aber auch Walsh 1969, Murdoch 1970 (S. 34: „Der wesentlichste und grundlegendste Aspekt der Kultur ist das Studium der Literatur, denn dies ist eine Erziehung darin, wie man menschliche Situationen anschaulich darstellen und verstehen kann."), Wilson 1983 und Palmer 1992.

511 Ähnlich Palmer 1992, S. 218.

512 Nussbaum 1986, S. 185. Diesen Punkt betont ansonsten besonders Walsh 1969. Vgl. aber auch Palmer 1992, S. 137 u. 206.

513 Nussbaum 1990, S. 46.

514 Nussbaum 1986, S. 69.

515 Rorty 1993, S. 172.

516 Man kann, schreibt Rorty, „keine Romanfigur schaffen, ohne damit zugleich dem Leser eine bestimmte Weise des Handelns zu suggerieren" (1991, S. 272).

517 Rorty 1993, S. 183.

518 1991, S. 16.

519 Ebd., S. 258.

520 Rorty 1991, S. 229.

521 Carroll 1998, S. 146.

522 „A play like *A Raisin in the Sun* addresses white audiences in such a way as to incite vividly their recognition that African-Americans are persons like any other and therefore should be accorded the kind of equal treatment for persons that such audiences already endorse as a matter of principle" (Carroll 1998, S. 142 f.).

523 „For example, by calling attention to and emphasizing the fact that gays and lesbians are fully human persons one can often convince heterosexuals that gays and lesbians are thereby fully deserving of the rights that those heterosexuals in question already believe should be accorded to all persons" (ebd., S. 148).

524 1985, S. 521.

525 Vgl. Nussbaum 1989.

526 Die Aufmerksamkeit ist das Bindeglied zwischen Erweiterung der Vorstellungskraft und der ästhetischen Sensibilisierung, die unterzubewerten Früchtl (1996, S. 229 f.) Rorty vorwirft.

527 1999, S. 22 f.

528 Romane, schreibt Lionel Trilling (1978, S. 199), geben uns „the look and feel of things, how things are done and what things are worth and what they cost and what the odds are."

529 Ich bin davon überzeugt, daß viele Kinder meiner Generation in ihrem Moralempfinden stärker durch Fernsehserien wie Lassie, Flipper, Bonanza etc. geprägt worden sind als durch die Verhaltensanweisungen ihrer Eltern und Lehrer.

530 Vgl. Wilson 1983.

531 Currie 1998, S. 176.

532 Für einen Überblick über den gegenwärtigen Diskussionsstand vgl. Meier-Seethaler 1997.

533 1739/40; Buch 3, Teil II, Abschnitt 5.

534 Damasio 1995, S. 282–84.

535 1980, S. 258.

536 Midgley 1981, S. 92 („We cannot really think injustice is bad if it does not at some point sicken us").

537 Tugendhat 1993, S. 71.

538 1739/40, Buch 3, Teil I, Abschnitt 1.

539 Ebd., Buch 3, Teil I, Abschnitt 2.

540 Ebd., Buch 3, Teil I, Abschnitt 1.

541 Ebd., Buch 2, Teil I, Abschnitt 3.

542 1841, § 6.

543 Ebd., § 12.

544 Für eine eingehendere Diskussion vgl. Hauskeller 1998.

545 De Clementia II, 5.

546 Commiseratio in homine, qui ex ductu rationis vivit, per se mala, et inutilis est (Ethica Pars IV, Propositio 50).

547 Von Spinoza spannt sich ein Bogen zu Kant, der den stoischen Weisen lobt, welcher alles tut, um einem Freund in der Not Beistand zu leisten, der aber, sobald er sieht, daß dieser Freund nicht mehr zu retten ist, sich abwendet und zu sich selbst spricht: „Was geht's mich an?" Da das Mitleid hier offenkundig nichts mehr nützt, hat es auch keinerlei Wert, und auch sonst vermehrt das Mitleid nur die Übel in der Welt. Allerdings gesteht Kant doch immerhin zu, daß das Mitleid, obschon keine Pflicht, doch menschlich und hilfreich sei (Metaphysik der Sitten, Ethische Elementarlehre, § 34, 35).

548 Hamburger 1985, S. 19.

549 Ebd., S. 21.

550 Ebd., S. 102 f.

551 Ebd., S. 108.

552 1996, S. 268 f.

553 Vgl. Hume 1739/40, Buch 3, Teil III, Abschnitt 2: „Die Gefühle anderer können uns nicht erregen, wenn sie nicht in gewissem Grade die unsrigen werden."

554 Vgl. Moores Argument der offenen Frage in *Principia Ethica* (1903).

555 Besser sei es, bemerkte einmal John Stuart Mill (1863, S. 18), ein unzufriedener Mensch zu sein als ein zufriedenes Schwein, besser ein unzufriedener Sokrates als ein zufriedener Narr.

556 Dieses Argument bedarf natürlich der Stützung durch eine philosophische Anthropologie und eine Güterlehre, die hier nur angedeutet werden kann. Ich verweise auf die Arbeiten von Kamlah 1973, der als Grundkategorie des menschlichen Daseins neben die Handlung das Widerfahrnis setzt, und Gernot Böhme 1994 u. 1997, S. 131–150, der das Widerfahrnis, das Sich-Betreffen-Lassen, als eine wesentliche Bedingung des „Gut-Menschseins" herausarbeitet.

557 Vgl. Wolf 1988, S. 57: Rücksicht gegen andere kommt „über Status- und Gruppenunterschiede hinweg dort zustande, wo im Gegenüber hinter allen Unterschieden der Mensch wahrgenommen wird, der leidet, wo das Mitleid durchbricht. Das zeigt, daß das Mitleid immer schon allen Moralen als Fundament zugrunde liegt."

558 1984, S. 80.

559 Das achte der zehn den Völkermord in Ruanda mental vorbereitenden Hutu-Gebote lautete: „Hutu dürfen gegenüber Tutsi kein Mitleid mehr zeigen" (Gourevitch 1998, S. 107). Das Resultat dieses Gebotes waren beinahe eine Million Tote in drei Monaten.

560 Vgl. Nussbaum 1993, S. 146.

561 1984, S. 158.

562 Vgl. Oakley 1992, S. 39: „it may only be through having emotions such as sympathy and compassion that we can make an accurate judgement of another's needs. (...) For example, in the absence of sympathy and compassion we might sometimes be unable to imagine or appreciate the suffering of a person who is the victim of racial or sexual discrimination." Ähnlich äußert sich Nancy Sherman (1989, S. 45): „We notice through feeling what otherwise go unheeded by a cool and detached intellect. To see dispassionately without engaging the emotions is often to be at peril of missing what is relevant."

563 Siehe Cates 1997, S. 2: „compassion is not, strictly speaking, a passion, although it has a great deal to do with passion. It is, instead, a virtue, i. e., a habitual disposition concerned with choosing both to act and to feel in accordance with a certain rule."

564 1841, § 17.

565 Hares Ansicht (1981, S. 70ff.), daß Pflichten immer nur scheinbar, nämlich auf der intuitiven, aber niemals auf der kritischen Ebene kollidieren (nach der Maxime „Falls deine Pflichten in Konflikt geraten, ist eine davon nicht deine Pflicht"), setzt die Möglichkeit rationaler Normenbegründung voraus. Fehlt diese, kann ein Konflikt grundsätzlich nicht ausgeschlossen werden. Wir können zwar nicht zugleich eine Sache und ihr Gegenteil (x und non-x) *tun*, aber wir können uns zugleich zu beidem *verpflichtet* fühlen (und auch zugleich, im oben, Kap. 7, ausgeführten Sinne, zu beidem verpflichtet *sein*).

566 1919, S. 539.

567 1986, S. 304.

568 1973, S. 61 f.

569 Ebd., S. 63.

570 Ebd., S. 73.

571 Dem schließt sich Lucas (1993, S. 50 f.) an.

572 Bierhoff (1995, S. 223) nennt als Strategien der Verantwortlichkeitsabwehr erstens die Bagatellisierung der Hilfsbedürftigkeit des anderen, zweitens den

Selbstverschuldungsvorwurf (siehe dazu Kap. 33 dieses Buches) und drittens schließlich das Abschieben der Verantwortung auf andere. Sowohl in Nagels als auch Williams' Interpretation ihrer jeweiligen fiktiven Fallbeispiele läßt sich unschwer die dritte der drei genannten Strategien wiedererkennen.

573 1919, S. 540.

574 Lucas (1993, S. 51): „He [Jim] has not killed anyone. The deaths are due *entirely* to the guerillas' actions, not to his inaction" (meine Hervorhebung).

575 Vgl. Gamm 1998 b, S. 306: „Nur weil (…) die eindeutig richtige Verhaltensantwort nicht a priori in der intersubjektiv veranlagten Realität bereitliegt – nicht solange bis sie gegeben, d. h. erfunden wird –, nur deshalb können wir überhaupt etwas verantworten."

576 Vgl. Werner 1994, S. 304.

577 Zimmerman 1992, S. 1089.

578 Zum Unterschied vgl. Zimmerman 1992, S. 1089.

579 Heider 1958, S. 137.

580 Der Experimentalpsychologe und Behaviorist B. F. Skinner hat diesen Standpunkt später (1971) weithin bekannt gemacht und damit eine heftige Kontroverse ausgelöst. Nicht die Einzelperson, erklärte Skinner, sei für ihre Handlungen verantwortlich, sondern die Umwelt, die sie auslöst (ebd., S. 80). Folglich müsse die Umwelt geändert werden, wenn man das Verhalten ändern wolle. Gesteigert werden müsse nicht das Verantwortungsgefühl der einzelnen, sondern die gesellschaftliche Kontrolle.

581 1995, S. 8.

582 Vgl. Lenk 1992.

583 Bayertz 1995, S. 14, Fußnote.

584 Schweitzer 1923, S. 342.

585 Ebd., S. 331.

586 Ebd., S. 333.

587 Ebd., S. 340.

588 Ebd.

589 1995, S. 38 f.

590 Schweitzer 1923, S. 341. Vgl. Lévinas 1980, S. 289: „Angesichts des Hungers der Menschen gibt es für die Verantwortung nur ein ‚objektives' Maß. Die Verantwortung kann nicht abgewiesen werden."

591 Vgl. Bierhoff 1995, S. 234: „Um so leichter es vorstellbar ist, daß eine Person ein Unglück hätte vermeiden können, desto größer sollte die zugeschriebene Verantwortung ausfallen. Wenn es hingegen nur schwer vorstellbar ist, daß sich die handelnde Person anders verhalten hätte, sollte die Zuschreibung der Verantwortung für eine Missetat eher gering ausfallen. Denn es läßt sich im Sinne einer Simulation keine bessere Handlungsmöglichkeit vorstellen, die ein günstigeres Ergebnis herbeigeführt hätte."

592 1971, S. 18.

593 Auf diesem Begriff der Handlungskontrolle bauen Fisher und Ravizza (1998) ihre Theorie der Verantwortung auf.

594 Vgl. Thomas von Aquin, Sth I–II 18, 10, sowie meine diesbezüglichen Ausführungen in Hauskeller 1999 a, S. 195–205.

595 Vgl. Williams 1993, S. 61, der einen ähnlichen Fall diskutiert. Die Bedingung, daß A die Handlung nicht hätte voraussehen können, würde natürlich auch

zutreffen, wenn A aufgrund seiner psychischen Struktur außerstande wäre, die Folgen seiner Handlungen abzuschätzen, also wenn er zum Beispiel den Stein würfe, ohne zu wissen, daß Steine Menschen verletzen können oder daß Menschen überhaupt verletzt werden können oder was es für einen Menschen bedeuten kann, von einem Stein getroffen zu werden.

596 1995, S. 14.

597 Der einzige, der heute, soweit mir bekannt, diese These ernsthaft diskutiert, ist, im Rückgriff auf die griechische Tragödie, Bernard Williams (1993, S. 50–74).

598 Dieser Unterschied erklärt auch die bekannte Tatsache, daß Zugführer, die erleben, wie sich ein Mensch vor „ihren" Zug wirft (was ziemlich häufig geschieht, so daß jeder Zugführer damit rechnen muß, ein bis zweimal während seines Berufslebens dieses Erlebnis zu haben), sich in den allermeisten Fällen für dessen Tod verantwortlich fühlen und infolgedessen psychische Schäden davontragen, die nicht selten Berufsunfähigkeit zur Folge haben. Vgl. Adam Smith 1759, S. 162 f.: „Ein human gesinnter Mensch, der zufällig und ohne die geringste tadelnswerte Fahrlässigkeit zur Ursache des Todes eines Menschen geworden ist, wird sich selbst sühnebedürftig, wenn auch nicht schuldig fühlen. Sein ganzes Leben hindurch wird er jenes zufällige Ereignis als einen der größten Unglücksfälle betrachten, die ihm zustoßen konnten." Vgl. auch Williams 1993, S. 70.

599 Vgl. Shklar 1990, S. 119.

600 Müller 2000.

601 Ebd.

602 Vgl. z. B. Maruyama 1999, S. 367 f.

603 Vgl. Lenk 1992, S. 84–98.

604 Vgl. Lucas 1993, Kapitel 5.

605 *Nicht* verantwortlich bin ich hingegen dann, wenn ich es *weder* positiv verursacht habe *noch* hätte verhindern können. Der Autofahrer, auch wenn er im Rahmen seiner Möglichkeiten (als Autofahrer) alles getan hat, um niemanden zu gefährden, ist verantwortlich für den Tod des von ihm Überfahrenen, nicht jedoch die Passanten, die den Unfall nur gesehen haben. Sie sind lediglich verantwortlich für das, was *nach* dem Unfall geschieht, insofern sie selbst dazu beitragen können (indem sie etwa den Notdienst verständigen oder anders Hilfe leisten oder auch nur indem sie nicht im Wege stehen).

606 Vgl. Werner 1994, S. 304: „Der Kurzschluß selbst kann sich nicht verantworten, weil er nicht antworten, nicht Rede stehen kann." Christian Müller (1992, S. 106) meint, daß Verantwortung sinnvoll nur unter der Bedingung des Verstehen- und Antwortenkönnens *und* der Bedingung der Entscheidungs- und Handlungsfreiheit zugeschrieben werden könne. Für letzteres sehe ich jedoch keinen Anlaß.

607 1998, S. 44.

608 Waldenfels 1998, S. 45.

609 Buber 1930, S. 152.

610 Ebd., S. 161.

611 Ebd., S. 163.

612 Vgl. Lévinas 1963, S. 224: „Die Epiphanie des absolut Anderen ist Antlitz, in dem der Andere mich anruft und mir durch seine Nacktheit, durch seine Not,

eine Anordnung (ordre) zu verstehen gibt. Seine Gegenwart ist eine Aufforderung zu Antwort."

613 Zum Verantwortungsbegriff von Jonas siehe Werner 1994.

614 Vgl. dazu insbesondere Jonas 1979 und Birnbacher 1988.

615 Z. B. Korff 1998, S. 13.

616 Picht 1969, S. 319.

617 1992, S. 81.

618 Christian Müller (1992, S. 107) meint, daß der Gegenstand der Verantwortung (das Wofür) grundsätzlich nicht mit der Instanz (dem Wovor) zusammenfallen könne, weil das, wofür ich Verantwortung habe, immer etwas sei, über das ich Macht habe, während die Instanz, vor der ich mich verantworten muß, eben darum immer über mich Macht habe. Nun stimmt dies zwar, aber daraus folgt nicht, daß Gegenstand und Instanz nicht zusammenfallen können. Denn die Macht, die ich über den Verantwortungsgegenstand habe, ist eine *andere* Macht als die, welche er über mich hat. Ich habe die Macht, ihn zu verletzen oder gar zu vernichten, während er die Macht hat, mich anzurufen und dabei Rechenschaft und die Beschränkung meines Handelns von mir zu fordern. Indem ich die Verantwortung übernehme, erkenne ich diese Macht an (ich *ermächtige* den anderen), ohne dabei meine Verletzungsmacht zu verlieren.

619 Vgl. Heinz von Foerster 1994, S. 73 f.: „Nur *die* Fragen, die im Prinzip unentscheidbar sind, können *wir* entscheiden. (...) Wir haben die Wahl, wer wir werden möchten, wenn wir über prinzipiell unentscheidbare Fragen entschieden haben. (...) Mit dieser Freiheit der Wahl haben wir die Verantwortung für jede unserer Entscheidungen übernommen."

620 Zum Beispiel: Sollte man, wie jüngst in Celle geschehen, um Asylbewerberheime hohe Mauern errichten, um die Anwohner davor zu schützen, von den dort ansässigen Asylsuchenden belästigt zu werden, was ja letztlich auch in deren Interesse sei?

621 So wie es Heuchelei ist zu behaupten, die Züchtung von Schlachttieren sei doch auch in deren eigenem Interesse, da sie gar nicht leben würden, wenn wir sie nicht züchteten, und das würden wir ja nicht, wenn wir nicht vorhätten, sie zu essen.

622 Vgl. Spaemann 1989: „Das Wohlwollen ist nicht eine Funktion des Triebes, nicht eine Funktion der Selbst- oder Arterhaltung, da es diese gerade relativiert. Es ist so universell wie der Horizont, den es eröffnet. Es gilt jedem Seienden als einem Einmaligen, Inkommensurablen. Und doch muß der Wohlwollende als endliches Wesen spätestens dann Kommensurabilität herstellen und das Begegnende relativieren, wenn er zu handeln beginnt. Denn als Handelnder ist er wesentlich endlich" (S. 141). „Wo ich vor der Alternative stehe, meinem Kind oder dem eines Anderen das Leben zu retten, werde ich das Leben meines Kindes retten. Und ich werde im Angesicht des dadurch Verzweifelten auf seine Verzeihung angewiesen sein. Verzeihung nicht im engeren moralischen Sinn. Denn eine Schuld in diesem Sinn trifft mich nicht. Und doch bleibt die Spannung bestehen zwischen der Unendlichkeit des Horizontes der Verantwortung, der sich dem vernünftigen Wesen erschlossen hat, und der Endlichkeit des Lebewesens Mensch, das dieser Verantwortung handelnd gar nicht entsprechen kann" (S. 147). „Und wenn auch jeder Einzelne in einer gewissen Hinsicht unvergleichbar ist, so können wir doch nicht

anders, als ihn mit Bezug auf unser endliches Handeln vergleichbar zu machen" (S. 199). Schon Buber (1923) ist sich dieses Problems bewußt: Das Du (d. i. die Person) „grenzt nicht" (S. 8), es ist „nachbarnlos und fugenlos" und „füllt den Himmelskreis" (S. 12), „Maß und Vergleich sind entwichen" (S. 36). „Sowie jedoch ein Du zum Es wird, erscheint die Weltweite der Beziehung als ein Unrecht an der Welt, ihre Ausschließlichkeit als eine Ausschließung des Alls" (S. 80). Ähnlich äußert sich Lévinas (1982, S. 68 f.): „Wie kommt es, daß man imstand ist, zu bestrafen und zu unterdrücken? Wie kommt es, daß es Gerechtigkeit gibt? Ich sage darauf, daß das in der Tatsache der Vielzähligkeit der Menschen liegt, in der Gegenwart des Dritten neben dem Anderen, wobei beide die Gesetze bedingen und das Recht begründen. Solange ich mit dem Anderen alleine bin, schulde ich ihm alles; aber es gibt den Dritten. Weiß ich, was mein Nächster im Verhältnis zum Dritten ist? Weiß ich, ob der Dritte mit ihm in Übereinstimmung ist oder ob er sein Opfer ist? Wer ist der Nächste für mich? Man muß daher abwägen, denken, beurteilen, indem man Unvergleichbares miteinander vergleicht. Die interpersonale Beziehung, die ich mit dem Anderen herstelle, muß ich auch mit den anderen Menschen herstellen; es besteht also die Notwendigkeit, dieses Privileg des Anderen einzuschränken; daher die Gerechtigkeit."

623 1923, S. 350.

Literatur

Adorno, Theodor W.
(1951): Minima Moralia (1951), Frankfurt am Main 1980.
(1966): Negative Dialektik (1966), 7. Aufl. Frankfurt am Main 1992.
Anscombe, Gertrude E. M.
(1974): „Moderne Moralphilosophie", in: Grewendorf/Meggle 1974, S. 217–243.
Aquin, Thomas von
(Sth): Summa theologiae (Vollständige deutsch-lateinische Ausgabe, Graz u. a. 1934 ff.).
(ScG): Summe gegen die Heiden/Summa contra gentiles (Hg. und übersetzt von Karl Allgaier, Darmstadt 1996).
Arendt, Hannah
(1964) Eichmann in Jerusalem. Ein Bericht von der Banalität des Bösen (1964), 9. Aufl. München/Zürich 1995.
Aristoteles
(De An.): De Anima (Über die Seele)
(EN): Nikomachische Ethik
(MM): Magna Moralia
Assis, Machado de
(1996): Der geheime Grund. Erzählungen, Frankfurt am Main 1996.
Augustinus
(lib): De libero arbitrio (Über den freien Willen), in: Werke des Augustinus in sieben Bänden (Bibliothek der alten Welt), Zürich 1950 ff.
Baeyer, Hans Christian von
(1997): „Gleich und doch verschieden", in: Die Zeit vom 26. 12. 1997.
Barthes, Roland
(1980): Die helle Kammer. Bemerkung zur Photographie (1980), Frankfurt am Main 1989.
Bateson, Gregory
(1979): Geist und Natur (1979), Frankfurt am Main 1982.
Bauman, Zygmunt
(1992): Dialektik der Ordnung, Hamburg 1992.
Bayertz, Kurt
(1995): „Eine kurze Geschichte der Herkunft der Verantwortung", in: Ders. (Hg.), Verantwortung. Prinzip oder Problem?, Darmstadt 1995, S. 3–71.
Bayles, Michael D.
(1976): Ethics and Population, Cambridge, Mass. 1976.
Benjamin, Walter
(1974): Charles Baudelaire. Ein Lyriker im Zeitalter des Hochkapitalismus, in: Gesammelte Schriften I. 2, Frankfurt am Main 1974, S. 509–690.
Bentham, Jeremy
(1789): An Introduction to the Principles of Morals and Legislation, in: The

Utilitarians, New York 1961, S. 5–398 (dt. Übersetzung von Annemarie Pieper zitiert nach: Höffe 1992, S. 52–83).

(1796): Anarchical Fallacies; being an examination of the Declaration of Rights issued during the French Revolution, in: Waldron 1987, S. 46–76.

Berkeley, George
(1710): Abhandlung über die Prinzipien der menschlichen Erkenntnis (1710), übersetzt von Friedrich Überweg, 4. Aufl. Leipzig 1906.

Berlin, Isaiah
(1969): Four Essays on Liberty, Oxford 1969.

Bernasconi, Robert
(1998): „Wer ist der Dritte? Überkreuzung von Ethik und Politik bei Levinas", in: Bernhard Waldenfels/Iris Därmann (Hg.), Der Anspruch des Anderen. Perspektiven einer phänomenologischen Ethik, München 1998, S. 87–110.

Bhagavadgita
(1958): Die Bhagavadgita. Sanskrittext mit Einleitung und Kommentar von S. Radhakrishnan, ins Deutsche übersetzt von Siegfried Lienhard, Baden-Baden 1958.

Bierhoff, Hans Werner
(1995): „Verantwortungsbereitschaft, Verantwortungsabwehr und Verantwortungszuschreibung", in: Kurt Bayertz (Hg.), Verantwortung. Prinzip oder Problem?, Darmstadt 1995, S. 217–240.

Birnbacher, Dieter
(1980): (Hg.) Ökologie und Ethik, Stuttgart 1980.
(1988): Verantwortung für zukünftige Generationen, Stuttgart 1988.
(1991): „‚Natur' als Maßstab menschlichen Handelns" (1991), in: Birnbacher 1997, S. 217–241.
(1997): (Hg.) Ökophilosophie, Stuttgart 1997.

Böhme, Gernot
(1994): Anthropologie in pragmatischer Hinsicht, 4. Aufl. Frankfurt am Main 1994.
(1997): Ethik im Kontext, Frankfurt am Main 1997.
(1999): „Hat der Klon eine Identität?", in: Die Welt vom 22.1.1999.
(1999b): „Über die Natur des Menschen", in: Günter Seubold (Hg.), Die Zukunft des Menschen, Bonn 1999.
(1999c): Theorie des Bildes, München 1999.
(2000): „Gentechnik und das Selbstverständnis des Menschen", in: Eva Ruhnau u. a. (Hg.), Ethik und Heuchelei, Köln 2000.

Boethius, Anicius Manlius Severinus
(cont. Eut.): Gegen Eutyches und Nestorius (Die Theologischen Traktate, Traktat 5, Hamburg 1988).

Borges, Jorge Luis
(1952): „Neue Widerlegung der Zeit" (1952), in: Essays 1952–1979, München/Wien o. J., S. 178–200.

Brandt, Reinhard
(1999): Die Wirklichkeit des Bildes, München 1999.

Brandt, Richard B.
(1959): Ethical Theory, Englewood Cliffs, N. J. 1959.

Brown, D. G.
(1973): „What is Mill's Principle of Utility?", in: Canadian Journal of Philosophy III, 1 (1973), S. 1–12.
Brülisauer, Bruno
(1988): Moral und Konvention. Darstellung und Kritik ethischer Theorien, Frankfurt am Main 1988.
Buber, Martin
(1923): Ich und Du, in: Das dialogische Prinzip, Gerlingen 1962, S. 7–136.
(1930): Zwiesprache, in: Das dialogische Prinzip, Gerlingen 1962, S. 137–196.
Carroll, Noel
(1998): „Art, Narrative, and Moral Understanding", in: Jerrold Levinson (Hg.), Aesthetics and Ethics. Essays at the Intersection, Cambridge 1998, S. 126–160.
Cartmill, Matt
(1995): Das Bambi-Syndrom. Jagdleidenschaft und Misanthropie in der Kulturgeschichte, Reinbek bei Hamburg 1995.
Cates, Diana Fritz
(1997): Choosing to Feel. Virtue, Friendship and Compassion for Friends, Notre Dame, Indiana 1997.
Chesterton, Gilbert Keith
(1905): Ketzer, Frankfurt am Main 1998.
Clark, Stephen R. L.
(1983): „Gaia und die Formen des Lebens", in: Krebs 1997, S. 144–164.
Cole, Jonathan
(1999): Über das Gesicht, München 1999.
Cooper, Neil
(1969): „Mill's ‚Proof' of the Principle of Utility", in: Mind 78 (1969), S. 278 f.
Currie, Gregory
(1998): „Realism of Character and the Value of Fiction", in: Jerrold Levinson (Hg.), Aesthetics and Ethics. Essays at the Intersection, Cambridge 1998, S. 161–181.
Dahl, Jürgen
(1984): „Verteidigung des Federgeistchens", in: Walter Sauer (Hg.), Verlassene Wege zur Natur. Impulse für eine Neubesinnung, Witzenhausen 1992.
Damasio, Antonio R.
(1995): Descartes' Irrtum. Fühlen, Denken und das menschliche Gehirn, München 1995.
Darwall, St. L.
(1977): „Two Kinds of Respect", in: Ethics 88 (1977/78).
Derrida, Jacques
(1967): Gewalt und Metaphysik. Essay über das Denken von Emmanuel Lévinas, in: Ders., Die Schrift und die Differenz, Frankfurt am Main 1972, S. 121–235.
(1997): Adieu. Nachruf auf Emmanuel Lévinas, München 1999.
Descartes, René
(1641): Meditationen über die erste Philosophie, Hamburg 1992.
Dinwiddy, John
(1989): Bentham, Oxford 1989.

Dorff, R. E. N.
(1997): „Human Cloning. A Jewish Perspective". Testimony before the National Bioethics Commission, March 14, 1997. Zitiert nach: Cloning Human
Beings. Report of the National Bioethics Advisory Commission, Rockville,
Maryland 1997.

Ehrenfeld, David
(1978): „Das Naturschutzdilemma" (1978), in: Birnbacher 1997, S. 135–177.

Eibl-Eibesfeldt, Irenäus
(1970): Liebe und Haß. Zur Naturgeschichte elementarer Verhaltensweisen,
München 1970.
(1984): Krieg und Frieden aus der Sicht der Verhaltensforschung, 2. Aufl. München 1984.

Elster, Jon
(1982): „Sour Grapes – Utilitarianism and the Genesis of Wants", in: Sen/Wil-
liams 1982, S. 219–238.
(1983): Sour Grapes, Cambridge 1983.

Eser, Albin u. a.
(1997): „Klonierung beim Menschen. Biologische Grundlagen und ethisch-
rechtliche Bewertung", in: Jahrbuch für Wissenschaft und Ethik 2 (1997),
S. 357–375.

Fehige, Christoph/Meggle, Georg
(1995): (Hg.) Zum moralischen Denken, 2 Bde, Frankfurt am Main 1995.

Feinberg, Joel
(1974): „Die Rechte der Tiere und zukünftiger Generationen", in: Birnbacher
1980, S. 140–179.

Fisher, John Martin/Ravizza, Mark
(1998): Responsibility and Control, Cambridge 1998.

Foerster, Heinz von
(1993): „Ethik und Kybernetik zweiter Ordnung", in: Ders., KybernEthik,
Berlin 1994, S. 60–83.
(1999): 2 x 2 = grün (Tonaufnahme auf CD), Köln 1999.

Foot, Philippa
(1952): „Morality as a System of Hypothetical Imperatives", in: Dies., Virtues
and Vices and Other Essays in Moral Philosophy, Oxford 1978.
(1978): „Moral Relativism", in: Krausz/Meiland 1982, S. 152–166.

Forst, Rainer
(1999): „Praktische Vernunft und rechtfertigende Gründe", in: Gosepath 1999,
S. 168–205.

Frankena, William K.
(1979): „Ethik und die Umwelt", in: Krebs 1997, S. 271–295.

Frankfurt, Harry G.
(1969): „Alternate Possibilities and Moral Responsibility", in: The Journal of
Philosophy 66 (1969), S. 829–839.
(1971): „Freedom of the Will and the Concept of a Person", in: The Journal of
Philosophy 68 (1971), S. 5–20.

Früchtl, Josef
(1996): Ästhetische Erfahrung und moralisches Urteil, Frankfurt am Main
1996.

Gamm, Gerhard
(1998): „Glück, Moral und ästhetische Erfahrung", in: Philosophische Rundschau 45, Heft 2 (1998), S. 129–148.
(1998 a): „Ethik und Moral", in: Ders., Nicht nichts, Frankfurt am Main 2000, S. 252–272.
(1998 b): „Anthropomorphia Inversa", in: Ders., Nicht nichts, Frankfurt am Main 2000, S. 288–307.

Gee, Henry
(1999): „Jedem Tierchen sein Kultürchen", in: Die Zeit vom 24. 6. 1999.

Gethmann, Carl Friedrich
(1998): „Ethische Argumente gegen das Klonieren von Menschen", in: Newsletter Nr. 9 (4/98) der Europäischen Akademie zur Erforschung von Folgen wissenschaftlich-technischer Entwicklungen.

Gewirth, Alan
(1978): Reason and Morality, Chicago/London 1978.

Gibbard, Alan
(1988): „Hare's Analysis of ‚Ought' and its Implications", in: Seanor/Fotion 1988, S. 57–72.

Godwin, William
(1793): Political Justice (1793, 2nd ed. 1796), abridged and edited by K. Codell Carter, Oxford 1971.

Goodman, Nelson
(1978): Weisen der Welterzeugung, Frankfurt am Main 1984.

Gorovitz, Samuel
(1971): (Hg.) Utilitarianism (John Stuart Mill). With Critical Essays, Indianapolis/New York 1971.

Gosepath, Stefan
(1999): (Hg.) Motive, Gründe, Zwecke. Theorien praktischer Rationalität, Frankfurt am Main 1999.

Gourevitch, Philip
(1998): Wir möchten Ihnen mitteilen, daß wir morgen mit unseren Familien umgebracht werden. Berichte aus Ruanda, Berlin 1999.

Greiner, Ulrich
(1998): „Zeugen statt züchten", in: Die Zeit vom 15. 1. 1998.

Grewendorf, Günther/Meggle, Georg
(1974): Seminar: Sprache und Ethik. Zur Entwicklung der Metaethik, Frankfurt am Main 1974.

Griffin, James
(1988): „Well-Being and its Interpersonal Comparability", in: Seanor/Fotion 1988, S. 73–88.

Grimberg, Steffen
(2000): „Dschungelkrieg ohne Militärzensur", in: tazmag vom 8. /9. April 2000, S. VI.

Grimm, Jacob und Wilhelm
(1854): Deutsches Wörterbuch, München 1984.

Habermas, Jürgen
(1991): „Die Herausforderung der ökologischen Ethik für eine anthropozentrisch ansetzende Konzeption", in: Krebs 1997, S. 92–99.

Hajdin, Mane
(1990): „External and Now-For-Then-Preferences in Hare's Theory", in: Dialogue XXIX (1990), S. 305–310.
Hall, Everett W.
(1949): „The ‚proof‘ of utility in Bentham and Mill", in: Gorovitz 1971, S. 99–116.
Hamburger, Käte
(1985): Das Mitleid, 2. Aufl. Stuttgart 1996.
Handke, Peter
(1996): Eine winterliche Reise zu den Flüssen Donau, Save, Morawa und Drina, Frankfurt am Main 1996.
Hare, Richard Marvyn
(1952): The Language of Morals, Oxford 1952.
(1962): Freiheit und Vernunft, Frankfurt am Main 1983.
(1974): „The Abnormal Child. Moral Dilemmas of Doctors and Parents", in: Hare 1993, S. 185–191.
(1975) „Abortion and the Golden Rule", in: Hare 1993, S. 147–167.
(1981): Moralisches Denken. Seine Ebenen, seine Methode, sein Witz, Frankfurt am Main 1992.
(1982): „Ethical Theory and Utilitarianism", in: Sen/Williams 1982, S. 23–38.
(1988): „Comments", in: Seanor/Fotion 1988, S. 199–293.
(1988 a): „When Does Potentiality Count?", in: Hare 1993, S. 84–97.
(1988 b): „Possible People", in: Hare 1993, S. 67–83.
(1992): „Embryo Experimentation. Public Policy in a Pluralist Society", in: Hare 1993, S. 118–130.
(1993): Essays on Bioethics, Oxford 1993.
(1993 a): „Why am I only a Demi-Vegetarian?", in: Hare 1993, S. 219–235.
(1995): „Universeller Präskriptivismus", in: Fehige/Meggle 1995, Bd. 1, S. 31–53.
(1995 a): „Repliken", in: Fehige/Meggle 1995, Bd. 2, S. 240–407.
Harman, Gilbert
(1975): „Moral Relativism Defended", in: Krausz/Meiland 1982, S. 189–204.
Harrison, Geoffrey
(1976): „Relativism and Tolerance", in: Krausz/Meiland 1982, S. 229–243.
Harsanyi, John C.
(1982): „Morality and the Theory of Rational Behaviour", in: Sen/Williams 1982, S. 39–62.
(1988): „Problems with Act-Utilitarianism and with Malevolent Preferences", in: Seanor/Fotion 1988, S. 88–99.
Hastedt, Heiner
(1998): Der Wert des Einzelnen, Frankfurt am Main 1998.
Hauskeller, Michael
(1994): „Das Ersetzbarkeitsargument", in: Ethica 2–1994–3, S. 308–311. Wieder abgedruckt in: Hauskeller 1999, S. 163–166.
(1994 a): Alfred North Whitehead zur Einführung, Hamburg 1994.
(1995): „‚I prefer not to‘. Tötungsverbot und Personbegriff in der Ethik Peter Singers", in: Aufklärung und Kritik, Sonderheft 1/1995, S. 14–20. Wieder abgedruckt in: Hauskeller 1999, S. 147–161.
(1995 a): Atmosphären erleben, Berlin 1995.

(1995 b): „Naturschutz für wen? Grundzüge einer axiologischen Ästhetik", in: Scheidewege 25 (1995/96), S. 185–202.

(1996): „„Sieh hin und du weißt'. Über die ästhetischen Grundlagen der Moral", in: Verantwortliches Handeln. Ein interdisziplinäres Seminar, Holzen 1996, S. 74–89. Wieder abgedruckt in: Hauskeller 1999, S. 113–132.

(1997): „Ist Schönheit eine Atmosphäre? Zur Bestimmung des landschaftlich Schönen", in: Hauskeller/Rehmann-Sutter/Schiemann (Hg.), Naturerkenntnis und Natursein, Frankfurt am Main 1997, S. 161–175.

(1998): Vom Jammer des Lebens. Einführung in Schopenhauers Ethik, München 1998.

(1998 a): „Was bedeutet es, um das Leid eines anderen zu wissen?", in: Aufklärung und Kritik 1/1998, S. 56–63. Wieder abgedruckt in: Hauskeller 1999, S. 133–144.

(1998 b): „Erkenntnis und Wahrnehmung in Platons Dialog ‚Theaitetos'", in: Allgemeine Zeitschrift für Philosophie 23. 2 (1998), S. 167–169.

(1999): Auf der Suche nach dem Guten. Wege und Abwege der Ethik, Kusterdingen 1999.

(1999 a): Geschichte der Ethik: Mittelalter, München 1999.

(1999 b): „Lob der Torheit. Über das Wunderbare, die Philosophie und die Liebe", in: Hauskeller 1999, S. 13–31.

Hegel, Georg Wilhelm Friedrich

(1921) Phänomenologie des Geistes (Hegels Sämtliche Werke, hg. v. Georg Lasson, Bd. 2), Leipzig 1921.

(1970): Vorlesungen über die Ästhetik 1 (Werke in zwanzig Bänden, Bd. 13), Frankfurt am Main 1970.

Heidegger, Martin

(1989): Beiträge zur Philosophie (Gesamtausgabe, Bd. 65), Frankfurt am Main 1989.

Heider, Fritz

(1958): Psychologie der interpersonalen Beziehungen, Stuttgart 1977.

Hilberg, Raul

(1964): Die Vernichtung der europäischen Juden, Frankfurt am Main 1990 (2 Bde).

Hinsch, Wilfried

(1995): „Präferenzen im moralischen Denken", in: Fehige/Meggle 1995, Bd. 2, S. 87–112.

Höffe, Otfried

(1992): (Hg.) Einführung in die utilitaristische Ethik, 2. Aufl. Tübingen 1992.

Hösle, Vittorio

(1990): Die Krise der Gegenwart und die Verantwortung der Philosophie, 2. erweiterte Auflage München 1994.

(1994): „Ontologie und Ethik bei Hans Jonas", in: Dietrich Böhler (Hg.), Ethik für die Zukunft. Im Diskurs mit Hans Jonas, München 1994, S. 105–125.

Hofer, Walther

(1957): (Hg.) Der Nationalsozialismus. Dokumente 1933–1945, Frankfurt am Main 1957.

Honnefelder, Ludger

(1997): „Mensch und Klon. Ein Gespräch mit dem Ethiker Ludger Honnefelder", in: Die Zeit vom 7. 3. 1997.

Hume, David
(1739/40): Ein Traktat über die menschliche Natur, 2 Bde., Hamburg 1989.
(1748): Eine Untersuchung über den menschlichen Verstand, Hamburg 1984.

James, William
(1979): „The Moral Philosopher and the Moral Life", in: Ders., The Will to Believe (The Works of William James), Cambridge, Mass./London 1979, S. 141–162.

Joas, Hans
(1999): „Die Sakralität der Person und die Politik der Würde", in: Deutsche Zeitschrift für Philosophie 47 (1999) 2, S. 325–333.

Jonas, Hans
(1973): „Der Adel des Sehens. Eine Untersuchung zur Phänomenologie der Sinne", in: Ders., Organismus und Freiheit. Ansätze zu einer philosophischen Biologie, Göttingen 1973, S. 198–225.
(1979): Das Prinzip Verantwortung, Frankfurt am Main 1989.

Kamlah, Wilhelm
(1973): Philosophische Anthropologie, Mannheim 1973.

Kant, Immanuel
(1785): Grundlegung zur Metaphysik der Sitten, Werkausgabe Bd. VII, hg. v. Wilhelm Weischedel, Frankfurt am Main 1968.
(1787): Kritik der reinen Vernunft, 2. Aufl., Werkausgabe Bd. III, a. a. O.
(1790): Kritik der Urteilskraft, Werkausgabe Bd. X, a. a. O.
(1797): Metaphysik der Sitten, Werkausgabe Bd. VIII, a. a. O.
(1800): Logik, Werkausgabe Bd. VI, a. a. O.

Kible, B. Th.
(1989): Artikel „Person", Abschnitt II: Hoch- und Spätscholastik; Meister Eckhart; Luther, in: Historisches Wörterbuch der Philosophie, hg. v. Joachim Ritter und Karl Gründer, Bd. 7, Basel 1989.

Kitcher, Philip
(1998): „Jeden gibt's nur einmal", in: Die Zeit vom 15. 1. 98, S. 34.

Klages, Ludwig
(SW): Sämtliche Werke, Bd. 1–8, Ernst Frauchiger u. a. (Hg.), Bonn 1964–1979.

Klemperer, Victor
(1975): LTI. Notizbuch eines Philologen, Leipzig 1975.

Korff, Wilhelm
(1998): Einführung ins Lexikon der Bioethik, v. Wilhelm Korff, Lutwin Beck und Paul Mikat (Hg.), Gütersloh 1998.

Krausz, Michael/Meiland, Jack W.
(1982): (Hg.) Relativism. Cognitive and Moral, Notre Dame, Indiana 1982.

Krebs, Angelika
(1997): (Hg.) Naturethik, Frankfurt am Main 1997.

Kretzmann, Norman
(1958): „Desire as proof of desirability", in: Gorovitz 1971, S. 231–241.

Kripke, Saul A.
(1980): Name und Notwendigkeit, Frankfurt am Main 1981.

Künne, Wolfgang
(1995): „Sehen. Eine sprachanalytische Betrachtung", in: Logos N. F. 2 (1995), S. 103–121.

Kuhlmann, Wolfgang
(1987): „‚Prinzip Verantwortung‘ versus Diskursethik“, in: Dietrich Böhler (Hg.), Ethik für die Zukunft, München 1994, S. 277–302.

Kuhse, Helga
(1985): „Interests“, in: Journal of Medical Ethics 11 (1985), S. 146–149.

Kusser, Anna
(1995): „Welchen Nutzen maximiert der Utilitarist? Das Argument der Präferenzveränderung und sein Hintergrund“, in: Fehige/Meggle 1995, Bd. 2, S. 113–138.

Kutschera, Franz von
(1995): „Drei Versuche einer rationalen Begründung der Ethik: Singer, Hare, Gewirth“, in: Fehige/Meggle 1995, Bd. 1, S. 54–76.

Lenk, Hans
(1992): „Deskriptive und normative Zuschreibungen von Verantwortung“, in: Ders., Zwischen Wissenschaft und Ethik, Frankfurt am Main 1992.

Lenzen, Wolfgang
(1995): „Hare über Abtreibung, Empfängnisverhütung und Zeugungspflicht“, in: Fehige/Meggle 1995, Bd. 2, S. 225–239.

Lévinas, Emmanuel
(1951): „Ist die Ontologie fundamental?“, in: Emmanuel Lévinas, Die Spur des Anderen. Untersuchungen zur Phänomenologie und Sozialphilosophie, 4. Aufl. Freiburg/München 1999, S. 103–119.
(1963): „Die Spur des Anderen“ (1963), in: Emmanuel Lévinas, Die Spur des Anderen, a. a. O., S. 209–235.
(1968): „Die Substitution“, in: Emmanuel Lévinas, Die Spur des Anderen, a. a. O., S. 295–330.
(1979): Die Zeit und der Andere, Hamburg 1984.
(1980): Totalität und Unendlichkeit, 2. Aufl. München 1993.
(1982): Ethik und Unendliches. Gespräche mit Philippe Nemo, 2. Aufl. Wien 1992.

Litwack, Leon F.
(2000): „Hellhounds“, in: Without Sanctuary. Lynching Photography in America, Hongkong 2000, S. 8–37.

Locke, John
(1690): Essay Concerning Human Understanding, 14th Edition in 2 vol., London 1753.

Lockwood, Michael
(1979): „Singer on Killing and the Preference for Life“, in: Inquiry 22 (1979), S. 157–170.
(1988): „Warnock versus Powell (and Harradine)“, in: Bioethics 2 (1988), S. 187–213.

Lucas, J. R.
(1993): Responsibility, Oxford 1993.

Mackie, John Leslie
(1977): Ethik. Auf der Suche nach dem Richtigen und Falschen, Stuttgart 1981.

Margalit, Avishai
(1996): Politik der Würde. Über Achtung und Verachtung, Berlin 1997.

Marías, Javier
(1994): Morgen in der Schlacht denk an mich, Stuttgart 1998.

Martens, Ekkehard
(1997): Zwischen Gut und Böse. Elementare Fragen angewandter Philosophie, Stuttgart 1997.

Maruyama, Tokuji
(1999): „Naturverständnis und ökologische Ethik aus japanischer Sicht", in: Scheidewege 29 (1999/2000), S. 353–370.

McPherson, Michael
(1982): „Mill's Theory and the Problem of Preference Change", in: Ethics 92 (1982), S. 252–273.

Meier-Seethaler, Carola
(1997): Gefühl und Urteilskraft. Ein Plädoyer für die emotionale Vernunft, 2. Aufl. München 1998.

Merleau-Ponty, Maurice
(1945): „Der Krieg hat stattgefunden" (1945), in: Ders., Sinn und Nicht-Sinn, München 2000, S. 187–206.

Mersch, Dieter
(2001): „Aisthetik und Responsivität. Zum Verhältnis von medialer und amedialer Wahrnehmung, in: Erika Fischer-Lichte u. a. (Hg.), Wahrnehmung und Medialität. Theatralität 3, Tübingen/Basel 2001.

Midgley, Mary
(1981): Heart and Mind. The Varieties of Moral Experience, London 1981.

Milgram, Stanley
(1974): Das Milgram-Experiment, Reinbek bei Hamburg 1982.

Mill, John Stuart
(1843): A System of Logic, London 1919 (dt. Teilübersetzung des sechsten Buches von Arno Mohr: John Stuart Mill, Zur Logik der Moralwissenschaften, Frankfurt am Main 1997).
(1859): On Liberty, London u. a. o. J. (1901). Seitenangaben im Text beziehen sich auf die deutsche Übersetzung von Bruno Lemke: John Stuart Mill, Über die Freiheit, Stuttgart 1988.
(1863): Utilitarianism, in: The Utilitarians, New York 1961, S. 399–472. Seitenangaben im Text beziehen sich auf die deutsche Übersetzung von Dieter Birnbacher: John Stuart Mill, Der Utilitarismus, Stuttgart 1976.
(1873): Autobiography, London 1873.

Moore, George Edward
(1903): Principia Ethica, dt. Übersetzung von Burkhard Wisser, Stuttgart 1970.

Müller, Annett
(2000): „Albtraum in Weiß", in: die tageszeitung vom 26. 6. 2000, S. 5.

Müller, Christian
(1992): „Verantwortungsethik", in: Annemarie Pieper (Hg.), Geschichte der neueren Ethik 2, Tübingen und Basel 1992, S. 103–131.

Murdoch, Iris
(1970): The Sovereignty of Good, London 1970.

Nagel, Thomas
(1970): The Possibility of Altruism, Oxford 1970.
(1974): „What Is it Like to Be a Bat?", in: Philosophical Review 1974, S. 435–450.
(1978): „Wünsche, Motive der Klugheit und die Gegenwart", in: Gosepath 1999, S. 146–167.

(1986): Der Blick von nirgendwo, Frankfurt am Main 1992.
(1988): „The Foundations of Impartiality", in: Seanor/Fotion 1988, S. 101–112.
(1997): Das letzte Wort, Stuttgart 1999.

Narveson, Jan
(1967): „Utilitarianism and new generations", in: Gorovitz 1971, S. 352–360.
(1976) „Moral Problems of Population", in: Bayles 1976, S. 59–80.

Nietzsche, Friedrich
(1886): Menschliches, Allzumenschliches. Ein Buch für freie Geister, in: Friedrich Nietzsche, Werke in drei Bänden, Bd. I, Karl Schlechta (Hg.), München 1966, S. 435–1008.

Nishida Kitaro
(1911): Über das Gute, Frankfurt am Main 1989.

Noddings, Nell
(1984): Caring. A Feminine Approach to Ethics and Moral Education, Berkeley 1984.

Nozick, Robert
(1993): The Nature of Rationality, Princeton 1993.

Nussbaum, Martha
(1985): „Finely Aware and Richly Responsible", in: The Journal of Philosophy 82 (1985), S. 516–529.
(1986): The Fragility of Goodness, Cambridge 1986.
(1988): „Die Natur des Menschen, seine Fähigkeiten und Tätigkeiten", in Dies., Gerechtigkeit oder das gute Leben, Frankfurt am Main 1999, S. 86–130.
(1989): „Perceptive Equilibrium. Literary Theory and Ethical Theory", in: Dies., Love's Knowledge, Oxford 1990, S. 168–194.
(1990): „Der aristotelische Sozialdemokratismus", in: Dies., Gerechtigkeit oder Das gute Leben, Frankfurt am Main 1999, S. 24–85.
(1993): „Gefühle und Fähigkeiten von Frauen", in: Dies., Gerechtigkeit oder Das gute Leben, Frankfurt am Main 1999, S. 131–175.

Oakley, Justin
(1992): Morality and the Emotions, London/New York 1992.

Palmer, Frank
(1992): Literature and Moral Understanding, Oxford 1992.

Parfit, Derek
(1976): „On Doing the Best for Our Children", in: Bayles 1976, S. 100–115.
(1984): Reasons and Persons, Oxford 1984.

Pauer-Studer, Herlinde
(1999): „Einleitung", in: Martha Nussbaum, Gerechtigkeit oder Das gute Leben, Frankfurt am Main 1999, S. 7–23.

Picht, Georg
(1969): Wahrheit, Vernunft, Verantwortung, Stuttgart 1969.

Pico della Mirandola
(1496): Über die Würde des Menschen (De Dignitate Hominis), Hamburg 1990.

Platon
(Kriton) (Menon) (Staat) (Gorgias) (Protagoras) (Theaitet): Werke in acht Bänden, Darmstadt 1973.

Prauss, Gerold
(1984): „Der Mensch als ‚Zweck an sich selbst'", in: Elisabeth Ströker (Hg.), Ethik der Wissenschaften? Philosophische Fragen, München u. a. 1984, S. 63–74.

Proust, Marcel
(1976): Auf der Suche nach der verlorenen Zeit, Frankfurt am Main 1976 (3 Bde.).

Quine, Willard van Orman
(1964): Grundzüge der Logik, Frankfurt am Main 1974.

Radford, Colin/Weston, Michael
(1975): „How Can We Be Moved by the Fate of Anna Karenina?", in: Proceedings of the Aristotelian Society 69 (1975), S. 67–93.

Regan, Tom
(1981): „The Nature and Possibility of an Environmental Ethics", in: Environmental Ethics 3 (1981), S. 19–34.
(1985): „Wie man Rechte für Tiere begründet", in: Krebs 1997, S. 33–46.

Reich, Jens
(1998): „Jagd auf ein Phantom", in: Die Zeit vom 15. 1. 1998.

Rescher, Nicholas
(1980): „Wozu gefährdete Arten retten?", in: Birnbacher 1997, S. 178–201.

Rippe, Klaus Peter
(1994): „Die Diskussion um den moralischen Status von Tieren", in: Ethica 2 (1994) 2, S. 131–153.

Rolston, Holmes III.
(1988): Environmental Ethics. Duties to and Values in the Natural World, Philadelphia 1988.
(1994): „Werte in der Natur und die Natur der Werte", in: Krebs 1997, S. 247–270.

Rorty, Richard
(1991): Kontingenz, Ironie und Solidarität, Frankfurt am Main 1991.
(1993): „Menschenrechte, Rationalität und Gefühl", in: Shute/Hurley 1993, S. 144–170.

Rosenberg, Jay F.
(1984): Philosophieren. Ein Handbuch für Anfänger, 3. Aufl. Frankfurt am Main 1993.

Rosenzweig, Franz
(1921): Das Büchlein vom gesunden und kranken Menschenverstand, Frankfurt am Main 1992.

Rumiz, Paolo
(2000): Masken für ein Massaker, München 2000.

Sartre, Jean-Paul
(1943): Das Sein und das Nichts, Reinbek bei Hamburg 1991.

Scarry, Elaine
(1985): Der Körper im Schmerz, Frankfurt am Main 1992.

Scheler, Max
(1913): Wesen und Formen der Sympathie, Gesammelte Werk Bd. 7, Bern/München 1973.
(1916): Der Formalismus in der Ethik und die materiale Wertethik, 2. Aufl. Halle an der Saale 1921.

Schiefenhövel, Wulf
(1995): „Aggression und Aggressionskontrolle am Beispiel der Eipo aus dem Hochland von West-Neuguinea", in: Töten im Krieg, hg. von Heinrich von Stietencron und Jörg Rüpke, Freiburg/München 1995, S. 339–362.

Schirra, Bruno
(1999): „Die Gräuel der Frenkie Boys", in: Die Zeit vom 2. 12. 1999.
Schneewind, Jerome B.
(1977): Sidgwick's Ethics and Victorian Moral Philosophy, Oxford 1977.
Schöne-Seifert, Bettina
(1995): „Zum moralischen Status potentieller Personen", in: Fehige/Meggle 1995, Bd. 2, S. 211–224.
Schopenhauer, Arthur
(1819): Die Welt als Wille und Vorstellung, Werke in fünf Bänden. Nach den Ausgaben letzter Hand herausgegeben von Ludger Lütkehaus, Bd. 1.
(1841): Preisschrift über die Grundlage der Moral, Werke, a. a. O., Zürich 1988, Bd. 3.
(1844): Die Welt als Wille und Vorstellung, Werke, a. a. O., Bd. 2.
(1851): Parerga und Paralipomena, Werke, a. a. O., Bd. 4/5.
Schweitzer, Albert
(1923): Kultur und Ethik, München 1960.
Seanor, Douglas/Fotion, N.
(1988): (Hg.) Hare and Critics. Essays on *Moral Thinking*, Oxford 1988.
Seel, Martin
(1991): Eine Ästhetik der Natur, Frankfurt am Main 1991.
(1996): Ethisch-Ästhetische Studien, Frankfurt am Main 1996.
Sen, Amartya
(1977): „Rationale Trottel. Eine Kritik der behavioristischen Grundlagen der Wirtschaftstheorie", in: Gosepath 1999, S. 76–102.
(1982): (Hg. mit B. Williams) Utilitarianism and Beyond, Cambridge 1982.
(1982 a): (mit B. Williams) „Introduction", in: Sen/Williams 1982, S. 1–21.
Shklar, Judith
(1990): Über Ungerechtigkeit, Berlin 1992.
Shute, Stephen/Hurley, Susan
(1993): (Hg.) Die Idee der Menschenrechte, Frankfurt am Main 1996.
Sidgwick, Henry
(1907): Methods of Ethics (7th edition 1907), Indianapolis/Cambridge 1981.
Siep, Ludwig
(1997): „,Dolly' – oder die Optimierung der Schöpfung", in: Frankfurter Rundschau vom 16. 4. 97.
(1998): „Zur ethischen Problematik des Klonens", in: Jahrbuch für Wissenschaft und Ethik 3 (1998), S. 5–14.
Simmel, Georg
(1901): Philosophie des Geldes, Gesamtausgabe, Bd. 6, Frankfurt am Main 1989.
Singer, Peter
(1976): „A Utilitarian Population Principle", in: Bayles 1976, S. 81–99.
(1979): Praktische Ethik, 2. Aufl. Stuttgart 1994.
Skinner, Burrhus Frederic
(1971): Jenseits von Freiheit und Würde, Reinbek bei Hamburg 1973.
Smith, Adam
(1759): Theorie der ethischen Gefühle, übersetzt von Walter Eckstein, 2. Aufl. Hamburg 1977.

Solomon, Robert C.
(1980): „Emotions and Choice", in: Amelie Oksenberg-Rorty (Hg.), Explaining Emotions, Berkeley/Los Angeles 1980, S. 251 ff.
Sousa, Ronald de
(1987): Die Rationalität des Gefühls, Frankfurt am Main 1997.
Spaemann, Robert
(1984): „Tierschutz und Menschenwürde", in: Ursula M. Händel (Hg.), Tierschutz: Testfall unserer Menschlichkeit, Frankfurt am Main 1984, S. 71–81.
(1989): Glück und Wohlwollen. Versuch über Ethik, 3. Aufl. 1993.
(1996): Personen. Versuch über den Unterschied zwischen ‚etwas‘ und ‚jemand‘, Stuttgart 1996.
Sprigge, Timothy L. S.
(1987): Gibt es in der Natur intrinsische Werte?, in: Birnbacher 1997, S. 60–75.
Stevenson, Charles L.
(1945): Ethics and Language, New Haven 1945.
Stietencron, Heinrich von
(1995): „Töten im Krieg. Grundlagen und Entwicklungen", in: Töten im Krieg, Heinrich von Stietencron und Jörg Rüpke (Hg.), Freiburg/München 1995. S. 17–56.
Sting, Stephan
(1994): „Wahrnehmungskontrolle und die Ästhetik der Dunkelkammer, in: Wulf/Kamper/Gumbrecht (Hg.), Ethik der Ästhetik, Berlin 1994, S. 111–122.
Strawson, Peter F.
(1962): „Freedom and Resentment", in: Ders. (Hg.), Studies in the Philosophy of Thought and Action, London 1968, S. 71–96.
Swift, Jonathan
(1729): „Bescheidener Vorschlag zu verhüten, daß die Kinder armer Iren ihren Eltern oder dem Lande zur Last fallen. Wie sie überdies dem Staatswohl dienen könnten", in: Ders., Gedanken und Essays, Dessau und Leipzig 1940, S. 195–209.
Taureck, Bernhard
(1991): Lévinas zur Einführung, Hamburg 1991.
Taylor, Charles
(1982): „The Diversity of Goods", in: Sen/Williams 1982, S. 129–144.
Taylor, Paul W.
(1981): „Die Ethik der Achtung gegenüber der Natur", in: Krebs 1997, S. 111–143.
Tooley, Michael
(1972): „Abortion and Infanticide", in: Philosophy and Public Affairs 2 (1972), S. 37–65.
Trilling, Lionel
(1978): The Liberal Imagination, Oxford 1978.
Tugendhat, Ernst
(1984): Probleme der Ethik, Stuttgart 1984.
(1989): „Zum Begriff und zur Begründung von Moral", in: Ders., Philosophische Aufsätze, Frankfurt am Main 1992, S. 315–333.
(1993): Vorlesungen über Ethik, 2. Aufl. 1994.
Urmson, James O.
(1953): „Zur Interpretation der Moralphilosophie John Stuart Mills", in: Höffe 1992, S. 123–134.

Vogler, Candace A.
(1995): „Engel in Verkleidung", in: Fehige/Meggle, Bd. 2, S. 60–86.
Voltaire, François Marie Arouet
(1995): Mikromegas, in: Sämtliche Romane und Erzählungen, S. 125–146, 6. Aufl. München 1995.
Waldenfels, Bernhard
(1998): „Antwort auf das Fremde. Grundzüge einer responsiven Phänomenologie", in: Bernhard Waldenfels/Iris Därmann (Hg.), Der Anspruch des Anderen. Perspektiven einer phänomenologischen Ethik, München 1998, S. 35–49.
Walsh, Dorothy
(1969): Literature and Knowledge, Middleton 1969.
Waldron, Jeremy
(1987): (Hg.) ‚Nonsense Upon Stilts'. Bentham, Burke and Marx on the Rights of Man, London/New York 1987.
Warren, Mary Anne
(1977): „Do Potential People Have Moral Rights?", in: Canadian Journal of Philosophy VII,2 (1977), S. 275–289.
Weber, Max
(1919): „Politik als Beruf", in: Ders., Gesammelte Politische Schriften, 2. Aufl. Tübingen 1958, S. 493–548.
Werner, Micha H.
(1994): „Dimensionen der Verantwortung. Ein Werkstattbericht zur Zukunftsethik von Hans Jonas", in: Dietrich Böhler (Hg.), Ethik für die Zukunft, München 1994, S. 303–338.
Wetz, Franz Josef
(1998): Die Würde des Menschen ist antastbar. Eine Provokation, Stuttgart 1998.
Wieland, Wolfgang
(1982): Platon und die Formen des Wissens, Göttingen 1982.
Williams, Bernard
(1962): „Der Gleichheitsgedanke", in: Ders., Probleme des Selbst, Stuttgart 1978, S. 366–397.
(1973): Kritik des Utilitarismus, Frankfurt am Main 1979.
(1976): Der Begriff der Moral. Eine Einführung in die Ethik, Stuttgart 1978.
(1979): „Interne und externe Gründe", in: Gosepath 1999, S. 105–120.
(1985): Ethik und die Grenzen der Philosophie, Hamburg 1999.
(1993): Shame and Necessity, Berkeley/Los Angeles 1993.
Wilson, Catherine
(1983): „Literature and Knowledge", in: Philosophy 58 (1983), S. 489–496.
Wimmer, Reiner
(1995): „Dezisionistischer und naturalistischer Irrationalismus in der Ethik", in: Fehige/Meggle 1995, Bd. 1, S. 298–312.
Wolf, Jean-Claude
(1992): John Stuart Mills „Utilitarismus". Ein kritischer Kommentar, Freiburg und München 1992.
(1992a): Tierethik. Neue Perspektiven für Menschen und Tiere, Fribourg (Schweiz) 1992.
Wolf, Ursula
(1984): Das Problem des moralischen Sollens, Berlin/New York 1984.

(1988): „Haben wir moralische Verpflichtungen gegen Tiere?", in: Krebs 1997, S. 47–75.

(1993): (Hg.) Eigennamen. Dokumentation einer Kontroverse, Frankfurt am Main 1993.

Wollschläger, Hans
(1987): „Tiere sehen dich an oder Das Potential Mengele", in: Die Republik Nr. 79–81, Salzhausen-Luhmühlen 1987.

Zimmerman, M. J.
(1992): „Responsibility", in: L. C. Becker/C. B. Becker (Hg.), Encyclopedia of Ethics (Vol. 2), New York/London 1992.

Zoller, Heinrich
(1977): „Meditationen über das Naturschöne", in: Scheidewege 7/1 (1977), S. 63–82.

Namenregister